上からの革命

ソ連体制の終焉

D・M・コッツ＋F・ウィア
角田安正――訳

Revolution from Above
The demise of the Soviet system

新評論

REVOLUTION FROM ABOVE
by David M. Kotz with Fred Weir

Japanese translation published by arrangement with
Routledge Ltd., a division of Taylor and Francis Group
through The English Agency (Japan) Ltd.

はじめに

筆者の一人、デーヴィッド・M・コッツは、マサチューセッツ大学アムハースト校の経済学担当の教授で、もう一人のフレッド・ウィアはモスクワを本拠地として活躍しているジャーナリストである。一九八〇年代末、私たち二人は、それぞれ別の観点から、ソ連で起こりつつあった経済、政治改革を興味深く観察していた。当時、ミハイル・ゴルバチョフのペレストロイカは、世界初の民主主義的社会主義を生み出そうとしているかに見えた。もしかすると、ソ連の抑圧的国家体制と厳格に中央集権化された経済によって葬られた後も、本来ロシア革命の契機だった思想のうち、純粋な社会主義の名残がなにがしか生き残っていたのではないか。そして、ゴルバチョフの改革はソ連体制の悪しき側面を取り除き、過去においてソ連がもっていた長所を伸ばすことに成功するのではないか。当時は、そのような見方をする向きもあった。

しかし、旧ソ連で生じた事態は、そういったコースをたどることはなかった。逆に、ソ連体制を改革しようとするゴルバチョフの企ては、ソ連の解体をもたらした。ゴルバチョフが権力を握ってから約六年後の一九九一年末までにソ連国家は崩壊し、一五の新たな主権国民国家が誕生した。ソ連型社会主義を改革し、民主化しようとするゴルバチョフの計画に代わって、資本主義建設が新たな努力目標となった。これは驚くべきどんでん返しであり、そんなことを予想していた者はまずいなかった。

本書の筆者が初めてお互いに顔を合わせたのは、一九九一年夏のモスクワにおいてであった。私たちは、身の周りで進んでいくソ連の終焉について論じ合った。西側のメディアが繰り返し報道していたのは、ソ連エリートが手の打ちようのない経済の衰退ゆえに、もはやソ連体制を守り救うことができなくなり、そうした中で国民が下から攻撃を加え、ソ連体制の崩壊が起こったという筋書きである。しかしそれは、私たちが目の当たりにしたものとは決して同じものではなかった。私たちは、特別な知的訓練と経験を積んだ目でソ連終焉の過程を調べた。すると、ちまたで流布している説明は説得力に欠けるし、データとも一致しないことが分かった。

デーヴィッド・M・コッツは、ソ連とそのほかの国の経済史において、制度が変化する過程を専門に研究している。そういった研究を行うためには、経済成長を促進する要因と遅らせる要因、テクノロジーの発達と階級の利益の相互作用、社会変化における経済と政治の役割に関する知識が必要である。コッツは、社会経済システムの維持に貢献する要素と、ゆるやかな変化や急激な変化を生み出す要因を長年にわたって研究してきた。一九九一年、コッツがソ連の崩壊を観察していたとき、ソ連経済は確かに困難に直面していたけれども、それだけではソ連体制の急速な解体を充分に説明することができないように思えた。実は、経済の悪化のほかにも、作用している要因があったのである。

フレッド・ウィアはインドの〈ヒンドゥスタン・タイムズ〉紙のモスクワ特派員で、カナダ国営通信社「カナディアン・プレス」にも定期的に寄稿している。ウィアはかつて、トロント大学の大学院レベルでもロシア史とソ連史を研究した。とくに興味をもっていたのは、国家社会主義体制の近代化および民主化の問題である。彼は、一九八六年、ジャーナリストとして働くためにソ連に住むようになったが、それ以前の一九七〇年代から一九八〇年代初めにかけて、ソ連と東ヨーロッパを広範囲にわたって旅行した。また彼は、一九八七年、アルメニア系ロシア人女性のマリアム・シャウミヤンと結婚した。

ウィアはソ連全土を旅行し、ペレストロイカのもたらした進歩、失望、災厄について、毎週報道し続けた。彼は個人的に、また勤務を通じて、ソ連のエリート知識人や政治エリートに属する人士の知遇を得ることができた。それがきっかけとなって彼は、それらの人々に冷笑主義《シニシズム》が瀰漫《びまん》しているのを知った。そして、ソ連のエリートが最後まで体制を守ろうと躍起になったという主張とは違って、そのうちの多くの者は社会主義の改革努力を支持しないだけではなく、一九九一年には、資本主義を受け入れる用意ができていたように思われた。

私たち二人は、こういった不可解な事の成り行きについて、また、それがどのように解釈できるかについて論じ合った。その結果、ソ連体制が終焉に至った原因は、国民の蜂起と経済の崩壊を組み合わせたものではなく、自己の利益と認めるものを追求する支配エリート自身にあるという見解に私たちはたどり着いた。私たちは、一九九二年、本書の執筆を決め、ソ連終焉に関する私たちの斬新な解釈を検証、説明しようと決心した。

調査を終えるのに数年かかった。というのも、この調査はソ連の終焉だけではなく、ソ連終焉の帰結（ソ連の解体に続くロシアの政治、経済の目まぐるしい転変）をも対象としていたからである。私たちは、数十人に及ぶ人物にインタビューを行った。その中には、かつてのソ連政府および共産党の指導者、政治顧問、広範囲にわたる独立ロシアの政治指導者、経済学者をはじめとする研究者、新興の民間事業家、労働組合の指導者、外国（つまり、非ソ連・ロシア）の専門家が含まれている（インタビューに応じてくださった方々のリストは、巻末に掲載させていただいた）。私たちはソ連およびロシアの歴史を研究し、ソ連・ロシアおよび外国の人々の手になる当時の記事や分析報告を多数読んだ。

いつものことであるが、調査の過程で私たちは、さまざまな点で当初の見方に修正を加えていった。

しかし、私たちの基本的な仮説は裏付けを得ることが可能だし、またその仮説に従うなら、きわめて不可解なソ連終焉とその後遺症の特徴に説明がつくということが分かった。ここに示した解釈によって、そうした出来事に関する既成の神話の一部が論破され、かつて行われたソ連の実験から真の教訓を見いだすことが可能になるものと期待する。

筆者の仕事の分担について少し説明しておいた方がよいだろう。私たちは、二人一緒に本書の構想と構成を練った。調査とインタビューの実施も二人一緒に行った。もっぱら経済発展を扱っている若干の章を別にすれば、私たちは各章の構成および体裁をどのようにするか共同で計画した。読者の方は、経済学者とジャーナリストのコンビなのだから、それに応じた分担をしているだろうと予想されるかもしれない。しかし、ジャーナリストは常に締切に追われているのに対し、研究者は調査と執筆に充てる時間的余裕がある。したがって、経済学者のコッツが各章の原稿を書き、ウィアがそれにコメントと修正を加えるという形を取った。コッツはまた、七回にわたるソ連・ロシア訪問の際に、本書専用のインタビューを行った。もっとも私たちは、ウィアが以前に行ったソ連社会の重要人物に対する多数のインタビューも利用した。著者紹介の表記を「コッツ＋ウィア」としたのは、コッツが一次原稿を書き、ウィアが原稿を仕上げたという特別なやり方を伝えるためである。

一九九六年六月

デーヴィッド・M・コッツ
フレッド・ウィア

もくじ

第三部 ソ連終焉の影響 257

上からの革命——ソ連体制の終焉

【凡例】

❶括弧

「 」…（イ）原著において語句や引用文が引用符で囲ってある場合は、ほぼ機械的に「 」に置き換えた。（ロ）その語句が専門用語や固有名詞であることを示すために用いた「 」もある。（ハ）間接話法的な表現を直接話法に置き換えて訳出している場合にも「 」を使った。

（ ）…（イ）原著者が（ ）を用いている場合は、訳書でも（ ）を使った。なお、引用文中の（ ）も原著者、すなわちコッツとウィアによる補足である。（ロ）挿入句（またはそれに近い表現）を表現するのに利用した（ ）もある。（ハ）原語を示す場合にも（ ）を使った。

〔 〕…訳者による補足を示す。原註における〔 〕も訳者の補足である。

〈 〉…定期刊行物の名称を表す。

『 』…（イ）引用文中における「 」は『 』に置き換えた。（ロ）単行本などの題名にも『 』を用いた。

❷カタ仮名のルビは原語の音訳であるが、一部、原著に示されていない原語を訳者が補足して付したルビもある。

❸固有名詞は各国語の原音に近い表記を採用したが、慣例を優先したものもある。

❹掲載した写真は、原著にはない。

❺原著の索引は簡略化した。

❻マルクス＝エンゲルスの著作からの引用文については大月版を参照したが、必ずしもそれに従っていない。

序　論

ソ連は、一九一七年、基本的には農業国である貧しい国を母胎として産声を上げた(1)。ソ連の前身、ロシア帝国は人口が多く、面積が巨大で、ヨーロッパとアジアをまたぐ戦略的な位置にあったので、世界の表舞台においてそれなりの役割を果たしていた。しかし、革命前のロシアは、経済発展の遅れと専制政治の衰えのため、英国、フランス、ドイツ、米国といった世界の列強と比べると弱い立場に立たざるを得なかった。西ヨーロッパ資本を注入され、大規模な工場が西部の諸都市で成長していたが、ロシア経済は一九一七年の時点で、列強のダイナミックな資本主義に大きく後れをとっていた。

ロシア革命から約六〇年後の一九八〇年、ソ連は二極世界の一方の極となった。ソ連はすでに、人口二億六五〇〇万人を擁する、都市化した工業国に変貌していた。平均寿命、カロリー摂取量、識字率といった指標においてソ連は先進国の域に達し(2)、世界の幾多の国に経済援助、軍事援助を与えるまでになった。また、多くの科学技術の分野でも先頭に立ち、世界初の人口衛星を打ち上げるまでになった。そのほか、特殊金属にはじまり、鉄道のロングレールを溶接するための機械や眼科手術用器具に至る地道な分野でも世界の頂点に立った。その上、演奏家やバレリーナ、それにスポーツの選手についても世界的に一流となった。ソ連はワルシャワ条約機構(訳1)の同盟諸国を合わせて、米国の率いるNATO（北大西洋条約機構(訳2)）と軍事力において対等な存在となった。

ソ連のまぎれもない経済的成果は、どうしようもない欠陥と背中合わせであった。資源利用の効率は悪く、でき上がったソ連製品、とくに消費財は品質が粗悪であった。買い物客は往々にして、効率の悪いことで悪名高い小売流通システムのおかげで、日用品を求めるために長い行列に並ばなければならなかった。消費サービスは、散髪から家電製品の修理に至るまで、お粗末きわまりなかった。しかもそれは、そうした恩恵に被れた場合の話である。各建設プロジェクトは、いつまでたっても完成しそうにならなかった。しかも、経済発展と引き換えに自然環境はじわじわと悪化していった。

西側の論者は一般的にソ連の欠点を強調するきらいがあるが、成果の方も目ざましいものであったことは認めなければならない。第三世界の人々は、とくにソ連の工業化のスピードに刮目《かつもく》した。ソ連は、ひなびた農業国から都市化した工業国へと、一足飛びの発展を遂げた。このような急速な発展は歴史上異例である。(3)

こうしたソ連の変貌と成果は、資本主義と根本的に異なる社会経済体制の下で生じた。資本主義体制は、たとえば米国、ドイツ、日本のそれのように、多くの細かいところでは相互に異なっているが、一連の基本的な制度を共有している。日・独・米のいずれにおいても、生産の大部分は、主として富裕な株主の所有する民間企業においてなされている。経済活動の主たる調整役となっているのは市場であり、推進力の役割を果たすのは利潤動機である。ところが、ソ連体制はそうした制度に立脚していなかった。ソ連では、生産の大部分は政府の所有する企業が行うものであった。経済を調整するのは、分権化した市場ではなく、モスクワで作成される国家計画であった。利潤の追求ではなく、中央の計画の遂行を目指す「指令」が経済活動を牛耳っていた。ニューヨークか東京であれば正常なビジネスと見なされるものでも、もしソ連市民がモスクワで行おうものならそれは犯罪行為となる。

西側の分析者は、こうした体制のことを「共産主義」と呼んだ。ソ連の当局者は、「共産主義」は国家と階級のない未来社会を指す用語であるとして、「社会主義」という用語を使った。古今の西側の社会主義者は、ソ連国家の権威主義的、抑圧的性質に反感を覚えて、ソ連を社会主義国と見なすことに疑問を呈した。恐らく、もっとも中立的で正確な呼び方は「国家社会主義」（state socialism）であろう。この用語が意味するのは、通常、社会主義と結び付けられる公的所有および経済計画化という経済制度である。そこには、ソ連体制の特徴となっている、権威主義国家における経済、政治の極端な中央集権化も結び付いている。(4)

レーニン(訳3)とその後継者が建設した強力な体制は、一九九〇年から九一年にかけてのわずか二年の間に崩壊した。七〇年間にわたって磐石《ばんじゃく》の支配を続けてきた巨大なソ連共産党は解散させられた。ソ連共

(訳1) NATOに対抗することを目的として一九五五年に創設されたソ連・東欧諸国の集団防衛機構。一九八〇年当時の加盟国は、ソ連のほかに、ブルガリア、東ドイツ、ルーマニア、ポーランド、チェコスロバキア、ハンガリー。東西冷戦の終結を受けて、一九九一年七月に解体された。

(訳2) すでに冷戦が本格化していた一九四九年に、ソ連の封じ込めを目的として創設された一大集団防衛同盟。一九八〇年時点での加盟国は、発足当初から加盟している一二ヵ国（米、英、仏、伊、ベルギー、オランダ、ルクセンブルク、ポルトガル、デンマーク、ノルウェー、アイスランド、カナダ）に加えて、ギリシア、トルコ、西ドイツ。

(訳3) レーニン、ヴラジーミル・イリイッチ（一八七〇年～一九二四年）。兄の処刑を契機に革命思想に傾倒。一九一七年の二月革命後、国外から戻り、「すべての権力をソヴィエトへ」というスローガン（四月テーゼ）を掲げ、プロレタリア階級がただちに政権に就く必要性を説いた。十月には革命を指導し、臨時政府を倒した後、ソヴィエト政府の最高指導者「人民委員会議議長」となる。国内戦および干渉戦を終結させた後、国内では、新経済政策（ネップ）を導入した。晩年は脳梗塞の発作に倒れ、スターリンを党書記長から解任できぬまま一九二四年死去。

産党が維持してきた国家社会主義体制は解体され、国家社会主義に代わって資本主義を据え付けることが努力目標となった。ソ連という国民国家も解体され、それに代わって一五の新しい国家が成立した。それら新興国は、国境越しの紛争や国内の反乱に巻き込まれた（訳4）。旧ソ連は疲弊していた。経済は崩壊し、国民は突如貧困化し、文化面の成果は衰え、スポーツ選手と科学者は国外に流出し、超大国としての地位は消え去った。

こうした事態を「意外」と称するなら、それはきわめて控えめな表現であろう。大国が衰退するという事例は歴史上これまでにも多く見られたが、そうした衰退がソ連の場合ほど急速で不意だったことはない。ソ連のような経済、軍事大国が、外国の侵略や国内の激しい動乱もないのに突如終焉を迎えるといったことは、近現代史では前例のないことである。

このことから、一連の疑問がわいてくる。ペレストロイカとして知られるソ連体制改革の企てが、改革ではなくて終焉へとつながったのはなぜか。そもそも、ペレストロイカが企てられたのはなぜか。ソ連体制の終焉に引き続いて、経済と社会の急速な衰退が起こったのはなぜか。旧ソ連において、民主主義と資本主義への移行が困難であることが分かってきたのはなぜか。また、こうした事態は、現代資本主義に代わる別の発展モデルが可能か否かをめぐって何を物語っているのだろうか。現代世界では資本主義が唯一の有効な社会経済システムであること、また、もっと相互協力的で、平等主義的な体制を構築しようとしてもそれは失敗に終わる運命にあるということが示されているのであろうか。

西側のソ連専門家はソ連の終焉についてさまざまな解釈を提起してきたが、一般的な理解において主流となっているのは次の二つの説である。

第一の説は、ソ連の終焉は社会主義の経済システムが存立不可能であることの帰結である、という見解である。この解釈によると、ソ連の計画経済が機能を停止し、その改革も不可能であったためそれに代わるものとしては資本主義しかなかった、ということになる(5)。社会主義は経済面で存立不可能であるという見解は、一九二〇年代にまでさかのぼる。当時、ある文献は、計画経済は作動しないと主張した(6)。

ソ連の終焉に関するこの説明は、ソ連の国家社会主義が崩壊前の約六〇年間にわたって急速な経済発展を遂げたという反証を前にすると、重大な欠点をさらす。ソ連の国家社会主義は一九七〇年代、八〇年代において、経済的困難の増大に悩まされていたとはいえ、八〇年代の末に至るまで経済成長を続けたのである（ただ、成長率は下がっていたが(7)）。第4章で再び触れるように、このことは、計画経済が内部矛盾のせいで破綻し、その結果体制が終焉を迎えたという説明の反証となる(8)。

ソ連崩壊を説明する第二の支配的な解釈は、大衆が下から体制に抵抗したことの役割に力点を置くものである。この見解によると、抑圧に基づく社会は、その指導者が支配下の暴力装置を使用するという意志をもって初めて存続することができるという。リベラルな改革を目指す初の本格的な企てが行われた結果、国民は自己の束縛を断ち切る機会を得た。ゴルバチョフ・ソ連大統領(訳5)に、暴力を使って体制を

(訳4) ナゴルノ・カラバフをめぐるアゼルバイジャンとアルメニアの紛争や、タジキスタン内戦などを指す。

(訳5) ゴルバチョフ、ミハイル・セルゲーエヴィッチ（一九三一〜）。スターヴロポリ地方《クライ》生まれ。モスクワ大学法学部卒。スターヴロポリ地方党第一書記を経て、一九七八年から党書記、八五年にチェルネンコの後を襲って、党書記長に就任。八七年以降、ソ連社会の刷新を目指して、ペレストロイカを推進。八九年から九〇年までソ連最高会議議長。九〇年からソ連大統領。九一年末、ソ連崩壊と相前後して大統領辞任。現在は、「ゴルバチョフ基金」を運営し、世界各地で講演などを行っている。

維持する意志がないということが明らかになる中、下からの国民の運動は、選挙、デモ、ストライキ、連邦脱退運動などを通じて、平和裏に体制を解体した。[9] 抑圧された国民は選挙で資本主義を成立させ、抑圧された諸民族はモスクワのくびきからの自由を得た。

　ソ連の一般市民が体制に対する不満の意を活発に表したのは事実であるけれども、この第二の説明もやはり重大な欠点を免れない。ソ連国民の多くは、ゴルバチョフやその僚友とともにソ連経済における市場の役割の拡大を支持はしたが、世論調査の示すところでは、米国に見られるような資本主義を望んでいたのは旧ソ連のごく一部の人々にすぎない。[10] ソ連が資本主義を目指して突進したのは、国民がそうした方向への発展を望んだ結果であるようには見えない。

また、一部の小さな共和国を例外として、ソ連国民の大部分は、連邦の維持を望んでいたようである。ソ連の存続の可否を問う国民投票において、投票者の七六・四パーセントが存続に賛成票を投じたのは、ソ連崩壊のわずか九カ月前のことである。[11] 国民は経済的、政治的変化を望んでいたが、その一方で、のちにわが身に降りかかってきた資本主義への転換と政治上の連邦の解体のいずれをも望んでいなかったようである。[12] こうしたことを考慮に入れると、国民の圧力とか人民の革命によってソ連体制の終焉や転換が説明できるとする見解には疑問符が付く。

　ソ連型国家社会主義の支持者によって提起されている説明も、避けることのできない経済の崩壊とか人民革命といった前述の主張と同じように説得力に欠ける。ソ連当局者の中には、外国からの圧力のせいでソ連の安定性が失われたとこぼす者もあった。[13] しかし、主だった西側の大国は、ソ連体制の打倒のために、ソ連発足の時点から最大限の努力を重ねてあらゆる圧力をかけてきたのである。ソ連がまだ脆弱で発展途上にあった数十年の間にすら打倒されずに済んだとなると、力と成果のピークに達してから打倒されたという説に果たして説得力があるだろうか。

旧体制を擁護する者の中には、ソ連内部のトップにおける裏切りを引き合いに出す者もあった。この見解によると、ゴルバチョフ大統領はソ連体制の改革と刷新に名を借りて、実際にはその破壊に着手したのだという。(14) しかし、記録を注意深く読めば、ゴルバチョフの言うことに嘘のないことが分かる。ゴルバチョフは、社会主義を改革したかったのであって、社会主義を資本主義にすげ替えることを望んでいたのではないと言っている。ゴルバチョフは一九九一年八月のクーデターの後、もはや社会主義にこだわっても得るものが何もなかったにもかかわらず、まさにそうすることを主張したのであった。そして、ゴルバチョフは、最後までソ連を従来通りに保つために頑張ったのである。

上記の、四つの説にはそれぞれ一理ある。スターリン(訳6)時代にソ連が採用し、ペレストロイカの前まで基本的に修正を施さなかった経済運営の特殊形態は大きな欠陥をもっていた。時を経るにしたがって、そうした欠陥はますます深刻になっていった。ソ連国民が自由と民主主義を切望したことも、確かにソ連体制の終焉に重要な役割を果たした。西側の圧力も重要な役割を果たした。また、ゴルバチョフ自身ではなくても、ゴルバチョフの最有力の側近のうち幾人かは、影響力のある地位を占めたまま社会主義の信条を実際に放棄した。しかしながら、いずれの要因によっても、事の経緯を適切に説明することは

(訳6) スターリン、ヨシフ・ヴィッサリオノヴィッチ（一八七九～一九五三）。ソ連共産党書記長（一九二二年～五三年）。首相（一九四一年～五三年）。一九一二年にボリシェヴィキ党中央委員となり、以後党主流を歩む。二四年にレーニンが死ぬと、トロツキーをはじめとする反対派を一掃して党の主導権を握った。ソ連の急速な工業化・農業集団化を推進したが、その一方で大粛清を断行するなど独裁政治を行い、「個人崇拝」の悪弊を生み出した。

できない。そうした要因を抱き合わせにして説明を試みても同じことである。

本書は、別の説明を提示する。一九七〇年代の半ば、ソ連経済の実績は大幅に悪化した。一〇年間にわたって微調整が続けられたが、それが失敗に終わった後、ゴルバチョフ率いる新指導部は大がかりな構造改革の道を歩み出した。その目的は、ソ連型社会主義を民主化し、刷新することにあった。しかし、ゴルバチョフと改革派の僚友が行った経済・政治・文化の改革の結果、あるプロセスが始動した。そのプロセスにおいて、社会主義を資本主義に換えることを支持する集団や階級から成る新たな連合が生まれた。ゴルバチョフらは、それを予見することができなかった。

一九九〇年、ソ連を構成するロシア共和国の元首〔最高会議議長〕になったボリス・エリツィン(訳7)は、この連合のリーダーとして登場した。この連合は、権力を勝ち取るために、二つのライバル集団を払い除けなければならなかった。一方は、ゴルバチョフの率いる社会主義の改革を望む人々。他方は、わずかな修正で国家社会主義体制を維持することを望む守旧派で、その代表例は一九九一年八月のクーデターの首謀者たちである。資本主義を支持する集団の政治的勝利は、ソ連体制内部の党・国家エリートが支持を与えてくれたおかげだった。党・国家エリートが資本主義を支持するなど、一見したところありそうもないことのように思える。(15)

ソ連を構成する広大な領土と多数の民族は、国家社会主義の中央集権化された経済、政治制度によって束ねられていた。ゴルバチョフのペレストロイカがこうした制度を変容させるにしたがって、多民族国家ソ連は衰え始めた。それでも新しい連邦をまとめ上げることは可能だったかもしれない。実際、一九九一年にはあと一歩のところまでこぎ着けていたのである。しかし、その努力は、ソ連に登場して来た支配的な政治連合の政治的野望と衝突した。この連合は、ロシアをほかの連邦構成共和国から分離することでしか自己の権力を強化できないと考えた。このことは、必然的に連邦の終わりにつながった。

このような事象の連鎖を事前に予測できた者はいなかったが、ソ連の国家社会主義の基本的構造がどのようにしてこうした結果を可能にしたかを確かめることはできる。このプロセスにおいて多数の偶然の出来事が一定の役割を果たしたが、資本主義を支持する政治連合の勝利は純然たる偶然の所産ではない。社会主義を改革し、民主化しようとするゴルバチョフの大胆な事業が成功するか否かは、改革のプランが技術的に実現可能かどうかという点のみならず、ゴルバチョフとその僚友たちが、それらのプランを実行するために必要な政治的支持を集めることができるかという点にかかっていた。改革によってソ連体制のヒエラルキーの最上層部が力をそがれるにつれて、広範な党・国家エリートが決定的に重要な権力のブローカーとなったのである(16)。

小手先の修正を加えただけで旧体制を維持しようとした守旧派の指導者たちは、エリート内部の支持を得られなかった。その結果、一九九一年夏のクーデターの首謀者たちは、気が付いてみるとまったく

(訳7)　エリツィン、ボリス・ニコラエヴィッチ（一九三一〜）。スヴェルドロフスク（現エカテリンブルク）生まれ。七六年にスヴェルドロフスク州党第一書記に就任。八五年、モスクワ市党第一書記。八七年、党中央委総会で、守旧派によるペレストロイカの妨害を批判したため、国家建設委員会第一副議長に降格。八九年に新設のソ連人民代議員大会の議員に選出され、政界に返り咲く。九一年、ロシア共和国大統領に選出される。同年八月の守旧派クーデタの際は陣頭に立ってクーデタの鎮圧に尽力。ソ連崩壊後のロシア連邦でも引き続き大統領を務める。九三年一〇月、経済改革の進め方をめぐり議会と対立、武力で議会を解散に追い込んだ後、同年一二月、新憲法を導入。九六年、大統領として再選される。九八年頃から、目まぐるしく首相の更迭を繰り返すなど、その政治力にかげりを見せた。九九年一二月三一日に、突然大統領を辞任した。

孤立無援だった。しかし、ゴルバチョフをはじめとする社会主義改革の推進者たちも、自分たちの計画にエリートを引き寄せるのに苦労していた。エリートたちが、次第に改革の青写真に懐疑的になっていったからである。エリートの大部分は、民主化した形態の社会主義から得られるものは少ないと判断した。変化の方向から判断すると、エリートの権力と物質的特権が縮小する恐れが出てきた。ソ連体制の将来の進路がグラスノスチ（情報公開）の政策によって深刻な国内論争にさらされたとき、エリート内部での資本主義に対する支持は目ざましいスピードで拡大していった。資本主義への道は、権力と特権を守る——場合によってはそれを拡大することもある——唯一の方途《ほうと》であるように思えたからである。

エリツィンの政治的意味は、西側ではあまねく誤解されている。西側では、エリツィンは基本的には民主主義の擁護者であると見られてきた。初期ペレストロイカの明星で、モスクワ市の党第一書記の座を追われたエリツィンは、当初、指導部を敵に回して闘う道が新たに開かれたのに乗じて、方向は不明確ながら、ともかく急進的な政治、経済的変化を要求した。こうしたスタンスをとったおかげで、エリツィンは民主派のインテリと一般の有権者から支持を得ることができた。しかし、一九九〇年五月、ひとたびロシア共和国のリーダーに選ばれると、それに引き続いて、ゴルバチョフと守旧派の双方を相手に勝利を収めるためには、党・国家エリートの中核的部分の支持を得ることがもっとも重要な鍵となった。エリツィンは社会主義をすみやかに一掃し、ロシアの資本主義という将来目標に向けて全速力で突き進むというシグナルをはっきりとエリートたちに送ることによって目的を達成した。したがって、ソ連体制の驚くほどあっけない、平穏な終焉は、要約すれば次のように説明される。

ソ連体制は、体制内のエリートの大部分によって見捨てられた。ソ連体制が進化するに従って、エリートは物質およびイデオロギー面で、いかなる形態の社会主義とも結び付きを弱めるばかりだった。ソ連の終焉は「上からの革命」だった[17]。

党・国家エリートは、社会主義を放棄して代わりに資本主義の建設に乗り出すプロセスにおいて、さまざまな役割を果たした。早くも一九八七年に、コネと資金、そのほかの資源を自由に使える立場を利用して私営事業を開始した者もいる。ソ連に資本主義を導入する運動の政治的リーダーになった者もいる。社会主義の擁護から資本主義の賞賛への転換には、旧エリートたちの世界観が根本的に変化することが必要であるように思われた。少なからぬ西側の専門家は、何千何万という元ソ連共産党当局者が突如、集団で転向したことに当惑し、いささか信じられない気持ちになった。しかし、ソ連指導部は、スターリン時代からしばしば鍵となる政策問題について急激な反転を繰り返してきた。一九八〇年代を迎えるころには、ソ連のエリートの大部分にとって、イデオロギーの現実的な意味はとっくになくなっていた。共産主義イデオロギーから私有財産および自由市場の擁護への転換は、エリート集団に属するすこぶるプラグマチックな人々にとって難しいことではなかった。しっかりと根付いた政治的信条などを放棄する必要はなかった。そもそも、そのようなものは最初からなかったのである。例外はあった。確かに、ソ連体制のエリート内部には、何らかの形態の社会主義を心から信奉している者もいた。しかし、彼らはひと握りの少数派でしかなかった。

ソ連の共産党エリートが、旧ソ連に資本主義をもたらすに際して鍵となる役割を果たしたという見方は、西側で深く信じられている見解と対立する[18]。西側の分析者は、ソ連体制の諸悪を例証するのに何十年も費やしてきた。そして、ソ連共産党エリートはこうした諸悪の根源と見なされてきた。ソ連体制が突如最期を迎えたとき、西側の分析者は当然のことながら、それを旧ソ連のエリートの敗北と解釈しがちであった。西側で支配的なこの見解によれば、ソ連の計画経済が最終的に崩壊し始める中、ソ連のエリートは、それを救うためにありとあらゆる努力を重ねたが失敗に終わったということになる。ソ連国民が民主主義と資本主義を支持してデモを始めたり、賛成票を投じ始めたとき、ソ連のエリートたちは最後まで抵抗したが、究極的には打倒されるに至ったと考えられているわけである。ほかならぬこのエリートたちがソ連の終焉をもたらし、西側タイプの資本主義を導入する上で指導的な役割を果たしたのかもしれないと言ったら、ソ連体制を研究する大部分の分析者には説得力がないように思えるだろう。[19]

西側の分析者は、一部の旧共産党当局者が新生ロシアにおいて資本家として登場したということを決して見逃しているわけではない。しかしながらこのことは、それら元当局者がかつて妨げようとした状況を最大限に利用しているのだと説明されてきた。旧共産党エリートは資本主義のための人民革命を乗っ取ろうとしてきたのだ、という説すらある。私たちの見解では、旧共産党エリートは他人の革命を横取りする必要はなかった。というのは、そもそもエリートこそが革命を行った張本人だからである。

ソ連の終焉をソ連の党・国家エリートの支援のもとに行われた資本主義革命と解釈することは、謀略理論とは別物である。謀略理論はソ連の終焉を、ごく一部の最高当局者による秘密の策略ととらえる。ソ連の終焉は、ソ連社会の多数の集団を巻き込んだ複雑な政治闘争だったのである。後で見るように、資本主義の支持者は、党・国家エリートに加えてソ連社会のさまざまなセクターから立ち上がった。資本主義の支援に馳せ参じた人々の中には、自覚的に行動し、新たな目標をいたって露骨に述べる者もあった。[20] 企業の私有や自由市場を要求する多くの人々の中には、「社会主義」とか「資本主義」という用語がすでに時代遅れになったと確信し、自己の支持する新しい体制を描写するのに「資本主義」という用語を使わない者もいた。しかしながら、伝統的に「資本主義」と呼ばれてきた体制は、私有企業と比較的自由な市場という組み合わせによって定義される以上、社会分析者がこのような立場にある者を資本主義支持派と呼ぶのは妥当である。もっとも、そう呼ばれる人々がみな、そのような用語を用いて思考しているかどうかは別であるが[21]。次の点を指摘することにも意味がある。すなわち、資本主義への支持の拡大において、物質的な私利私欲の自覚が主たる役割を果たす一方で、そうした方向での変化に与《くみ》する新たな支持者は、一般的に、それが自分自身の個人的利益にとっても国家にとっても有益であると信じていたということである。

西側で現在主流となっている見解を支持している者にとっては違和感があるかもしれないが、私たちの見るところ、ソ連の終焉が上からの革命だったとする解釈は、客観的に裏付けることができる。また、このように解釈するなら、ほかの解釈と違って、事態の推移がきわめて急速で比較的平穏であったということがうまく説明できる。しかも、このようなソ連終焉の解釈は、独立ロシアに資本主義を導入しようとする計画とともに生じた多大な困難を説明するのにも役立つし、また、一九九二年の独立以来、ロシアで日常化している複雑な政治闘争の本質を解明するのにも役立つ。

本書は、ソ連の重立った出来事を詳述し、国家社会主義とソ連の終焉という世界を揺るがす事件がどのようにして、またなぜ起こったのかを明らかにする。第一部では、ソ連の終焉を分析するのに必要な背景を説明し、国家社会主義体制を一瞥して、その起源、本質、実態を示す。急速な経済成長から一九七〇年代半ばにおける停滞への転換を検証し、その結果、ゴルバチョフの政権掌握とペレストロイカという改革計画の採択へ至る道筋がどのようにつけられたかを示す。

第二部は、社会主義改革プログラムとして考案されたペレストロイカが、最後には逆にソ連体制の終焉を招くに至ったプロセスを検証する。ペレストロイカには、「グラスノスチ（情報公開）」「経済改革」「政治制度の民主化」という三つの主たる側面があった。その各側面を順に検証し、これらの政策の実行が指導部の予測しなかった形で改革の破綻の一因となったことを証明する。また、党・国家エリートの中核的な部分が、一九九一年までに資本主義擁護の立場を支持するようになった経緯と理由を検証し、一九八九年から九一年にかけてのソ連における複雑な政治闘争を跡付け、それが資本主義支持連合[訳8]の勝利およびソ連の崩壊とともに終わりを告げた理由を調べる。さらに、資本主義を支持する諸集団が権力を求めて行った闘争と民族運動の高揚との関係も考える。

第三部では、ソ連終焉によってどのような影響があったのかを調べる。旧ソ連の最大にして最有力の継承国ロシアの、一九九二年から九五年にかけての情勢を分析する[22]。ロシアの採択した、資本主義経済を急速に建設するための「ショック療法」（すなわちネオリベラル）のプログラムを検証し、それに続いて生じた厳しい経済的問題を調べ、それらの問題の原因を考察する。また、一九九一年以来のロシアの政治的進展も検証する。検証の対象には、エリツィン政権における権威主義の肥大および共産党の目ざましい復活ぶりも含まれる。現在ロシアでは、西側タイプの民主主義的資本主義の建設を目指しているわけだが、その成功は決して自明のことではない。ロシアの経済および政治システムの将来はきわめて不確かである。

そして最後に第三部では、このような一連の出来事から、資本主義に代わって民主主義的、相互協力的、平等主義的な制度が生まれる可能性について何が読み取れるかを考察する。ソ連国家社会主義の終焉は、支配的解釈によれば、社会主義に対する資本主義の勝利を表しているという。社会主義の破綻は、もっとも長い期間それに取り組んできた人々の認知を受けたのであり、未来は資本主義のものであってその代わりになるものはない、というわけである。

私たちが後で主張するのは、こうした結論が時期尚早であるということである。旧ソ連においてその終わりを迎えたのは、特殊なタイプの社会主義である。すなわち、非民主的で、抑圧的で、経済組織において過度に中央集権化された社会主義である。ソ連は、誇るべき立派な業績も上げている。とくに、極端な貧富の格差を生み出すことなく急速な工業化を成し遂げた。しかし、それは、マルクスと古今の西側の社会主義者が描き出した、社会の生産施設を人民が所有し、人民が統制するというシステムからはかけ離れたものであった。ソ連は、非民主主義的な国家社会主義を民主主義的社会主義に転換しようとして失敗したが、だからといって民主主義的社会主義が機能しないとか、達成不可能であるということにはならない。ソ連の経験、そしてソ連体制を終焉に導いたプロセスは、将来生まれるかもしれない有効な社会主義システムをつくるための重要な教訓を含んでいるのである。

以下の各章に示す分析は、必ずしも包括的なものではない。中・東欧諸国の国家社会主義の終焉については触れていないが、恐らくそれらは、省略した事柄の中で最重要事項であろう。中・東欧諸国の事態の推移が、ソ連の終焉に複雑な形でかかわっていることはもちろん分かっている。私たちは、時間と専門的知識の制約もあって、若干の限定的な所見以上には両者の相互依存関係について説明を加えることはしなかった。私たちはまた本書において、東欧諸国における崩壊過程と、ソ連で展開されたプロセスとの異同についてコメントすることはできない。国家社会主義の終焉の全体像を描くのは、これから先の課題である。しかし、この体制はもともとソ連で発生し、ソ連で深く根を張り、ソ連においてどこの国よりも長い間持続したのである。ソ連の終焉を推進したソ連国内の諸勢力を理解することは、それ自体、価値ある目標《ゴール》のように思える。

(訳8) この用語の定義については、一〇二〜一〇三ページを参照のこと。

第一部　ソ連体制

第一部　序

ソ連体制の終焉は、その体制独特の特徴と歴史の産物であった。第一部では、ゴルバチョフの権力掌握に至る期間を対象として、ソ連体制の起源と発達を取り扱う。第1章で検証するのは、社会主義者側からの資本主義批判と、資本主義に代わる社会経済体制の候補像である。それらは、一九一七年のボリシェヴィキ革命(訳1)の背景となった。革命後、新しい社会の形が鮮明になったのは一〇年の時を経てからである。また第1章では、ソ連に社会主義の特殊モデルを建設するという一九二〇年代末の決定と、浮き上がってきたソ連体制の主な特徴を考察し、ソ連において生まれた新エリートの本質を分析する。

何十年もの間、ソ連体制は深刻で慢性的な経済問題にさいなまれながらも、急速な経済的発展をもたらしているように見えていた。第2章では、そのソ連経済の発展を証明するデータに目を向ける。そうしたデータの中には、この問題についての一般的通念をくつがえす、最近出てきた反証も含まれる。そして、ソ連の経済実績が一九七五年以降かなり悪化したという事実を示し、こうした事態の原因となったものを考察する。ゴルバチョフが推進した改革プログラムであるペレストロイカは、ソ連経済の慢性的な問題と一九七五年以降の経済実績の悪化という二つの点に対処する施策であることが分かる。

第1章　社会主義とソ連体制

ソ連大統領ミハイル・ゴルバチョフは、一九九一年八月の守旧派によるクーデターが未遂に終わった後の数ヵ月間、ソ連邦の維持のために奮闘したが、それはむなしく失敗に終わった。ゴルバチョフはその過程で、一九一七年の「社会主義の選択」について再三にわたって言及した。「社会主義の選択」は、二〇世紀の一大革命の中からソ連が誕生したことを指している。ボリシェヴィキが一九一七年にペトログラードで権力を握った後、レーニンは、「我々は今、ロシアにおけるプロレタリア社会主義国家の建設に着手しなければならない」(1)と宣言した。

ロシアにおける「社会主義の選択」は、約七〇年前にすでに芽吹いていたある政治運動の最初の勝利であった。一八四八年、マルクスとエンゲルスの『共産党宣言』は、世界に向かって「ヨーロッパに妖怪が徘徊している。共産主義という妖怪が」(2)と宣言した。マルクスとエンゲルスは資本主義を糾弾し、労働者の蜂起を予見した。そうした蜂起は、資本主義の代わりに、新たな、もっと公正な社会体制をも

(訳1)　一九一七年のロシア革命を構成する二月革命と十月革命のうち、プロレタリア革命である後者を指す。レーニンの呼びかけに従ったボリシェヴィキがブルジョア革命からプロレタリア革命への転化を実行に移したことに由来する言い方。なお、ボリシェヴィキとは、ロシア社会民主労働党が一九〇三年、党組織のあり方をめぐって二つに割れたとき、党員を職業革命家に限ることを主張した一派が名乗った名称で、「多数派」を意味する。ソ連共産党は、ボリシェヴィキ党の後裔にあたる。

たらすはずであった。こうした未来像に魅せられて、労働者および反体制側の知識人は、一九世紀後半、ヨーロッパ、さらには北米の各主要国において社会主義政党を結成した。労働者および知識人を、既成秩序を非難する方向に、また何か根本的に違ったものを要求する方向に導いた未来像というのはいかなるものだったのであろうか。この未来像こそが、およそ七〇年後のロシア革命に息吹を吹き込むことになるのであった。

社会主義の概念

『共産党宣言』を読んだことのない人はたいてい、同書の中で、かつて活字になったものとしては最大級の資本主義礼賛が所々でなされているのを知って大いに驚く。一例として、次の一節を挙げよう。

「ブルジョアジーは……他に先駆けて、人間の活動によって何がもたらされるかを明らかにした。ブルジョアジーは、エジプトのピラミッド、ローマの水道、ゴティックの大伽藍……をしのぐ驚異的な事業を成し遂げた。ブルジョアジーは絶え間なく、生産用具……を進化させずにはおかない。ブルジョアジーはたかだか一〇〇年にしかならない支配期間に、過去のすべての世代を合わせたよりももっと大規模で巨大な生産諸力をつくり出したのである」(3)

しかし、マルクスとエンゲルスは次のように考えていた。資本主義の目覚しい成果には暗い一面があり、成果が上がったのも、労役に服して偉大な事業を成し遂げた階級が搾取されているからである、と。

貧困と不安の生活こそ、労働者階級が自己の役割の代価として受け取る報酬であった。マルクスとエンゲルスの主張によれば、すべての利益は生産手段を所有する資本家の手中に収められてしまう。世襲による中世的貴族政治は、すでに金銭の貴族政治に変わったというのである。

社会主義者からの批判の対象は、初期資本主義に特徴的な不平等の問題だけにとどまらなかった。周期的な経済不況も非難の対象となった。不況になると、商品が必要とされているにもかかわらず生産がストップする。新興労働者階級は失業によって荒《すさ》み、苦しむと指摘された。というのも、この階級の多くの者は、かつて零細農民あるいは都市の職人だったころの比較的安定した生活をまだ忘れずにいたからである。労働者が、富を生産するための単なるモノとして扱われていることも、嫌悪の対象となった。(4)

マルクスとエンゲルスは、その先達である空想的社会主義者と違って次のように確信していた。すなわち、もし人間の社会的進化の次段階、もっと高い段階がやって来るとすると、それは社会的変化のメリットを富裕な権力者に教え込もうとする知識人の努力ではなく、資本主義の主たる犠牲者である労働者階級の政治・経済闘争から生み出されるだろう、と。レーニンは「プロレタリア社会主義国家」について述べているが、それは、こうした社会変化の予想に基づくものである。プロレタリアート、すなわち労働者階級は、物的向上のための労組結成を手始めとして、権力闘争へ至る道を進むように運命づけられているのであり、最終的には資本主義体制を打倒し、その跡地に新しい社会を建設することになるというわけである。

マルクスとエンゲルスは、自分たちが予見、唱導する社会主義社会の詳細な青写真は示さなかった。両人はその代わり、資本主義とその発展傾向の分析に集中した。両人の確信するところでは、そのことこそ新社会建設の秘訣だからである。将来の社会主義がどのようなものになるかについては、マルクスとエンゲルスの著作のあちらこちらに短いコメントが散見されるにすぎない。新社会は幾つかの段階を経ることになるが、最初に通過するのは資本主義の痕跡の残る時代、しかも社会制度および個々人の心理に対する痕跡が比較的強固に残る長い時代である。そして最終的には、階級のない新社会が発展することになる。マルクス主義の立場に立つ社会主義者は、伝統的に「共産主義」という用語を最終段階にあてがうために取っておき、「社会主義」という用語を第一段階にあてていた(5)。

ロシア革命に先立って、社会主義者たちは新社会がどのようなものになるか、その細部について議論を闘わせた。しかし、社会主義体制が三つの中心的な経済制度を特徴とするとの見通しにおいては、幅広く意見が合致していた。第一に、社会の生産手段、すなわち工場、機械、電力、大量輸送機関等々は、個人の所有物ではなく公的財産になるということである。そうすることによって、資本家による労働者の搾取にピリオドが打たれる。そして、財産を所有しているだけで収入を得ることは誰にもできなくなる。

第二に、生産は市場ではなく、経済計画によって指導されるようになる。マルクスとエンゲルスは、各資本主義企業の内部にだけ存在する計画化および秩序を、自分たちの言う市場交換関係の「混沌」と対比していた(6)。個々の資本家が企業内の活動を計画するのと同様に、全体としての労働者階級はひとたび権力を握れば、社会全体の経済の動きを管理するために計画化のシステムを用いることになる。マルクスとエンゲルスは、経済計画化によって、資本主義を特徴づけてきた失業と周期的な不景気は根絶されると信じていた。

第三に、社会主義は利潤のための生産を放棄する。資本家は、どうすれば利潤を最大にできるのかという予想に基づいて生産品目と生産方法を決める。利潤を追求する資本家同士の競争は資本主義における技術の進歩と経済成長の原動力だが、それをマルクスとエンゲルスは、進歩をもたらす方法として決して理想的ではないと見ていた。社会主義は、利潤のための生産を「利用のための生産」に変える。社会主義の企業は利潤を得るためではなく、社会に利益を与えるために、最新のテクノロジーを使って人民の必要を満たすべく生産を行う。よって商取引の秘密を守る必要はなくなり、知識は企業間で広く共有されるので、テクノロジーの進歩と製品の品質は、資本主義の、文句のつけようのない目ざましい実績をも上回るものとなろう。

初期の社会主義者は未来の社会主義に関して、その経済構造についてはともかく、政治構造についてとなるとこれといった考えがあったわけではない。マルクスとエンゲルスの見解によれば、政府というものは常に、ある階級がほかの階級を支配するための道具であった。資本主義社会では、民主的共和国においてすら、純粋な多数決の原理は行われていないと社会主義者たちは論じていた。資本家階級の巨大な富と経済力に妨げられて、労働者階級は真の政治的主権を行使することができない、と彼らは言う(7)。

想定されていたのは、労働者階級が権力を握った後に新たな支配階級になり、敗北した資本家階級の復活や社会主義建設への干渉などを確実に防ぐべく国家権力を用いるということであった。マルクスとエンゲルスは、「プロレタリアート独裁」というフレーズを使って、新たな支配階級としての労働者という認識を明らかにした。それは、資本主義国家を「ブルジョアジーの独裁」と見る見解と相似関係にあった。しかし、大部分の社会主義者が予想していたのは、労働者と社会主義国家の関係において民主主義が行われるということであった。結局、労働者という多数派階級は、民主主義の諸制度に頼らないとすると、どうやって支配階級としてやっていくのであろうか。民主主義の諸制度があればこそ、労働者階級のメンバーは自由に自分の意見を表明したり、集団の決定に到達したりすることができるのである。こうした「労働者の民主主義」は、富裕な資産家によって民主主義の原則を覆されることがないので、世界のどこにも前例のない純粋な民主主義になると期待されていた。

公的所有、経済計画化、利用のための生産といった諸制度と民主主義労働者国家によって、社会主義社会にふさわしい一定の社会的価値、すなわち平等、経済面での安全確保、協力、民主主義といったものが実現し、強化されるはずであった。また、次のようにも信じられていた。貧困は社会主義によってすぐに取り除かれる。なぜなら、社会の生産能力がこれまでより急速に発展し、しかも存分に利用されるようになるのにともなって、もっと平等な所得の分配が行われるからだ、と。また、失業と周期的な不景気の結果生じる荒廃と不安は経済計画化のおかげで消え去り、資本主義式の食うか食われるかの競争に代わって、協力が行われるようになる、と。

経済がいっそう発展する時期がすぎ、旧体制の残滓《ざんし》が消えた後、社会は最終的に共産主義に到達する。この段階に至ると、原始的狩猟・採集民の時代以来、初めて階級が廃絶される。マルクスとエンゲルスは次のように予見した。すなわち、階級闘争に代わって、「個人の自由な発達を全員の発達のための前提条件とする社会」(8)が出現する。そして、都市と農村の区別、肉体労働と知的労働との区別は消えていく。また、強制の道具としての国家も姿を消す。ひとたび世界のすべての主要国で新たな社会が成立し、資源と市場を求める世界規模での競争に終止符が打たれると、戦争は過去のものとなる。

社会主義者は、資本主義は労働者階級にだけ抑圧的だというわけではないと論じた。つまり、資本家すら真に自由ではないというのである。資本家は、己のつかさどる体制の「運動の法則」に服しているのである。その点では、労働者と違いはない。資本家は何よりも利潤を追求し、資本を蓄積しなければならない。それを効率よくやってのけられなかった者は、競争という名の闘争に後れをとり、元資本家として引導を渡される危険に絶えずさらされている。社会主義は、根本的にそれとは違うはずであった。それは、人間の発展の新たな段階となるはずであった。その段階に至って初めて、人間は社会の動きによって統制されるのではなく、逆にそうした「運動の法則」を意識的にコントロールするようになるはずであった[9]。

ロシア革命

人間の動機は常に複合的である。しかし、ボリシェヴィキが一九一七年のロシア革命において権力を握るに至った最大の要因は、名声、富、権力などの欲求そのものを目標にすえたという点にあるのではなく、現存の社会に対する社会主義からの批判と新社会の未来像が信頼を集めたという点にある[10]。レーニンは、マルクスとエンゲルスを丹念に研究した。レーニンは、二人の著作に革命社会主義政党を権力の座へ導くことのできる思想が含まれていると考え、それら著作に膨大な注釈を付けた。レーニンは本当にマルクス主義思想を信奉していたのだろうか、それとも権力への衝動にかられて、そうした思想をゆがめた形で焼き直したのだろうか。それについては、古来より研究者の間で議論の分かれるところである。いずれが真実であるにせよ、レーニンが労働者革命を成し遂げる方法について新たな理論を肉付けしたのは明らかである。そうした理論は、初期マルクス主義の文献には見当たらない。

ロシアでは抑圧的な帝政によって統治が行われていたので、レーニンは、統制のとれた秘密主義の職業革命家政党の建設を主張した。ボリシェヴィキは、「民主集中制」と称する軍隊式の規律に基づいて党を組織した。党中央の指導部は、その内部で政策を議論し決定を下した。しかし、ひとたび政策が決定されると、指導者たちも平党員も、文句を言うことなくその決定を遂行するよう要求された。

レーニンは、そうした政党こそ、帝政の秘密警察に抗して生き残り、社会主義のメッセージを都市労働者階級に広めるための唯一の手段であると主張した。革命を成し遂げるためには、権力闘争において労働者階級の前衛、すなわちリーダーとして行動する統率のとれた政党がなければならない。党内組織における民主集中制という方式と、党と労働者階級の前衛・後衛関係は効果的な手段となった。それによって、帝政の強力な専制にさらされながら強力な党組織を建設し、一九一七年の帝政崩壊に引き続く混沌の中で権力を握ることができた。しかしそれは、革命後に建設されることになる社会の本質にとって重大な意味をはらんでいた。

社会主義建設が、他に先駆けて後進国ロシアで企てられるとは誰も予測していなかった。マルクス主義の理論が示唆していたのは、社会主義はまず最初、英国とかドイツといった経済的にもっとも発展した諸国のいずれかにおいて登場するということであった。第一次世界大戦の直前、西部ロシアの主要都市には大工場やかなり規模の大きい工業労働者階級が存在しており、約二五〇万人の労働者が大規模な製造業や鉱業に従事していた。しかし、都市労働者階級は、果てしない農民の海によって取り囲まれていた。当時、人口の八〇パーセント以上は農村に生活し、また七五パーセントは伝統的な農業に従事していたのである(11)。大半の農民は貧しく、地主貴族と帝政に対して大きな不満をいだいていた。したがって、旧体制打倒の闘いにおいて農民は、労働者階級の一時的な同盟者になる可能性があった。しかし、大部分の社会主義者は、農民を説き伏せて社会主義の側へ引き寄せるのは容易なことではないと考えていた。というのも、農民の昔からの夢は、自分自身の土地を所有することであって、財産の共有に基づく新たな社会を建設することではなかったからである。

一九一七年、ロシアの労働者と農民は、第一次世界大戦に端を発する極度の物不足に不満を募らせた。そうした不満は、帝政政府にとって脅威となった。ボリシェヴィキの組織者《オルグ》は穏健社会主義の立場に立つ同胞メンシェヴィキ(訳2)と組んで、都市労働者の中に社会主義の思想に耳を傾けてくれる人々を見いだした。また、社会革命党〔エスエル党〕は、農民の中で組織づくりを行った。同年二月、(12)冬の都ペトログラードで一連のストライキが起こり、それは自然発生的な労働者の蜂起へとつながっていった。ペトログラード守備隊が上官に逆らって労働者の側についたとき、帝政は倒れた。

その後の八ヵ月間、権力は「臨時政府」と「ソヴィエト」が共有した。ソヴィエトは、労働者、農民、兵士・水兵を代表する組織で、ロシア全土で発生した。(13)ソヴィエトの中でもっとも影響力が強かったのは上記三政党である。臨時政府がロシアの戦争続行を決めたため、人民は不満を募らせ、労働者と農民はともに見る見る急進化した。農民は地主から土地を奪い、労働者は工場の経営権を要求した。

ボリシェヴィキは、社会主義を奉ずる三政党のうちもっとも急進的であった。ボリシュヴィキが要求したのは、ロシアが戦争から手を引くとこと、労働者が工場を管理すること、農民が土地を受け取ること、さらにはこうした要求を貫徹するため、すべての権力をソヴィエトに与えることであった。一一月を迎えるまでにボリシェヴィキは、ペトログラードとモスクワのソヴィエトにおいてすでに多数を占め

(訳2)　ロシア社会民主労働党の中で、同党を大衆的労働者党とすべきであると考えていた一派。一九一七年に二月革命が勃発すると、ブルジョア革命を支持する立場に立った。四月まではボリシェヴィキと共闘関係にあったが、プロレタリアート革命支持に回ったボリシェヴィキが一〇月に武装蜂起を起こし権力を握ると、それ以降政治的弾圧を受け、事実上の消滅に至った。

るに至った。ロシア全土の何百ものソヴィエトが、権力を残らずソヴィエトに引き渡すように要求する決議を採択した[14]。ボリシェヴィキは好機が到来したのを感じ取り、「ペトログラード・ソヴィエト」の名の下に権力の奪取を図った。それに続いて、モスクワでも同様の権力奪取が起こった。全ロシア・ソヴィエト大会がペトログラードで召集され、ボリシェヴィキの支配する新政府が指名された[15]。

権力を握ることと、それを維持することは別物である。ボリシェヴィキは当初、主要都市しか統制しておらず、旧体制支持派の武力による抵抗に直面した。旧体制の支持者は、西側の主だった大国からなにがしかの部隊と物資を受け取った。農村における支持基盤が限定的であったにもかかわらず、ボリシェヴィキは「赤軍」の建設をやってのけた。赤軍は一九二〇年の末までに敵を潰走《かいそう》させ、旧ロシア帝国の大部分を支配下に収めた。一九二二年、新体制はソヴィエト社会主義共和国連邦、略して「ソ連」を創設した[16]。

ボリシェヴィキ支配の形態

ボリシェヴィキの支配は、当初から仮借のない権威主義的な形をとった。理論的には、政治権力を握っていたのはソヴィエトである。ソヴィエトは形式上、人民の投票によって選出される機関であった。しかし、実際には全権力を握っていたのは共産党であった[17]。ソヴィエトは、共産党指導部の決定する政策を追認するだけの機関となった。共産党は自らを労働者階級の前衛と見なし、労働者階級の名の下に統治を行ったが、まもなく政治的反対派の存在を非合法化し始めた。最初、ほかの左翼政党は存続を認められたが、数年後、これらの政党も禁止された。一九二一年、党内の政治的分派が禁じられ、それまで共産党指導部の中で行われていた、活発で腹蔵のない議論は非合法化された(18)。

新興ソヴィエト国家は、なぜ、大半の社会主義者の予想を裏切ってこのような権威主義的な形をとったのであろうか。当初、好意的な専門家は、革命が権威主義的なコースをたどるのは苛烈《かれつ》な内戦に勝つための一時的な必要悪であると考えた。しかし、赤軍が勝利を収め、とりあえず旧体制が復活する恐れがなくなった後も、共産党は民主主義の方向に向かうことはなかった(19)。

共産党がソヴィエト・ロシア(訳3)において権威主義的な統治方法を採用した原因を、帝政ロシア時代の専制政治がしかるべき民主主義的伝統を育てることなく千年も続いたことに求める者もいる。それは、確かに一つの要因であるかもしれないが、それだけでは充分な説明にならない。伝統は、永遠に続くものではないからである。かつて専制政治の行われていた幾多の社会において、息の長い民主主義的制度が過去数世紀の間に出現した以上、長きにわたる権威主義の伝統をうまく断ち切ることが可能だということは証明がついている。そのような、先行する体制と訣別した好例としては、現代のフランス、ドイツ、スペインにおける民主主義が挙げられる。

党がレーニン主義的形態をとったことは、一九一七年のロシアにおいて労働者階級の名によって権力を奪取するのに非常に有効だった。共産党による権威主義的統治の原因は、部分的には党のレーニン主義的な形態によって説明できるかもしれない。民主集中制の党は、抑圧的でありながら政治的に脆弱な体制を相手に武装闘争を行うのに適していた。そのことは、のちに中国、ユーゴスラビア、ベトナムで共産党が勝利したことによっても証明された。これらの党は、権力を目指して闘うために労働者群を、

(訳3)　序論の原註(1)を参照のこと。

そして場合によっては農民をも動員してのけたが、旧体制を倒した後、民主的な国家を建設するのには適していなかった。ボリシェヴィキ党（共産党）は権力を目指して闘争を行っている間、足がかりとなる大衆の欲求や要求に綿密な注意を払うことを余儀なくされた。しかし、民主集中制の党はひとたび安全に国家をコントロールできる立場に立つと、その軍隊的な構造も手伝って、新しい国家において上意下達式の権力構造を生み出す傾向にあった。党首脳部が政策を決め、一般党員はそれを唯々諾々《いいだくだく》と実行に移すよう期待される。そうした原則は、党から社会全体へと拡大された。

レーニンを含む多くの共産党の指導者たちは、しばしば、自分たちの建設した国家が次第に権威主義的な行動を募らせていくことに苦言を呈した。[20] 権威主義へ向かう止めようのない流れは、部分的には、内戦後にボリシェヴィキの置かれた厄介な社会的孤立状態の結果であったかもしれない。[21] ボリシェヴィキはまだ、国民の大部分が住む農村部において確たる政治的基盤を築いていなかった。ところが内戦の結果、新体制の政治的基盤は一九一七年の時点以上に狭まった。ボリシェヴィキの頼る都市労働者階級の基盤のうち、かなりの部分が四散した。もっとも献身的に社会主義を奉じていた労働者の多くは、酸鼻《さんび》をきわめる内戦で戦い、死んだ。それ以外の者は内戦のさなか、そして内戦の後、ロシアの工業がほぼ全面的に崩壊したため、命をつなごうと農村に移り住んだ。そのほかの多数の労働者は工場を離れ、ボリシェヴィキの新政府がつくった官僚機構の中で職を得た。ボリシェヴィキは労働者階級の名の下に統治のための権力を握ったが、その労働者階級は実質的にボリシェヴィキの足元から消えてなくなったのである。人口の大部分を占める農民は、かつて自分たちの主人であった地主たちを追い払うにやぶさかではなかったが、都市を基盤とするボリシェヴィキとのきずなはあまり感じていなかった。

ボリシェヴィキが直面したのは、社会の中に目ぼしい社会基盤を得られないままどのように巨大な国家を治めるか、また、自分たちの奉ずる新たな社会主義体制をどのように建設するかという問題であった。ボリシェヴィキは、党を社会基盤の代用物とすることによってこの問題を解決した。ボリシェヴィキは、規律ある民主集中制の党を梃子《てこ》として国の工業化を進め、そうすることによって、統治の錦の御旗となる労働者階級をつくり出すことになる。

ソヴィエト・ロシアで共産党の権威主義的支配が行われるようになったため、世界の社会主義運動は二つに分裂した。ヨーロッパでは、大部分の既成社会主義政党の指導部はソヴィエト体制に反対し、それとの間に一線を画す立場をとった。一方、ボリシェヴィキが民主主義の原則を侵犯したのは、その状況からしてやむを得なかったと考える社会主義者は、一般的に「共産党」として知られる政党を形成した。世界の社会主義運動は、このようにモスクワに批判的な「社会党」とモスクワを支持する「共産党」に二分され、それは一九九一年のソ連崩壊まで続いた。

一九二〇年代の経済政策の転換

ロシアでは、革命後一〇年以上の歳月を経てようやく安定した新しい経済システムが形成され始めた。一九一八年から二〇年にかけての内戦の間、いわゆる「戦時共産主義」が一時的に行われた。産業は国有化され、生産と分配はすべて戦争目的に適合するように調整された。封鎖と戦争の混沌によって主要都市の供給が止まるなど、極度の欠乏状態の下で極めて中央集権的な経済管理システムが創設された。それは、こうした戦時の状況に典型的なものであった。

内戦には勝利したものの、その過程で経済は破壊されてしまった。激しい議論の末、ボリシェヴィキは一九二一年、経済政策を急転回させて、いわゆる「新経済政策」〔ネップ〕を採用した。そして、この政策は一九二八年まで続けられた。海外の資本家はロシアに投資するよう勧誘され、商業、サービス、さらには工業においてすら私営が奨励された。農業においては、農民は新たに獲得した土地を自分たちの考えに従って自由に活用し、農産物を市場で売ることを許された。

経済は一九二七年から二八年までには、戦争と革命の荒廃からおおよそ立ち直っていた。経済政策の次の一手をめぐって、共産党首脳部にふたたび激しい論争が起こった。最初トロツキー(訳4)と組み、のちにジノヴィエフ(訳5)およびカーメネフ(訳6)と組んだ一派は、急速な工業化を推進することと、自作農中心の農業を集団化することを支持した。このグループは、自由な自作農の農業が農村において資本家階級を育てる温床になりはしないかと懸念した。彼らはその危険を、農業を集団化することで切り抜けたいと考えた。ブハーリン(訳7)率いる反対派は、新経済政策を続けること、工業化の推進を徐々に進めること、農民の協同組合の形成をもっと緩やかにすることを主張した。

この論争は、新経済政策が採択されたときとはまったく異なるやり方で決着がつけられた。レーニンが一九二四年に亡くなると、党書記長であったスターリンは着実に手中の実力を蓄えていった。そして、よく知られている一連の策略を弄した。最初は、ブハーリンの緩やかな開発戦略を支持することによって、急速な工業化を唱導する一派を打倒し、次いで、ブハーリンおよび緩やかなアプローチを支持するグループを打倒した(22)。スターリンは一九二〇年代の末までに、新たな経済モデルを強要するのに充分な個人的権力を握っていた。

全権力を掌握したスターリンは、新たなコースを歩み出した。すなわち、直ちに強制的な農業集団化に着手し、急速な工業化を進め、私営企業を完全に根絶するという路線である。スターリンの権力があまりにも巨大だったので、この新路線は共産党の正式な決定事項にすらならなかった。一九二八年に始まった第一次五ヵ年計画は、野心的な工業化の目標を掲げていた。しかしそれは、やがて起こるロシアの社会と経済の徹底的な改造を予告するものではなかった。[23] 新しいモデルの推進は、一年後の一九二九年に始まった。スターリンはこの年、ロシアの何百万という農民を力ずくで集団化する運動を自らの手で開始したのである。

一九二〇年代の末までに、一連の新しい経済、政治制度がすでに確立済みか、あるいは建設中となっ

(訳4)　トロツキー、レフ（一八七九～一九四〇）。ペトログラード・ソヴィエト議長として十月革命に参画。革命後は外務人民委員（外相）を務め、内戦の時期には軍事人民委員を務める。レーニンの死後（一九二四年）影響力を失い、二八年、スターリンによって党から除名される。四〇年、移住先のメキシコでスターリンの手先により暗殺される。

(訳5)　ジノヴィエフ、グリゴーリー（一八八三～一九三六）。一九一七年の二月革命までレーニンの片腕的存在。十月革命の前は武装蜂起に反対するも、革命後はペトログラード・ソヴィエト議長などを歴任。二三年にはスターリン、カーメネフと手を携え、トロツキーと対立。その後はスターリンと対立するに至り、二七年に党から除名される。三六年にいわゆるモスクワ裁判を経て、銃殺刑に処せられた。

(訳6)　カーメネフ、レフ（一八八三～一九三六）。二月革命後、ペトログラードでボリシェヴィキ党の指導者になる。三六年にジノヴィエフとともに処刑される。

(訳7)　ブハーリン、ニコライ（一八八八～一九三八）。一九〇五年に社会民主労働党に入る。一七年の二月革命後、モスクワの党とソヴィエトで活躍した党内随一の理論家。後に、スターリンとともに主流派を形成。しかし、二七年には農村での穀物調達をめぐってスターリンと対立し、失脚。三八年に日独のファシストの手先として処刑される。

た。これが「ソ連体制」となったのである。この体制の経済面での特徴は、それから先の五五年間、ゴルバチョフ時代に至るまでほとんど変化することはなかった。その期間を通じて、基本的な政治制度も比較的安定していた。ただ、政治権力の中心と政治権力の行使の実態は、一九五三年のスターリンの死後、大きく変化した。

ソ連体制の経済構造

新生ソ連体制の経済制度においてもっとも重要だったのは、生産手段の国家所有と中央経済計画化である。ソ連におけるほぼすべての生産資本〔すなわち事業の元手となる資本〕は、国家が所有していた。唯一の重要な例外は「集団農場《コルホーズ》」であった。これは、集団農場のメンバーの共有財産と考えられた[24]。

この体制は、高度に中央集権化された経済計画化の階層的枠組みによって調整されていた。ソ連政府は党指導部の指導の下、国全体の五ヵ年計画および年次計画を立案した。五ヵ年計画は、どういった方向で経済発展を目指しているのかを明らかにするものであった。そして、年次計画の方は、法的拘束力をもつ実践的文書であった。年次計画はまた、重要な生産物ごとの目標生産額を具体的に示すものであった。

計画システムの頂点に立っていたのは、「ゴスプラン」〔国家計画委員会〕と呼ばれる機関であった。この機関には、ソ連という巨大な国家のために、国内的に調和のとれた経済計画を立案するという厄介な役割が与えられていた。ゴスプランは「物財バランス」と呼ばれる方法を用いて、生産投入物、すなわち鉄鋼、コンクリート、機械などの量を計算した。それらの生産投入物の生産は、最終生産物の生産を目標レベルに到達させることを目的として行わなければならなかった。ゴスプランのレベルで計画によって示されるのは、比較的幅広い生産カテゴリーの目標産出量であった[25]。ゴスプランの下には、経済の主要セクターごとに省が置かれていた。各省はゴスプランの計画を細分化し、担当分野に応じて生産目標を細かく定めた。そして、実際の生産は企業が行った。各企業は、特定の省の管轄下に置かれていた。企業レベルでは、そうした計画に従って、産出物および供給されるべき投入物の量が定められた。企業間の供給関係は、「ゴススナブ」（国家供給委員会）が管理した[26]。

ソ連体制にあっては、資金とか融資の果たす役割はまったく二次的であった。企業はひとたび生産割り当てを受けると、経済計画に具体化されている投入物（労働と物財）の代金を支払うため、必要な資金を国家銀行システムから手当てしてもらえるのである。現金を持っているとか、貸付を受けられるといったことではなくて、計画によって生産指令が下ることこそが経済活動の起点だったのである。

国有企業は、極端に大規模になる傾向にあった。それは、巨大企業の方が効率がよいと強く信じられていたためでもあり、また中央計画当局にとっては、多数の小規模企業を扱うよりも少数の巨大企業を扱う方が楽だとの考えが働いたからでもあった。企業レベルでは「単独責任制《エジノナチャーリエ》」が基本的な原則で、各企業には総支配人が配置され、彼らは当該企業の管理を任され、企業業績の責任を上部機関に対して負った。その企業を担当する党書記や労働組合の委員長も企業経営に積極的な役割を果たしたが、究極的な権限をもっているのは総支配人であった。

ソ連共産党は、国家計画機関と相似関係にあたる組織をもっていた。ソ連共産党中央委員会は、生産の主要部門を担当する「部」をもっており、部は計画の作成および履行の監督に参加した。共和国、州、市レベルの党書記は、相方《あいかた》の国家機関および企業とともに、監督下の計画の実施に関与した。各都市では、党委員会書記が市の行政当局の長および主要企業の総支配人と協力して計画を着実に進捗《しんちょく》させようと努めた。

ソ連体制が、一から十まで中央経済計画化に基づいていたという言い方は正確ではない。なぜなら、市場も副次的な役割を果たしていたからである。消費物資は、部分的に小売店を通じて分配された。消費者は、店頭に置いてある商品の中から好きなものを国家統制価格で買うことができた。ただし、市場を通さない消費物資の分配形態も重要な役割を果たしていた。具体的には、供給の不足している商品が配給制の対象となることもあった。あるいは、職場を通じて、労働者、支配人、〔党・政府の〕当局者に特別価格で商品を分配するとか、特別店を通じて高品質の商品を高官に分配するといったことも行われていた。

また、労働者の採用は、主として労働市場を通じて行われた。労働者は労働市場で、給与と個人的好みに合わせて仕事を選んだ(27)。生産財、消費財の双方に闇市場があり、非公式に黙認された半闇市場もあった。後者においては、企業は公式の計画の枠外で商品を取引した。しかし、中央の計画化は、経済活動を推進し調整するための根幹的な制度であった。

〔最後に、企業と公共サービスの関係について触れておこう。〕ソ連体制は、住民に対する広範な公共サービスを含むものであった。そうしたサービスのうち、多くのものは政府によって直接提供された。しかし、この体制のユニークな特徴は、多岐にわたる公共サービスが職場を通じて直接提供されるという点にあった。多くの大企業が資金を出して、従業員とその家族のために託児所、診療所、学校、サナトリウム、休暇用保養所、そのほかの施設を提供した。ソ連の企業城下町では、城主の立場にある企業が、町の公共サービスとされる多くのものに対して必要資金を直接手当てした(28)。

ソ連体制の政治構造

ソ連では、二つの相似形の官僚機構が政治権力を行使していた。一方は国家の官僚機構で、他方は共産党のそれであった。[29] 理論上、党は民主的な構造をもっていた。党員は代表を選出して、その代表を定期的に開かれる党大会に派遣した。党大会は党の政策を承認し、中央委員会を選出した。中央委員会は第二次世界大戦後、数百人規模の組織となった。さらに中央委員会は、一〇人ないし二〇人余りのメンバーからなる政治局、そして党書記長を選出し、中央委員会総会が閉幕した後、次の総会までの活動を任せた。[30]

しかし現実には、権力は上から下に向かって伝わっており、決して下から上に向かって伝わってはいなかった。党書記長はこのシステムの支配者であり、党書記長をいただく政治局は、重要事項について政策を決める際の最重要機関であった。書記局（政治局の執行機関に相当）として知られる専従スタッフをもっている中央委員会は、新書記長の選出が必要になると重要性を帯びるが、通常は政治局によって支配されていた。そして、党大会は真の権威をもっていなかった。なぜなら、党大会と次の党大会までには、長い空白期間が置かれていたからである。[31] このようなわけで、個々の党員は、党のトップが決めた政策を単に遂行するだけであった。

党が、社会において権力を行使する方法は幾つかある。まず、党は政府を監督し、たとえばゴスプランや工業関係の省庁からその活動ぶりについて直接に報告を受けた。党はまた、党組織を通じて直接国家の政策を立案し、その実施に携わった。たとえば経済計画の立案において中心的役割を果たした。そして、上述したように、地方《ローカル》の要員がその実施を手伝った。中央委員会のスタッフは、外交、国家安全保障、学術、文化、そのほかの政策に深く関与した。しかし、党権力のもっとも基本的な源泉は、党が政府当局者の選抜、さらには非政府機関の職員の選抜をコントロールしている点にあった。

重要な職務《ポスト》の人事を党が統制するという慣行は、「ノーメンクラトゥーラ」制として知られる。(32)政府、軍、保安機関、報道機関、労働組合、職能団体などにおける最上層のポストについては、任免権はすべて党の最高機関（政治局と中央委員会）にあった。下級の国家機関および非国家機関のポストにあてる人物は、下級党機関が指名した。党内の人事について言うと、モスクワの最高レベルの党機関が、その配下の党機関および共和国、州、主要都市の最高ポストの任免をコントロールした。

政府組織は、党組織から切り離されていた。政府も理論上、民主的な体裁をとっていた。ソ連憲法が規定していたのは、議会制の民主的な政府であった。議会《ソヴィエト》の代議員は、自由選挙を通じて選出されることになっていた。最高立法機関である「最高会議《ソヴィエト》」は、政府の執行・行政機関である閣僚会議を指名した。閣僚会議議長は、首相の役割を果たした。

しかし、実態は理論からほど遠く、政府は議会制の形態などはとっていなかった。議会《ソヴィエト》の選挙は無競争であった。共産党は議会の立候補者を指名し、閣僚会議のメンバーと閣僚会議議長の選出も行った。最高会議は独立した立法機関ではなく、党ヒエラルキーの準備する提案を追認するにすぎなかった。

戦後期のソ連を研究している西側の専門家は、ソ連体制の頂点に立つ諸機関のどこに政治権力の厳密な所在があるのかという問題をめぐって議論を戦わせた。(33)というのも、主要国家機関の一部当局者は政治局員を兼ねており、閣僚会議のほぼすべてのメンバーも党中央委員会に籍を置いていたからである。(34)しかし、党機関と国家機関とが政策決定をどのように細かく分担しているのかを突き止めることは、私たちの目的にとっては必要のないことである。疑いないのは、相互に絡み合った二つの官僚機構の上層部に権力が集中していたということである。こうした体制には、「党・国家体制」という名称がふさわしい(35)。

ソ連体制の基本的経済構造はスターリン死後も変化しなかったのに対し、政治権力の本質は変化した。上記のソ連政治システムの描写は、スターリン時代の政治権力の外面的形式を描き出したものであるが、スターリンの下での政治権力の内実は形式とは異なっていた。スターリンは一九二八年から五八年の死に至るまで、全能の独裁者として統治を行った。この期間、党が権力を握っていたという言い方が正確かというと、それさえも問題がある。スターリンの統治は主として秘密警察を通じて行われたのであって、党を通じて行われたものではないからである。

スターリンは、一九二九年の末、およそ一億二五〇〇万人の農民の強制的集団化を自ら推進した。農業集団化の結果生じた混沌は、恐るべき飢饉へとつながった。そして数百万の人々が、一九三二年から三三年にかけて飢餓と病気のために死んだ。スターリンは一九三六年から三八年にかけて、一連の大量逮捕と公開政治裁判を行った。その結果、ボリシェヴィキ党が発足したときの指導部メンバーは、実質的に全員が処刑されることとなった。一九三五年から三九年にかけて一〇〇万人を超える党員が殺され(36)、一九五〇年になっても政治局員が一名処刑されている。党最上層のリーダーに加えて、省庁の役人、企業支配人、軍将校、文化人、さらには「サボタージュ」の嫌疑をかけられた一般の労働者および農民が多数、投獄また処刑、あるいはその両方によって命を奪われた。こうしたテロを実行に移した秘密警察の当局者すら、周期的にテロの犠牲者となった。スターリンの統治方式が原因となって、合計で約二千万人が横死《おうし》を遂げた(37)。

共産党主導の主要な革命で、自らの指導部に対してこれほどの大量虐殺を加えた革命は類例がない。

スターリンの統治上の特徴は、かつてボリシェヴィズムと結び付けられていたイデオロギー上の主題の多くから、大きく逸脱しているという点にある。スターリンはロシア民族主義、反ユダヤ主義、保守的な文化規範などを復活させた。労働者、女性、少数民族を優遇する従来の法律は廃止されるか、または無視された。平等主義は非難を浴びた。はっきりとした転換が行われた。かつては、歴史をつくるのは大衆であるとの理念が掲げられていたのに対し、今や、偉大なる指導者であるスターリンがすべての進歩の源泉であるとの見解が唱えられるようになった。それは、レーニン時代にはまったく見られなかった、指導者に対する個人崇拝であった(38)。

テロに基づくスターリンの独裁は、一九五三年、その死とともに終わりを告げた。数年後、新たに党の指導者となったフルシチョフ(訳8)は、スターリンのテロ支配を弾劾した。スターリン後の時代になると、ソ連政治システムは、前述の描写に沿った形で、党書記長、政治局、書記局、中央委員会による統治システムとして登場した。それは、依然として権威主義的な上意下達方式のシステムであったし、このシステムに政治的に反対する者は、迫害、国内流刑、投獄の憂き目に遭った。しかし、このシステムはもはやテロによる独裁ではなかった。ポスト・スターリン時代においては、指導部の個人的または政治的な論争において敗北した者は、処刑されるのではなく降格させられるだけで済むようになった(39)。

ソ連体制とは何だったのか

ソ連体制というのは、どのような社会システムだったのであろうか。それは、社会主義だったのだろうか。それとも、それとは別物だったのだろうか。この問題については、過去何年にもわたって盛んに議論が行われ、膨大な著述がなされた。いうまでもなく、ソ連指導部とその支持者は一貫して（少なくともゴルバチョフまでは）、このシステムはいかに不備があろうとマルクス主義型の社会主義を具現化したものである、と主張してきた。彼らが主張していたのは、ソ連は労働者の国家であるということ、そして、共産党は労働者階級の道具にすぎず、労働者階級の願いを解釈し、実行に移しているのだということであった[40]。国家の財産は人民の財産と同一視されており、経済計画化は人民が経済を運営するための道具であるとされていた[41]。

こうした見解は、ソ連の現実と衝突するものである。ソ連体制においては、労働者階級もソ連人民も、全体としては主権をもっていないことは明らかだった。権力は、党・国家官僚体制の最上層部にあった。経済計画の立案から個々の企業の運営に至るまで、労働者はシステムの運営方法について経済面での決定を下す権力を欠いていた。

ソ連体制は、資本主義とは根本的に異なっていた。確かにソ連体制の下でも、資本主義体制の場合と同じように賃金労働者が生産労働を行っており、ソ連体制はその点、外面的には資本主義と似通ったところがあった。ところが、ソ連体制においては競争がまったく存在しないのに対し、資本主義の下では、独立した資本所有者が市場で売り上げの増大を目指して競争を行う。そこから資本主義の多くの特徴が

（訳8）　フルシチョフ、ニキータ（一八九四〜一九七一）。十月革命直後に共産党に入党。モスクワ市党第一書記、ウクライナ党第一書記を歴任。三九年に党政治局員に昇格。スターリン死後（一九五三年）、党第一書記として集団指導体制の一角を占める。五六年の第二〇回党大会でスターリン批判を行う。その後、党内の政敵を追放し、五八年に首相を兼任するなど、名実ともにソ連の指導者となった。国内では非スターリン化、対外的には平和共存など成果も上げたが、農業の失敗、性急な機構いじりなどが原因となって六四年に解任された。

生ずる。競争こそが、資本主義の効率性とダイナミズムの生みの親となっているのである。前述のネガティヴな特徴についても同様である。ソ連体制は、高度の資本の蓄積を生み出したが、それはトップからの政治的指令によるものであって、競争のプレッシャーに由来するものではなかった(42)。

ソ連体制を理解するのにもっとも有益な方法は、それを社会主義の重要な要素と非社会主義的な要素の両方を含んだ混合システムとして理解することである。「国家社会主義」という用語は、こうした概念を把握するのに最適であるように思われる。というのも、ソ連国家の役割と本質は、ソ連体制のきわめて重要な非社会主義的特徴の現れだったからである(43)。

労働者は、実質的な意味でソ連体制の経済的、政治的命運を左右するものではなかったが、そのような事実にもかかわらず、ソ連体制は重要な社会主義的特徴を備えていた。第一に、国家（および協同組合）が実質的にすべての生産手段を所有していた。それは、財産を所有しているだけで収入を得ることのできる有産階級が存在しないということを意味していた。ソ連体制における合法的な所得の出どころは、もっぱら労働であった(44)。ソ連体制は、資本家による企業所有抜きで近代的な工業社会を建設した史上初の体制だった。

ソ連体制における第二の社会主義的要素は、計画化による経済の調整である。確かに、計画化によって周期的な景気後退や不況がなくなり、経済成長率も非常に高くなる（これについては次の章で述べる）など、社会主義者が自負していた経済的恩恵は一部現実のものとなった。企業相互間には競争がなかったので、たとえばテクノロジーや経営のテクニックに関する情報を共有するなど協力の余地が生まれた。それは、資本主義の下では見られないような類の協力であった(45)。生産活動の出発点は利潤の追求ではなくて経済計画であった。何が不足しているのかは最上層の政治当局の考えで決まり、それによって計画の立案がなされたが、それはやはり利潤のための生産というよりは「利用のための生産」の形態であった。

経済計画化による完全雇用は、ソ連体制のもう一つの社会主義的特徴であった。ソ連では一九三〇年代初め以降、まとまった失業は実質的になくなった[46]。逆に、全般的な労働力不足が一般的となり、勤め口を短時間のうちに見つけることは容易だった。その上、ひとたび職に就くと、雇用は高度に保障され、労働者が一時帰休や解雇の憂き目に遭うことは稀であった。このことは、労働者が個人的な収入を高度に保障されているということを意味していただけではなく、スターリンの恐怖政治が終わってからは、労働者が雇用をめぐって非公式な交渉力をかなりの程度において得たということも意味していた。理論上は、企業支配人が全権力を握っていたが、実際には労働力が不足していたことと、労働者の解雇はまずしないという慣行もあって、支配人は労働者の要求に配慮することを余儀なくされた。その結果、ソ連企業の作業ペースは資本主義企業において普通とされる作業ペースよりも緩慢なものとなった。最高レベルの経済立案者たちは、労働者に労働を強制するための権限に限界があって、本人のやる気以上に働かせることができないと言って嘆くことが多かった。

住民に対して提供される広範な公共サービスも、ソ連体制の社会主義的特徴の一つであった。それに含まれるのは、無償教育（試験に受かった者を対象とする高等教育も含まれる）、安価な託児、きわめて安いアパートの賃貸料[47]、労働者用保養施設での割安のヴァカンス、無料医療、年金の保障などである。スウェーデンやノルウェーなど、西側の資本主義民主主義国で政権の座に就いた社会主義政党は、社会の資本主義的な基盤には手をつけなかったが、ソ連と同様の労働者向け公的給付プログラムを設定した。しかし、このような社民主義の福祉国家においては、資本家をスポンサーとする保守党が国際的競争から生じる圧力にあおられて、絶えず社会プログラムの廃止または縮小を求めて圧力をかけている。ソ連体制においては、社会的給付がそのような抵抗に遭ったことはないし、また資本主義福祉国家の場合と違って、社会プログラムが周期的に縮小されることもなかった。

社会体制の本質はその公式のイデオロギーや単なる形式によって判断すべきではないが、ソ連体制の公的な社会主義イデオロギーは一定の影響力をもっていた。「ソ連体制」イコール「労働者の国家」と想定されていたので、各レベルの議会《ソヴィエト》で労働者（および農民）出身の代議員がかなりの数に上った。これは、代議員の選任を党がつかさどっていた結果である[48]。ソヴィエトは真の権力をわずかしかもっていなかったが、労働者にとってはある程度の威信と尊厳を与えてくれるものであった。このことは、後述するように、一部のインテリの中にかなりの怨嗟《えんさ》を引き起こす原因となった。

ソ連体制における貨幣所得の分配は、社会主義の価値体系にのっとって、資本主義下のそれよりもかなり平等に行われていた。少なくとも、スターリンよりも後の時代についてはそうであった[49]。所得の不平等を測る一般的な尺度に「一〇分比率」と呼ばれるものがある。これは国全体を対象とする研究に用いられるもので、全世帯を所得の高低により一〇に分け、もっとも所得の高い集団（全世帯数の一〇パーセント）の所得合計が、もっとも所得の低い集団（同じく一〇パーセント）の所得合計の何倍になるかを測るものである。有力な西側の専門家の研究によると、一九六七年のソ連の「一〇分比率」は四・五であった[50]。このことが意味しているのは、全世帯の上位一〇パーセントが最下位集団と比べて四・五倍の所得を得ているということである。これとは対照的に、米国とフランスではいずれもこの指数は一五・九で、ソ連の三・五倍であった[51]。この結果は、ソ連体制に不労所得が存在しないことを考えれば驚くべきものではない[52]。しかし、後述するように、貨幣所得の分配が相対的に平等であるとしても、そこには次のことが反映されていない。すなわち、高い地位にある当局者は特別な給与外給付を享受しており、そのことは不平等を拡大する方向に作用するということである。

ソ連体制の非社会主義的特徴

ソ連体制においては、社会主義的でない重要な制度が社会主義的な特徴と並立し、絡み合っていた。そうした制度の中には、中世の封建制を思わせるものもあったし、資本主義下の制度に似通ったものもあった。

ソ連体制におけるもっとも非社会主義的な特徴は、党・国家エリートによる政治権力の独占であった。スターリン時代においては、支配の形態は中世的な色彩を帯びていた。そこでは、いかなる中世の君主にもふさわしい、全知全能の指導者に対する崇拝が行われていた。スターリンなきあと、政治システムは進化し、やや近代的な寡頭制に変化した。スターリン後の穏健性の増した政治システムですら、依然として抑圧的な体制であり、ソ連国民は公民としての、また政治上の基本的な権利および自由を与えられていなかった。言論の自由、出版の自由、結社の自由がないため、ソ連国民は国家の政策を決定するに際して大きな発言権をもてなかった。

党・国家エリートは、地域の社交クラブをも含めて、実質的に公共生活のあらゆる側面を統制しようとした。ソ連市民は移動の自由すらもっていなかった。それは、特定の荘園に強制的に縛りつけられていた封建農奴を思わせるものであった。あの忌まわしい国内パスポート・システム[訳9]は、各市民を特定の市または町に縛りつけた。国内パスポートは、一九三〇年代初めの強制的集団化によって引き起こされた社会的混沌に由来するもので、当局の許可なく居場所を変更することは禁止されていた(53)。

経済権力も政治権力とまったく同じように非民主的で、高度に中央集権化されていた。仮に、市民の自由選挙を通じて政府当局者を選任するなど政治の諸制度が民主化されたとしても、経済構造の方は、そのままの形では社会主義の通念、すなわち労働者による経済活動の管理という通念にかなうものとはならなかったろう。つまり、経済の政策決定はきわめて階層的であった。経済面の最重要決定は中央で下され、それは下位の部署に指令として伝達された。省以下のレベルにおけるシステムの各構成員、すなわち企業支配人から一般労働者に至る人々の経済面の基本的な役割は、上からの指令を実行することにあった。一九一七年、モスクワおよびペトログラードの労働者は、工場の自主管理を要求した。当時ボリシェヴィキは、そうした要求をオウム返しに唱えた。この要求は革命の重要な側面であった。しかし、ボリシェヴィキが権力の座に就くと、こうした発想はやがて立ち消えになった。「単独責任制」が当時の資本主義の経営マニュアルからそっくりそのまま借用され、ソ連企業の特徴となった。

そうはいっても、ソ連の職場の内部関係は形式面において完全に資本主義的というわけではなかった。労働者の雇用が終身雇用的であることと、労働力不足のために労働者が非公式な権力をもっていることから、温情的な管理形態が助長された。ソ連の大企業は、よそに移すことのできない、終身雇用を保障された従業員共同体をかかえ、従業員食堂、従業員の子弟用の幼稚園、ヴァカンスのための「休息の家」、消費物資の特別配給を提供するなど、封建時代の温情的な荘園さながらの存在となった。ソ連企業の支配人は、かなりの程度、自分を企業と従業員の代表者兼保護者と見なしていた。こうした実情が原因となって企業は、一九九〇年代の初めに私有化された後も、案に相違して資本主義的規範から驚くほど逸脱した行動を見せるのである。

ソ連のエリートに与えられる物的特権は、社会主義の平等主義という倫理にそむくものであった。上に引用した比較的平等主義的な貨幣所得の分配は、エリートのもっている、消費物資の特別な入手方法を考慮に入れていない。何しろ、エリートしか入れない特別店があり、そこでは西側からの輸入品を含め高品質の製品を低価格で売っていたのである。その上、エリート向けの高品質の商品を生産する特別工場すらあった。また、エリート向けの立派な共同住宅が特別建設企業によって建設されていた。最高層の当局者の役得には、豪奢な自動車や郊外の設備の整った「別荘《ダーチャ》」(54)を使うことも含まれていた。特別店も役得も、ヒエラルキー内部でどのような地位に就いているかに応じて厳密に格付けされていた。ペレストロイカ期以前、この特権システムは明らかに公式の社会主義イデオロギーと真っ向から衝突するものだったので、決して公式には認められなかった。しかし、その存在を知らない人はいなかった。

ソ連体制においては、最良の品物は販売には回らなかった。単に金銭をもっているだけでは、そういった品物を入手することはできなかった。消費は、ヒエラルキー内部の地位や立場に付随するものであった。このような、富よりも地位や立場が優先する体制は、準封建的体制と見ることもできよう。とはいえ、それは現代のソ連官僚制の効果的な原動力だった。実質的に、エリート層内部で出世することこそ、特権的生活に至る唯一のルートであった。エリート層の階層的構造内で出世できないとなると、特権的な快適さに満ちた生活にたどり着く方法はほかにはなかった(55)。

(訳9)　ソ連市民は、国内パスポートの所持を義務づけられていた。この制度が導入されたのは一九三二年で、農民の都市部への逃亡を防ぐことを目的としていた。集団農場《コルホーズ》農民にはパスポートが発給されなかったので、彼らには移動の自由がなかった。

ある現存の社会体制が、社会主義なのかそうでないのかを見定めることは難しい。そのことは主として、社会主義においては政治権力が特別な役割を担っているという問題とかかわっている。資本主義体制は、さまざまな国家権力形態と共存することができる。具体的にいうと、米国や英国の複数政党制の民主主義、戦後長期間にわたる日本やイタリアの一党支配、戦後のスペインや韓国の権威主義国家、ナチス・ドイツのテロリズム独裁。そのいずれとも共存可能である。これらのすべてのケースにおいて、資本家階級は生産手段の大部分を所有し、賃金労働者を雇い、市場での販売を目指して競争している。

それに対して社会主義は、決して労働者が個人として生産手段を所有し管理するといった事態を想定していなかった。資本主義の開発したテクノロジーが、生産を個人的なプロセスではなく社会的なプロセスに変えたからである。仮に労働者が生産手段を所有・管理し、資本主義の市場プロセスで行われる競争と対抗を超越するとしても、その際、ある種の公的な制度を利用しないわけにはいかないだろう。[56]このように、社会主義が公的財産に依拠しなければならないとすると、それを管理する国家の本質、市民の権利、さらに、政治、経済制度における政策決定メカニズムは、いずれも社会主義の定義に近いものとなる。実際、ソ連に成立した体制は社会主義の重要な特徴をもっていた。しかし、ソ連に欠けているこの上なく根本的な事柄は、国家と経済の両面において国民主権がないということだった。国民は政治、経済活動において、能動的に活動するものではなく受動的に給付を受け取る存在だった。このことが、もっとも重要な非社会主義的特徴であった。

専門家の中には、ソ連体制が市民の基本的権利の多くを否定するなど抑圧的な性格をもっていることにかんがみて、この体制は社会主義との共通性をほとんど、あるいはまったくもっていないとの結論に達している者もいる。[57]こうした結論は、社会主義の概念をあまりにも純粋にとらえていることから派生している。資本主義を支持する者は、南アフリカ共和国のアパルトヘイト体制や、ナチス・ドイツの体制がいずれも資本主義の経済基盤に依拠していたことに当惑するかもしれない。しかし、そのことは、こうした体制が資本主義と何ら共通項をもたないと主張するための根拠にはならない。同じように、ソ連体制が深刻な負の特徴をもっているからといって、そこに社会主義経済の重要な諸制度が同時に存在することは否定できない。ソ連体制はその社会主義的制度のゆえに、ライバルである近代的資本主義と非常に異なったものとなっている[58]。

党・国家エリート

ソ連体制の進化と終焉を理解するためには、このシステムを運営する党・国家エリート像を鮮明に描き出す必要がある。専門家の間で意見が一致しているのは、スターリン時代が終わりを告げ、粛清と処刑のうねりが終息して以降、党・国家エリートが団結を固め安定化したということである。しかし、エリートと一般国民の間に境界線を引くための簡単な方法はない。党・国家エリートが、二千万人近いソ連共産党員より小さい集団であることは確かであった。共産党は、国内の各職場および団体に党組織を置いていた[59]。

エリートの最上層は、ソ連共産党書記長、政治局、書記局、閣僚会議、党中央委員会など数百人規模の人々から成っていた[60]。この最上層部は国の政策を定め、主要な政治、経済の政策決定を行った。さらには、最高指導部の更迭を提案する権力ももっていた。しかしそれは、億単位の人口を抱える国を独力で統治し、管理するにはあまりにも小規模であった。

広義の党・国家エリートには、はるかに大きな当局者の集団が含まれていた。党内でこの集団に属していたのは、党中央委員会の部長やそのほかの重要なスタッフ、党青年組織「コムソモール」のトップレベルの指導者たち、連邦構成共和国、州、主要都市の党委員会第一書記らであった。政府においてこの集団に属していたのは、連邦省および国家委員会の高官、「最高会議」〔ソ連議会〕の指導者、最重要連邦構成共和国の省の高官らである。この集団には、軍および治安機関の高官も含まれていた。公式の政府組織以外では、大企業の最高当局者、労働組合の有力指導者、主要な学術、教育、文化機関、マスメディアの長もこの集団に入っていた[61]。第二次世界大戦後、この集団の構成員の数はおよそ一〇万人であった[62]。これは、全世帯の〇・一パーセントに相当するものであった[63]。

このエリート集団を構成していたのはいかなる種類の人々だったのであろうか。ボリシェヴィキ党の発足当初の指導部は、献身的な革命家から構成されていた。しかし、権力を握り、支配政党となった後の同党には、新社会建設の展望に触発された人々と並んで、単に社会での出世や威信、権力、物的特権の獲得を願うだけの人々も集まり始めた。一九一七年の初め、党は二万四千人を擁するにすぎなかったが、同年末、党員数は三〇万人に膨らんだ。それはさらに増加し、一九二八年には一三〇万人、一九三三年には三五〇万人を数えた[64]。

スターリンが一九三〇年代の末、党・国家エリートを徹底的に粛清した後、党発足時からの古参ボリシェヴィキは事実上残っていなかった。スターリン時代の過酷な抑圧の中、社会主義の理念を純粋に信奉している人で、党の魅力に引き寄せられ、党・国家エリートの一員になることのできた人は少なかったと推測される。党・国家エリートは戦後期に安定し、一九一七年に権力を握ったときのひと握りの革命家集団とはまったく異なったものになっていたのである。

出世して戦後エリートの一員になれるかどうかは、幾つかの個人的な特性によって左右された。正規の学校教育は前提条件の一つであった。それは、農民および労働者出身の若者のうち有資格者を対象として無償化されていた。(65) 技術教育および工学《エンジニアリング》教育は、社会の底辺から身を起こし、エリートにのし上がるためのもっとも一般的な道となった。(66) また、個人的なコネも重要な役割を果たした。若者たちは学校とコムソモールで、終生の友情と縁故をつちかった。それは出世の後押しとなった。厳格な階層システムの中で出世するのに必要なもう一つの重要な要素は、上司に対する忠誠であった。ある人物が昇格すると、もっとも信頼のあつい部下たちもその人物に付いて一緒に異動したものである。もちろん、素質と能力も重要な役割を果たした。とくに、経済行政の経路に沿った出世街道においてはそうであった。もう一つ最後の条件についていうと、出世するためには公式の建前を身に付け、それを繰り返し唱えなければならなかった。たとえば、社会発展の目標《ゴール》は社会主義、次いで共産主義を建設することであるとか、公職に就いている者は私心を捨てて、倦むことなく人民に奉仕しなければならないといったたぐいの建前である。公式の建前を信じている者は少数で、大部分の者はそれをまじめに受け取ってはいなかった。しかるべき機会にそうした建前を印象的な形で唱えることができるなら、実際に信じる必要もなかったのである。

一〇万人規模の集団であれば、その中の人々の気質、性格はどうしてもかなり多様になるはずである。にもかかわらずソ連体制下では、エリートの一員になるために選抜（場合によっては養成）される傾向にあったのは、ある一定のタイプの人々であった。戦後期の安定した局面に入ってくると、ソ連体制の中で支配集団の養成が行われた。支配集団の構成員は一般的に高学歴で、野心的で、プラグマチックで、機会主義的で、唯物的であった。

ソ連エリート層を構成する人々の上記の特徴は、あたかもいかなる現代社会体制の支配集団にも当てはまるかのように見えるかもしれない。しかし、ソ連エリートの状況は、ソ連以外の古今東西の社会体制における支配集団とはある点で異なっていた。有史以来、社会体制の種類はさまざまに異なっていても、支配集団というものは一般的に資産所有者によって構成されるのが常であった。ある社会体制においてもっとも高価な種類の資産を所有しており、さらにはそうした所有権を守る必要があるからこそ、支配集団の構成員は相互にきずなを固め、既存の体制にしっかりとしがみつく傾向を見せるのである。しかも、支配集団の構成員は、資産の個人所有という方式のおかげで、資産の相続を通じて自分の地位を子孫に伝えていくことができるのである[67]。

　ソ連体制が社会主義の建前をとっていることから、支配集団は個人の富を蓄えることができなかった[68]。事実上、価値ある資産はすべて国家に所属していた。したがって、西側の専門家の間では次の点で意見が合致している。すなわち、ソ連体制のトップにいるごくひと握りの当局者を別とすると、ソ連の党・国家エリートの平均的な構成員は、エリートとしての地位を自分の子孫に譲りわたすことを保障されていなかった[69]。エリートの子弟は、最優秀校に入学するとか、コネを利用してよい仕事に就くといった際に有利な立場にあった。しかし、ある分析家が発見したところによると、トップ・エリートの子弟やその配偶者の大部分は、「必ずしもエリートの範疇には入らない」[70]知的職業に就いた。トップ・エリートの子弟にとってもっともありふれた出世コースは、学究的な世界、ジャーナリズム、外交、外国貿易などであった（彼らにとっては、海外旅行ができるということの方が重要だったようだ）。ソ連のエリートは、各世代ごとに、労働者および農民出身の人々によって大量に補充されてきた。彼らは、教育を受けてヒエラルキーを上ってくるのであった[71]。

ソ連の党・国家エリートの構成員は、逆説的な現実に直面していた。彼らは、権力と特権をもっていた。また、世界二大超大国のうちの一国を治めていた。しかし、多くの点で制約があった。個人的な蓄財が妨げられていること、さらには支配エリートの地位を子孫に譲りわたせるかどうかが不確かであることからして、ソ連エリートは、明確な利権をもつ社会階級としての自己認識をそれほど強くもてなかったはずである。[72]また、支配下の体制に対するエリートの執着の強さも限定的であったに違いない。トップのひと握りを別とすると、エリートたちはいずれも官僚制の一段上のレベルに従属しており、究極的には党に従属していた。自分のポストを保持できるかどうか、さらには待望の昇進をかなえてもらえるかどうかは、党の上部機関の承認を得られるか否かにかかっていた。確かに、上部機関の寵《ちょう》を失ったからといって投獄されたり処刑されることはなくなったが、それでも、ポストを失えばそれとともに権力と物的特権も失うことになるのだった。エリートは、ソ連体制下で余儀なくされている境遇の、こうした特徴に不満を募らせた。海外旅行をする機会に恵まれ、我が身を外国のエリートと比較できる立場の者はとくにそうだった。しかし、こうした体制の下で働き続けることを願うなら、体制側の条件を受け入れる以外に選択肢はなかった。

第2章　成長と停滞、そしてペレストロイカの起源

ソ連体制は、一九二〇年代の末に成立してから半世紀の間、経済実績において多くの弱みと問題を露呈してきた。こうした弱みや問題は、ソ連の当局者と一般市民のいずれにとっても心配の種であり、また、ソ連体制に批判的な人々がことさらに強調する対象ともなった。しかし、一九二八年から一九七〇年代半ばまで、ソ連の経済モデルはそれ自体としては多くの点で成功を収めた。ソ連体制が経済面で成功を収めたことは、政治的安定の礎《いしずえ》ともなった。この点については、専門家もソ連の敵味方を問わず異論を唱えていない。

しかし、ソ連経済の実績は一九七五年を過ぎると、劇的に悪化した。このことは、さまざまな形で明らかになった。経済の悪化をもっとも顕著に示しているのは、経済成長率の急激な落ち込みである。後述するように、一九八五年に改革派の新指導部が権力の座に上ったのは、ソ連体制の慢性的な問題に対する不満だけではなく、経済成長の鈍化による危機感によって後押しされたからである。「ペレストロイカ」として知られるゴルバチョフとその盟友が提案した改革プログラムは、本質的に、ゴルバチョフらがソ連体制の慢性的問題を認識すると同時に、経済実績が悪化した原因を分析した結果として出てきたのである。

一九二八年〜七五年のソ連経済の実績

社会主義思想がまだ目新しかった二〇世紀の初め、西側の経済学者の間では、中央で計画された経済が果たして作動するのかどうかが議論の的となった。そうした議論は、一九二八年より後のソ連の経験が明らかになるにつれて終息した。ソ連体制はいかなる問題をかかえていようとも、作動不可能ではないということが判明した。それどころかソ連経済は、西側が一九二九年以後一〇年に及ぶ不況にはまり込んだのを尻目に、急速な工業化の時代を迎えた。

ソ連指導部が当初努力を傾注したのは、重工業基盤の建設であった。その下地には、部分的に革命前からの工業も利用されたが、多くはまったくのゼロからの建設であった(1)。一九三〇年代の工業化のスピードは、国内工作機械工業の創設ペースによって示されている。工作機械は、事実上すべての工業活動に欠かせない投入財である。ソ連は一九三二年、工作機械の据え付けのために、そのうちの七八パーセントを輸入しなければならなかった。一九三六年から三七年になると、輸入依存度は一〇パーセントを割り、残りは国産品で賄われた(2)。

ソ連経済に関する米国の有力な教科書は、「一九三七年までに……ソ連は工業化経済への転換を終えた」と結論づけている(3)。工業化の度合いは、その国の労働力がどれだけ農業から工業へ移動したかによってうかがい知ることができる。ノーベル賞受賞者で、長期経済成長問題の第一人者の一人であるサイモン・クズネッツは次のように書いた。

「ソ連は（農業からの）シフトの速さにおいて、ほかの先進国をはるかにしのいでいた。……一九二八年から一九四〇年までの一二年間にソ連で起こったのと同じ規模のシフトが、ほかの諸国では

三〇年から五〇年かかっている」(4)

クズネッツは、「(国民生産に照らして) ソ連の工業化のスピードに近いのは日本だけであろう」(5)と付け加えている。

ソ連は、一九四一年のナチスの侵攻によって第二次世界大戦に引き込まれた頃には、すでに工業基盤の整備を終え、戦車から高射砲に至るまで、その当時のいかなる武器でも生産できるようになっていた。第二次世界大戦は、ソ連におびただしい破壊をもたらした。ドイツに占領されていた地域は、経済的にもっとも進んだ地域を含んでおり、一九四五年の時点で、その地域の生産高は戦前と比べてわずか約三〇パーセントにまで落ち込んでいた。しかし、経済の回復は急速で、工業生産高の水準は一九五〇年までに戦前のそれを上回るほどになっていた(6)。その後の数十年間、ソ連経済は急速な成長を続けた。

私たちは第1章で、ソ連経済が一連の伝統的な社会主義の価値体系を達成する上で、一定の進歩を遂げたのを概観した。そうした価値とは、たとえば完全雇用が実現されていること、経済面で個人的な安全が高度に確保されていること、比較的平等な所得の分配が行われていることなどである。しかし、急速な経済成長とテクノロジーの進歩という目的は、いかなる場合でも社会主義思想において特別に重要な位置を占めていた。マルクス主義の立場に立つ社会主義者が信じていたのは、経済システムの良し悪しは究極的にはどれだけ効果的にテクノロジーの進歩を推進し、生活水準を引き上げることができるかによって判断される、ということであった。彼らは、資本主義が急速な経済成長をもたらしたとして賞賛した。しかし、彼らが信じていたのは、社会主義のもっとも重要な強みの一つは、資本主義以上に急速な成長を達成する能力にある、ということである。急速な成長の究極的目的は、消費財の生産高を際限なく増やすのではなく、すべての人の物質的欲求を満たすだけの充分な豊かさ確保し、人々が物質的な消費よりも高尚な事柄にエネルギーを注げるようにすることにあると考えられていた。

このように、ソ連の指導者は経済実績の伸びを最重要事項と見なしていた。まず最初に急速な成長があって、それによって社会主義の優位性が明らかになり、階級のない共産主義という最終ゴールが達成されるというのである。また、資本主義諸国から軍事的脅威を受けているとの認識も、急速な成長に力点が置かれる一因となった。現代社会においては、強力かつ成長を続ける経済が軍事力の基盤に欠かせないからである。急速な成長を達成するなら、国の生き残りと社会主義および共産主義の未来が同時に保障されるであろう。しかし、達成できなければ両方とも危殆《きたい》に瀕するであろう。ソ連指導部は、このように考えたのであった。

公式のソ連統計は、経済生産の総量の成長を測定するのに「国民総生産（ＧＮＰ）」ではなく「純物的生産物（ＮＭＰ）」[訳1]という概念を用いた。ＮＭＰは第一に、大部分のサービスが計算に入っていないという点でＧＮＰと異なっている。もっとも、物的商品の生産に直接関係するサービス（たとえば、鉄道貨物輸送）はＮＭＰに組み込まれていた。西側の専門家が確信しているのは、ＮＭＰに関するソ連の公式データが重大なゆがみを含んでおり、それによって経済成長率が誇張されていたということである。[7]そこで西側の専門家は、ソ連の経済成長を推定する独自の方法を編み出した。ＧＮＰの概念に基づく西

（訳1）　社会主義経済では、国民生産に算入されるのは、工業、農業、林業、建設業、運輸（建設的運輸）などの物質的生産部門、および商業部門の一部で生産されたものだけである。非生産的部門（国家行政、文化施設、住民の厚生施設、医療施設）の労働は、国民生産の対象としてはカウントされない。

グラフ２－１　ソ連と米国の経済成長（1928〜75年）

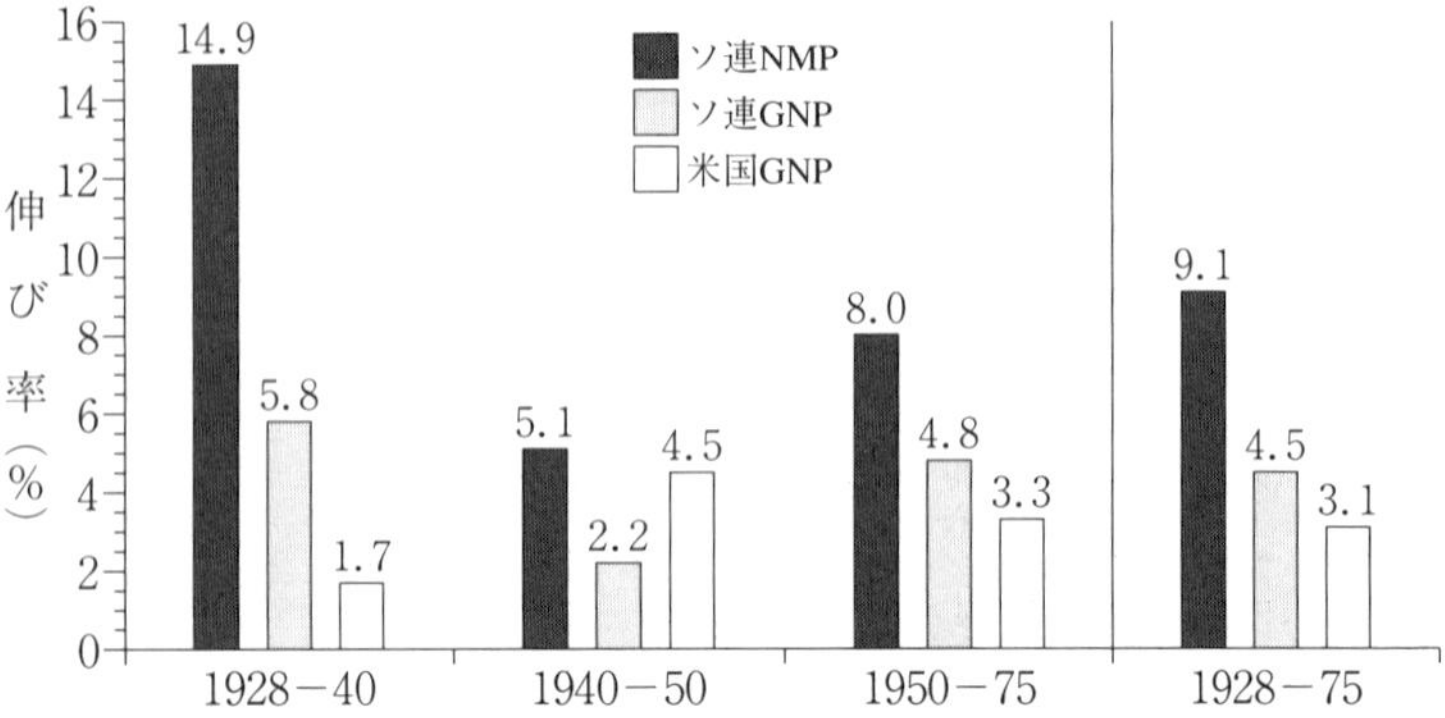

出典：参考文献一覧［17］180頁、210頁。［94］25頁、52-53頁。
［95］46頁、55-56頁。［192］139頁。
［49］1985年、234頁。［49］1988年、250頁。
原註：NMPは純物的生産物で、GNPは国民総生産。

側の推定値を使えば、西側の資本主義経済における経済成長との比較を行うことができる。(8) 最初、そうした推定を行ったのは大学の研究者であった。一九五〇年以降は、西側によるソ連ＧＮＰの推定作業を担ったのは、主として米国中央情報局〔ＣＩＡ〕の経済専門家であった。(9)

グラフ２－１は、ソ連経済の実質生産量の年間成長率に関するデータと、米国経済の成長データを並べて比較したものである。(10) 純物的生産物（ＮＭＰ）に関するソ連の公式統計から分かるのは、一九二八年から一九七五年にかけて成長率が非常に高いということである。年間成長率がこのように高いと、生産量は時間がたつにつれて複利で膨れ上がる。一九二八年から一九四〇年の純物的生産物の年間成長率が一四・九パーセントであるということは、取りも直さず、その一二年間で生産量が五倍以上になったということである。一九五〇年から一九七五年にかけての年間成長率は八・〇パーセントで、その間、生産は七倍近く増えた。ソ連の公式統計によれば、一九二八年から七五年にかけての期間全体で純物的生産物は六〇倍になった。

このような莫大な生産量の増加は、それを外部から見ている者の目には誇張されたものであるかのように見えた。しかし、西側のGNP方式の推定でも、ソ連の成長率は非常に高いことが分かる。一九四〇年代の、戦争と復興の一〇年間を別として、ソ連のGNPの成長は非常に急速であり、実質的に、同時期の米国のGNPが示した伸びよりも急速であった。ソ連と米国の成長を同じ時期において比較する方法には限界がある。米国の工業化は、はるかに早く一九世紀のことである。工業化のプロセスが完了して以降、米国の経済成長率は下降気味であった。とはいえ、**グラフ2－1**のGNP成長の比較からは、一九二八年～七五年、ソ連はGNPを尺度として米国を追い上げていたということが確かに読み取れる。素人目には、一九二八年～七五年におけるソ連のGNPの平均年間成長率である四・五パーセントは米国の三・一パーセントと比べてそれほど高いものには見えないかもしれないが、ソ連の成長率が意味しているのは、その期間にソ連のGNPが八倍になったということである。それに対し、米国のGNPの伸びはたかだか四倍強にすぎなかったのである。もし、こうした趨勢が続いていれば、ソ連のGNPはいずれ米国の水準に追いつき、それを追い抜いていたであろう。[11] 米ソ間のGNP水準の比較は、成長率の比較以外にも多くの問題をはらんでいる。しかし、とにかくCIAの推定によれば、一九七五年までにソ連のGNPは米国のおよそ六〇パーセントになっていたと見られている。[12]

ソ連体制がこうした急速な成長を達成することができたのは、さまざまな方法のおかげである。中央の計画立案者は国民生産の振り分けを行い、経常消費に回す割合と、新規資本財への投資に回す割合をコントロールした。こうしたコントロールを行ったのは、国民生産のかなりの部分を投資に回すためである。[13] それは、当初は消費が少ないということを意味した。しかし、結局は急速な成長が得られ、それによって消費も底上げされた。新規の機械がふんだんにすえ付けられ、それにともなってやがてテクノロジーもいっそう近代化したからである。ソ連経済は、資本主義国と違って周期的な景気の低迷に苦しむことがなかった。資本主義国では、景気の後退が周期的に起こり、長期の経済成長率はそれにともなって低下した。ソ連では失業が存在しない上に、政策的にすべての成人が生産活動に携わるよう奨励されていることから、西側の資本主義国と比較して人口当たりの就業率ははるかに高かった[14]。また、国民の教育水準が急速に上昇したことにより労働力の生産性が時を経るにしたがって向上した[15]。それに加えて、農業から工業への雇用の急速なシフトもGNPの成長に貢献した。というのも、工業労働者一人当たりの生産高は、農業労働者のそれよりもはるかに高いからである。

消費に割り振られた国民生産のシェアが比較的小さかったにもかかわらず、ソ連では戦後、消費が急速に拡大し始めた。西側の推定によると、一九五〇年から一九七五年の間、国民一人当たりの実質消費は年間三・八パーセントの率で伸びた。その間、消費は二・五倍になったわけである。一方、その二五年間、米国の国民一人当たり実質消費は、年間成長率二・〇パーセントで一・六倍になった[16]。ある西側のソ連経済専門家は、一九五〇年以後の急速な消費の伸びの結果について次のように述べている。

「それはソ連の生活水準の真の革命であり、単なる量的向上にとどまるものではない。量的な評価では、消費環境の改善や、商品およびサービスの多様性と品質の向上は把握できないが、実際はそうした改善や向上が組み合わさって、ソ連の生活の質は根本的に一変したのである」[17]

一九六〇年、ソ連の家庭は二世帯に一世帯がラジオを、一〇世帯に一世帯がテレビを、二五世帯に一世帯が冷蔵庫をもっていた。それらの家電製品は、一九八五年までに、平均して一世帯に各一個が備えられた[18]。

ソ連の計画立案者は、消費物資の生産量よりも工業力に力点を置いた。彼らは、この方針に沿って大成功を収めた。ソ連は、一九七五年までに、粗鋼、圧延鋼、セメント、金属成形・切削機械、コンバイン、トラクターの生産高において米国を上回った。また、小麦、魚、豚、牛乳、綿花など一部の農産品についても同様であった[19]。

ソ連社会は一九二〇年代以来、急激な変化を遂げた。つまり、農村主体だった国が都市化するに至ったのである[20]。農民の子弟は、今や、主として農業以外の職に就いていた[21]。かつて正規の教育をほとんど受けておらず、多くは文盲だった国民も、しっかりとした教育を身に付けるに至った[22]。一九八〇年代を迎えるまでにソ連は、国民一人当たりの医師数と病院のベッド数において米国をしのいでいた[23]。ソ連の科学技術の成功は、一九五七年の初の人工衛星打ち上げに象徴される通り、よく知られている。ソ連の軍事力は、工業およびテクノロジーの成果を土台として、米国との間でおおよその均衡《パリティ》を達成するまでに成長した。要するに、遅れた半先進国が、ソ連体制に導かれて世界の二大超大国の一方に成長したのである。

ソ連の経済実績をめぐる議論

一九八〇年代にソ連経済の成果を上記のように描写したとしても、比較的議論を呼ぶことはなかったであろう[24]。しかし、一九九〇年代になると、多くの西側の専門家がソ連の過去の成果に対する評価を格下げした。これは、今まで閉ざされていた古文書館から新たな資料が出てきた結果ではない。むしろ、多数の専門家の方に、おおよそ次のような見方の変化が生じたのである。すなわち、ソ連体制があれほどあっ気なく崩壊したのは、以前に信じられていたよりも、経済的にも政治的にもはるかに脆弱《ぜいじゃく》であったからに違いない、というわけである(25)。

ソ連では、一九八五年から九一年のペレストロイカの時期、一九二〇年代以来、ようやく腹蔵のない批判ができるようになった。反体制派のソ連経済学者の中には、過去のソ連の経済実績に対する評価を大幅に下方修正し、それを公刊する者もあった。こうした主張はたちまち西側の保守系財団によって取り上げられ、そういったソ連の新進評論家たちは国際会議に招待され、その主張は広く公刊された。一九八〇年代の末にソ連経済の諸問題が積み重なり、それに引き続いて一九九一年に体制の崩壊が起こると、こうした経済実績評価の下方修正は西側の一般社会に大きなインパクトを与えた。

たとえば一九八〇年代、ソ連の経済学者グリゴーリー・ハニンは、過去の経済成長についてソ連の公式統計のみならず西側の推定をも疑問とする見解を発表した(26)。ハニン自身の推定値はソ連の公式成長率を大きく下回り、一部の期間においては西側の推定値をも下回っていた(27)。ハニンの労作は、首都ワシントンの保守系財団「ヘリテージ」(訳2)の援助を仰いで一般向けに出版された(28)。

ハニンの推定値はNMP系であり、CIAの用いるGNPの数値と直接比較することはできない。しかし、ハニンの著作はCIAの推定値に対する大きな批判を呼び起こした。CIAを批判する論者たちが示唆したのは、CIAが、潤沢な予算配分を受け続けることを正当化するためにソ連を現実以上に恐ろしい敵に見せかけ、その成長を水増ししていたということである。しかしである。確かに、CIAはソ連の軍事力を誇張する動機をもっていたかもしれないし、CIAによる経済成長の推定値は何らかの政治的影響によってゆがめられたかもしれないが、そのゆがみがどの方向に作用したかは定かではない。そのことは、少し考えてみればすぐに分かる。ソ連のGNPの成長率を誇張すると、絶対値においても米国との比較においても、ソ連体制が現実以上に成功を収めているように見えてしまう。それは、CIAが印象づけたいと願っている（と考えられる）イメージではない。しかも、成長率とGNPを現実以上に誇張すると、ソ連の軍事費が生産高に占める割合は、見かけの上で小さくなり、ソ連がそれほど軍国主義的でないかのように見えてしまう。

しかし、CIAによるソ連の経済成長の推定に何らかの政治的配慮が働いていたようには見えない。一九九一年、ありとあらゆる批判に押されてジェームズ・ミラー教授を座長とする委員会が、CIAの推定値に対する外部評価を行うよう要請を受けた(29)。この委員会は、米国の大学の傑出した経済学者五人によって構成された。ミラー委員会は、調査の結果、次のことを認めた。すなわち、CIAソ連分析局は「プロにふさわしい仕事をしている。また、合理的かつ慎重という点で妥当である。……組織的な情報操作が行われた形跡はない」(30)。ミラー委員会は、CIAによるソ連の経済成長の推定値がもっともよく知られた方法論に基づいていることや、推定値にまつわる、どうしても避けられない不明確さについては、CIA報告書の中で入念な説明が施されていることを認めた(31)。それとは対照的に、CIAに代わるハニンの成長推定値は、ミラー委員会の次の結論によって一蹴された。いわく、「方法論的に言って、ハニンのアプローチは稚拙であり、ほかの研究者がハニンの結論を再現することは不可能だった」(32)。

ソ連の経済的成果は甚だしく誇張されていたに違いない、という思い込みが多くの専門家にあった。

（訳2）　一九七三年に設立された米国の保守系民間シンクタンク。出版物や講演会、集会を通じて、議会、行政府、マスメディア、学界に対して影響力を及ぼしている。

そのせいか、ミラー委員会の調査結果は、一般人の認識にほとんど影響を及ぼさなかった。ミラー委員会が結論を出してから数年後のこと、ある研究者はいみじくも次のように述べている。

「一般には、CIAがソ連の経済的能力を甚だしく過大評価していたという印象があるようだ。しかし、解釈の余地は非常に大きいのであり、また、一般の印象そのものも多分に風聞と誤解に基づいている」[33]

一九九四年、〈ニューズウィーク〉誌はあるコラムで、「ソ連の経済規模に対する途方もない見立て違い」に言及し、「CIAは、ソ連経済の規模を実態の三倍と判断していた」と述べた[34]。その一年後、今度は〈ニューヨーク・タイムズ〉紙がいつになく慎重さを欠いて、「CIAは……ソ連経済の規模を著しく過大評価していた」と社説で述べた[35]。このように、CIAがソ連の経済実績を甚だしく過大評価していたという見方は、信頼に足る根拠がなかったにもかかわらず、その後も命脈を保った。

CIAによるソ連の成長の推定値を、逆の方向から批判する専門家も若干いた。それによると、ソ連の真の成長率は過小評価されているというのである。商務省の経済専門家マイケル・ボレツキーは、さる研究において、CIAがソ連経済の推定に使った方法を応用して、西ドイツおよび米国の成長の推定を試みた。その結果出てきた数字によると、西ドイツのGNPは公式成長率を三二パーセント下回り、米国のそれも公式の数字を一三パーセント下回っていた[36]。ボレツキーの批判は、学術的な論文の脚注に引用されることはあった。しかし、それは主流となっている政治的潮流に逆らうものであり、この問題に関する一般の人々の認識には何の印象を与えることもなかった。

ある一国の総生産は、多様な商品とサービスからなる。こうした概念や成長率の推移を、わずか一種類の数字によって完全に把握することは不可能である。どの国を対象とする場合でも、こうした試みはどうしても大雑把な推定にとどまらざるを得ない。しかし、データを比較考量すると分かることだが、CIAの経済専門家は推定を行うにあたって多大の良心的努力を重ねたのであり、そうして得られた推定値は、西側のGNPの概念に当てはめて使える最善の数字だったのである。一方、ソ連の公式NMPの統計も不当なものではなかった。というのも、それはソ連体制の優先順位や価値を体現するものであり、また、ソ連指導部が体制の成功不成功を判断するための指標だったからである。西側の統計もソ連の公式統計も、結局は次のような同一の基本的なことを述べているのである。すなわち、ソ連経済は一九七〇年代半ばまでは急速に成長してきたが、その後、深刻な困難に陥ったということである。

ソ連経済の諸問題

生産量の急速な増大は、ソ連の経済実績の一面にすぎない。ソ連経済は厄介な諸問題に悩まされており、そうした問題を解決するために小規模の改革が繰り返し企てられた。スターリンの後継者フルシチョフは、計画化システムの再編を試みたが、問題の解決には至らなかった。ブレジネフ(訳3)長期政権の初期においてもコスイギン(訳4)首相の経済改革（一九六五年）が行われたが、改革の公約は実現に至らなかった。ソ連で生産される商品の量は急速に増大したが、質は甚だしく不ぞろいであった。確かに、高品質の

（訳3）　ブレジネフ、レオニード・イリイッチ（一九〇六～一九八二）。ドニエプロジェルジンスキー冶金大学卒。六四年にフルシチョフの後任としてソ連共産党第一書記（のちに書記長）の座に就いた。就任直後、党・ソヴィエト機関の再建に乗り出す一方、コスイギン首相に経済改革を行わせた。慎重で実務的な政治を特徴とし長期政権を築いたが、後に経済の停滞を招いた。八二年、党書記長在職中に死去。

製品もあった。たとえば、兵器、航空機、金属、宇宙船、燃料電池、化学製品、一部のタイプの機械などである。(37) しかし、多くの製品、とくに消費物資は品質がお粗末であった。しかも、生産財、消費財のいずれについても生産される製品の種類が消費者の好みや欲求と一致しないということがしばしばあった。ソ連経済の運営は、常に需要の割には商品が不足しているという状況下で行われていた。そのため、生産者が製品を売りさばくことは、顧客が本当にその製品を欲しがっているかどうかにかかわらず容易であった。

買い物客が直面していた小売りシステムは、需要に応えてくれるどころか逆に苦痛をもたらすために設定されているかのように見えた。買い物客は往々にして、何かを買うために別々の行列に三回並ばなければならなかった。一回は商品を注文するため、もう一回は支払いのため、三回目は受け取るためである。もっとも、商品が売られているかどうかは甚だ不確かであった。人々は、「もしか袋《アヴォーシカ》」を携帯しなければならなかった。それは、欲しい商品が突然店頭に現れたときに備えるためである。消費財と同じように、消費サービスの供給も不充分で、大抵は質が悪かった。

企業は概して、投入財を効果的に使うことができなかった。企業は、基本的な原料や部品が必要な時に手に入らないという事態を恐れ、膨大かつ無駄なストックを溜め込んだ。企業の中には、部品が必要なときに手に入らないのではないかと心配するあまり、あるいは投入財を自社製品の規格に合致させようとするあまり、専門の企業に任せればもっと効率的につくれる部品をわざわざ自社生産する企業すらあった。ソ連の計画化システムが硬直的であったため、多くの企業は、法律的には違法な、灰色市場における他社とのバーター取引を行わざるを得なかった。投資プロジェクトは概して、完了するのに予定よりもはるかに長い時間がかかった。ソ連の生産はかなりの部分、未完のプロジェクトのまま塩漬けにされた(38)。ソ連体制がハイテクの開発に成功する例も間々喧伝されたが、一般的には新しい製品と生産技術の導入は緩慢で不均一であった。企業の支配人に作用するインセンティブがこのようなものであったので、彼らは新機軸を試みるのに慎重で、尻込みしがちであった(39)。

生産の増大に重点が置かれたため、環境問題はあまり顧みられなかった。ソ連の環境保護関連の法律は机上では優れていたが、一般的には強力な工業関係の省庁によって無視されていた。それら省庁は、生産の増大にばかり気を取られていた。環境上の犠牲《コスト》はうなぎ上りであった。しかし、当事者の立場にある市民は、西側諸国において発展したような強力な環境保護運動を推進する政治的自由を欠いていた。

農業も、慢性的な問題を抱えていた。それは、部分的にはソ連の大部分の国土が気候と土壌に恵まれていないことによる。しかし、自然だけが唯一の原因というわけではない。戦後、ソ連当局は農業に労働力と資本財を大量投入したにもかかわらず、高品質で魅力的な食品を市民の手に届けるのに四苦八苦してきた(40)。

ソ連経済の問題点の多くは、過度に中央集権化された硬直的計画システムに由来する。このシステムにおいては、あまりにも多くの、あまりにも細かい決定が、モスクワのひと握りの最高幹部によって行われていた。中央当局は、細かい決定を思惑通りに確実に実施させるための、効果的な動機づけのメカニズムを構築することができなかった。そして、このシステムにおいては、ほぼすべての権力は生産者の手に握られ、消費者の手にはほとんど何も残されていなかった。もちろん、誰しも一日の時間帯によ

(訳4)　コスイギン、アレクセイ・ニコラエヴィッチ（一九〇四〜一九八〇）。ペテルブルク生まれ。レニングラード繊維大学卒。一九三九年に繊維工業相に任命されたのを皮切りに、副首相、財務相、軽工業・食品相を歴任。六四年、フルシチョフの失脚後、首相に就任。

って生産者にもなり、消費者にもなった。一般の人々は労働者として上述の力関係から利益を引き出し、同様に、企業の支配人は商品供給者としての役割を果たす際に恩恵を被った。しかし、労働者は買い物に行くときに、企業支配人は投入財を必要とするときに支払いを行った。

しかし、このシステムが急速な成長を続けている間は、経済の問題点は深刻な事態を引き起こすことはなかった。せいぜい不平不満の声が漏れるのと、小規模な改革が繰り返されるだけのことであった。長期的な問題が不意に大きく迫ってきたのは、経済成長が一九七〇年代の半ば以降に突如鈍化したときのことである。

停滞

ソ連が戦前に達成した極めて急速な成長が、時の経過とともに鈍化するのは避けられないことであった。農業経済から工業経済への転換を果たしたいずれの国も、結局は成長の鈍化を経験する。遅れて経済発展に成功した国は、先進国からテクノロジーを借用することによって、また労働力を農業から工業に急速に移すことによって非常に急速に成長することができる。しかし、いずれこうした潜在力は使い果たされてしまう(41)。

後発の開発国の成長が鈍化するのは避けがたいことであり、それは徐々に起こる。しかし、ソ連経済が一九七〇年代の半ばに経験したのはもっと劇的なものであった。当時ソ連は、経済実績の重要な指標において急激な落ち込みを見せた。そうした落ち込みは、西側の統計にもソ連の統計にも現れている。経済成長はスローダウンしただけではなく、非常に低い水準にまで落ち込んだ。このことは、ソ連の過

グラフ２－２　総生産の成長率鈍化

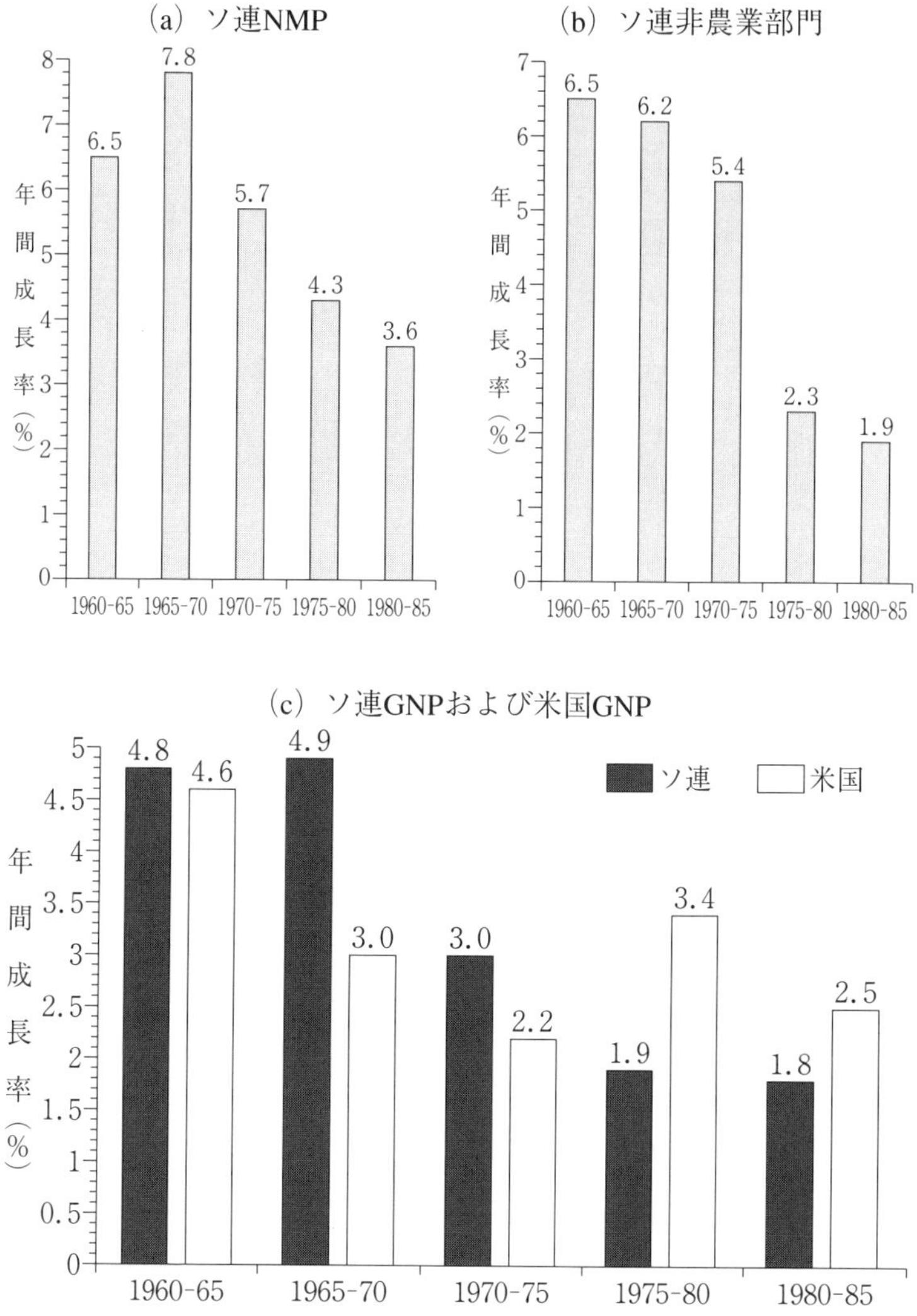

出典：参考文献一覧［95］46頁、58頁。［155］53頁。［49］1988年、250頁。

去の実績との比較のみならず、主要な西側資本主義国との比較にも当てはまる。

グラフ2-2は、ソ連の生産高を三つの尺度（NMP、GNP、農業以外の産業部門の生産高）で測り、それぞれの尺度ごとに成長データを示したものである。比較のために、米国の成長データも示してある。[42] 成長率は、各五ヵ年計画と同時期の五年を一区切りとして、その区切りごとにまとめて表されている。ソ連農業の生産高は天候の変動のために大きく上下するので、NMPとGNPによる五年単位の成長率は誤解を招くことがある。たとえば、一九七〇年は例年になく豊作であった（前年比一四・二パーセントの上昇）のに対し、一九七五年は例年にない不作であった（前年比一二・五パーセントのダウン）[43]。このため、一九七〇年のNMPおよびGNPの水準は「上げ底」になったのに対して、一九七五年のそれは落ち込んだ。そして、一九七〇年から七五年の間でNMPおよびGNPの成長率を均《なら》したため、この時期の底流にある長期経済成長の趨勢がかなり相殺されてしまった。その結果、一九七五年の急落は、NMPに基づく（a）のグラフにおいても、GNPに基づく（c）のグラフにおいても鮮明に現れていない。この二つの尺度に基づくなら、成長の鈍化は一九七五年から八〇年よりもむしろ一九七〇年から七五年にかけての方が大幅であるように見える。

グラフ2-2の（b）に掲げられた農業以外の産業部門のデータからは、農業の影響を取り除いたソ連の経済成長をおおよその形で測定した結果が分かる。こうした測定方法を使えば、一九七五年以降の急激な落込みがはっきりと見えてくる。[44] しかし、GNPの推移も一定の有益な情報を与えてくれる。一九七〇年〜七五年のGNP成長率は、農業実績が振るわなかったため過小な数字になっているが、この五年間に達成された三・〇パーセントという成長率はなかなか立派なものである。これは、同時期の米国の成長率を優に上回るものであった。しかし、**グラフ2-2**の（c）が示すように、一九七五年以

グラフ２－３　工業生産の伸びの鈍化

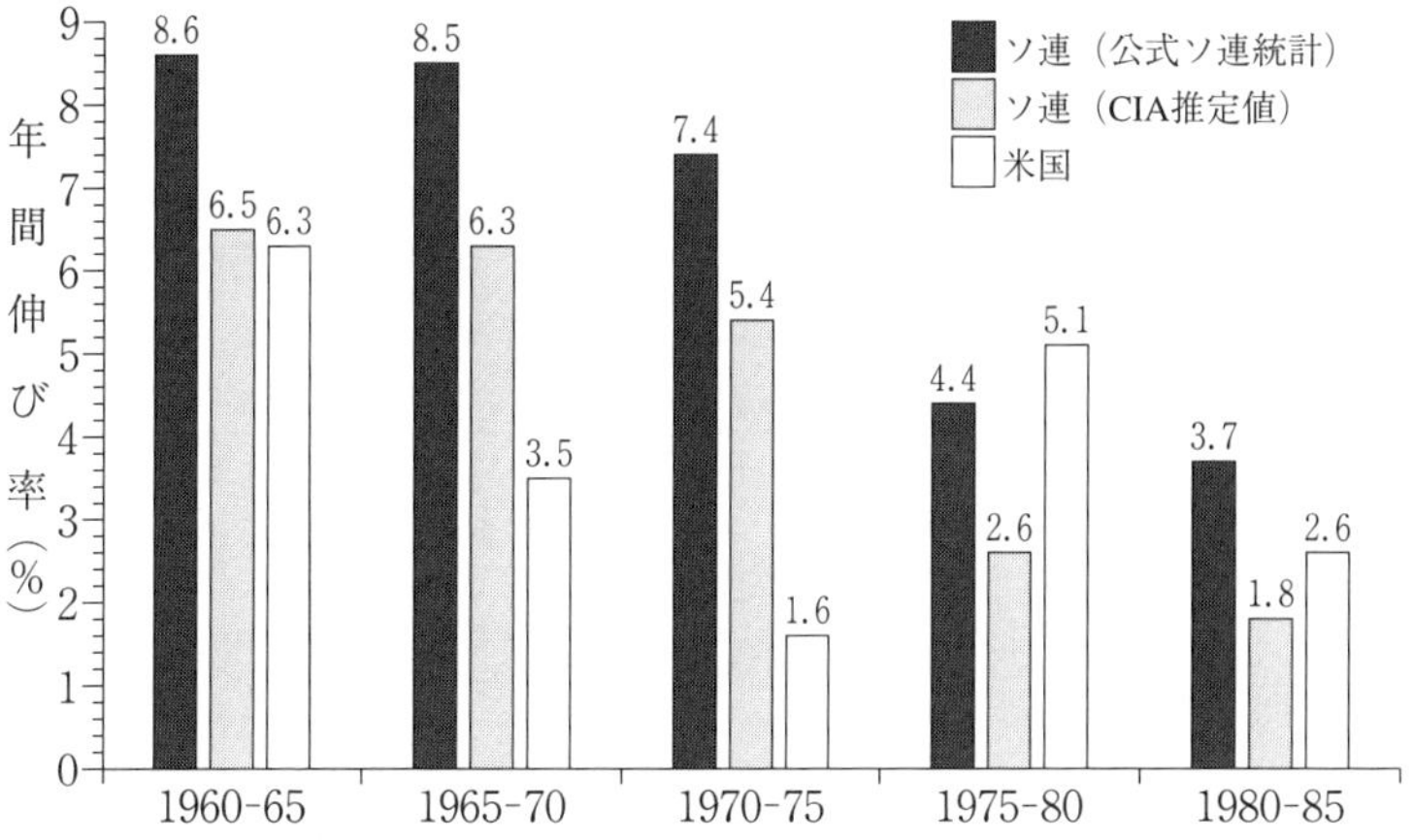

出典：参考文献一覧［45］ 9頁。［49］1988年、302頁。

降、ソ連のＧＮＰ成長は第二次世界大戦以来初めて米国の成長率を下回り、それは一九八五年まで続いた。

グラフ２－３は、一九七五年以降の急激な成長率の落ち込みをもっと鮮明に示している。ソ連の公式統計で測定しても、西側の推定値によって測定しても、ソ連の工業生産の成長は一九七五年以降、劇的に鈍化し、西側の推定値によると、一九七五年から八五年における米国の工業生産成長率を下回った。

ある一国が長期間にわたって生産の急成長を続けることができるとしたら、それは労働時間当たりの生産量を引き上げる以外に方法はない(45)。**グラフ２－４**が示すように、一九七五年までソ連経済の労働時間当たりの生産量は比較的高い伸びを達成していた。しかも、それは一九七〇年から七五年までの間に加速化された。**グラフ２－４**の（ａ）に示された西側の低めの推定においてすら、一九六五年から七〇年までの間、労働時間当たりの工業生産量が年三パーセントから四パーセントの間で増大したとの結

グラフ２－４　労働生産性の伸びの鈍化

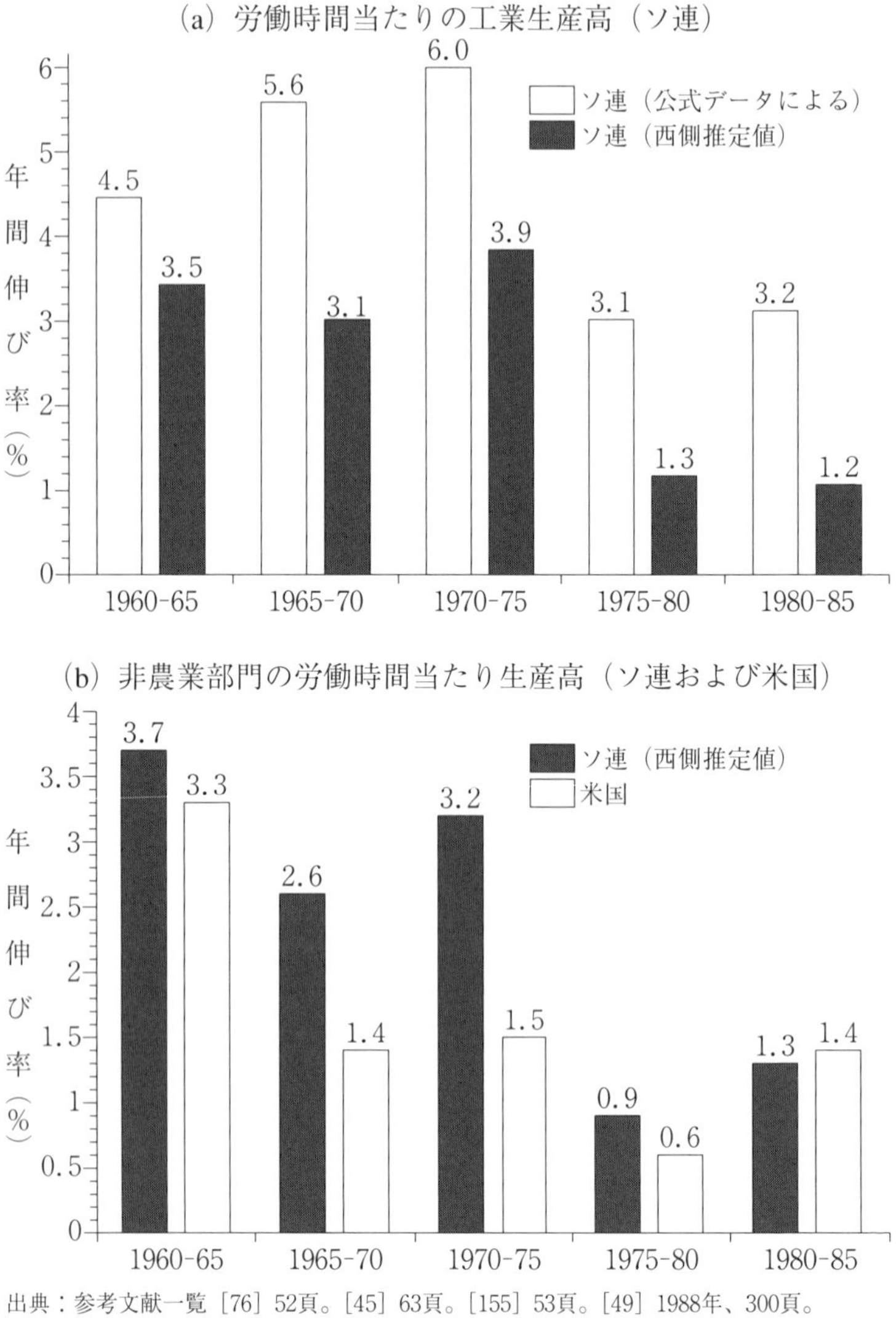

出典：参考文献一覧［76］52頁。［45］63頁。［155］53頁。［49］1988年、300頁。

論になっている。一九七五年以降、工業労働生産性の伸びは急低下した。公式の統計によれば五〇パーセント減、西側の推定に基づくと三分の二も減少したことになる。しかし、労働生産性の伸びという尺度に基づくなら、ソ連の実績は以前のような対米優位こそ失ったものの、一九七五年から八五年の（これまた落ち込みを見せた）米国の生産性の実績を大幅に下回ることはなかった。**グラフ2－4**の（b）は、農業以外の部門における米ソ両国の労働生産性の伸びを比較するものであるが、一九七五年から八五年の間、両者の間には大差はない。

このように、一九七五年以降、ソ連の成長は劇的にスローダウンし、ソ連自身の過去の実績、または最大のライバル、米国の実績と比べて、非常に低い率にまで落ち込んだ[46]。これに照らしてみると、一九七五年から八五年にかけての期間を「停滞」の期間と称してもおかしくない。しかし、読者は次の点を念頭に置くべきである。すなわち、上述のデータによれば、ソ連経済の成長は一九七五年から八五年にかけて実際に止まったわけではないということである。停滞が西側の推定値と同様にソ連の統計にも姿を現したという事実は、ソ連指導部がこの問題をよく認識していたということを意味している。ソ連において急速な成長というものが果たす重要な役割を考慮に入れるなら、成長の鈍化は、ソ連指導部にとって潜在的な危機の到来を告げるものであった。社会主義は、突如、急成長をもたらすことができなくなろうとしていた。ソ連経済と米国経済のギャップは次第に狭まるのではなく、逆に拡大しようとしていた。

ソ連の経済実績は、一九七〇年代にこのように急激に悪化したが、それは経済成長に限ったことではない。技術革新の伸びも、一九七〇年代ごろにスローダウンしたという証拠がある[47]。技術の進歩の伸びは、それまでもソ連体制を創設した人々の強い期待に応えるものではなかったが、それでも一九二八年以来、西側資本主義との間でテクノロジー・ギャップは明らかに狭まっていた。一部のテクノロジーにおいては、ソ連は西側の水準に追いつき、あるいは追い越していた。また、労働生産性の伸びが大きかったのも、ソ連のテクノロジーの進歩を反映するものである。しかし、一九七〇年代ごろ、テクノロジー・ギャップはＧＮＰギャップと同様に広がり始めた。きわめてよく目に付くことだが、ソ連は基本的に通信・情報処理革命の成果を吸収することに失敗した。西側資本主義経済が、一九七〇年代以降、エレクトロニクスとコンピューターのもたらしたこの革命の結果、急速に変化しようとしていたのと対照的である。

ある経済における技術の進歩の度合いを、測定することは容易なことではない。一九七〇年代半ば、労働生産性の成長が急落したことは、技術革新の伸びが鈍化したことを示唆しているかもしれない。しかし、労働生産性の伸び率には技術革新以外の要素も作用している[48]。〔米国ハヴァーフォード大学助教授で、米国連邦政府の対露経済政策の顧問を務める〕コントロヴィッチは、ソ連経済の技術革新に関して手に入れた一次資料を調査した。その調査結果は、ソ連のテクノロジーの力が一九七〇年代に衰えたという漠然とした印象と合致するものとなっている。コントロヴィッチは、技術革新のペースが一九七〇年代にさまざまな尺度に照らして急落しているとの結論を出した[49]。コントロヴィッチの調査研究は、経済成長の落ち込みとともに技術の進歩のペースも一九七〇年代に著しく遅くなったという確固たる証拠を呈示するものである。ただし、テクノロジーのスローダウンが正確にいつ始まったのかを特定することは容易でないが。

経済成長の場合もそうなのだが、データは技術革新が止まったとか、技術上の衰えが始まったとかを示しているわけではない。そうではなくて、技術の進歩のスピードが著しく鈍ったということなのである。しかし、長期的に縮小する傾向にあった、ソ連と米国の経済生産および技術水準のギャップが、いずれも一九七〇年代半ばまでにふたたび開き始めたということは明らかなように見える。

経済の停滞が始まったのと同時に、ソ連体制の社会、経済問題がますます先鋭化したという証拠もある。そのことと、経済のスローダウンとの間に関係があるとしても、それは証明が難しい。しかし、この期間、ソ連国民は疎外感と目標の喪失感を募らせていた。汚職と冷笑主義《シニシズム》が、ソ連社会のあらゆる組織に蔓延し、アルコール中毒が増加しつつあった。(50) そして、小規模ながら、声高な反体制政治運動が拡大しようとしていた。

なぜ、停滞が始まったか

一九七〇年代のソ連で停滞が起こった原因については、西側の専門家の間にはまだ意見の一致はない。しかし、これは驚くべきことではない。何しろ米国における一九三〇年代の大恐慌の原因についても、米国の経済学者はいまだに活発な議論を闘わせており、依然として意見が一致する見込みは立っていないのである。経済上の重大事件の主因を特定することは困難である。もちろん、一九七〇年代のソ連の停滞も例外ではない。

ソ連の停滞は、すでに一九八〇年代初めまでには認識されていた。その原因を探る文献は数多く出されている。そうした文献において、停滞の要因と考えられる点が幾つか指摘されているが、その中には次のようなものがある。(51)

❶中央の計画を狙い通りに実行することが次第に難しくなった。

❷労働規律が低下した。

❸一九七五年以降、計画当局が意図的に経済成長率を引き下げることを決めた。
❹経済の鍵となる分野、とくに鉄道輸送や石油生産にボトルネックが発生した。
❺人口動態が望ましくない方向に向かった。
❻気象条件に恵まれなかった。
❼西側の一九七三年以降の成長鈍化から間接的な影響を受けた。
❽莫大な軍事費がお荷物になった。

　このリストに掲げられた停滞の原因と目される要因は、四つのカテゴリーに分けられる。❶と❷は、要するにソ連体制の構造的問題である。❸と❹は、政策の失敗。❺と❻は、ソ連が遭遇した不可抗力の事態である。そして、最後の❼と❽は、ソ連と西側の関係にかかわりがある。この四つのカテゴリーを、今挙げた順序を逆に考察してみたい。

　ソ連の巨額の軍事費は、一九七〇年代半ばの停滞の原因であるようには見えない。確かに、ＧＮＰの規模で優位に立つ米国と張り合うために、ソ連は国民生産の中から軍事費に配分する比率を米国のそれよりも大きくしなければならなかった。西側の推定によると、ソ連は一九五〇年、ＧＮＰの一七パーセントを国防費に振りあてていた。それは、当時の米国における国防費の対ＧＮＰ比と比較して約三倍である。しかし、一九五〇年から一九八〇年の間、ソ連の国防費がＧＮＰに占める割合はわずかながら低下し一六パーセントとなった。その間、ソ連の軍事費は急速に増大したが、経済の成長はそれをわずかながら上回ったのである。[52] 一九五〇年から七五年の間、軍事費が増大したからといって急速な経済成長が妨げられることはなかった。そうである以上、一九七五年以降も軍事費が経済成長の阻害要因になったはずはない。というのも、七五年以降の軍事費は経済全体との比較においては決して増大していなかったからである[53]。

興味をそそることだが、ソ連の停滞の始まりとほぼ時を同じくして、西側の主要資本主義国でも成長速度の著しく低い時代が始まった。大部分の経済学者は、西側で経済成長のスローダウンが始まった時期を一九七三年ごろに求めるが、中には、一九六六年にはすでに問題が表面化していたという証拠を見いだしている者もいる[54]。米国、西ヨーロッパ、日本にとって、一九七〇年代初め以降の時代は、経済成長と労働生産性の成長が、それ以前の数十年に比べてはるかに緩慢な時代であった。

一九七〇年代までにソ連は、新しいテクノロジーを西側からの輸入に頼るようになっていた。穀物についても、不作の年には輸入に頼っていた。一九七〇年代半ば、西側諸国が深刻な不況に見舞われたため、共産圏および第三世界の多くの国は従来の方法が使えなくなった。それまでは、西側諸国に輸出を行って外貨を稼ぎ、それによって輸入品の代金を賄っていたのである。しかし、ソ連の西側向け最重要輸出品は石油であった。その価格は一九七三年から七四年にかけて、そして一九七九年にも高騰した。したがって、ソ連は一九七〇年代後半、外貨収入が不足するといった事態に直面することはなかった。このように、ソ連経済は一九七〇年代、西側の経済成長のスローダウンによって何らかの重大なマイナスの影響を被ることはなかったように見える[55]。

ソ連の停滞の原因は、西側との関係にではなく、ソ連に内在する要因に求めなければならない。一九七五年以降、望ましくない人口動態と天候パターンが原因となってさまざまな問題が生じたのは確かである。農村から都市への人口の移動率は、一九七五年以降わずかに低下した。一九八〇年以降、就業年齢人口の増加率は全般的に鈍化した。しかも、一九七〇年代末の数年間、ソ連は例年になく厳しい天候

グラフ２－５　経済成長（計画と実績）

(a) 支出国民所得

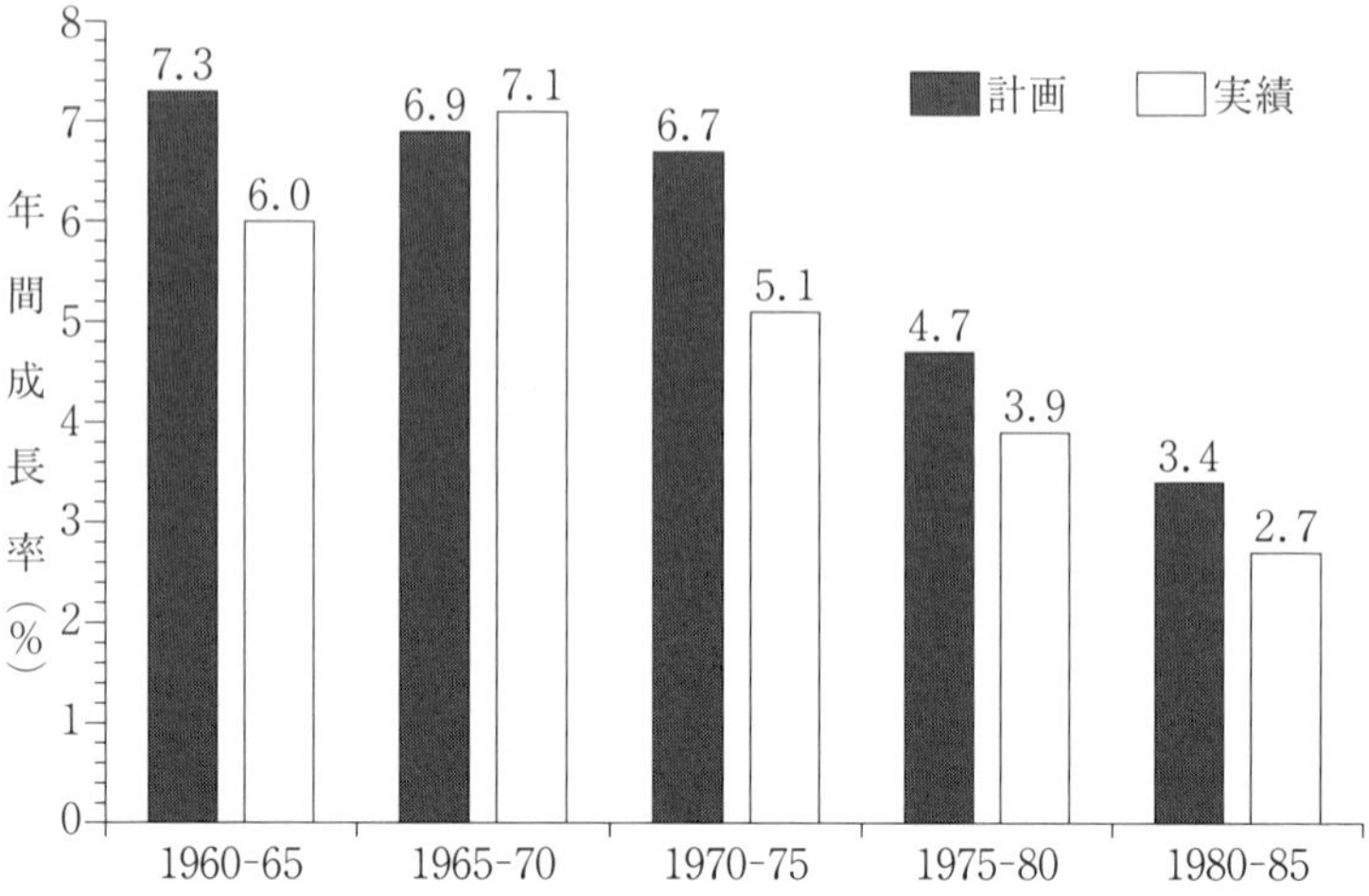

(b) 工業生産

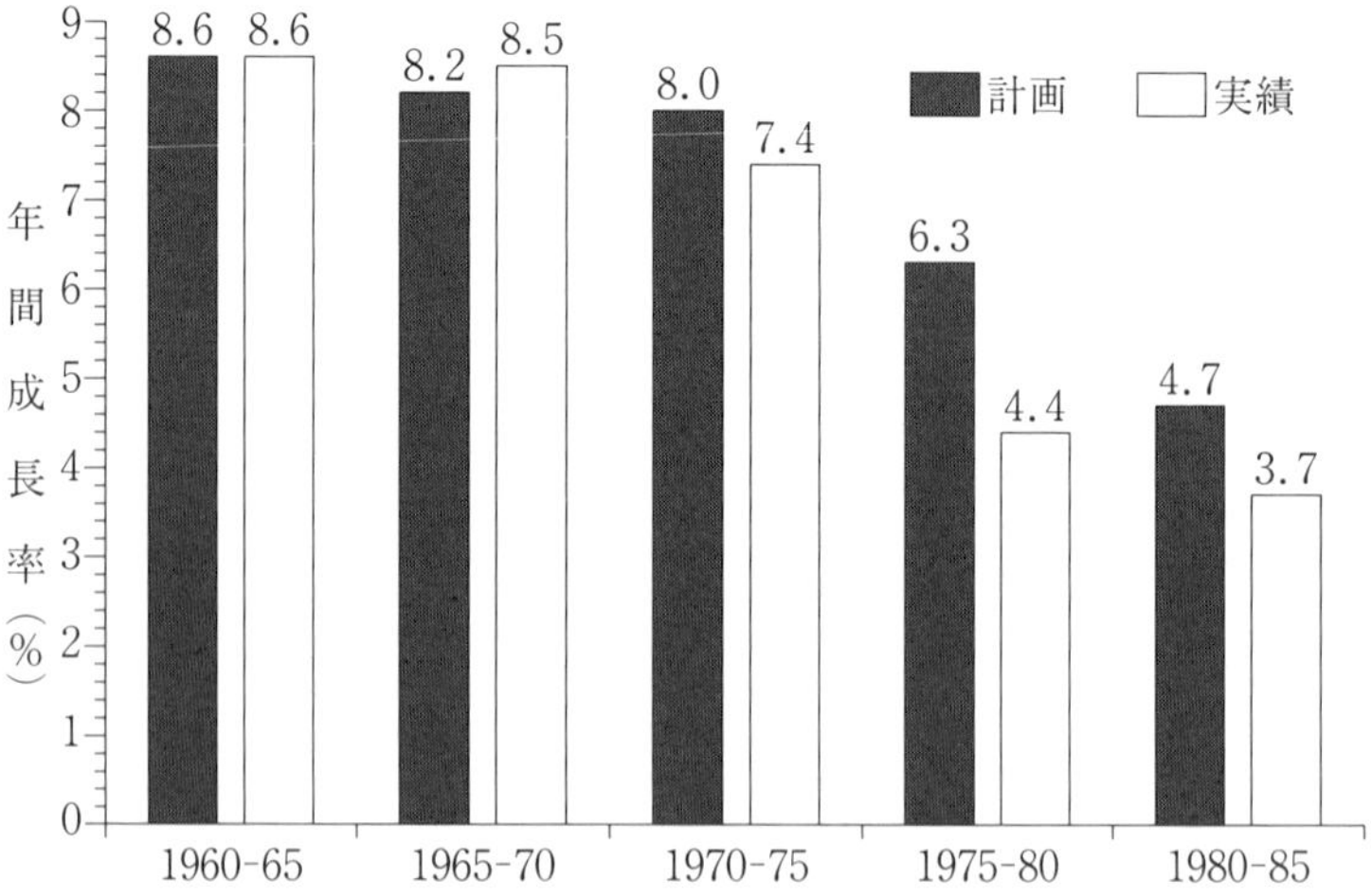

出典：参考文献一覧［76］52頁掲載の公式ソ連データ。［45］9頁。

に見舞われた。しかし、こうした要因は、所詮は成長鈍化の原因の一部を説明しているにすぎない。いずれにしても、悪天候や、工業化と都市化に続いて起こる都市労働力の増大鈍化に対しては、国の打つ手は限られている[56]。

右記の❸と❹、すなわち成長目標の意図的な引き下げと鉄道輸送および石油生産におけるボトルネックの出現は、ソ連の計画立案者たちの犯した政策面での失敗例である。第一〇次五ヵ年計画（一九七六年〜八〇年）と第一一次五ヵ年計画（一九八一年〜八五年）は、経済成長率の目標の大幅な引き下げを織り込んでいた。**グラフ2－5**は、一九六〇年から八五年の支出国民所得（純物的生産物に近い概念）および工業生産の成長率について、その目標値と達成値を示している[57]。支出国民所得と工業生産の成長率の目標値は一九七六年から八〇年に、そしてふたたび一九八一年から八五年に大きく引き下げられた[58]。

成長目標を引き下げた狙いは、企業支配人にかかる圧力を和らげ、彼らが生産高の急増にばかり気を取られることを防ぎ、その結果として効率を向上させ、生産の質を改善することにあった[59]。しかし、実際に達成された経済成長率は、とくに工業生産についていうと、**グラフ2－5**が示しているように、引き下げ後の目標値をかなり下回った。生産目標の引き下げにともなって投資の伸びが低下したため、システム内部に予想外のボトルネックが発生したのである。それはまた、技術革新の進み具合を鈍化させる一因となったようだ。というのも、多くの技術革新は新規の資本設備という形で具体化するからである。期待された効率の向上と生産の質の改善は、現実のものとはならなかった。それどころか、目標値の引き下げはどうやら緩慢な成長に向かう潮流を助長しただけだったようである[60]。

計画立案の失敗は、鉄道輸送と石油生産という枢要《すうよう》なセクターにおいても見られた。早くからソ連

シベリア鉄道　（株）ロシア旅行社提供

の計画立案者は見事な鉄道網をつくり上げており、それは長距離貨物輸送の基本方式となっていた。一九五〇年代の初め以降、鉄道に新規投入された資本は相対的に少ない。しかし、鉄道システムの運用は、鉄道省の下す、厳しく統制された中央指令を通じて効果を上げた。多くの経済部門において資本財の利用効率が芳しくなかったのと対照的に、鉄道はその資本ストックをきわめて効率よく使い、すこぶる高い利用密度を達成した。(61) しかし、ソ連の鉄道網は、すでに一九七〇年代半ばには、総延長距離による制約のため限界に達していた。そして、混雑によって貨物輸送に遅れが生じ始めた。鉄道の本線および待避線の延長工事に対してタイミングよく新規投資を行わなかったことから、ソ連経済に一つのボトルネックが生じていたのである。(62) もう一つの重大なボトルネックは、石油というきわめて重要な産業で生じた。ソ連の計画立案者たちは、新規の油田を開発するよりも既存の油田の利用に投資を集中した。その結果、一九八〇年代初めまでに既存の油田は生産の拡大に応じられなくなり、石油生産は頭打ちとなった[63]。鉄道と石油というボトルネックは、経済成長の鈍化を助長した。

仮に政策上の失策が停滞の主要な原因であったとするなら、それに対処することは難しくなかったであろう。しかし、停滞を覆すことはいたって困難であった。というのは、停滞を招いた最重要要因は、単に政策上のミスから派生したわけではないからである。問題はもっと根深かかった。そうした問題には、ソ連体制の主要な制度が効力を失いつつあったということも含まれる。

ソ連の成長実績にまつわる根本的問題をたやすく理解するためには、ソ連の成長の鈍化を、工業化経済の一般的、歴史的な長期成長パターンの文脈に置いてみることが有効である。歴史によってほぼ証明されていることだが、近代経済における長期にわたる急成長の期間は、いずれ停滞の期間に取って代わられ、長い期間を経た後ふたたび急成長時代がやってくる。このパターンは英国、米国、ドイツ、そのほかの資本主義国において過去数世紀にわたって観察されてきた[64]。過去、西側の資本主義国における停滞の時期は克服されてきたが、それはもっぱら、その国の経済、社会、政治の諸制度において大がかりな改革が実行された後のことである[65]。

経済的な制度が大きく異なっている国においても、急速な経済成長とその発展のプロセスは、結局いつかは息切れを起こすようだ。ほかならぬ急成長のプロセスが、時を経るにしたがって成長の条件を蝕《むしば》んでいくように見える。停滞の期間が繰り返しやってくる原因を説得力のある形で説明するためには、逆説的であるけれども、成功が結局は失敗の種となるプロセスを調べなければならない。

ソ連で一九七五年に始まった停滞は、ソ連体制の失敗というよりも、むしろその成功によってもたらされたのである。急速な経済成長と発展が五〇年近く続いた間に、経済と社会は一変していた。その際、かつて急成長をもたらした独特の制度構成は有効性を失うに至った。上記リストの❶と❷、すなわち計画化の有効性および労働規律の低下は、こうした問題分析の手法の対象となる。

一九二〇年代の末にソ連で採用された特異な経済計画化形態は、上述したように甚だしく中央集権化され、また階層的であった。この種の計画化形態は、農業経済を工業化するという目標に向けて資源を動員するのに非常に有効であった。それによってすこぶる高い投資比率が実現し、その結果、一連の新しい産業を創設することができた。また国民は、工業労働に備えて短期促成の教育・訓練を受け、賃金と生産性に優れた都市の産業労働へ速やかに転職することができた。

一部の分析者は、ソ連の計画システムは工業化の基礎的段階でしか有効でなかったと考えている。しかし、工業化が達成された後も、一九五〇年から七五年にかけて成長が持続したということは、このシステムの力がそれほど限定的なものではないということを示している。この高度に中央集権化された計画システムは、国民に高水準の公共サービスと消費物資を提供するなど、近代的な都市社会（少なくともその初期段階のもの）の建設を推進する際に有効であった。初期段階では、主要な目標《ゴール》の組み合わせが比較的単純だったからである。ソ連の中央計画システムは、都市のインフラストラクチャー（輸送機関、通信手段、発電所など）の建設、新しい住宅の建築、新しい消費物資の生産を急速に進めることができた。一九五〇年以前、みじめな貧困の中で生活してきた国民にしてみれば、バス・トイレ・キッチン付きのアパート、効率のよい大量輸送機関、まともな食事、それに各世帯に一つずつ冷蔵庫とテレビが備えられるようになったということは、生活水準が飛躍的に改善されたということにほかならない。そのことは、こうした品目の質が多くの場合、西側の水準と比較して低かったにもかかわらず事実であった。(66)

しかし、高度に中央集権化された計画システムに基づいて急成長が過去五〇年間にわたって続いたため、一九七〇年代までに経済発展をさらに推進するための必要条件は一変していた。ソ連経済の規模ははるかに拡大し、生産される品目数も増えていた。都市部の家庭は一応満足のゆく消費水準を達成し、今やもっと複雑な要求をもつに至った。求められる消費物資は多彩になり、製品の品質が重要性を増した。そうした需要を満たすプロセスは、経済成長段階の初期よりも複雑である。それは、中央の数少ない経済目標に還元されるものではない。高度に中央集権化された計画システムは、開発の初期段階の単純な目標を短期間のうちに達成するためには効果的であったが、充分な柔軟性を欠いており、新段階にうまく適応することができなかった[67]。

確たる証拠を見つけるのは難しいのだが、ソ連は一九七〇年代ごろ、労働規律の低下に悩んでいたようである[68]。労働規律の低下は、国民性が根本的に変化した結果であったろう。国民性の変化は、過去五〇年にわたる急速な経済構造の変化によって引き起こされた。当初、開発のプロセスの基盤になったのは都市労働力であった。それは離農したばかりの人々で、正規の教育は受けていなかった。ソ連における権威主義的な労務管理システムはこうした労働力を用いつつ、単独責任制《エジノナチャーリエ》と企業内の厳格なヒエラルキーに基づいて、それなりにうまく作動していた。厳格な規律、若干の物的刺激、約束された明るい共産主義の将来。こういった要素が組み合わさって、労働者から勤労意欲をそれ相応に引き出す一助となった。

一九七〇年代までに、ソ連国民は変化を遂げていた。大多数の国民は今や、教育水準の高い、洗練された、それなりに快適な生活水準を享受している都市生活者であった。ところが、トップダウン方式の権威主義的システムは労働者を、命令に服従する以外にすることのない状況にとどめ置いていた。変化を遂げたソ連国民が、若干の自主性と自分自身の権威を求めるようになると、権威主義的システムはそれと次第に衝突するようになった。かつて有効に機能した労務管理システムは、その有効性を失った(69)。

高度に中央集権化され、柔軟性を欠いた経済計画化形態と階層的で権威主義的な労務管理方式は、すでにその有効性を失っていた。一九二〇年代にソ連でつくり上げられた経済計画化と労務管理の特殊形態は能力の限界に達し、もはや経済面で急速な前進をもたらすことができないように見えた。急成長が終わりを告げたため、ソ連体制の長期的な諸問題がことごとく深刻さを増したように見えた。ソ連体制は明らかに大改革を必要としていた。

ゴルバチョフのペレストロイカの起源

ブレジネフ政権末期の数年間、大がかりな変革はもちろんのこと、小規模な改革も不可能だった。ブレジネフはスターリン以来在任期間がもっとも長く、一九六四年から一九八二年に亡くなるまで書記長のポストにあった。一九六〇年代半ばの小規模な経済改革の後、ブレジネフ時代のソ連は次第に政治的停滞と無為無策の状況へ陥った。最高幹部は事実上、不穏なことをしない限り終生そのポストにとどまることを保障されていた。こうして、汚職が体制全体に蔓延し、指導部はそれを甘受した。

ブレジネフが一九八二年一一月に亡くなると、その後継者であるアンドロポフ(訳5)は、体制に新しい生命を吹き込もうとした。KGB〔国家保安委員会〕の元議長であるアンドロポフは、ソ連体制に山積する問題点を知悉《ちしつ》していた。アンドロポフは汚職を根絶し、規律と効率を向上させるためのキャンペーンを行うよう求めた。アンドロポフは、労働意欲の改善と技術革新の促進を目的とする新たな経済管理方法について、その実験を許可した。またアンドロポフは、ソ連体制の経済問題に関して比較的自由な議論を奨励した。それは、非常に重要な事柄であったように思われる(70)。しかし、アンドロポフは書記長に就任した時点ですでに重い腎臓病に侵されており、就任後一五ヵ月にして亡くなった。ソ連には、まだ大きな変化はもたらされていなかった。

一九八四年二月、党中央委員会は老齢のチェルネンコ(訳6)を後継者として承認した。その背景には、チェルネンコ政権を暫定政権とするとの意図が働いていたようである。チェルネンコはブレジネフ流の伝統墨守派と見られていたが、アンドロポフの経済実験に終止符を打つとか、経済論争の中止を要求するといったことはなかった。結局、チェルネンコ政権はアンドロポフ政権よりも短命だった。チェルネンコが一九八五年三月に亡くなると、ゴルバチョフがソ連の後継指導者となった。

精力的で勤勉で社交的なゴルバチョフは、共産党のヒエラルキーを急スピードで駆け上がってきた。ゴルバチョフは一九五五年にモスクワ大学法学部を卒業すると、故郷のスターヴロポリ地方《クライ》に帰った。

(訳5)　アンドロポフ、ユーリー・ヴラジーミロヴィッチ（一九一四～一九八四）。スターヴロポリ市近郊に生まれる。三九年入党。カレリアのコムソモール組織、次いでペトロザヴォツク市党第一書記を勤めた後、駐ハンガリー大使（一九五三～五七年）。その後、党中央勤務を経て、六七年から八二年までソ連国家保安委員会（ＫＧＢ）議長。八二年に党書記長に就任。

(訳6)　チェルネンコ、コンスタンチン・ウスチノヴィッチ（一九一一～一九八五）。三〇年入党。五〇年代、モルダヴィア党第一書記だったブレジネフの下で働き、その信頼を得る。その後、ブレジネフの引きで党中央入り。六六年、党中央委員。七六年、党書記。七八年、政治局員。ブレジネフ亡き後、いったん影が薄くなるが、アンドロポフの死去を受けて後継書記長に就任する。八五年三月に在職のまま病死。

スターヴロポリは、北カフカスの肥沃な農業地域である。ゴルバチョフは、スターヴロポリ地方の党組織およびコムソール〔党青年組織〕で頭角を現した。一九七〇年にスターヴロポリ地方党第一書記になった。一九七八年には農業担当書記を務めるためにモスクワに呼び寄せられたが、その当時四七歳で、ソ連指導部内で最年少であった。(71) その二年後、ゴルバチョフは党政治局員となった。

ゴルバチョフは、同じくスターヴロポリ出身だったアンドロポフに好印象を与えた。指導部内においてゴルバチョフの立場が上昇したのは、アンドロポフ政権下においてである。チェルネンコがアンドロポフの後を受けて党書記長に就任したとき、ゴルバチョフがチェルネンコの後継書記長となることは確実視された。ゴルバチョフは、党システムの階段を伝統的なやり方で上ってきたにもかかわらず、党内部の改革志向の雰囲気を代弁する人物と見られていた。政治局内のブレジネフ派の大部分は、ゴルバチョフの昇進を遮る方法を探し求めた。(72) この一派がそれを果たせなかったのは、おそらく、改革を期待する気持ちが政治局より下の広義の党指導部に広がっていたためである。ブレジネフ時代から政治局にとどまっているメンバーの大部分はゴルバチョフに不安を覚えたが、政治局は一九八五年、州党第一書記そのほかの党中央委員会メンバーからの強力な支持に押されて、ゴルバチョフを新書記長に指名することを余儀なくされたと見られている。(73)

ゴルバチョフは、さまざまなタイプの新顔を引きつれて指導部に乗り込んだ。ゴルバチョフは自分よりも年長のエゴール・リガチョフ(訳7)を党政治局および書記局のナンバー2に指名した。リガチョフは、西シベリアのトムスク州で長年にわたって州党第一書記を務めた経歴の持ち主である。誠実で、清廉で、勤勉との名声も手伝って、リガチョフの伝統的な党スタイルと慎重なアプローチは、党機関《アパラート》内部でゴルバチョフの改革への支持を集めるのに役立った。(74) 閣僚会議議長〔首相〕にはニコライ・ルイシコフ(訳8)

が指名された。有能な企業支配人だったルイシコフは、アンドロポフ書記長の下で工業担当の党中央委員会書記、次いで、党中央委員会経済部長に取り立てられた経歴があった[75]。新外務大臣のエドアルド・シェワルナゼ(訳9)はプラグマチックで柔軟な人物であった。

アレクサンドル・ヤコヴレフ(訳10)の影響力は、ゴルバチョフの側近の中では最大だったかもしれない[76]。ヤコヴレフは、イデオロギー担当の党中央委員会書記に任命された。その職務権限には、各マスメディアの最高責任者の人事も含まれていた[77]。ヤコヴレフはイデオロギー畑の出身で、一九七〇年代初めに

（訳7）リガチョフ、エゴール・クジミッチ（一九二〇〜）。ノヴォシビルスク州生まれ。四〇年代に同州のコムソモール組織で頭角を現す。トムスク州党第一書記（六五〜八三）を経て、八三年に党書記。八八年、党中央委員会に新設された農業委員会《コミッシャ》の委員長に就任。八九年、ソ連人民代議員に選出される。

（訳8）ルイシコフ、ニコライ・イヴァノヴィッチ（一九二九〜）。ウクライナ・ドネツク州生まれ。一九五〇年から「ウラル重機械製作工場」（ウラルマシ）に技術者として勤務。七〇年代前半にウラルマシの総支配人を勤めた後、重機械・運輸機械制作省の第一次官などを経て、八二年から党書記（八五年まで）。八五年からソ連首相。健康上の理由から九〇年に首相を辞任したが、九五年政界に復帰。同年ロシア下院議員に選出され、九九年再選。

（訳9）シェワルナゼ、エドアルド・アンヴロシェヴィッチ（一九二八〜）。一九六〇年代、グルジア内務省勤務。七二年にグルジア党第一書記。七八年政治局員候補。八五年、外相（〜九〇）。ソ連崩壊後グルジアに帰り、九二年以来同国の国家元首を務める。

（訳10）ヤコヴレフ、アレクサンドル・ニコラエヴィッチ（一九二三〜）。一九五八年、米国コロンビア大学に留学。一九七三年から八三年まで駐カナダ大使。八六年にマスメディア担当党書記。八七年党政治局員に昇格（〜九〇年）。八八年、党中央委員会の国際政治問題委員会《コミッシャ》の委員長に就任。九〇年三月、大統領会議入り（〜九一年一月）。九五年からロシアの半官半民のテレビ局「ＯＲＴ」の理事長。社会民主党の党首でもある。

は、党中央委員会宣伝部長第一代理を務めた経験がある。また、ヤコヴレフはのちに駐カナダ大使も務めた。ヤコヴレフはほかの知識人と違って、マルクス主義理論の修正、更新に思いをめぐらせていた。[78]

ゴルバチョフが書記長に就任したとき、経済改革というテーマはすでに公認のテーマとなっていた。アンドロポフは経済改革を要求していたし、チェルネンコもそれを阻むようなことは何もしていなかった。とはいえ、当初、ゴルバチョフがやがてソ連体制の急進的かつ徹底的な刷新を唱導するようになるきざしは見られなかった。ゴルバチョフの経歴や初期の演説には、そうした驚くべき成り行きを予期させるような根拠は見いだせない。西側の専門家は、当初、次のように予想していた。すなわち、かつてフルシチョフ政権下において、またブレジネフ時代の初期において行われたソ連の経済改革の線に沿って、今度もソ連経済のささやかな手直しという歴史の一齣《ひとこま》が繰り返されるにすぎない、と。[79]

しかし、一九八五年の状況は、フルシチョフが権力を固めた一九五五年の状況とも、ブレジネフがコスイギン改革に同意した一九六五年の状況とも大いに異なっていた。過去の改革努力は、長期的な経済問題に対するリアクションであったが、そうしたリアクションを呼び起こした諸問題は、急成長とテクノロジーの向上をもたらし続けているシステムの内部問題にすぎなかった。それとは対照的にソ連経済は、一九八五年の時点ですでに、一〇年間にわたる停滞の時代を経験済みであった。しかも、この停滞が終わる見込みはなかった。この停滞は、指導部にとって重大な危険をはらむものであった。教育を身に付け、都市に生活するソ連国民は、以前よりも高い生活水準を要求していた。国民が望んでいるのは、今までよりも質量ともに優れた住宅、食品、そのほかの消費物資であった。同時に指導部は、米レーガン政権から軍事力の増強という挑戦状を突きつけられていた。[訳11]指導部は、この両方の要求に応えることはとてもできなかった。そのいずれも今以上の経済資源を必要とするというのに、ソ連は経済の停滞という状況に直面していたからである。正真正銘の危機を回避しようとするなら、経済改革を成功させることが絶対に必要であった。

スターリン亡き後、ソ連の指導者で絶対的な権力を握った者はいない。しかし、ソ連共産党書記長は西側の大統領や首相と比較すると、非常に大きな権力をもっていた。官僚機構の中のさまざまな利益集団が、変化を求めるトップの命令に抵抗することはあり得る。しかし、ソ連には、党書記長の計画を挫折させるような反抗的な議会も、野党も、非協力的なマスメディアもなかった。書記長は、もし大改革が必要だと信じるに至るなら、そうした改革を実行に移すだけの大きな権力をもっているように見えた。第4章で詳述するように、ゴルバチョフは当初、比較的小規模な形で経済の手直しを試みた。しかし、ゴルバチョフは書記長就任から一年もたたずに、もっと徹底的な改革が必要だということを確信した。一九八六年二月の党大会で、ゴルバチョフは次のように声明した。

「今や、状況が状況だけに、我々の措置を部分的な改善策にとどめることは不可能である。必要なのは徹底的な改革である」(80)

一九八七年の一年間に、ゴルバチョフの演説や著作において、ソ連体制の直面する主要な諸問題、それらの問題の背景的原因、必要な解決策などが分析されるようになった(81)。ゴルバチョフは、品質の悪

(訳11)　レーガン、ロナルド（一九一一〜）。一九六六年米国カリフォルニア州知事。八〇年の大統領選挙では共和党から出馬、現職のカーター大統領を破って、第四〇代米国大統領に選出される。政府支出とインフレを抑える経済政策を推進。対外的には戦略防衛構想（ＳＤＩ）を唱え、ソ連の軍事、外交政策にも大きな影響を与えた。

い消費物資、消費サービスの不足ないし欠如、投入財の無駄遣いなど、ソ連経済におなじみの慢性的問題を列挙した。しかし、ゴルバチョフがとくに力説したのは、久しく続く停滞を覆す必要があるということであった。ゴルバチョフは、「一九七〇年代の後半……わが国は勢いを失い始め」、経済成長率は、「経済の停滞に近い水準にまで」落ち込んだと書いた。ゴルバチョフは、「生産効率、生産物の品質、テクノロジーについて、大部分の先進国とのギャップは拡大し始めた」と述べ、次のように警告した。

「もっとも不安をかき立てるのは、おそらく、科学技術の発展においてすでに後れを取り始めたという事実だ。……それは、学術上の支援がなかったためではない。主たる原因は、経済が技術革新というものに反応を示さなかったことにある」

ゴルバチョフは「山積する社会発展の矛盾」に不満を表明し、そうした矛盾は「危機寸前の深刻さを帯びつつある」とも警告した(82)。

ゴルバチョフはこうした諸問題の原因を、もともとスターリンの下で採用された経済制度の特殊な構成にあると考えた。ゴルバチョフは伝統的なソ連モデルを批判し、それは「社会主義の原理とかならずしも相容れない方法や形態」に基づいていると述べた。ゴルバチョフは、ソ連モデルはかってしばらくの間は経済面では有効だったと述べつつ、次のように論じた。ソ連モデルは今や、「経済の進歩にとって必要なものや進歩の前提条件となるものと矛盾する」に至り、「その肯定的な潜在力は使い果たされた」。そしてゴルバチョフは、次のように結論づけた。

「歴史上の経験が示しているのは次のことだ。すなわち、社会主義社会は、停滞傾向の発生や深刻化が起こらないことを約束されているわけではない。深刻な社会・政治危機すら起こらないとは限らないのである」[83]

ゴルバチョフは、伝統的ソ連モデルの具体的な欠陥を二点強調した。ソ連モデルは、まさにその欠陥によって時代遅れなものとなったのである。一点は、経済システムのさまざまな部分を調整する方法と関係している。この欠陥とは、システムが「硬直的中央集権」体制をとっており、中央からの「指令」という伝統に染まっていることである。ゴルバチョフは、経済上の不合理な結果の多くはこのことに起因すると考えた[84]。第二の欠陥は、勤労意欲を促進する効果的な刺激策がないということであった。それは換言すれば、労働規律が欠如しているということである。この二つの構造的な問題が停滞の原因だとするゴルバチョフの考え方は、私たちの上述の見解にきわめてよく似ている。

ソ連の直面している問題とその原因をこのように分析したゴルバチョフは、それに基づいて、ソ連経済のメカニズムの根本的改造をともなう解決策を提案した。ゴルバチョフが一九八七年に書いた論文の中に散見される提案は、経済システムを改革してソ連の直面する問題を解決するための二大原則を反映している。一つの主題は、ソ連の経済制度を民主化することであった。もう一つは、市場経済の要素を導入することであった。

第一の主題は、指令に基づく計画立案を分権化した民主的な計画形態に変え、経済の調整をもっと効率的に行うことを要求していた。それはまた、単独責任制による権威主義的な労務管理を労働者による自主管理に転換し、効果的な動機づけのシステムをつくり出すよう提案していた。たとえば、ゴルバチョフは、「過度に中央集権化された、命令に頼る管理システムから民主的なシステムへ移行すること」を改革の目的とするべきであると述べた。ゴルバチョフは「計画立案の民主化を検討中である」と断言し、その意味を次のように解き明かした。

「これが意味するのは、計画立案――ここで言うのは、形式的なものでなくて現実の計画立案のことだが――は企業と従業員集団の中で行われるようになるだろうということである。彼らの生産する製品を計画するのは、ほかならぬ彼ら自身ということになる。計画立案の基盤となるのは、目標数値で表された社会の要求《ニーズ》および政府契約であり、また消費者との直接の契約というきずなである」(85)

労働者の自主管理と労働者の経営参加は、労働規律の問題の解決方法としてたびたび言及されている。たとえば、ゴルバチョフは次のように述べている。

「労働者は、職場、従業員集団、そして社会全体において真の主体者の立場を得なければならない。これこそが、労働者を刺激して生産効率を高める方法である。……労働者の関心は生産の主体者となるときに最大となり、社会、経済、科学、技術の進歩に活気を与えるために最強の力を発揮する」(86)

民主化は、ゴルバチョフの改革プログラム全体の中心的テーマとなった。ゴルバチョフは次のように論じた。ソ連社会の刷新に不可欠の基盤は、「民主主義の広範な発展である。……我々に強力な加速化をもたらすことができるのは、民主主義形態、ただそれのみである」。そして、ゴルバチョフは、「社会の各側面をくまなく、広く民主化すること」を求めた(87)。

第二のテーマ、すなわち体制内の経済問題は市場（ソ連の用語を使うなら商品・貨幣関係）の果たす役割を拡大することで解決されるという命題も、一九八七年のゴルバチョフの演説と論文を貫いていた。

ゴルバチョフは企業を、「本格的な損益勘定と自己資金調達」に立脚させるよう要求した。また、生産財は、経済計画によって直接分配するのではなく、企業間の契約に基づく「卸売り取引」のシステムによって分配するべきであるとした。ゴルバチョフは、「社会主義の原動力を活性化するにあたっては競争が中心的存在となる」と述べ、「企業は、企業間の経済競争を迫るような環境に置かなければならない。それは、消費者の需要を最大限に満たすためである」と付け加えた。こうしたコメントが示唆しているのは、ゴルバチョフは競争的市場メカニズムを用いて企業行動の効率を向上させ、消費者の欲求に向けて企業の注意を喚起することを望んでいた、ということである。しかし、経済計画化を市場に置き換えることは想定されていなかった。むしろ、「経済計画化の長所は、社会主義市場の刺激要因との結びつきを深めるであろう」と考えられていた[88]。

ゴルバチョフはまた、賃金を労働生産性に立脚させれば労働規律は改善される旨を示唆していた。ゴルバチョフは、「労働の質と量に悪影響を及ぼす、賃金の悪平等傾向」を批判した。逆に、「労働者の収入は、業績にリンクさせるべきである」というのがゴルバチョフの考えであった[89]。

一方では、民主主義的参加と労働者の自主管理。他方では、利益誘導、競争、業績に基づく賃金体系。この両者は、効率的な経済実績を引き出すための、異なるメソッドに依拠するものである。前者においては力点が置かれるのは、連帯、協力、共通の目標である。後者において強調されるのは、個人の損得勘定である。ゴルバチョフは、改造後のソ連経済においてその二つの原則、すなわち「市場の力」と「民主主義」が結合していなければならないと信じていた。

ゴルバチョフは、ソ連の社会主義の根本的改革を目指しているのであって、社会主義の代わりに資本主義を導入することを狙っているのではない旨を明らかにしていた。ゴルバチョフは次のように書いた。

「我々はすべての改革を、『社会主義の選択』に沿う形で行っている。……我々が確信しているのは、もし社会主義の潜在力を実際に顕在化させ、社会主義の基本的な原則を守り、また人間の利益を配慮に入れ、計画経済の長所を利用するなら、社会主義の成果は資本主義のそれをしのぐものとなり得るということだ」

ゴルバチョフはさらに、「社会主義と、その基盤である公的所有は、経済プロセスの進歩にとって事実上無限の可能性を秘めている」と述べた(90)。確かに、一九八七年の時点で、ソ連体制を根本的に改革する計画には、市場の要素、さらには個人所有や協同組合所有の拡大という要素すら含まれていた。しかし、それは明らかに社会主義を改革し、民主化するという計画であり、社会主義を資本主義に転換するという計画ではなかった。ゴルバチョフには、個人が大規模な生産財を所有するとか、計画化を自由市場に置き換えるといったことを支持する考えはなかった。

ゴルバチョフがのちに着手することになるソ連社会の根本的改造は、経済面に限定されたものではなかった。急進的経済改革への要求が完全な形で浮上してくる前の段階で、ゴルバチョフは早くも、「グラスノスチ」（情報公開）として知られる新政策を始めることになる。このことは、一般人とマスメディアが、ソ連社会と指導部に対し遠慮なく批判を始めるきっかけとなった。ゴルバチョフがその経済改革案を詳細に説明してから一年後の一九八八年、ソ連指導部は政治制度の民主化を提案することになる。これらの要素、すなわちグラスノスチ、急進的経済改革、政治制度の民主化は、「ペレストロイカ」というロシア語によって世界中に知られることになる改革の三本柱であった。ペレストロイカの原義は「建て直し」である。当時のゴルバチョフには分かっていなかったが、ソ連の社会主義を刷新し、究極的にその潜在力を遺憾なく発揮させようとするゴルバチョフの腹案は、狙いとは逆に、ソ連体制をやがて解体させることになる勢力を解き放ち、社会主義の代わりに西側スタイルの資本主義を導入しようとする試みに道を開くことになるのだった。

第二部　ペレストロイカとソ連体制の終焉

第二部　序

ゴルバチョフとその盟友たちは、高度に中央集権化された非民主的な国家社会主義体制を新たな民主主義的社会主義へ転換させようと努力した。そうすることによって、長きにわたって抑圧されてきた社会主義体制の潜在力がいずれは発揮される。少なくとも、ゴルバチョフらにはそうした目算があった。しかし、非民主的国家の民主化は、必然的に政治闘争を意味する。民主化を実現するためには、何世代にもわたってがっちりと統制されてきた大衆を解き放つ必要があるからである。その結果として進み始める政治過程は、改革派指導部が意図していたのと違う方向に向かう可能性があった。

一九八五年から一九九一年に至るまで、ソ連を覆う政治闘争は激しさを募らせた。その闘争が終わりを迎えたとき、ソ連共産党の敗北と崩壊、国家社会主義体制の解体、さらにはソ連という国民国家そのものの瓦解が起こった。この闘争の推移――すなわち、闘争の主役の顔ぶれと各主役の強さと弱さ――を理解することは、ソ連が一党制の国家であるだけに余計に難しくなる。なぜなら、競い合うさまざまな政党の消長という形で闘争の推移を図式化することができないからである。

政治闘争は共産党内部で行われた。マスメディア内部も闘争の場となり、対立する意見が影響力の拡大を目指して争った。学術誌および学術会議においても同様であった。そこでは、知識人が経済改革および政治改革の方向について議論を闘わせた。また、新しいソ連人民代議員大会と最高会議、共和国レベルの立法機関の選挙戦も闘争の場となった。ちなみに、選挙戦においては、大部分の候補者は共産党員であり、明確な綱領をもって立候補する者は少なかった。闘争の舞台が街頭に移されると、デモとストライキがソ連の生活に付き物となった。

ペレストロイカ期の数年間、ソ連では野党運動が次第に盛り上がりを見せ、やがてエリツィンが野党運動の押しも押されもせぬ指導者として登場した。野党運動は当初つかみどころのないものであったが、一九八九年に結晶化し、その姿が鮮明になった。一九八九年というのは、初めて本格的に立法府の競争選挙が行われた年である。野党運動を母体として、「地域間代議員グループ」とか「民主ロシア」といった重要な組織が幾つか生まれた。しかし、いずれの組織も単独で野党運動全体を包括するには至らなかった。

政治闘争の初期段階において、エリツィン率いる野党運動がいかなる勢力を代表していたのかを正確に見極めることは難しい。野党運動によって提起された主要な命題の中には、民主主義、個人の自由、経済改革がある。野党運動は民主主義運動と同一視されることが非常に多かったが、ゴルバチョフの体現する変化の方向と比べて、どこがどう違うのか判然としなかった。ソ連国家の大幅な民主化は、すでにゴルバチョフ指導部の下で行われていた。後述するように、ソ連では一九九〇年の一〇月までに代議立法機関が設置され、共産党の国家統治を根拠づける憲法上の権限が抹消され、すべての政党に平等な権利を与える法律が採択され、共産党がそれまで続けてきた報道機関の独占に終止符が打たれた。野党運動は、改革の実施を迫るという点では一定の役割を果たしたが、ゴルバチョフとは対立したままであった。

エリツィンとその一派が最後までゴルバチョフと対立する姿勢を崩さなかったのは、ゴルバチョフが社会主義を資本主義に置き換えるのではなく、社会主義を改革し、民主化するとの方針を堅持したからである。エリツィン派が一九九一年の末に独立ロシアにおいて権力を掌握して以降、民主的な制度の建設や個人の自由の保障において、ソ連時代末期の成果を超えるような劇的な成果が達成されることはなかった。(1) 一九九一年一二月以後のもっとも重要な変化は、ロシア政府がエリツィン個人と彼の率いる運動の音頭で、ロシアの社会経済体制を急速かつ根本的に変革することを目指すプログラムに着手したという点にある。エリツィン政権は、社会主義体制の残滓《ざんし》をすみやかに一掃し、資本主義体制の基盤を構築しようと努めた。

エリツィン派は、確かに民主主義と個人の自由を支持していた。しかし、ソ連の政治闘争における彼らの立場は、ほかとははっきり異なっていた。というのも、詰まるところ、ソ連体制を西側タイプの資本主義体制に転換しようとの決意をもっていたからである。こうした目標を志向しているという点でエリツィン派は、民主主義的社会主義を建設しようと努力するゴルバチョフからも、また小幅な修正を施すだけで国家社会主義体制を維持できると考えていた守旧派とも一線を画していた。このように見てくると、エリツィン主導の運動は「資本主義支持連合」(the pro-capitalist coalition) と命名されるべきであるように思われる。「資本主義支持」と称するのは、資本主義の導入という意図がこの一派の特徴となっているからである。また、「連合」と称するのは、この運動が組織面で非常に緩やかかつ漠然としており、ソ連社会の多様な分子から支持を得ていたからである。序論ですでに述べたように、この運動の積極的な支持者が一人残らず「資本主義」を目標としていたわけではない。しかし、エリツィン派の運動は一九八〇年代の末、企業の私有化プログラムと自由市場を実現せよとの要求を強め、ひとたび権力を握ると、誰の目からも資本主義と認識される社会経済体制の構築に乗り出した。

ペレストロイカというゴルバチョフの改革プログラムが実施された結果、資本主義支持連合の成長を促進するための条件が、知らず知らずのうちに整った。資本主義支持連合は、結局、ソ連社会の将来の方向性をめぐる闘争において勝者となった。勝利を収めることができたのは、ソ連体制の転変する制度の内部において、最強の支持基盤を確保することができたからである。その支持の源は、社会の変化をめぐる闘争において積極的な姿勢を見せた各社会集団であった。資本主義支持連合の勝利にとって決定的となったのは、ソ連体制内の党・国家エリートから得た支持である。本書第二部では、こうしたプロセスがどのように展開されたかを検証する。

ペレストロイカは三本柱からなる。一番目は「グラスノスチ」である。これは、イデオロギー上の統制を解除し、文化活動を解放して自由な議論や論争にゆだねることである。二番目は「経済改革」である。これは、高度に中央集権化された鈍感で能率の悪い経済メカニズムを、改革済みの刷新された社会主義経済に変えることである。三番目は、ソ連の政治制度を「民主化」することである。本書第3章から第5章において、ペレストロイカの三要素がそれぞれどのような展開を見せたかを跡付ける。ソ連社会が改革の各要素によって変化し、その結果、資本主義支持連合が政治力を発展、成長させた過程を観察する。第6章では、なぜ、どのようにして、党・国家エリートがその支持を資本主義支持連合に与えるに至ったのかという問題を詳細に検証する。

第二部の最後にあたる第7章では、ソ連最後の数年間において、ソ連社会の複雑な政治闘争がどのように展開したかを検証する。同章では、経済が混迷の度合いを深め、民族紛争が激しさを増す中、資本主義支持連合がライバルをどのように打倒してのけたかを見る。また、ソ連の崩壊が民族主義的激情の発露のみならず、資本主義支持連合の政治的企図にも起因していたことを明らかにする。この連合は、権力に到達するため、ロシア共和国をソ連のほかの共和国から分離する必要に迫られていたのである。

第3章　グラスノスチと知識人

ゴルバチョフが政権の座に就いて以降、最初の重要な変化は経済ではなく文化の領域において、また思想の自由という個人の権利の領域において起こった。ゴルバチョフは一九八六年の初め、グラスノスチとして知られる政策を開始した。その結果、公然たる議論と個人的意見の表明を抑圧してきた統制が、撤廃されることになった。ゴルバチョフがその改革日程において、手始めに文化と政治の抑圧に取り組むことにしたのは、国民が消極的で戦々恐々としているままでは、経済改革を成功させるどころか、首尾よく改革を発進させることすらおぼつかないという確信があったためであろう。グラスノスチによって国民を覚醒させ、ソ連体制の刷新を支持する行動に駆り立てるというのがゴルバチョフの目算だったと思われる。

グラスノスチは、ソ連の知識人に重大なインパクトを与えた。本書で「知識人」という言葉を使うときは、思想、知識、価値観、概念をつくり出し、表現することを仕事としている人々を指す。すなわち、作家、芸術家、ジャーナリスト、科学者、社会科学系の研究者、大学教師、およびそれと類似の職業に従事している人々である。[1]知識人は、自分たちの仕事に対する党の厳格な統制が解除されたおかげで、思いもかけず新たに表現の自由を享受するようになった。知識人は当初、グラスノスチに小躍りし、ゴルバチョフとその政策を強く支持した。しかし、自由を与えられたソ連の知識人のうち、かなりの人々は結局のところ野党的立場に走り、改革された社会主義の建設というゴルバチョフの中心的課題に反対することになる。

ゴルバチョフが書記長に就任して二ヵ月後、それまで上映禁止処分を受けていた映画『断末魔《アゴーニャ》』(訳1)が公開された。この動きは、モスクワでは新しい自由の胎動と解釈された。一九八六年二月、有名な政治犯シチャランスキー(訳2)が釈放された(2)。高名な反体制派物理学者でソ連の水爆の父であるサハロフ博士が、一九八六年一二月、ゴルバチョフの個人的なイニシアチブにより国内流刑地のゴーリキー市〔現ニージニーノヴゴロド〕から突然解放されたとき、文字通り世界中が刮目《かつもく》した。

政治犯の釈放は、政治的空気を変化させる重要な一歩であった。しかし、それ以上に重要だったのは、報道機関に新たに与えられた自由である。ゴルバチョフは、一九八六年三月、マスメディアに対し、共産党の官僚主義に批判を加えるよう要請した(3)。間もなく、多くの有力な新聞・雑誌に新任の編集長が据えられた。リベラル派の知識人に運営が任された新聞・雑誌には、以下のものがある。〈アガニョーク〔ともしび〕〉、〈ソヴェツカヤ・クリトゥーラ〔ソヴィエト文化〕〉、〈モスクワ・ニュース〉、〈ズナーミャ〔旗〕〉、〈ノーヴィ・ミール〔新世界〕(4)〉。そして国営テレビ網は、ニュース報道において多様な見方を許容するようになった。

(訳1)　一九八一年「モスフィルム」制作。監督はエレム・クリモフ。帝政ロシア最後の皇帝ニコライ二世とその皇后を通じロシアの政治に隠然たる影響力を振るった怪僧ラスプーチンを主人公に据え、ロシア革命直前の社会、政治情勢を描いた歴史映画。

(訳2)　シチャランスキー、ナタン（一九四八〜）。一九七三年、ユダヤ人の権利を求める運動に身を投じる。一九七八年、スパイ活動と国家反逆の罪で強制収容所送りとなる。釈放された後、イスラエルに移住。現在は同国で政治家に転じている。

こうしたイニシアチブは、ソ連において数十年にわたって続いてきた社会生活に対する厳格な統制と、トップダウン方式のコントロールの終末を約束するものであった。その結果、「市民社会」が忽然《こつぜん》と姿を現した。(5)市民社会とは要するに、国家の統制の外に置かれた市民組織および市民活動のことである。市民社会がにわかに出現した一因は、そうしたものがフルシチョフ時代の自由化（一九五〇年代）以来、半ば公然、半ば非公然の形で発達を続けてきたという点に求められる。(6)この隠れた市民社会は、グラスノスチという新政策のおかげで公然のものとなり、急速な発展を遂げたのである。

ソ連の歴史、経済、文化は、突如、自由な検証や議論にさらされるようになり、そうした自由の度合いは拡大の一途をたどった。ゴルバチョフが期待していたのは、次のようなことであった。グラスノスチによって自由な議論が可能になれば、そうした議論を母体として、推進中の改革を実行に移すための最善策も得られるだろう。また、重大な変化には抵抗がつきものであるが、そうした抵抗を克服するために社会のエネルギーを動員することも可能となるだろう。

ゴルバチョフの思惑はこのようなものであった。しかし、ひとたびグラスノスチに刺激されて市民社会の出現が促されると、ソ連指導部は自ら解き放った百家争鳴の状況を充分に統制できなくなった。人々は手にした自由を行使したが、それは、ただ単にゴルバチョフの望んでいたことを行うためではなく、多様な意見を表明するためであった。多少なりとも公然と変化に反対する者もあった。その言い分は、「ソ連は重病にかかっているわけではない」というものであった。スターリン主義の時代に戻れ、と要求する者もあった。また、もっと遠い過去に目を向ける者もあった。すなわち、君主主義思想の出現とか、ボリシェヴィキ登場以前の過激な民族主義の再登場といった現象が見られた。(7)たとえば、過激ロシア民族主義で反ユダヤ主義の団体「パーミャチ」が姿を現し、一九八七年五月、モスクワで公然とデモを行うようになった。

ソ連の過去は、綿密かつ批判的な検証にさらされた。スターリンの圧政に対する糾弾は猛烈で、その勢いはフルシチョフ時代のスターリン批判をも上回るものであった。指導部は、ブハーリンなどスターリン時代に処刑された初期の革命家の名誉回復を開始した。一部の専門家は、ついにスターリン主義の起源をレーニン自身にまでさかのぼらせ始めた。また、ボリシェヴィキの権力掌握がソ連の抱える諸悪の根源であると指摘する者も出てきた。さらには、社会主義を批判し、それを資本主義と比べて劣っていると断じるようになった者もある。

このように、改革、保守、反動、革命といったきわめて多彩な主張が突如公の場に噴出した。ソ連社会は、こうした腹蔵のない広範囲にわたる議論には慣れていなかった。新しい見解は、まず最初は試験的な形で表現されるのが通例であり、あたかもペレストロイカを実行するための最善策をめぐる議論であるかのように偽装された。しかし、新しい自由が本物だということが分かってくると、時が経つにつれて非公認の見解を述べる態度が大胆さを増した。

マスメディアの新しい自由は、新しい思想の発露において中心的な役割を果たした。新聞、雑誌、テレビは百出する見解を伝えた。そして、最高指導部において激論が闘わされた。事態は手に負えないところに来ているのではないか、というのが争点であった。まさにその通りだと懸念を深める人々は、「リベラルな報道機関」に最大の責任を負わせた。一般のソ連市民の中には、自分たちの神聖な信念がマスメディアにおいて攻撃されるのを見て仰天する者もいた。何しろ以前のマスメディアは、公式見解を伝える頼もしい宣伝機関だったのだから。リガチョフも同様の反応を示した。リガチョフは、ペレストロイカ初期の数年間、共産党においてゴルバチョフに次いでナンバー2の序列にあった人物である。

そのリガチョフは、メディアが「ソ連の歴史を黒く塗りつぶしている」と訴えた。リガチョフはゴルバチョフに向かって、メディアが社会主義の敵の手に陥落しようとしていると警告を繰り返した。確かに、ソ連のメディアの多くは、一九八〇年代の後半、ソ連の社会、経済体制に対する批判の度合いを次第に強め、ソ連の手本としての西側タイプの資本主義に好感を募らせていた。

リガチョフは、その回想録においてアレクサンドル・ヤコヴレフを非難している。共産党に対して敵対的な編集長を任命したというのが理由である。ヤコヴレフは当時、ゴルバチョフの指名によって、共産党中央委員会のイデオロギー問題担当書記の職にあった。(8) ヤコヴレフは、各メディアの編集長人事を担当する最高責任者であった。そのヤコヴレフについて、リガチョフは遠回しに次のように示唆した。ヤコヴレフは社会主義の根幹を掘り崩す計画を温めており、主要な編集長ポストに反共主義者を指名し、この計画を進めようとしている。それなのに、ゴルバチョフはこうした事態の推移を黙認している。これは、不可解なことである。

ヤコヴレフは、結局一九九一年にソ連大統領顧問の職を辞し、社会主義批判に回った。それは事実である。(9) しかし、なぜあれほど多くの報道機関が、あらゆる形態の社会主義に反対する意見を盛んに報じるようになったのか。その理由を、リガチョフは間違って理解している。よしんばリガチョフが、一九八〇年代のヤコヴレフの意図を正しく理解していたとしてもである（もっとも、そうとは思えないが）。

リガチョフの解釈がつじつまの合わないものであることは、ほかならぬリガチョフ自身が、一九八六年のきわめて重要な編集長人事の経緯を説明する一節でたくまずして明らかにしている。その人事というのは、人気週刊誌〈アガニョーク〔ともしび〕〉編集長にヴィターリー・コロチッチを任命したことである。〈アガニョーク〉は、コロチッチの采配で資本主義支持運動の有力代弁者へと衣替えした。しかし、コロチッチを〈アガニョーク〉の編集長に据えたのはヤコヴレフではない。この注目すべき人事を行ったのは、何とリガチョフである！　コロチッチの人事を承認する前、リガチョフはコロチッチの最新刊『憎悪の顔』を読んだ。リガチョフはこの作品が正統派であって、自分の眼鏡にかなっていることを認めた。リガチョフの見いだした唯一の難点は、コロチッチが「米国のことになるとあまりにも極端に走って」おり、「どぎつい反米的」見解を表明しているという点であった。しかしコロチッチは、やがて〈アガニョーク〉を親米的な資本主義寄りの立場へと導いた[10]。

このように、多くのメディアはソ連体制に対する批判を募らせ、ついには、ソ連体制を社会主義の民主的形態へ転換させようとする努力に対しても批判を浴びせるようになった。その根本的理由は、もちろん、社会主義を蝕もうとするヤコヴレフの秘密計画なんぞにあるのではない。メディアがそうした転換を図ったのは、実は、メディアがソ連知識人のイデオロギーが大きく変化したのを反映していたからである。ペレストロイカ以前に反体制派になった知識人もいないではない。しかし、大多数の知識人は、公式イデオロギーの忠実な宣伝マンの役割を果たしていた。知識人はこうした務めを果たす見返りに、快適な生活様式と自分の仕事に従事するための糧《かて》を受け取るのであった。公認の作家や芸術家は、給料のほかに設備の整った別荘《ダーチャ》をもらい、そこで仕事に励むことができた。自然科学者は科学アカデミーの巨大な研究所ネットワークの支援を仰いでおり、〔米国の科学者と違って〕財団からの寄付金集めのために時間を食われることはなかった。社会科学系の研究者は、社会、経済の諸問題をマルクス主義の立場から分析し、その見返りに安定した支援を受けていた。

しかし、公式イデオロギーに対する知識人の信念は、実際には底の浅いものであった。ペレストロイカのずっと以前から、西側の友人に自分の疑念を打ち明ける者もいた。知識人は、体制内部で自分の務めを果たそうと思えば、その前提条件として公式の教条《ドグマ》を墨守《ぼくしゅ》しなければならず、ほとほと嫌気がさしていた。共産党の、知識人監視体制の強圧ぶりは、知識人の自己認識と衝突するものであった。知識人は自らを思想、知識、価値観、概念を自分でつくり出し、表現する者とみなしていた。作家が書き、ジャーナリストが報道し、経済学者が分析し、科学者が理論を構築し、芸術家が創造活動を行う際、彼らはそれぞれの所産がイデオロギー的に正しいかどうかについて判定を下す者がいるということを重々承知していた。行きすぎがあればついには職を失い、特権システムから追放されるということにもなりかねなかった。行きすぎを犯した者は、その行きすぎが充分に危険と見なされれば迫害を加えられた。知識人は、党当局者の定める枠の中に強制的にはめ込まれることに対して、恨みを抱かずにはいられなかった。何しろ、その当局者というのは、知識人の各専門分野の知識をろくにもち合わせていないからである。(11)

長きにわたって統制されてきたソ連の知識人は、グラスノスチによって不意に自由の身になり、体制批判を公言できるようになった。それどころか、体制批判をすすめられることすらあった。知識人の反応ぶりは熱烈なものだった。知識人は、長きにわたって自分たちを抑圧してきた共産党の官僚主義に対する嫌悪感も手伝って、批判を先鋭化させた。知識人の多くは、社会主義を自分のかつての隷属状態と同一視した。彼らは、個人の表現の自由という西側の思想に魅せられたが、それはもっともなことである。そして彼らは、体制に変化が生じ、そうした自由の永続化が保障されることを求めた。知識人にとって非常に魅力的だったのは、自由は商品・サービスの自由市場と不可分の関係にあるという西側イデオロギーの主張である。また、そうした主張に関連する見解、すなわち個人の自立は生産手段の私有システムがあって初めて保障されるという見解も魅力的であった。知識人の多くは、ペレストロイカ期にそうしたものの見方に引きつけられ、社会主義の改革を目指す勢力の考えを退けた。社会主義改革勢力はというと、自由は社会主義体制と結合可能と考えていたのである。

社会集団としての知識人にはもう一つ特徴があり、それも作用し始めた。社会危機、動乱、改革といった時期には、いかなる社会においても知識人、とくに若手の知識人は他に先駆けて急進化する傾向にある。知識人というものは、思想、理論、概念を扱っており、そういったものを頭の中で練り、従来の定説に代わって新たな説を考え出すことを生業《なりわい》としているだけに、現行の制度や既成の思想を根底から覆すような新しい制度や思想を考えることに抵抗を感じない。社会が改革や変化を被るとき、多くの若手知識人は穏健改革に見切りをつけて革命思想をとるものである。このことは、西側では、一九三〇年代の大恐慌のときに見事に例証されている。当時、インテリ層のかなりの部分は、大挙してマルクス主義と共産主義に飛びついた。ところが、ほかの社会層は、資本主義を改革して穏健な福祉国家を目指す方を良しとしたのである。

ソ連の知識人の中でも、ペレストロイカ以前の一〇年間、ソ連の経済、社会問題が悪化する中、同じような急進化のプロセスが徐々に生じ始めていた。その後、ペレストロイカに刺激されてこの急進化のプロセスは大いに加速された。しかし、ソ連体制に対するその影響は、同様のプロセスが西側において起こったときの影響と比べてはるかに大きかった。西側では、一九三〇年代、インテリ層の大部分は急進化したが、主要なメディアは富裕な資本家が所有しており、こうした影響をたやすく被ることはなかった。急進化した作家は左翼系の零細出版社を頼みとし、新聞記者は〈デイリー・ワーカー〉紙〔英国共産党の大衆紙〕のコラム欄の執筆に頼らざるをえなかった。急進化した映画のシナリオライターは、慎重に自制した形でしか作品を映画化してもらえず、そこでは進歩的テーマはほのめかすにとどめられた。こうした状況は、検閲という虎の尾を踏まないようびくびくする、ペレストロイカ以前のソ連の映画界と似ていなくもない。

次のことは驚くべき事実である。すなわち、一九三六年、恐慌によって荒廃が進み、一般市民が怒りと絶望感を募らせ、知識人が性急に資本主義にさじを投げる中、何と米国のほとんどの有力紙は、大統領候補として共和党のアルフレッド・ランドン[訳3]を支持していたのである。米国社会は、フランクリン・ローズヴェルト[訳4]の「ニューディール」のような政策すら過激であると見ていたわけである。

しかし、一九八六年から八七年にかけて任命されたソ連の編集者たちは、そういった障害には直面していなかった。当初、彼らは目新しい自由が本物であることが信じられなかった。やがて、それが本物であることが分かった。編集者、記者、作家、経済学者はマスメディアを媒体として、好きなように書く自由を最高政治指導部から与えられた。新聞、雑誌、テレビ網、そのほかの表現媒体は実際いずれも国有であったが、国はそれら媒体に実質的な独立を与えたのである。

一九八八年三月、一瞬、この牧歌的状況が終わりを告げるかに見えた。〔守旧派系の〕〈ソヴェツカヤ・ロシア〉紙がネオ・スターリン主義者ニーナ・アンドレーエヴァ[訳5]の書簡を掲載したのである。この書簡は、メディアの「行きすぎ」を攻撃するものであった[12]。アンドレーエヴァ書簡は公式路線を代弁しているのではないか、また、グラスノスチが終わる前兆ではないかと心配された。しかし、アンドレーエヴァ書簡に条件付き支持を与えたリガチョフがヤコヴレフと対決するなど、長時間にわたって紛糾した会議を経て、政治局は共産党中央委員会機関紙〈プラウダ〉に社説を掲載することを決めた。アンドレーエヴァ書簡を非難し、報道の自由と独立を再確認するこの社説は、アンドレーエヴァ書簡の公表から三週間後の四月五日、〈プラウダ〉に掲載された。そのことは、自由に書き、考えることを許可するという当局の方針が本物であることを示すものであった[13]。

この小事件の数ヵ月後、ソ連で初めてのレーニンに対する学術的な攻撃が公表された。経済ジャーナリストのヴァシーリー・セリューニンがリベラル派の〈ノーヴィ・ミール〔新世界〕〉誌に寄稿し、ゴルバチョフ指導部の見解に異議を唱えたのである。ゴルバチョフらは、ソ連型社会主義のゆがみはスターリンとともに始まったという見地に立っていた[14]。ところが、セリューニンに言わせると、スターリンの圧政の原型となった苛烈な統治方式はレーニンに責任があるという。セリューニン論文が口火となって論争が始まった。この論争は、多くの知識人が「レーニン自身とレーニンの率いたボリシェヴィキ革命はいずれも最初からロシアにとって災難だった」と結論を下して決着した。リベラル派のメディアには新しい定説が生まれた。それによると、革命前のロシアは西側スタイルの資本主義的民主主義に向かって徐々に発展しつつあったのに、その発展はボリシェヴィキが権力を掌握したため、また、それに続いてありがた迷惑な社会主義の実験が行われたために人為的に前途を遮られた、ということになる。これを敷衍《ふえん》すると、共産党の支配を一掃するなら、ロシアは革命前の道――当時流行していた言い方を

(訳3)（一八八七～一九八七）。一九一二年にAMランドン社を設立し、石油生産で巨万の富を築く。一九三三年から三七年までカンザス州知事を務める。一九三六年の大統領選挙に立候補するもF・ローズヴェルトに敗れる。

(訳4)（一八八二～一九四五）。海軍次官、ニューヨーク州知事を経て、一九三三年に第三二代米国大統領に就任。大恐慌をニューディール政策により克服した。米国史上唯一四選された大統領。

(訳5)一九三八年生まれ。レニングラード工科大学の化学教師。一九九一年にソ連共産党が禁止されたのを受けて全連邦共産党ボリシェヴィキ派が設立されると、同党中央委員および書記長に選出される。

借りるなら「正常な文明」の道――に復帰できる、ということになる。「正常な文明」とは、西側スタイルの民主主義的資本主義のことである。[15]

一九八九年から九〇年にかけて、いかなる形態の社会主義にせよ、社会主義に対する知識人の信頼は見る見るうちに消えてなくなろうとしていた。タチヤナ・ザスラフスカヤはロシアの有力な社会学者で、ゴルバチョフを触発してペレストロイカに踏み切らせる上で重要な役割を果たしたと見られている。彼女は元来、ペレストロイカを社会主義改革のための手段と見ていた。しかし、一九九〇年までにその見方を転換させた。ザスラフスカヤは、一九八九年から九〇年にかけて科学アカデミーで行われた、社会主義をテーマとする「大セミナー」について詳述している。そのセミナーの議長は、科学アカデミー副総裁ヴラジーミル・クドリャフツェフが務めた。セミナーでは、次のような結論に達した。すなわち、資本主義が社会主義に取って代わられ、ついで共産主義に取って代わられるというマルクス主義思想は基本的に間違っている、と。セミナー参加者の見解は、現実には資本主義と社会主義という二つの別個のシステムなど存在していないという点で、また、「社会主義的特徴」をもつのは成熟した資本主義であるという点で一致した。[16]ある西側のソ連専門家は、ソ連の研究者の間で成立した、ソ連の理想的未来についての新たなコンセンサスを次のように描いている。

「それは公的所有に基づくものとはなるまい。……それはまた、資本主義に取って代わるものではないし、代替物を呈示することすらなかろう」[17]

このようにソ連の知識人は、瞬く間に急進化した。[18]そして、多くのマスメディアを自由に利用するようになり、さらにはその支配権すら与えられた。実際のところ、一九八七年から九一年にかけて、マスメディアにはこうした急進化が反映されていた。この間、それまでになく大胆で反体制的な見解が表明された(19)。

このように、ソ連の知識人の大部分は西側スタイルの民主主義的資本主義に宗旨変えをしたわけだが、これについては説明のつかない問題が残る。ソ連体制は、知識人の快適な条件を整えるために大量の資源を投入してきた。つまり、ソ連の作家は、自分の作品が日の目を見るのを期待しながらウェイターのアルバイトをして食いつなぐ必要はなかった。また、研究者は、低賃金の非常勤講師という学界の最下層に身を沈めることを心配する必要もなかった。ソ連の知識人は、精神の自由を追求するあまり、自分たちの物的利益を無視して資本主義と自由市場を選んだのであろうか。

決してそうではない。ソ連の大部分の知識人は、国家社会主義のおかげで好ましい物的条件を整えてもらったと考えるどころか、自分たちの立場が西側の資本主義国の知識人と比較すると、絶対的にも相対的にもはるかに劣っていると信じていたのである。大部分の知識人は市場の不安定さから守られ、また概して労働条件に恵まれていたが、報酬となると肉体労働者と大差がなかった。数十年前であればそんなことはなかった。たとえば、第二次大戦後まもなくの時期、ソ連の科学者の手当ては肉体労働者のそれを相対的に上回っていた。しかし、それから数十年の間に科学者の受け取る相対的報酬は減少した(20)。西側の人間がソ連を訪問すると、しばしばソ連の知識人から次のような愚痴を聞かされたものである。

「うちのモスクワ郊外の別荘《ダーチャ》は、トラック運転手の別荘と隣り合わせでね。うちのは、奴さんのとどっこいどっこいなんだ」(21)

成功を収めた知識人の場合、ソ連の国家社会主義の下で生活するのと、西側資本主義の下で生活するのとを比較すると、後者の方が物質的境遇は恵まれている。ソ連の知識人はそう認識していた。そして、この認識は正しかった。

ソ連の知識人の中には、西側の知識人が金持ちになるチャンスに恵まれているのを見て、うらやましく思う者もあった。西側の作家、美術家、音楽家、舞踏家などのうち、抜群の成功を収めた連中は巨額の富を個人で蓄えることができるからである。そうした富は、国家社会主義体制の下で個人的に手にすることはまず不可能であった。一九八〇年代、西側との接触が増すにつれて、ソ連の知識人が顔を合わせる相手は西側の知識人の中でもとくに成功を収めている連中に偏りがちであった。その結果、ソ連の知識人は、平均的西側知識人の生活水準についてゆがんだ印象をもつようになった。

ソ連知識人のイデオロギー上の転換において物質面の打算がいかなる役割を果たしたにせよ、そうした打算はイデオロギーの転換を抑制するのではなく、むしろその転換を推進するほかの要素を補強するものとなった。一九九二年以降、ロシアは自由市場資本主義に向けて一気に突っ走ったが、皮肉なことに、そのプロセスにおいて最大のダメージを被った者の中には知識人が含まれていた。ロシアの知識人は、知的活動に対する国家の支援体制が大きく崩壊する中、思いもかけず、情け容赦のない自由市場の世界に放り込まれることになった。

経済学者もほかの知識人と同様、ペレストロイカが進められた数年の間に急進化のプロセスを経た。しかし、経済学者の急進化の影響はとくに重大であった。ペレストロイカにはさまざまな側面があったわけだが、その中で中心的な問題となったのは経済をどのように改革するかということだった。経済学者は、どうしたら経済が機能するか、どうしたら経済が改善されるかという問題の解決を目指す専門家であるだけに、社会改造、すなわちペレストロイカをめぐる論争における彼らの影響力はとくに大きかった。ほかのソ連知識人と同様に、経済学者は公式イデオロギーに対する支持を要請されていた。公式イデオロギーとは、たとえば、社会主義は資本主義に優っているとか、中央での計画化の方が「市場の無秩序」よりも優れているとか、公有の方が私有よりもメリットがあるといった主張である。公式見解によれば、生産手段の私有はとくにタブーであった。というのも、それは資本家の利益のために労働者を搾取することを意味していたからである。

過去、ソ連の経済学者はこうした見解を必ずしも全面的に信じることなく、あるいは部分的にすら信じることなく、オウムのように繰り返していたのである。西側の「新古典派」経済学者は自由市場と産業の私有を、経済体制を運営するための唯一の合理的方式と見なしている。こうした経済思想の影響力は、すでにペレストロイカ以前、ソ連の経済学者の間で強固なものとなっていた。ソ連の経済学者は、決められたことを教え、義務として正統派マルクス・レーニン主義の単行本や雑誌論文を書いていたが、多くの者は心中ひそかに自分の教えていることや書いていることに対して疑念を抱いていた。

ソ連体制の下では、専門の経済学者はかつてそれほど大きな影響力をもっていなかった。経済政策に対する真の権限を握っていたのは、まず党政治局であり、それについで経済関係の省庁および国家委員会の最高幹部であった。これら高官で、研究畑から転進した専門家は多くなかったし、また、ペレストロイカが始まるまでは、党・政府機関における経済学者の影響力もあまり大きくなかった。経済を担当する当局者は、たいてい企業経営者上がりであるか、またはエンジニア出身であった。西側においてもそうなのだが、この手の経歴の持ち主は、経済学の研究者をあまり尊重せず、むしろ研究者が現実離れしていると決め付けがちであった。

しかし、グラスノスチのおかげで社会でますます自由な議論が行われるようになると、経済学者は公の場で積極的に自分の見解を伝え、影響力を振るうようになった。グラスノスチを契機として、ほかの知識人と同様に経済学者の間でも急進化のプロセスが進み始めた。その過程で経済学者は自由を与えられて、本音を語るようになった。ゴルバチョフは、経済学者の見解を真剣に受け止めているようであった。ペレストロイカ末期の数年間、最高政治指導部は、経済改革のための新たな青写真を描くために経済学者グループに頼り続けた。経済学者の考えは、今や事態に大きなインパクトを与えるようになった。

これら経済学者の思想は、西側の経済思想を知っている者にとってはごくありふれたものであろう。例外はあったが、大多数のソ連の経済学者はペレストロイカの末期に、自由市場および私有を声高に支持しながら登場した。彼らは西側の新古典派経済学者と同様、「資本主義」という用語を使うのを避けたが、「計画化」の代わりに「自由市場」を、「国有」または「労働者所有」の代わりに「私有」を唱えており、明らかに西側でいうところの「資本主義」を提唱しているのに等しかった。

ソ連の経済学者の中には、西側経済思想の中でも「自由市場経済」思想として知られる極端な学派に引き付けられる者が多数いた。この理論は、一九世紀英国の経済思想を支配した過度に単純化された見方に由来するものである。それによると、市場の力を規制しない方が、経済効率、技術の進歩、経済の安定、所得の分配などに関して理想的な結果がもたらされるという。この理論は、事実上、一九三〇年代の大恐慌以後数十年の間、西側の経済学者の間では姿をひそめていた。それに代わって登場したのは、もっと釣り合いのとれた見解であった。その見解によると、市場を経済における主役に据えるべきであるにしても、政府は規制の大枠を設定し、深刻な不況、所得の過度の不平等、独占企業の権力拡大、環境破壊、危険な労働条件など社会的病弊を防ぐ義務があるという。一九七〇年代、自由市場一辺倒の往時の学説が西側の経済学界において復権し、それ以来、政府の干渉を是とする主流の経済思想との間で、影響力の拡大をめぐって競争が展開されてきた。

自由市場経済の思想は一九八〇年代後半、ソ連の経済学界を席捲した。ソ連の経済学者は、中央集権的計画化の問題点を直接知っていたのに対し、規制なき市場の短所を経験したことがなかった。西側における貧困とか失業といった話は共産党の宣伝にすぎないと思ったのであろうか、多数の経済学者が自由市場の教義を熱狂的に取り入れた(22)。論より証拠、ロシアと英国の経済学者が一九九一年に行ったアンケート調査では、「市場は経済活動を調整する最善のメカニズムか」という問いに対し、調査対象となったロシア人経済学者のうち九五パーセントの人が「イエス」と答えている。一方、同じ質問に「イエス」と答えた英国人経済学者は六六パーセントにすぎない。ロシア人経済学者の方は、文字通り一〇〇パーセントが「私有財産制は市場の必須条件である」と考えたのに対し、英国の経済学者のうち二五パーセントはそれに異を唱えた(23)。

だからといって、ソ連の経済学者が一人残らず自由市場の理論を受け入れたというわけではない。ひと握りの少数派は、依然として社会主義の方が勝《まさ》っていると信じていた。科学アカデミー経済学研究所は権威ある研究所であるが、その所長を務めているレオニード・アバルキンら一群の有力な経済学者は、バランスのとれた見地に立って、市場は政府の効果的な規制を必要としていると考えていた(24)。しかし、ペレストロイカが進むにつれて、経済学者の平均的見解は、ソ連経済を救う方法は自由市場と私有化をおいてほかにないという見解へと次第にシフトしていった。

ソ連の知識人、とくに経済学者の資本主義支持への転換に勢いがついたという事実は、国家社会主義の終焉と資本主義支持連合の勝利をもたらす重要な要因となった。一九九〇年までに、わずか五年間のグラスノスチを経て知識人はすっかり急進化した。彼らの意見は、出版物にせよ放送メディアにせよ、至る所で取り上げられた。ペレストロイカの全期間とほぼ重なる時期（一九八五年〜九〇年）にソ連の首相を務めたルイシコフが確信しているところによると、ソ連のマスメディアは一九八〇年代後半までに、ソ連指導部の努力に対抗する「一大勢力」になっていたという。ソ連指導部は、ソ連型社会主義の改革プログラムにこだわっていた(25)。

ソ連のメディアが甚だしく中央集権化されていたおかげで、急進化したモスクワの知識人は自己の意見をソ連の隅々にまで伝えることができた。ウラル山脈の南端に位置する鉄鋼生産都市マグニトゴルスク市でかつて党第一書記を務めていたアレクサンドル・サヴィツキーの語るところによれば、モスクワからのテレビ放送、新聞・雑誌を通じて、絶え間なく急進派知識人の意見を吹き込まれ、「(マグニトゴルスクの) ほとんどの知識人と多くの労働者は、エリツィンと米国流生活様式を支持するようになった」という(26)。

知識人は、政府顧問として、あるいはマスメディアを通じて影響力を見せつけた。また、後述するように、一九八九年に発達し始めた選挙運動と新しい立法機関においても影響力を発揮した。

しかし、知識人の声について説明しただけでは不充分である。知識人が資本主義支持の声をますます公然と上げるようになったとき、ソ連において真の権力をもっている勢力、すなわち党・国家エリートがその気になれば知識人の声はたたき伏せられたであろう。しかし、知識人はそういう目には遭わなかった。その理由を解き明かすことは、ソ連体制の終焉を理解するための鍵となる。

第4章　経済改革

ペレストロイカが始まって三年後、世界のメディアはソ連における経済的苦境の劇的な光景を伝えた。一九八八年から八九年にかけて、基本的消費物資の深刻な不足が表面化した。ソ連市民は、食料そのほかの生活必需品を買い求めるために、長蛇の列に並んで長い時間を費さなければならなかった。配給制の対象となる物資は増加の一途をたどり、空っぽのショーウィンドウの写真は、体制が断末魔の苦しみにさいなまれる姿を伝えているように見えた。

こうしたイメージを土台にして成り立っているものが、ソ連の終焉の原因を説明するもっとも一般的な説である。それは、存立不可能で改革もままならぬ経済システムが破綻したことにソ連崩壊の根本的原因を求める見方である。この解釈によると、所詮は存立不可能である社会主義経済が、一九八〇年代の末にソ連において馬脚を現したのだという。

この説によると、ソ連の終焉は次のように説明される。ゴルバチョフとその盟友は、失速するソ連経済を改革しようと試みた。しかし、彼らはそれを社会主義経済の枠内にとどめようとした。したがって、改革の企ては最初から失敗する運命にあった。ゴルバチョフが改革の責任者の立場にとどまっている間、この一派は経済計画化の制度と生産手段の公有に見切りをつけようとしなかった。そのため、経済改革は進まず、成功に至らなかった。ゴルバチョフの下で改革の努力が重ねられたけれども、ソ連の経済実績は悪化し、経済は消費物資の不足に示されるように「崩壊」ないし「破綻」した。ソ連の終焉は不可避のものだったのに、ゴルバチョフはそれに抵抗し、結局はボリス・エリツィン個人とエリツィン率いる人民運動によって一蹴された。エリツィン派が勝利を収めたのは、資本主義体制を採用することが唯一有効な選択肢であることを理解していたからである。

このような、ソ連終焉の通俗的説明は説得力がない。この説明の問題点の一つは、あまりにも単純化された社会変化理論に依拠しているという点にある。この理論によれば、経済というものはある時点で突如「機能不全」に陥り、その時点で、従来の経済機構を別の経済体制に置き換えるための社会革命が不可避になるというのである。こうした理論は、しばしば、「機械論的」理論と呼ばれている。というのも、それは機械工学装置の領域に発想のヒントを得ているからである。自動車のエンジンというものは、いつか誰の目にも明らかなある一定の時点で作動しなくなり、機能を停止する。不運な所有者は、動かなくなったエンジンを新しいエンジンに交換するか、あるいは車ごとそっくり新しいのに取り替えるしかない。

しかし、経済体制については同じことは言えない。経済体制というものは、社会主義体制であろうと、資本主義体制であろうと、あるいはそのほかの体制であろうと、内部で発生した問題のために突如機能不全に陥るということはない。経済体制は（それ自体について言うなら）あるときにはよく機能し、国民の期待を満たすかもしれない。そうした実績は無論、社会的、政治的安定に貢献する方向に作用する。経済体制は、またあるときにはあまりよく機能せず、社会の不満を呼び起こすかもしれない。「崩壊」という用語は、経済体制に適用すると誤解を招きやすいが、経済の強烈な収縮が起こることは確かにある。一例は、一九三〇年代の大恐慌に襲われたときの西側資本主義体制である。米国では大恐慌により、一九三三年までに農業以外の就業人口のうち三分の一が失業した。しかしそのときですら、米国経済は文字通り機能停止するということはなかったし、止むに止まれぬ必要に迫られて根本的に異なった経済体制を採用するということもなかった。

あらゆる経済体制は、苦境に陥ったとき、あるいは深刻な経済危機のときですら、その体制の維持を支えてくれる強力な制度を備えている。経済危機が改革につながるか、それとも革命につながるかは、決して単純な問題ではない。一九三〇年代、少なからぬ米国資本主義の急進的批判者が、体制が「機能しなくなっている」証拠はあり余るほどあると強く信じていた。しかし、いかなる革命も起こらなかった。大恐慌は確かに深刻であったが、その行き着く先は革命ではなく資本主義体制の改革であった。米国では、改革のプロセスは一九三三年に始まった。この年、フランクリン・ローズヴェルトが大統領に就任した。このプロセスは第二次世界大戦の数年後、すなわち改革開始からおよそ一五年かかってようやく完了した。米国の資本主義は一九四〇年代の末までに大きな変貌を遂げ、均衡のとれた体制となった。それが前提条件となって、その後の二五年間、歴史上もっとも急速な経済膨張が起こり、その恩恵は国民の間に広く行きわたった。

純理論的な分析では、一定の条件に置かれた経済体制が改革できるか否かを事前に予測することはできない。経済体制は、たいてい驚くほど適応力がある。たとえその適応力が不完全であるにしてもである。ソ連の経済体制は、ペレストロイカ以前、一九五〇年代にはフルシチョフの下で、一九六〇年代にはブレジネフ＝コスイギンの下で小規模な改革を経験していた。しかし、一九八〇年代、ソ連の社会主義が自己改革を行って、当時直面していた諸問題を乗り切る能力をもっているかどうかを知る機会は世界中の誰にも与えられなかった。というのも、ゴルバチョフとその一派が彼らの最初の大規模な経済改革を導入したとき、改革派はたちまち「革命家」としか呼びようのない集団に敗北を喫し、権力を失ったからである。後述するように、一九九〇年までに、ソ連の経済体制を改革しようとする努力に代わって、体制の主柱《しゅちゅう》だった制度の解体が始まった。

ソ連の終焉に関する従来の説明は、ペレストロイカ期における経済実績の推移と合致しない。データの示すところでは、ソ連経済は、ソ連体制の社会主義的要素がまだ排除されていなかった間は、「崩壊」どころか収縮すらしていないのである。ペレストロイカ期の経済再建は三段階で行われている。一九八五年から八六年にかけての第一段階では、比較的穏健な修正が施された。一九八七年から八九年にかけての第二段階では、やや急進的な改革が行われたが、改革の範囲は社会主義経済の枠内にとどまった。一九九〇年から九一年にかけての期間は、経済の変革の第三段階に相当する。その期間に資本主義支持連合が充分な政治的勢力を蓄え、社会主義改革の枠を超えて経済の変革を推し進めた。ソ連経済は、第三段階の前までは収縮を始めていなかったのである。第三段階では、体制の解体に着手するために政治的手段が行使された。こうした事態の推移は、ソ連経済がその内部矛盾ゆえに崩壊したとする見解と矛盾する。

表4－1は、ソ連経済の総生産と総消費の伸び率に関するデータを示したもので、西側の推定値（①と②）とソ連側の公式統計（③と④）の両方を含んでいる。これに付随する**グラフ4－1**は、ペレストロイカの各段階において、それら変数の動きを比較したものである。穏健な第一段階の政策の効果は、一九八五年から八七年の成長率の上昇となって現れた。第二段階のやや急進的な社会主義再建政策は、ちょうど一九八八年の初頭に効果を現した。その政策の経済面での結果は、一九八七年から八九年の成長率に影響を及ぼしている。一九八九年から九一年の経済成長率は、第三段階におけるソ連の経済実績を記録するものである。この段階においては、社会主義の諸制度が解体し始めようとしていた。**グラフ**

表4－1　ソ連経済の成長率（1980-91年、単位は年間％）

	西側推定値		公式ソ連データ	
	①GNP	②消費	③NMP	④消費
1980－85	1.8	1.9	3.2	3.2
1986	4.1	1.5	2.3	3.5
1987	1.3	2.2	1.6	3.5
1988	2.1	3.5	4.4	4.2
1989	1.5	2.3	2.5	5.1
1990	－2.4	1.5	－3.9	2
1991	－12.8[a, b]	データ未入手	［－15[b]］	［－13[b]］

出典：参考文献一覧［95］58頁。［96］14頁、17頁。［87］41頁、43頁、49頁。②は財・サービスの実質総消費の伸び。④はソ連の計算方式に基づく実質個人消費と公共消費の伸び。

原註：a 1991年のGNPは二つの異なる推定値（－8.5と－17）の平均値。
b グルジアとバルト三国を除く推定値。

4－1が示しているのは、この三段階の各段階ごとの成長率であり、また、第一段階および第二段階の社会主義改革（一九八五年～八九年）の結果を抱き合わせにしたものと、ペレストロイカに先立つ五年間の成長実績との比較である。

表4－1と**グラフ4－1**は二つのことを示している。第一に、ソ連経済はペレストロイカの最初の二段階（一九八五年～八九年）において拡大を続けていたということである。また、経済が収縮を始めたのは、第三段階に至って社会主義諸制度の解体が影響し始めたときであるということも分かる。**表4－1**が示しているのは、全体としてのソ連経済は一九八五年から八九年にかけて毎年成長を遂げていたということである。一九九〇年、総生産はGNP値（**表4－1**の①）にせよNMP値（**表4－1**の③）にせよ、わずかに収縮した。ついで一九九一年になると、経済はいかなる尺度を基準としても深刻な後退期に入った。**グラフ4－1**の（a）が示しているように、西側のGNPの概念で測れば、ペレストロイカ初期の二つの段階を合わせた

グラフ４－１　ソ連経済の生産および消費の伸び率（1980～1991年）

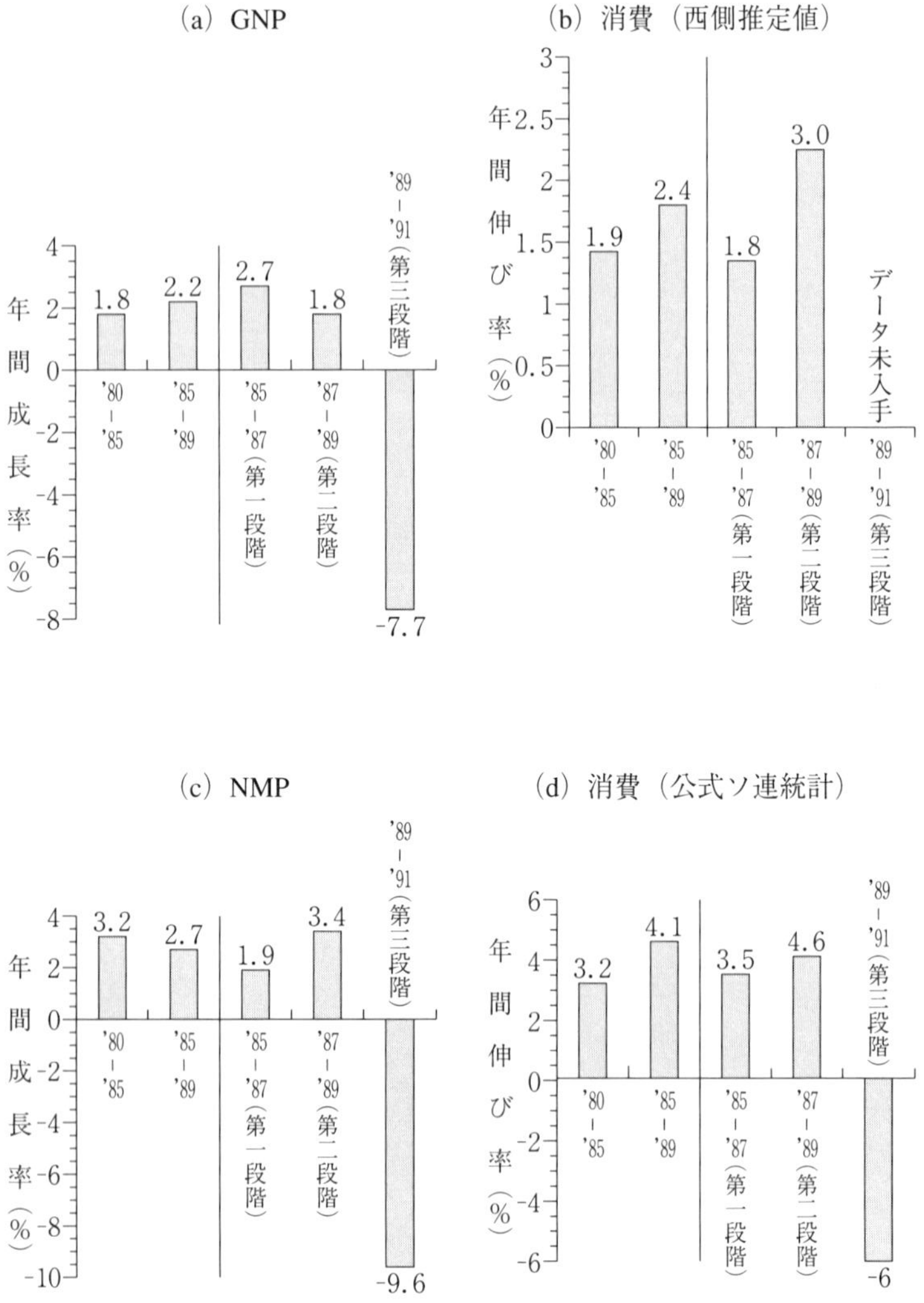

出典：表４－１を見よ。

期間（一九八五年〜八九年）において、ソ連経済は実際、ペレストロイカに先立つ五年間よりも急速な成長を遂げた。ソ連の純物的生産物（NMP）を基準としても、（c）で示したように、ソ連経済は一九八五年から八九年にかけて依然として成長していた。ただ、一九八〇年代前半に比べると成長のスピードは鈍化している。

第二に、**グラフ4－1**の（b）と（d）にもっとも明瞭に現れているのだが、西側の推定値においてもソ連の公式統計においても、総消費という市民がもっとも身近に接する変数は、一九八五年から八九年の間に、一九八〇年から八五年と比べてずっと急速に伸びた。それは、西側の尺度を基準にしてもソ連の尺度を基準にしても同様である。しかも、ペレストロイカの第二段階における消費の伸びは、いずれの尺度でも、第一段階よりもかなり急であった。[1]**表4－1**の②と④が示しているのは、消費はペレストロイカ期の最後の年（一九九一年）を迎えるまで収縮を始めていないということである。

こうしたデータは、ペレストロイカの時期に経済実績、とくに消費財の供給が悪化の一途をたどったという一般的な印象と矛盾しているかのように見える。平均的なソ連市民は確かに、一九八八年に始まる経済問題の深刻化を経験した。国民は深刻化する消費物資の不足に直撃されたが、しかし、データの示すところ、一九九一年を迎えるまでは実質消費の水準は上昇したのである。この逆説は説明可能である。のちに述べるその説明は、なぜペレストロイカが究極的にソ連体制の終焉をもたらしたかを理解するための一助となる。

ペレストロイカの一環としての経済改革は経済成長をともなっており、それは一九八九年になってもまだ続いていた。それにもかかわらず、経済改革は同時に経済のあり方を狂わせ、その結果、社会主義改革を一気に飛び越えたいと願う政治勢力が目を見張るスピードで力を強めた。すなわち、資本主義支持連合が勢力を伸ばし、一九九〇年までに、ソ連体制の根幹となる社会主義経済制度の解体に着手してのけたのである。そのことが、一九九〇年と一九九一年における経済収縮の主因である。ただし、それは経済収縮の唯一の原因ではない。いずれにしても、社会主義改革の努力は、その開始からわずか数年にして、もっと急進的な企てによって排除された。こうした事態の推移が経済改革とその結末によってどのように後押しされたのかを見てみよう。

経済再建の第一、第二段階における政策の進化（一九八五年〜八九年）

ゴルバチョフの当初の経済政策は、比較的オーソドックスであった。一九八六年から九〇年にかけての第一二次五ヵ年計画は、「加速化《ウスカレーニエ》」というスローガンを支えとするものであった。ウスカレーニエは、ゴルバチョフの筆頭格の腹心で、経済顧問を務めるアベル・アガンベギャンのアイデアである。ウスカレーニエの主たる目的は、ソ連の経済成長の鈍化を覆し、ＧＮＰの年間成長率を二パーセントという緩慢な伸び（一九八〇年〜八五年）から四パーセントという満足のいくもの（一九八五年〜九〇年）へ倍増させることにあった。

また、ソ連の経済制度においては、何ら基本的な変更は想定されていなかった。成長率を引き上げるために頼みとされたのは、旧来の高度に中央集権化された計画システムであった。問題はお粗末な労働規律と時代遅れの資本財にあると判断され、第一二次五ヵ年計画では、労働規律の引き締めと、ソ連の老朽化した資本財の交換および更新を目的とする投資の引き上げが求められた。

第一二次五ヵ年計画には、因果な節酒キャンペーンが盛り込まれていた。お粗末な労働規律の最大の原因と見なされたのは飲酒である。飲酒を取り締まるため、アルコール飲料の国家生産が大幅に削減された。節酒キャンペーンによって、節酒量こそわずかに増えたものの、第一次世界大戦後の米国の禁酒法と同様に、予想外の悪影響が生じた。不足する供給を補うために、密造が行われるようになったのである。自家酒造家が密造用に砂糖を大量に買うのが原因となって小売店から砂糖が消え、深刻な品不足が生じた。そして、一九八六年から八八年にかけて、推定一〇〇億ルーブルの酒税収入が失われた。[2]節酒キャンペーンによってもたらされた砂糖不足と税収入の落ち込みは、将来起こる出来事の前触れであった。のちの急進的な改革は、もっと深刻な消費物資の不足と財政赤字をもたらすことになる。

資本財の更新を促すために、一九八五年から八七年にかけて、新しいテクノロジーの開発を目的とする科学技術総合研究施設が二三ヵ所で新設された。機械そのほかの資本財の新規生産は確かに成長率を伸ばした。その成長率は、ウスカレーニエの始まる前の一〇年間（一九七五年～八五年）の水準と比べて二倍である。[3]しかし、機械の生産増加も、更新の努力も、経済実績に対する永続的なインパクトをもたらすことはできなかった。**表４－１**が示しているように、一九八六年のＧＮＰの成長は確かに新しい目標値である四パーセントを達成した。しかし、それは主として、その年の農業生産が大幅に向上したことによるものである。その後の二年間は、ＧＮＰの成長率は年平均一・七パーセントに落ち込んだ。これは、ペレストロイカ以前の五年間と本質的に大同小異である。

ゴルバチョフは経済改革を比較的正統な措置から始めたが、同時に、経済政策をめぐる議論にもグラスノスチを拡大した。一九八六年、グラスノスチの一環として経済改革に関する幅広い論議が奨励された。このことは、一九八七年夏、最初の本格的な経済改革の試みへとつながった。一九八七年六月末の党中央委員会総会において、「経済運営を抜本的に改革するための基本条項」と呼ばれる文書が採択された。数日後、最高会議において、新政策を実行に移すための一連の最高会議令が採択され、また国有企業法も採択された。国有企業法は、一九八八年一月一日に発効することになった(4)。

この一連の措置は、第2章で検討の対象となったソ連経済の改革案を具体化するものであった。従来の高度に中央集権化された計画形態においては、中央がソ連全体の生産の詳細な決定を取り仕切っていたのだが、それを一新することに狙いが置かれた。つまり、企業に実質的な主体性が与えられたのだ。ゴスプラン（国家計画委員会）は、その主業務を長期計画と長期目標の設定へと移し、経済関係の省庁は日常の生産管理をやめることになった。共和国、州・地方《クライ》、市町村の議会《ソヴィエト》には、それぞれの地域の経済を監督する上で今までよりも大きな役割が与えられることになった。企業内では、労働者の政策決定に対する権限が拡大されることになった。これらの改革は、公有と経済計画化の枠内で、経済の民主化と分権化を図ろうとする最高指導部の考えを具体化するものであった。

こうした狙いは、どのように実施に移されたであろうか。企業に主体性を与えるということは、従来のシステムを放棄することを意味していた。従来は、中央が各企業の生産量と投入量の詳細な計画を決定していた。それに代わって、中央は「拘束力のない、調整のための数字」を挙げ、各企業の生産額やそのほかの企業業績指標に対して目標値を与えることになった。企業の生産量のうち一部は、義務的な「国家発注」に割り当てられることになった。これは、旧来の事細かな中央管理システムをスムーズに移行させるためであり、時を経るにつれて、国家発注が生産量に占める割合は減少するものとされていた。企業の残りの生産量は、「卸売り」取引を通じて販売されることになった。これは取りも直さず、企業が何を生産し、その生産物を誰に売るのかを、比較的自由に決められるようになるということであった。卸売り取引のシェアは、一九九〇年を迎えるまでに全体の六〇パーセントに、その後はもっと拡

大することが想定されていた。(5)

一部の生産物は、従来通り中央で価格統制されることになったが、ほかのものは契約によって価格が設定されることになった。その際、時がたつにつれて価格設定の自由は拡大するものとされた。また、企業支配人に与えられている賃金の決定権も拡大された。これは、賃金と生産性を密接にリンクさせることを狙ったものだった。企業は保留利益と国家銀行システムからの借入金からなる基金を創設して、「自己資金調達」を行うことになった。

国有企業法は、企業において「労働集団評議会」を選出するよう定めていた。労働集団評議会は、賃金、規律、労働者の訓練に関する決定において一定の役割を果たすことになっていた。しかも、支配人をはじめとする経営幹部は、従業員によって選出されることになっていた。投票による解任権も、従業員が握ることになっていた。(6)

一九八七年の改革は中央からの経済統制を排除するものではなかったが、数年の間にそうした統制を次第に緩めることが規定されていた。その狙いは、厳格な中央統制に代えて、集中を排除した新しい民主的計画システムを徐々に導入し、市場関係にもっと大きな役割を負わせることに置かれていた。しかし、この改革の構想には重大な欠陥があることが判明した。

第一に、新興独立企業の行動を調整する新しい制度がつくられなかった。企業が中央の絶対命令から脱し、販売、購入、資金調達などについて相対的に自由な立場に移行するためには、上からの命令に従うことを習いとしてきた企業経営者は、今度は新たな経営方法を編み出さなければならない。そうした行動様式や、分権的な新システムに欠くことのできない支援制度が直ちに、また自動的に発生するということはあり得ない。したがって、しかるべき準備なしに企業の自由裁量を拡大させれば、大変な混乱が発生する。

第二に、企業が自ら所得の分配を自由に決定できるようになると、潜在的には経済の不均衡を引き起す可能性が出てくる。従業員の所得が、先見の明のない企業行動によって引き上げられ、経済全体の消費物資の生産能力を上回るということもあり得る。また、収入が投資から従業員の賃金と給付に振り向けられるなら、経済成長をスピードアップさせようとする計画は行き詰まるであろう。

第三に、旧体制の下では、中央政府は歳出を賄うための歳入を確保できなくて苦労するということはなかった。中央政府は企業をコントロールしており、企業から必要なだけの税を簡単に取り立てることができた。しかし、企業が新たに自主性をもつということは、今や国家は、半独立的な企業に課税して歳入を得るシステムへ移行しなければならないということを意味していた。ところが、新たな条件の下で必要な歳入を狙い通りに集めてくれる新しい税制は、まだまったく導入されていなかったのである。(7)

消費市場の危機

以上、三つの問題が一九八八年から八九年にかけてソ連経済において爆発し、消費市場の危機をもたらした。ソ連ではその二年間に、商店の外に長蛇の列ができたり、配給制の対象となる物資が増加したり、多数の商品が店頭から完全に姿を消すなどということが起こった。(8) 深刻化する品不足によって強い衝撃を受け、政治の雰囲気は明るいものから危機的なものへと変化した。そのため、急進的変革を擁護する論者は、真剣に耳を傾けてもらうことが以前より容易になった。

しかし、この二年間の家計部門の消費に関する経済データを見ると、危機はどこにも姿を見せていな

グラフ4－2　家計所得と消費の伸び

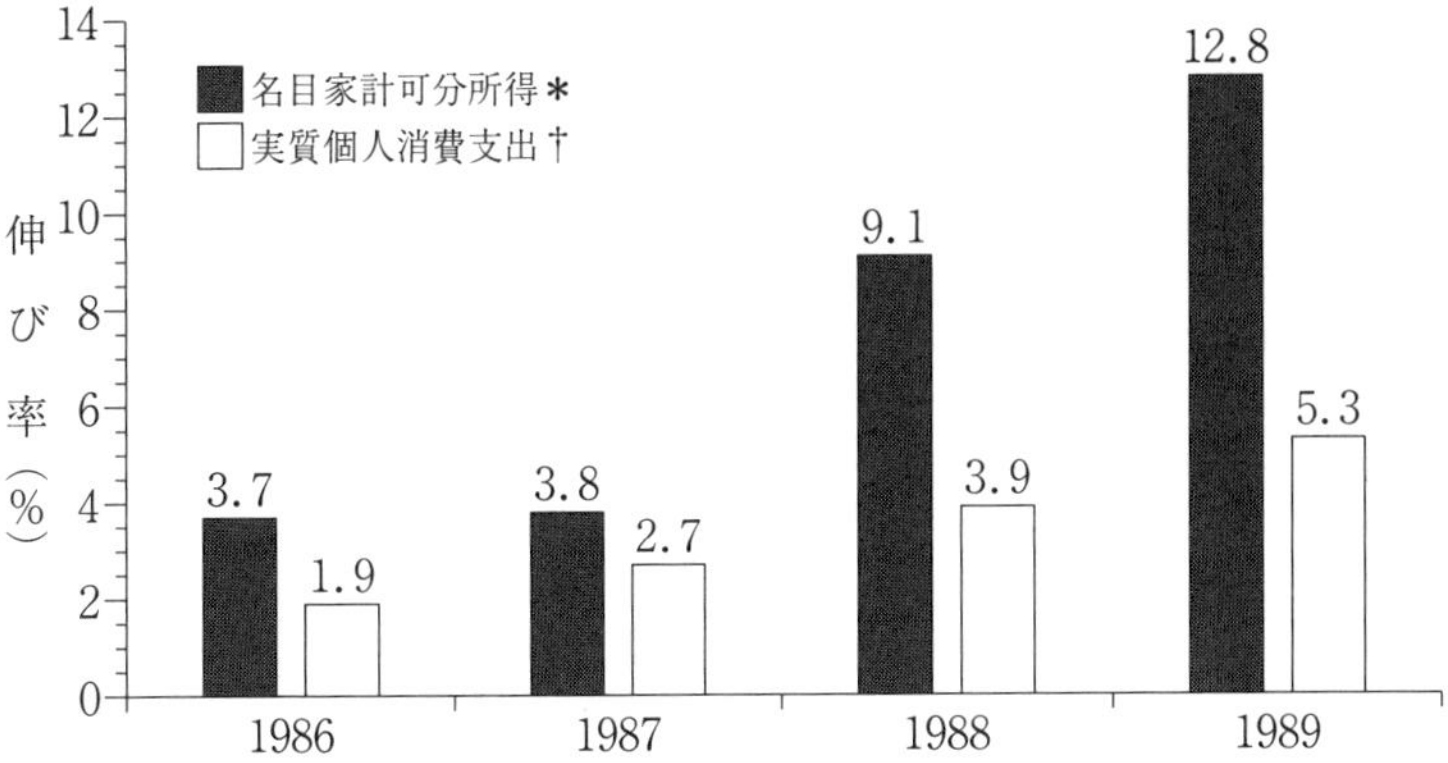

出典：参考文献一覧［87］49頁、56頁に引用されたソ連の公式データ。
＊税引き後の家計所得（インフレを念頭に置いた修正はせず）
†実質消費支出（公共消費を除く）

い。民間の家計消費は、インフレを考慮に入れて修正しても実際にかなり伸びているのである。具体的には、一九八八年に三・九パーセント、一九八九年に五・三パーセントの伸びを見せている[9]。消費物資の不足が深刻化する一方で、消費者購入は現実に伸びている。どうすればこのような矛盾を説明することができるであろうか。

当時、ソ連当局者の中には、姿を潜めた「ペレストロイカの敵」が消費物資を横流ししていると非難する者もいた。しかし、わざわざこのような陰謀説をもち出して上記の矛盾を説明する必要はない。事実はいたって簡単である。すなわち、出回る消費物資の量は増えたけれども、家計の貨幣所得の伸びがそれをはるかに上回っていたということである。出回る消費物資と、そうした消費物資に対する名目需要との間に、とどまるところのないギャップが生じたのである。それは、ソ連体制において価格が統制されていたことを考慮に入れるなら、小売流通システムの破綻につながるものであった。

一九八七年の経済改革以前は、中央の計画立案者の努力により、家計所得の伸びと、市場に出る消費物資の量との間にほどよい均衡が保たれていた。国有企業法が一九八八年に発効してからのち、家計所得が突然急上昇した。市場に出る消費物資は増加したけれども、その伸びは家計支出に遠く及ばなかった。**グラフ4－2**は、この現象を示している。

インフレ分を差し引かない家計の額面上の可処分所得を見れば、ソ連の各家庭がどれほどたくさんの現金を消費に充てないではいられなかったかを知ることができる。インフレ分を差し引いた実質個人消費は、市場に出る消費物資の量の近似値である。[10] **グラフ4－2**から分かるのは、一九八六年と八七年において（それに先立つ数年間と同様）、家計の可処分所得の伸びは、市場に出る消費物資の伸びに沿うものだったということである。当時、この二項目の差は二ポイント以下であった。それは、ソ連の小売物価のインフレ率（年一パーセントないし二パーセント）によって吸収できる小さな差であった。しかし、**グラフ4－2**に示されている通り、一九八八年および八九年になると、家計所得の伸びは加速度を増し、市場に出る消費物資の実質成長をはるかに上回った。[11] 市場に出る消費物資に対する過剰な消費者需要が増加の一途をたどり、しかも価格統制の力がきいていたので、一九八八年から八九年にかけて見られたように、品薄状態が起こったり、通常の小売経路から商品が姿を消したりした。消費者購買力がこのようにうなぎ登りになったのは、一九八七年の経済改革の欠陥によって説明がつく。企業は中央の統制から部分的に解放されたのを知って、従業員の賃金を大幅に引き上げたのである。[12]

深刻化する品不足の背景には、政府財政赤字の増加というもう一つの要因があった。財政赤字が増加したのは、一九八七年の改革が根を下ろすにつれて租税収入が落ち込んだことによる。[13] **グラフ4－3**は、国内総生産（ＧＤＰ）に占めるソ連の財政赤字の比率がどれほど増加したかを示している。一九八五

グラフ4－3　ソ連の財政赤字（対GDP比）

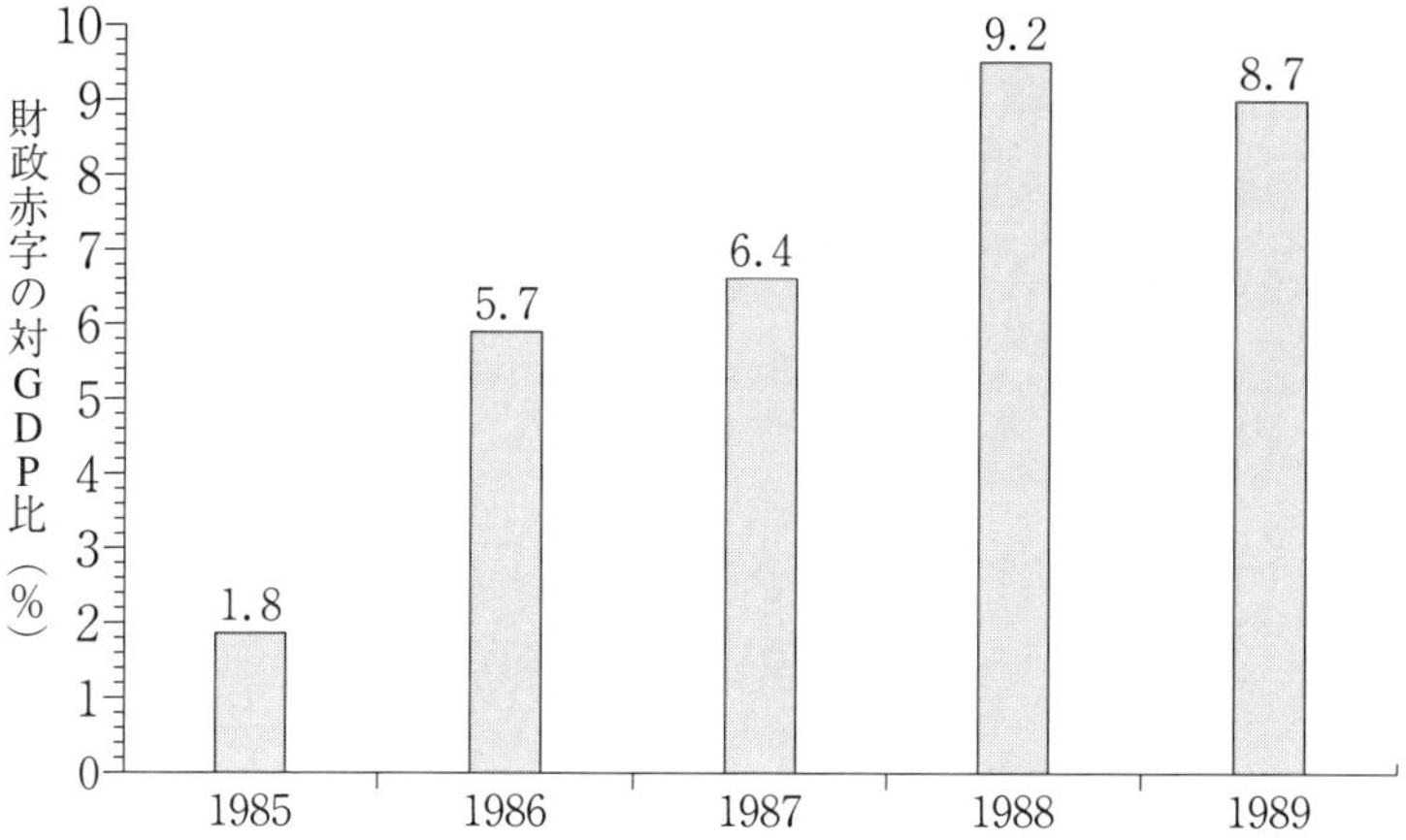

出典：参考文献一覧［96］47頁。

年以前、ソ連の財政赤字は微々たるものであった。突然顕著な財政赤字が生じたのは一九八六年から八七年にかけてのことである。当時、節酒キャンペーンの結果、アルコール販売から入る税収が激減したのである。一九八八年から八九年になると、一九八七年の国有企業法の影響で〔徴税に困難が生じ〕大きな財政赤字が生じた[14]。税収の落ち込みによって、消費物資に対する過剰需要の問題はいっそう厄介なものとなった。というのは、国有企業の従業員の賃金が、部分的に紙幣を増刷することによって賄われたからである[15]。

一九八七年の改革では、価格の自由化は行われなかった。価格は大部分、国家の統制の下に置かれたままであった。したがって、名目需要が過剰だからといって、ただちに大幅なインフレが起こることはなかった。公式統計による小売物価の上昇は、一九八八年に〇・六パーセント、一九八九年には二・〇パーセントにとどまった[16]。その代わり名目需要と小売物価のギャップによって、消費物資の流通システムに機能障害が起こった。商品は、市場に出回るとたちまち売り切れるのが常であった[17]。消費財を生産する企業は損得勘定にさとくなっており、過剰な需要に反応して高品質、高価格の商品の生産に移行した。そうした商品を扱えば、利鞘を拡大することができるからである。こうして、低所得者層が頼りとする基本的商品は見つけることすら難しくなった。商品の販売が、有力者や、公定価格以上の額をひそかに支払う用意のある人々を相手に「裏口」を通じて行われるということは、かねてからソ連体制の特徴となっていたが、どうやらこうした経路を通じて、消費財のうちますます多くの部分が横流しされるようになったようである。商店の空っぽの棚に必ずついて回るのは、家庭の買いだめの膨張である。消費物資を見つけるのが難しくなればなるほど、消費者は家庭で生活用品を蓄えるようになった[18]。こうした買いだめは、消費者の立場からすると同情すべき点があるが、商店における品不足に拍車をかけただけであった。

一九八八年から八九年、消費市場が混乱する一方、同様に深刻な、しかしあまり目立つことのない問題が経済面で生じつつあった。純固定投資、すなわち資本財ストックの年間増加分が、一九八八年に突然低下し始めたのである。その年、純投資は七・四パーセント、翌八九年には六・七パーセントの低下を示した[19]。こうした趨勢は、ソ連経済の将来的な生産能力を脅やかすものであった。こうした未曽有の現象は、一九八七年の改革のもう一つの結果であった。中央が高率の投資を押し付けてこなくなったので、企業は現在を優先し、将来を犠牲にしたのである。経済は全体として、一九八八年と八九年において拡大を続けた。GNPの成長率は、一九八八年に二・一パーセント、一九八九年に一・五パーセントであった。しかし、こうした成長率は、一九八〇年代前半の緩慢な伸びと比べて大差ないものであった。

論争の急進化

一九八九年という年は、ソ連体制の進路をめぐる闘争において重大な転機となった年である。混沌とした消費市場、投資の落ち込み、期待はずれのGNPの伸び。これらの要素は、経済改革の方向をめぐる論争にインパクトを与えないわけにはいかなかった。実際のところ、論争にはずみがついて議論の用語が過激になった。その二年前、すなわち一九八七年の五月、無名の若手経済学者ラリーサ・ピヤシェヴァが文学誌〈ノーヴィ・ミール〔新世界〕〉に書簡を公表し、社会主義に対してあからさまな疑義《ぎぎ》を申し立てたことがあった。[20] ピヤシェヴァは次のように論じた。すなわち、世界の経験から明らかなことであるが、繁栄をもたらすことができるのは市場システムだけであり、計画化を市場システムと結び付けることは不可能であり、社会主義と市場システムは両立しない、と。この異端の論文は、当時許容されていた意見の範囲を超えるものであった。しかし、二年後、ピヤシェヴァの掲げた命題は、勢力を増す一群の経済学者によって採用された。これら経済学者は、リベラル派のマスメディアを通じて自分たちの意見を一般大衆および政策決定者に伝えた。一九八九年の経済的苦境のゆえに、こうした経済学者の意見は多くの人々の耳目を集めた。

経済改革をめぐる論争は、一九八九年から急速に進化した。どのような論争用語が流行するかを看察し、その往々にして微妙な、しかし非常に重要な変化をたどれば、論争の軌跡を跡付けることができる。論争の焦点は、二つの重要な問題にあった。第一は、経済をどこまで経済計画化または市場要因にゆだねるべきかということであった。第二は、生産手段の公有と私有を比較してどちらが有効で望ましいかという問題であった。

第2章で見たように、ゴルバチョフが一九八七年に示した改革案は、経済機構における経済計画化の存続を要求していた。ただし、その経済機構においては分権化が行われ、計画経済の枠内で市場要因に大きな役割が与えられるものとされていた。これが、一九八七年の国有企業法の意図であるように見えた。こうした考えは、一九八九年以来、攻撃を浴びるようになった。そして、その攻撃ぶりは大胆さを増す一方であった。この当初の考えが微妙に手直しされたのは、「社会主義市場経済」とか「計画市場経済」といった用語が使われるようになったときである。こうした用語が示唆していたのは、経済というものは「基本的に」市場経済であるべきであって、「社会主義」とか「計画」は修飾語句にすぎないということである。一九九〇年、「調整市場経済」という用語が用いられるようになった。それは、社会主義経済としての経済の概念から一歩踏み出すもので、ドイツとか日本のような国の体制に似たものを示唆している。日独では、資本主義市場経済の枠内で国家が市場を積極的に規制している。

用語の進化は続いた。次の段階では、「調整」という言葉は多くの解説者が省略するようになった。今や、念願の目標は単に「市場経済」となった。最後のステップは、ますます声高に叫ばれるようになった「自由市場経済」の要求であった。こうした要求が出てきたのは、進化の最後の段階においてである。主要な資本主義国で、市場が完全に自由に任されている国はないという事実を考え合わせると、このフレーズは誤解のもとになりかねない表現である。それはともかく、このフレーズによって、経済の調整方法をめぐる論争において、当初の社会主義改革の見解から、社会主義の考え方を完全に拒否する見解への移行が完了した。社会主義側の見解によると、経済を国民の欲求に奉仕させるのであれば、計画化の大枠はどうしても必要である。

一九八九年に始まる所有をめぐる論争も、同様の進化を遂げた。当初出てきたのは、「混合経済」を要求する声であった。混合経済とは、小規模な個人経営企業および協同組合企業を念頭に置くものである。この二種類の企業は、一九八六年以来、国有企業と共存することを認められていた。当初想定されていたのは、個人企業と協同組合企業が、ささやかとはいえ建設的な役割を果たすのに対し、依然として国有企業が支配的な立場を保つということであった。次に出てきたのは、あらゆる所有形態に「平等な地位」を与えるべきだとする要求である。これは、もともとの考え方を一歩逸脱するものであった。やがて、解説者たちは「株式会社」の長所を論じ始めた。株式会社というのは、いくぶん曖昧なところのある所有形態である。というのも、株式会社にともなう所有関係の本質は、誰が株式を握るかによって決まるからである。もし、公的機関が株式会社の株を半分以上保有するなら、その企業は部分的には国有企業と見なされるであろう。とはいえ、株式会社という形態は、大企業の非国家所有に門戸を開放するものである。

一九九〇年を迎えるまでに、企業が国家所有の下に置かれていることがソ連経済の諸悪の根源であるとする見解が報道機関において公然と論じられるようになった。私有が公有に勝るとする主張の根拠となっていたのは、例によって、企業を効率的に管理する動機をもっているのはその企業を私有する者だけであるという議論である。[21] こうして、企業を「非国有化」すべきであるとする要求が聞かれるようになった。「非国有化」というのは、企業をソ連邦の所有権から切り離すことを意味しており、従業員による所有、あるいは共和国や州当局の所有、あるいは市町村当局の所有への転換も「非国有化」に含まれ得る。しかし、やがて所有をめぐる議論の進化は最終段階に達し、私有化を要求するところにまで行き着いた。それは明らかに、国有企業を資本主義企業に転換することを意味していた。

経済専門家やそのほかの政策分析者がメディアで議論する経済改革は、すでに、社会主義の改革から資本主義擁護論としか呼びようのないものへと非常に急速な進化を遂げていた。当初言われていたのは、市場要因を計画経済の中に若干組み込むとか、大部分の生産手段を公有にとどめた上で、一部の小規模な非国有企業を許すとかいった話だった。しかし、今や、急進改革派は自由市場経済と産業の私有化を要求していたのである。

多くの有力な経済専門家が、こうしたスローガンの進化に関与した。それは、一九八八年から八九年の経済的苦境に促されてのことである。一例は、「世界社会主義体制経済研究所」の所長ボゴモロフであった。ボゴモロフは一九六〇年代、アンドロポフの下で共産党中央委員会に勤務した経験があり、二〇年間にわたって、ほかの社会主義国との経済関係を担当するソ連の公式スポークスマンを務めていた。ボゴモロフは、ペレストロイカが始まった当初の数年間は慎重な態度を見せていたが、一九九〇年までに、自由市場経済と私有化を主張するようになっていた[22]。

もう一つの例はシャターリンである。一九八〇年代半ば、シャターリンは「最適計画システム」を信奉していた。これは線形計画の手法を応用して、中央での計画化を完璧なものにしようとするアプローチである[23]。一九八五年、それまで比較的無名だったシャターリンは、新設の「経済予測・科学技術進歩研究所」の副所長となって登場した。一九八六年、価格自由化を唱導しているとの批判を浴び、慎重なスタンスを取るようになったシャターリンは、一九八九年には科学アカデミーの経済部長となった。一九八〇年代の末、シャターリンは中央統制に反対する立場に立ち、自由市場と私有化を支持するという立場を鮮明にし[24]、一九九〇年、かの有名な五〇〇日計画を生み出した作業グループの長を務めた。五〇〇日計画については後述する。

有力な経済学者が、一人残らずこうした道を歩んだというわけではない。そのことは、すでに第3章で述べた。「経済学研究所」の所長アバルキンは、資本主義を選ぶよりも社会主義を改革するという立場を堅持した。一九八九年七月、アバルキンはゴルバチョフによって、経済改革担当の副首相に任命された。アバルキンはソ連の経済専門誌〈経済の諸問題〉に掲載された一九八九年の論文の中で、ソ連経済において市場要因が重大な役割を果たすようになると予想した。しかし同時に、「自由市場」という考え方には批判を加えた。アバルキンは、モスクワで流行となっていた市場の神話を退け、高名な「自由市場」批判家でハーバード大学教授のケネス・ガルブレイスの著作に同調して、次のように述べた。

「自由市場は今日いかなる国にも事実上、存在しない。……経済活動の調整は市場の『見えざる手』だけではなく、国家統制、金融政策、企業内計画、政府間協定といった非常によく見える方法によっても行われている」

アバルキンは、「社会主義市場」という用語にこだわった。アバルキンは、自分の見解を次のように要約している。

「社会主義市場の特徴は、そのメカニズムが、経済プロセスを計画的に調整するためのきわめて高度に発達したシステムと結び付いているという点にある」(25)

アバルキンは、市場は徐々に発達させるべきであると強調した。また、市場に私有が必須条件であるとの立場はとらなかった。しかし、アバルキンの主張には、守勢に回っているような口調が感じられる。アバルキンは、社会主義改革の継続という政策を擁護するために、西側の資本主義の経験と西側の権威を引き合いに出す必要を感じていた。アバルキンは、明らかに時流に逆行していた。

新たに表明された資本主義志向の発想は、聞き手の真剣な注意を集めることになるのだが、それは、一九八七年の経済改革がもたらした諸問題のおかげでもあった。それは、疑いのないことである。しかし、経済上の諸問題だけでは、一九八九年から九一年において資本主義志向の発想が影響をきわめて急速に伸ばした理由を完全に説明することはできない。この時期、発想や考えが現実にどのように変化を遂げたかを知らないと、次のように考えたくなるかもしれない。すなわち、そうした経済上の問題のせいで、むしろ改革前の中央集権化された旧体制へ逆戻りすることを望む人々の影響力が増大したのではないか、と。実際、守旧《しゅきゅう》的立場を擁護する人々は、経済問題によって「急進改革」の危険性が暴露されたと論じたのである。

一方、社会主義を改革するというゴルバチョフ戦略を支持する人々は、自分たちの当初の重大な措置によって引き起こされた経済問題から学習して、もっと慎重に事を進め、もっと包括的な形で改革を計画しなければならないというふうに考え直すこともできたはずである。そして、うなぎ登りの従業員賃金、純投資の落ち込み、租税収入の減少といった中心的問題が解決されるということもあり得たであろう。というのも、一九八九年の段階では、ソ連国家はまだ企業から効果的に徴税するシステムを導入するだけの力をもっていたからである。企業刺激策に体系的な手直しを加えれば、賃金を抑制し、資金を投資へ還流させることも可能だったかもしれない。

しかし、どうやら経済的苦境の主たる効果というのは、改革から革命へと移行することを唱導する勢力の力を強める形で現れたように見える。一方、社会主義改革者は次第に力を失い、またペレストロイカ以前の旧方式への復帰を主張する守旧派は、依然として周辺的存在のままであった。こういった結果は、一九八七年より後に出てきた経済問題だけで説明をつけることはできない(26)。

一九九〇年〜九一年の経済改革案

当初、ソ連指導部は、経済専門家の出す案に抵抗を示した。それら専門家は、急進化の度合いを強めつつあった。アバルキンが一九八九年に副首相に任命されてから最初に打ち出した経済プランは、重要な経済上の役割を市場関係に担わせることを要求するものであった。ただし、アバルキンは、経済計画化の大枠を維持し、大企業を従来通り国家の手中にとどめることを前提としていた、一九八九年一一月、ゴルバチョフと首相のルイシコフはテレビに出演し、私有財産制の危険性について語った。ゴルバチョフは、「労働者階級が、社会の資本主義化の開始を望む論者に支持を与えるとは思えない」と述べ、さらに次のように付け加えた。

「たとえ自分の身に何が起ころうと、今の立場に見切りをつけるつもりはない」

ゴルバチョフは、「恐らくいずれ、……小規模な私有財産に似た形態が発達することになる」可能性は認めたが、大規模な私有企業には反対した。ルイシコフは次のように付け加えた。

「最重要事項は、人間の搾取、すなわち雇用労働の可能性を排除することである」(27)

一九九〇年二月、ソ連共産党中央委員会は一つの政綱を採択した。その政綱は、「経済活動を調整するための、計画と市場メソッドの有機的結合」を模索するよう改めて要求するものであった。同政綱は、「現代の生産は中央集権化された計画的経営抜きでは不可能である」旨を強調する一方で、「本格的な市場経済の創設」の必要性も認めていた。(28)

しかし、一九九〇年の一年間に、自由市場と「財産の私有」を求める経済専門家の発案は、学術会議の報告書やマスメディアに掲載される論文の域を飛び越えた。それらの発案をたたき台として一連の経済改革案が作成され、それは同年、広く注目を集めた。ゴルバチョフが経済改革をさらにもう一段進める必要があると確信するに至ったのは、明らかに一九八八年から八九年の経済の諸問題を体験した結果である。一九九〇年三月、ゴルバチョフは、今や「ペレストロイカを急進化させる必要がある」と宣言し、また、経済改革をもっと急速に進めるべきであるとも述べた[29]。ゴルバチョフがアバルキン副首相に着手させた作業というのは、経済専門家と法律専門家合わせて六〇人からなるチームの力を借りて、新しい経済プランを考案するというものであった。アバルキンらは、市場経済への移行をスピードアップすべきだとの答申をまとめた。アバルキンらの案は、大部分の価格を自由化すること、小規模企業を非国有化すること、大企業を株式会社化すること、雇用の保障を失業補償システムに換えることなどを含んでいた。しかし、燃料、金属、運輸など幾つかの重要なセクターは国有のまま残し、価格も統制を撤廃しないことになっていた[30]。アバルキンは、一九八九年の段階では市場を目指して一気に突っ走ることに反対していたが、一九九〇年三月のアバルキン提案は市場を目指す大きな一歩となった。

広く知られていることだが、ゴルバチョフは政権の座にあった間、立場を豹変させることがしばしばあった。ゴルバチョフは、一九九〇年三月、ペレストロイカの急進化を要求しておきながら、四月半ばにはアバルキン・チームの提案を前に逡巡した。ゴルバチョフは、次のように不満を訴えた。

「彼らは賭けに出ようとしている。仮に明日にでも、何もかも放任するとしよう。どこでもかしこでも、市況に重要な役割を負わせるとしよう。企業活動を自由にやらせて、あらゆる所有形態、すなわち私有を許可するとしよう。……私には、そうした発想に賛成することはできない」[31]

代わりに、政府は五月、五年の歳月をかけて徐々に「調整市場経済」に移行する案を採択した。その案は、ルイシコフの指導の下で起案されたもので、移行期間においては中央主権的な経済統制にそのまま効力をもたせることになっていた[32]。ゴスプランの経済専門家ゾテーエフは、当時、ゴルバチョフが急進的な経済プログラムの採択をためらったことについて、次のような洞察力の鋭い発言をしている。

「我々が必要としているのは共産党政権以外の政権なのだ、ということかもしれない。そうした政府でなければ、国民は正真正銘の市場の導入にともなう犠牲を払う気にはなるまい」[33]

一九九〇年の夏には、ゴルバチョフは経済専門家の助言にすり寄ろうとしているように見えた。七月の党大会で演説したゴルバチョフは、「一つの所有形態（つまり国家所有）が独占的状態にあること」を退け、多様な所有形態に対して「平等な経済的、政治的権利」を与えるよう要求した。

「国有企業の、株式会社への衣替えを開始することや、各種株式および一部の生産手段を売りに出すことを妨げるものは何もない」[34]

八月、ゴルバチョフと、すでにロシア共和国最高会議議長になっていたエリツィンは、新たな経済改革案をまとめるための経済専門家チームを共同で指名した。このチームの責任者は、ゴルバチョフの顧問スタニスラフ・シャターリンであった。エリツィンの顧問であるグリゴーリー・ヤヴリンスキーも、指導的な役割を担うことになった。九月初め、この経済専門家チームはかの有名な「五〇〇日計画」を報告した。このシャターリン案は、五〇〇日、すなわちおよそ一七ヵ月以内にソ連経済を一大転換させることを求めていた[35]。五〇〇日計画は実施には至らなかったが、社会主義改革から社会主義制度の解体への移行において、鍵となる役割を果たした。この案の特色は、同計画の序文の一節に示されている。

「逆説的に思えるかもしれないが、一九八五年から九〇年の期間は、客観的に必要なものであった。社会が、現行の社会経済体制が絶望的であることを認識し、別の発展モデルへの移行プログラムを作成するのに必要だったのである」

シャターリン案の要求する「別の発展モデル」とは、自由市場を基盤とするものであった。

「それ（市場）の自己調節、自己規制のメカニズムのおかげで、あらゆる経済主体の活動が最大限に円滑化されるよう調整が行われ、労働・モノ・資金など資源の利用が合理化され、国民経済の均衡が保たれる」

五〇〇日計画の立案者は、政府が市場に介入するのは、マクロ経済を安定化させ、過度の所得格差を是正し、各地域を均等に発展させることを目的とする場合に限定されるべきであると論じた。彼らはまた五〇〇日以内に、工業企業のうち少なくとも七〇パーセントを、株式会社化を通じて非国有化ないし私有化し、外国からの大がかりな投資を促すことを要求した。最後に彼らは、民間商業銀行と証券取引所に依拠する金融システムを創設することを要求した(36)。

このようにこれは、明らかに西側タイプの資本主義体制を——しかも、迅速に——建設するための青写真であった。そこで求められていたのは、多くの〔財・サービスの〕価格を自由化し、企業向け補助金を削減し、相当数の企業の倒産を認め、コストダウンを図るために割安な商品の輸入を奨励し、財政・金融の緊縮政策を擁護することなどであった。首相のルイシコフは、五〇〇日計画に異を唱えて穏健な修正案を出したが、ゴルバチョフは当初、五〇〇日計画を承認する様子であった。ゴルバチョフは次のように不満を訴えた。一部の反対者は五〇〇日計画を「資本主義に至るプログラムと称している。そういった批判は何の根拠もない」。ゴルバチョフは、五〇〇日計画は自説と合致すると主張した。ゴルバチョフの説とは、「私有財産が実質的な役割を果たすことになるのは一部の領域においてだけであり、全体としてそれは社会においてかなり限定された役割を果たすにすぎない」というものであった。ゴルバチョフは、国有企業、協同組合、そのほかの集団的所有形態が従来通りの役割を果たす旨を強調し、五〇〇日計画は社会主義と両立すると主張した。そして、ゴルバチョフは次のように述べた。

「本質的に我々は、『工場を労働者へ、土地を農民へ！』というスローガンに回帰しようとしているのである」[37]

ゴルバチョフは明らかに、社会主義に対する従来通りの忠誠を保つべきか、それとも巨大でとどまるところを知らぬ圧力に屈し、ソ連体制の社会主義的特徴を投げ捨てて資本主義建設を進めるべきか苦悩していた。間違いなく、後者こそが五〇〇日計画の目的であった。そのことは、五〇〇日計画を一読すれば一目瞭然であった。

しかし、一ヵ月後、エリツィンがロシア共和国議会による同計画の承認を取り付けたのに対し、ゴルバチョフの方は五〇〇日計画から後退した。一九九〇年一〇月、ゴルバチョフはソ連議会〔最高会議〕に対し妥協案を提出し、それは一〇月一九日に承認された。「大統領案」として知られるこの妥協案は、五〇〇日計画の目標とおおよその特徴を保持していた。たとえば、大部分の価格統制を徐々に解除してゆき、最終的にそれを撤廃すること、産業を私有化すること、市場タイプの金融システムを創設することなどである。ただ、大統領案では、五〇〇日という時間設定は取り外されており、もっと漸進的な移行が求められていた[38]。ソ連最高会議で演説したゴルバチョフは、大統領案は、「ソ連人民の、社会主義の選択と矛盾しない」と主張した。しかし、ゴルバチョフは、大統領案を実施に移せば「商品生産者には資産をたくわえる自由が与えられる」と述べた。大統領案は、「国防、医療、教育、科学、文化」のような領域を例外として、「国家が経済活動に参加しないこと」を要求していた[39]。

一九九〇年の末までに、ソ連経済は劇的に変化し始めていた。一九八七年の国有企業法は、中央による生産割り当てを徐々に少なくすることを要求していた。そして、一九九〇年にはこのプロセスは加速化された。ゴスプラン〔国家計画委員会〕およびゴススナブ〔国家供給委員会〕によって割り当てられる生産物点数は、一九八七年と比較して一四分の一になった[40]。中央による経済の調整は、消えてなくなろうとしていた[41]。

一九九一年六月、ヤヴリンスキーはハーバード大学の経済専門家グループとチームを組み、自由市場と私営事業への移行をスピードアップするように求める別の案を提案した。この案は、マスメディアによって「大取引」という異名をあてがわれた。というのもその案は、もし採用されれば、一千億ドルの対ソ経済援助を供与するよう西側に要求するものだったからである。ルイシコフが一九九〇年一二月、心臓の発作に襲われた後、後継首相の座に就いたパヴロフはもっと慎重な案を対案として出した。ゴルバチョフはふたたび二つの案を折衷し、来たるＧ７（先進七ヵ国）首脳会議に提出すべく備えた。

一九九一年七月一日、経済計画化の解体のプロセスはクライマックスに達した。この日、ゴスプランとゴススナブが完全に解体されたのである。それまでゴスプランは経済の全体的調整を担当し、ゴススナブは企業間の供給関係を取り仕切ってきた。政治的圧力により、ソ連経済の従来の調整メカニズムが撤廃されることになったのである。しかし、それに代わる効果的なメカニズムはまだできていなかった。ゴルバチョフは七月末、世界資本主義の二本柱、すなわちＩＭＦ（国際通貨基金）と世界銀行へのソ連加盟を申請し、世界中を仰天させた。ソ連経済を世界資本主義の中に組み込もうとする意図は今や明らかであった。

筆者は本章の冒頭で、一九九〇年から九一年、ソ連社会主義を改革するというペレストロイカの当初の目的が、社会主義制度の解体へとつながったと主張した。今や、それが実際にその通りであったことが分かる。一九八七年の国有企業法は、中央と地域の権限のバランスを保ち、市場要因を国家経済計画化の枠内で機能させる方法を探るものであった。ところが、一九九〇年から九一年にかけて、経済計画化は事実上撤廃されようとしていた。ソ連の国家銀行システムは、かつて国家経済計画機構の一部であったが、私有化された商業銀行網と証券取引所へと積極的に脱皮しようとしていた。一九九〇年末の時点で、すでにモスクワに証券取引所が開設されていた。

改革の初期においては、小規模な個人企業や協同組合企業と、支配的な国有大企業セクターとの共存が提案されていたが、一九九〇年の秋以来、私有化が公式の政策になった。一九九一年の末以前は、大企業の合法的な私有化が実際に行われることは少なかったが、私有化が到来することは明らかであった。企業支配人は、今や、自らの企業がやがて私有財産となるということを知っていた。しかし、誰が新たな所有者になるかという予測は、推測の域を出なかった(42)。

こうした急速な経済面での変化は、最高指導部が社会主義を信奉していると言い続けたにもかかわらず起こった。社会主義に対する反対が強まったため、指導部は嫌々ながら上述の措置をとることを余儀なくされたのである。

経済の収縮

ソ連国家社会主義の基本的経済制度、すなわち経済計画化と生産手段の国有のうち、前者は事実上撤廃された。そして、後者も撤廃されることになった。しかし、その代わりとなる新たな経済制度はまだ創設されていなかった。よって、必然的な帰結は経済的混沌であった[43]。

一九九〇年から九一年、ソ連経済は重大な難題をかかえた状況から危機的状況へと変化を遂げた。ソ連経済は、今生きている人の記憶に残っている範囲では初めて実際に収縮した。GNPは一九九〇年に二・四パーセント、一九九一年にはおよそ一三パーセント低下した（**表4－1**参照）。純固定投資は、一九九〇年には二一パーセント、一九九一年には推定二五パーセントという恐るべき率で低下した[44]。国民の貨幣所得は財政赤字と同じように上昇を続け、そのため、それでなくても壊滅的な消費市場の状況はいっそう悪化した。

経済成長が続く中での経済の混乱が収縮へと一変したのは、主として、ソ連型社会主義の諸制度が崩壊したことによる[45]。しかし、一九九〇年から九一年の経済危機の原因としては、ほかの二要素も重要であった。それは、一九八九年から九〇年に東ヨーロッパにおいて革命が起こったことと、連邦構成共和国間および地域間の経済上のきずなが破綻したことである。

ソ連の主たる貿易相手は、東ヨーロッパのコメコン〔経済相互援助会議〕加盟国であった。ブルガリア、チェコスロバキア、ドイツ民主共和国〔東ドイツ〕、ハンガリー、ポーランド、ルーマニアの六ヵ国は、一九八八年、ソ連の全輸入の五四・二パーセント、全輸出の四八・九パーセントを占めていた[46]。一九八九年から九〇年、ソ連を別として、これら諸国において政権党であった各共産党はいずれも政権の座から滑り落ちた。このことは、二つの理由からソ連経済に対して重大な影響を及ぼした。第一に、東ヨーロッパの社会主義経済が急速に解体したため、それに続く経済の混乱が原因となって、東欧諸国の経済活動が大幅に落ち込み、対ソ貿易を行う力が低下した。第二に、西側志向の新指導部は、貿易相手国を西側へ切り替える方向に動いた。

その結果、一九九〇年から九一年、ソ連は気が付いてみると、主要な貿易相手国を思いもよらず失おうとしていたのである。これは、とくに一九九一年に大きな打撃となった。この年、ソ連の輸入額はルーブル建て公定為替レートで五六・二パーセント低下した。それは主として、東ヨーロッパからの輸入が落ち込んだためであった(47)。産業財と消費財の主要な供給源およびソ連製品の主たる海外市場が突如消えたことは、ソ連経済にとって深刻な打撃となった。一方、この打撃の深刻さについては過大評価をすべきではない。そうした打撃の影響は、ソ連の貿易依存が過度でなかったおかげで和らげられた。ソ連は、巨大で多角的な経済機構を擁しており、その国境内部で重要な天然資源を事実上すべて自給生産していたのである。一九八〇年代後半、ソ連の総輸入量はGNPの七ないし八パーセントにすぎなかった。要するに、一九九一年、外国貿易が五〇パーセントほど落ち込んだことは確かに打撃ではあったが、外国貿易はソ連の経済活動全体の中で大きな比重を占めていたわけではない。

それ以上にソ連経済に破壊的な効果を及ぼしたのは、一九九〇年から九一年にかけての連邦構成共和国の自立性の拡大である。ソ連の一連の共和国において一九八八年から八九年にかけて起こった民族運動は第7章で検証するが、九〇年の夏までに、ロシア共和国を含むすべての連邦構成共和国が己の領土と資源に対する主権を宣言していた。ソ連国家社会主義の始まり以来、ソ連経済は高度に統合されたメカニズムとして建設されてきた。重要な産業財を含む多くの生産品目は、ソ連全体の市場に向けてそれぞれわずか一つか二つの企業によって生産されてきた。水深の深い所で使われる特殊ポンプを生産している工場は、ソ連全土でバクーに一つあるだけだった。ソ連のエアコンはすべて、ある一つの企業合同によって生産されていた。機械産業の生産品目のうち約八〇パーセントは、それぞれ一社で供給されていた(48)。今や、この高度に統合された経済のきずなのうち、多くのものがほころび始めた。というのも、各企業がほかの共和国に置かれた企業との間に保ってきた伝統的な供給関係が、自己主張の強くなった共和国の自主路線によって断絶したからである。場合によっては、共和国の境界越しにバーター取引を行わなければならなかった。このプロセスこそが、一九九〇年から九一年の経済収縮を助長した主要因であった(49)。

私営事業の出現

経済改革が経済の混沌を生み出し、今度はそれが原因となって社会主義改革の計画が潰《つい》えた。そのことは、すでに見てきた通りだ。その上、社会主義改革者の立場は、別の点からも弱体化した。それは、経済改革のうち所有関係にかかわる改革に起因するものであった。私的経済活動に対する禁止が徐々に緩和されたために資本主義支持連合の新たな支持層が形成され、それが社会主義改革者にとって一大問題となったのである。

一九八五年、早くも新指導部は、個人営業または協同組合という形態でソ連市民による私的な企業活動を許すため、限定的な手立てを講じ始めた。私的企業活動は、一九八六年一一月の個人営業法、そして最終的には一九八八年五月の協同組合法とともに拡大した。これらの法律は二種類の私的な企業活動を許可し、奨励することを狙いとしていた。一方は、手製の手工芸品の販売から修理業に至る、個人の手工業またはサービス業である。もう一方は、協同組合企業である。協同組合では、一群の労働者が労働力と資産をプールして、商品またはサービスを生産し、それを一般向けに直接販売した。協同組合による経営が許されたのは、レストラン、修理屋、小売店、卸売り商社、銀行、消費物資を生産する小規模な工場である。協同組合のメンバーは、その企業で実際に働くことを義務づけられていた。また、資本を外部から調達することは許されなかった。例外として、国有企業やほかの協同組合から調達することは認められた。その狙いは、マルクス主義の用語を使うなら、「独立商品生産」を許すことに置かれていた。「独立商品生産」においては、個人または小規模なグループが販売用に何かを生産し、その際、生産者は所有者兼労働者として行動するのである。この形態は、資本主義の企業とは別物である。資本主義の企業においては、資本家である所有者と雇用労働者とが区別されている。

こうした小規模な私営事業が許された背後には、次のような認識があった。すなわち、これまで国営の経済組織は、西側であれば概して小規模な企業が補充してくれるようなサービスや小規模製造業の整備を著しく苦手としてきた、という認識である。予想では、新法に促されて、資本主義下の企業とまったく異なる純然たる協同組合だけが出現するはずであったが、しかしそれは間違いであることが分かった。協同組合の数は急増し、一九八九年の七月にはおよそ二九〇万人が一三万三千社の協同組合で働いていた。(50) それらの協同組合の中には、実際には資本主義下の企業と変わらない企業が相当数あった。それら企業では、一人ないし少数のオーナーが賃金労働者を雇って経営を行っていた。これら企業のうち、一部のものは主として貿易と金融に携わり、ソ連体制の硬直ぶりと価格統制に乗じて巨額の金をもうけた。貿易会社は希少な物資を買い、原価よりはるかに高い価格でそれを転売した。(51)

私営事業を通じて多額の金をもうける機会は、一九八八年一二月に「国家、協同組合、その他の企業の外国貿易活動に関する閣僚会議令」が採択されて以来ますます増えた。以前は、外国貿易はすべて国家の独占事業であった。この閣僚会議令によって、国家と私企業の両方が外国の事業主体と直接に貿易することができるようになった。ただし、外国貿易に対する幾つかの制限は残っていた。そのうちの一つは、多くの製品の場合、対外経済関係省から輸出入ライセンスの交付を受けなければならないというものであった。

この一九八八年の閣僚会議令のおかげで、富裕になるための重要な道が開かれた。ソ連においては価格が低く抑えられていたため、ソ連製品、とくに石油と金属は、手に入れさえすれば誰にとっても潜在的にうまみのある輸出品目であった。閣僚会議令によって私企業が外国貿易に携わる道が開けて以後、輸出入企業が協同組合という合法的な形で設立され、それら企業は直ちに非常に実入りのいい半合法的輸出業務を開始した。そうした企業は、三千社以上設立された。それら企業が原料を輸出するためにはライセンスが必要だった。しかし、対外経済関係省は賄賂に目がなかった。ソ連製のテレビ、食品、医薬品ですら、こうした私企業によって輸出された。これら業者は、そうした製品を喜んで買ってくれる市場を第三世界に見つけた。

一九九〇年から九一年までに、非公然の資本家からなる新興集団が発展を遂げ、主として外部世界とのコネを通じて富裕になった。これら資本家は、資本主義支持連合に肩入れすることに利益を見いだしていた。ようやくはっきりしてきた資本主義への流れに逆らうならば、それが改革済みの社会主義の建設に立ち戻る方向であろうと、ペレストロイカ以前の体制への復古を目指す方向であろうと、せっかくの実入りのいい事業が台無しになりかねなかった。資本主義に向かって邁進することは、彼らの新規事業の生き残りにとって欠くことのできないものであった。

またたく間に豊かになったとはいえ、一九九一年まではこの非公然の資本家集団はあまり規模が大きくなかったし、ソ連経済の中でそれほど重要な立場を占めていたわけでもない。もし、この集団の出身母体が旧体制の周辺的存在、すなわち不満を募らせたエンジニアや科学者、やる気満々の一匹狼型の青年、闇経済のもぐり業者などであったら、その影響力は限定的なものであったろう。しかし、私たちが第6章で示すように、この集団の大部分はこうした出身ではなかった。新興資本家階級の成長において中心的役割を果たしたのは、最初から党・国家エリートだったのである。

一九八五年から九一年にかけてのソ連経済改革の方向は、主として体制内部で作用する一連の要因によって決まった。しかし、ソ連はほかの世界から孤立していたわけではない。ペレストロイカ期が大詰めを迎えたころ、西側列強は事態の推移に限定的な一定の影響力を行使し始めた。一九九〇年から九一年、先進七ヵ国はソ連に対し、「真剣な改革」に取り組むことを交換条件として手厚い支援を与え始めた。それはソ連にとっては、急速な市場化と私有化のプログラムを採用し、実施に移さなければならないということを意味していた。こうした支援を仰ぐためには、まず国際通貨基金（ＩＭＦ）の正式の認可を得なければならなかった。一九九一年、ソ連は西側各国の政府が期待する経済上の変化を法制化するという条件の下で、外国からの多額の支援を目の前にぶらさげられた。

もし仮に、ソ連指導部が社会主義を改革するというプログラムを追求していて、経済面での成果を上げ、しかも国内の抵抗が小さかったならば、西側が支援の申し出をしたからといってそれは大きなインパクトとはならなかったであろう。しかし、一九九〇年から九一年にかけてのソ連の経済的、政治的状況からして、西側資本主義経済モデルに追随したいと願っている人々の勢力は、こうした西側の申し出に勢いづいたはずである。

急進化した知識人と富裕な新興資本家階級を組み合わせたものが、西側からの大規模な支援の約束と相まって、資本主義志向の立場を支える重要な支持基盤となった。しかし、もし仮に党・国家エリートの大部分がそうした立場を拒否し、社会主義改革の継続または旧体制への回帰を選んでいたら、結果はまず間違いなく別のものになったであろう。きっと、事態の推移はそれほど穏かなものとはならなかったであろう。党・国家エリートは、一九九〇年から九一年の段階で、依然として武装兵力を含む国家機構を統制していた。また、ＩＭＦの約束する資金は、一九九〇年から九一年のソ連経済の収縮によって生じた莫大な損失と比較すると、決して大きなものではなかった。

しかし、資本主義支持連合は、一九九一年の末ごろ、それまで全権力を握ってきたソ連共産党を打ち倒し、社会主義改革者と旧体制復古主義者の双方を押しのけ、権力を掌握することに成功した。こうしたことがなぜ可能だったのかを理解するためには、ペレストロイカ期にソ連の政治制度に起こった目覚しい変化を検証しなければならない。

第5章　民主化

すでに見てきたように、グラスノスチ〔情報公開〕政策はゴルバチョフがソ連の指導者になってすぐに始まっている。それから間もなく、一九八七年半ばまでに、今度は本格的な経済改革が始まった。ペレストロイカの第三段階である政治制度の民主化は、最後に始まった。ゴルバチョフは一九八七年の初め、民主主義の重要性を強調し始めたが、ソ連の政治制度の重大な変更を念頭に置いて本格的な策を立てるようになったのは一九八八年半ばになってからである。一九八九年までは、実際上の変化は起こらなかった。

ソ連の政治制度の民主化は、ゴルバチョフの企ての中でももっとも危険な部分であった。それは間違いない。指導部は、政治権力をしっかり握っている限り、その気になればいつでも言論の自由を制限し、あるいは弾圧することができる。しかし、政治制度を本格的に民主化すれば、指導部の権力把握力が潜在的に弱まり、予想のつかない結果が生じる可能性がある。もし、真の民主化が進めば、権力移動の道が開かれ、ゴルバチョフ派と目的を異にする集団が権力を握るかもしれない。

ゴルバチョフは、なぜこの危険な道を選んだのであろうか。指導部がこの方向に向かって駆り立てられたのは、三つの理由によるように思える。第一に、ゴルバチョフ派は、社会主義と民主主義が両立しないということなど思いもよらなかった。そして、社会主義を民主化しないことには、その潜在力を存分に発揮させることはできないと信じていた。すでに第2章で見たように、ゴルバチョフは、過去、社会主義の発展がうまくいかなかったのは、民主主義の欠如が最大の障害となっているからだと見ていた。ゴルバチョフは、次のように論じた。

「社会主義に固有の民主的形態を首尾一貫発展させ、また自主性を拡大することによって初めて、我々は生産、科学技術、文化、芸術、そのほかのあらゆる社会領域において前進を遂げることができるのである」(1)

第二に、指導部は一九八八年、民主化の推進を迫るよんどころない理由を抱えていた。経済・社会改革のプログラムに対する官僚層からの抵抗が増大する中、ゴルバチョフはどうやら、次のように結論づけたようである。すなわち、こうした抵抗を打破し、ペレストロイカが足止めを食うのを防ぐ方法は民主化にあると。ソ連の一般市民は、ペレストロイカから利益を得るのであるから、変化への抵抗を弱める方向で活発化するに違いない。民主化を進めれば、経済・政治改革への抵抗を押しのける力が多数派に与えられる。これがゴルバチョフの考えであった。ゴルバチョフはさらに一歩踏み込んで、「民主化は、現在のプロセスを不可逆にする主たる担保でもある」とも述べている(2)。

第三に、今となるとよく分かるのだが、ゴルバチョフ派は民主主義を目的そのものと見なすようになっていたようである。民主主義という目標は、その重要性において社会主義建設という伝統的な目標に優るとも劣らない、というのがゴルバチョフ派の見解であるらしかった。ゴルバチョフは、「ペレストロイカの本質は、それによって社会主義が民主主義と結合するという事実にある」(3)と書いている（傍点はゴルバチョフ）。

優れた社会というものは、社会主義の社会であると同時に民主的な社会でなければならない。ゴルバチョフ派はやがて、この二つの目標の間に生じる緊張という問題に直面することになる。というのも、民主化によって資本主義支持連合が権力を目指して闘う道が開けたからである。

ゴルバチョフは政権の座に就いた当初から、演説や綱領の中で「社会主義体制下の民主主義を改善する」必要性に言及してきた。しかし、こうしたフレーズはゴルバチョフ以前の指導者もしばしば口にしていた。ただ、それにともなって、ソ連の権威主義的政治制度が何らかの変化を遂げるということはなかったのであるが。ゴルバチョフは、一九八七年一月、ソ連共産党中央委員会総会で演説した際、ソ連社会を「根底から民主化する」ことを要求し、この目的を党の「もっとも喫緊《きっきん》の課題」であるとした(4)。この総会は、開催までに三度にわたって延期された経緯がある。このことから分かるのは、党内で重大な闘争が起こっていたということである。党指導部が同総会で行うことになっている民主化要求は果たして賢明だろうか、というのが争点であった。

一九八七年一月の中央委員会総会を皮切りとして、ソ連体制をどのように民主化するかについて議論が始まった。この議論の中で、幾つかのテーマが浮かび上がってきた。一つは、有力な政治機関について構成員の抜擢方法を変更する必要があるということであった。指導部は、上からの指名と無競争選挙という旧システムに代えて、共産党と政府機関の両方を対象として競争選挙を導入することを提案した。もう一つのテーマは、主要な権力機関の役割を変更し、公式の政府機関、とくに議会《ソヴィエト》の活性化と自立化を図り、共産党を日常的な行政から撤退させるというものであった。「社会主義法治国家」と「抑制と均衡《チェック・アンド・バランス》のシステム」の建設が喧伝《けんでん》された。

ゴルバチョフは、こうした斬新な民主主義的着想を実施に移すために奇策を用いた。ソ連の諸制度の民主化を計画するため、ソ連共産党協議会の開催を提案したのである。この提案は一九八七年六月の党中央委員会総会で承認され、党協議会の開催時期は一九八八年の夏に設定された(5)。過去五〇年近く、党協議会は開催されたためしがなかった。党協議会はソ連全土の党員から幅広く代表を集めて行われ、しかも通常の党大会であれば差し迫った正規の業務を取り扱わなければならないのに対し、それをする必要がなかった。そうした点で、党協議会はソ連の新しい政治構造を議論し、その見取り図を描くのに最適の場であった。ソ連は、一九八八年六月の第一九回党協議会を契機として、本格的な民主化の道へ踏み出すことになる。

共産党内部の民主化

民主化のプロセスは、共産党そのものも対象とすることになった。一九八七年一月の中央委員会総会では、職場や市町村の党組織の幹部《カードル》選びは選挙によるべきであるとの提案が出された。さらに、州・地方《クライ》および連邦構成共和国レベルの党委員会の書記は、当該レベルの党委員会の無記名投票によって選出すべきだという提案もなされた(6)。

ゴルバチョフの推進した第一九回党協議会は、党の民主化を図るべきだと主張する者にとって追い風となった。党当局者を競争選挙で選ぶという方式のほか、上は党書記長に至るまで党当局者の任期を五年とし、再任は一回だけに制限することになった。党当局者は、リコールの対象となることが決まった。リコールを行うのは上司ではなく、その当局者を選んだ有権者である。こうして権力は、かつてのような頂上から底辺への方向ではなく、底辺から上に向かって作用することになった。

しかし、共産党を民主的な組織に改編する計画は、決して所期の通りに実施されることはなかった。

党協議会の後、党当局者の競争選挙が幾つか行われた。たとえば、一九八九年一月、トルクメニスタン共和国では、安全な飲料水の確保を主張する人物が僅差で官製候補者を破り、共和国党中央委員会書記のポストに就いた。(7)同じ月、秘密主義を伝統とするソ連共産党中央委員会が、〈ソ連共産党中央委員会通報〉を創刊した。これは、公文書、市民の投書、党・政府当局者の経歴を掲載する定期刊行物であった。一九九〇年一月、ウクライナ共和国ハリコフの州党委員会の新任第一書記は、五人の候補者の中から無記名投票で選出された。選挙戦を制したのは、「ハリコフ飛行機工場」の元支配人である。報道によるとこの人物は、非共産党員で、それまでいかなる党の職務にも就いたことがないという。(8)

しかし、党内におけるこのような民主主義と開放性の例は例外的である。無記名投票の競争選挙で選ばれる党書記はごく少数であった。党機関紙〈プラウダ〉は、一九八九年七月、それまでにそうした方式で選挙された州党書記はわずか一パーセントにすぎないことを認めた。(9)この時点ですでに、党中央委員会総会（一九八七年一月）で党内民主化の要求が出されてから二年以上が経過していた。共産党における権力は依然として、上から下へ向かって作用していた。(10)

指導部は、党外、すなわち政府機関における民主化を優先すべきと判断したのかもしれない。指導部は、多くの一般党員や中間層および末端の党当局者が守旧《しゅきゅう》的な見解の持ち主であることを考慮に入れ、党の真の民主化を推進すれば党内における指導部の立場がいずれ損なわれることになるのではないか、と危惧感すらもっていたのかもしれない。実際、一九八九年および九〇年、ソ連において諸問題が山積し、共産党の直面する抵抗が増大する中で党が民主化されていたら、改革派指導部が選挙に負けて辞任に追い込まれるといった事態も充分あり得たであろう。党がトップダウン式の組織にとどまっていたからこそ、ゴルバチョフは党書記長として、反抗的態度を強める党下層部の中で造反が起こるのを防ぎ、自分が党指導者の座から解任される事態を免れたのである。ゴルバチョフとその盟友たちは、党の改革に焦点を当てるのをあきらめた。党は非民主的であったが、ゴルバチョフ派はそうした党を、社会全般の民主化を推進するために利用しようと企てた。党内における党指導者の絶対的な権力は、少なくとも最初は、こうした計画を実施する上でメリットがあった。書記長としてのゴルバチョフは、政治局に民主化計画を飲ませることができたし、党中央委員会の承認を取り付けるための権力ももっていた。唯一の問題は、もし計画が成功すれば、自己の民主化を進める政府とまだ自己改革していない共産党との間に、必然的に緊張が生じるという点にあった。というのも、共産党は依然として社会を嚮導《きょうどう》する権限があると主張していたからである。

国家の民主化

一九八七年一月の党中央委員会総会において、ソ連の統治構造の民主化を求めるキャンペーンが始まった。この総会でゴルバチョフは、議会《ソヴィエト》の選挙に修正を加えるよう要求した。それまで議会の代議員は実質的に、立候補に際して対立候補の挑戦を受けることはなかった。有権者からは、信任票か不信任票のいずれかを投じてもらうだけであった。ゴルバチョフは、議会を選出するための新しい競争選挙システムを要求した。数ヵ月後、地域レベルの議会で実験的に競争選挙を行うよう求める命令[訳1]が発せられた。一九八七年六月、その実験は実行され、九万四一八四名が競争選挙の洗礼を浴びて地方議会の代議員となった。これは、選挙を通じて選ばれる全代議員二〇〇万人強のうちの四パーセントに相当する。何人かの著名人が、選挙に敗北するという屈辱を味わった。それは、かつてないことだった[11]。

民主主義を求める熱狂的態度は、最高会議《ソヴィエト》にも及んだ。最高会議は地味で、それまでは御しやすい存在だった。最高会議は公式にはソ連における最高の立法機関であったが、党指導部の指し示すいかなる法案にも直ちに承認を与えるのが常であった。しかし、一九八七年の夏、一件の法案が思いもかけず代議員たちから批判を浴び、修正を施された。これは、ソ連史においては絶えて久しく見られなかった事態である(12)。

しかし、老いた最高会議は、そのたそがれどきを迎えようとしていた。翌一九八八年の夏、第一九回党協議会は、国家統治機構の大がかりな改革を承認した。それは、最終的には憲法改正と新選挙法となって具体化した。憲法改正と新選挙法は、一九八八年一二月に最高会議で承認された。従来の最高会議は、新たな二重構造の議会に取って代わられることになった。まず、定員二二五〇名の人民代議員大会が選出され、そのメンバーが今度は互選で最高会議を選出することになった。最高会議は、定員五〇〇から五五〇名前後の常設機関になることが予定されていた。人民代議員大会のメンバー七五〇人は、共産党を含む「社会団体」の名簿から選出されることになったが、残る一五〇〇人は国民の選挙によって決められることになった。その選挙は、複数の候補者が議席を争う可能性をはらんでいた(13)。人民代議員大会は、国家元首の役割を果たす最高会議議長を選ぶことになった。

共産党中央委員会は、新設された人民代議員大会の来たる選挙を注釈して、その選挙は「従来のどのような選挙とも異なる」ものになると述べた(14)。まさにその通りであった。一九八九年の三月、ソ連の有権者のうち八九・八パーセントが投票に行った。四分の三以上の選挙区で、複数の候補者が議席を争

（訳1）　各共和国の最高会議幹部会令。

レーニン丘から望むモスクワ市内の風景

った。平均で、一議席につき二名の候補者が出馬した。

合法的な政党はたった一つしかなかったので、この選挙は西側の選挙とはまったく異なる様相を呈していた。しかし、立候補者の八〇パーセントが共産党員だったにもかかわらず、議席の多くをめぐって熱戦が繰り広げられた[15]。一九八七年に国家指導部から放逐《ほうちく》されたエリツィンは、モスクワ市全体からなる「モスクワ選挙区」で八九パーセントの票を獲得した。象徴的意味合いの強い選挙だっただけに、エリツィンはモスクワの党指導部から手ひどい妨害を受けたが、それにもかかわらず官製候補を破った。負けた候補者は高級乗用車「ジル」の製造工場の支配人で、ソ連の最高幹部に支持されていた。改革の加速および急進化の擁護者で、官製候補を破って当選を果たした者はほかにも多数いた。バルト三国では、非公認の民族運動によって支援された候補者が当選を果たし、人民代議員大会のメンバーとなった。

選挙の過程では、民主主義に対するさまざまな制限が施された。たとえば、登録手続きの段階で、多数の立候補予定者が立候補を阻止された。しかし、少なくともヨーロッパ部の各共和国では、民主主義を求める一般大衆の熱意に押されて、地方当局者たちはかつて阻止したいと考えていた立候補者の登録を容認せざるを得なくなった。

通常の民主主義の慣行からもっとも逸脱していたのは、七五〇議席が社会団体のための別枠とされたという点である。これは多少、共産主義版の貴族院のようなものを思わせる手続きである。しかしここでも、新たに解き放たれた国民の圧力によって驚くべき結果が生じた。科学アカデミーの指導部が体制派の安全な人物しか含んでいない部内選抜者名簿を発表したとき、アカデミー会員の間に騒動が起こった。指導者たちは、名簿を修正せざるを得なかった。最後には、急進的な変化を擁護する有名人が多数科学アカデミーから選ばれた。その中には、反体制派の科学者アンドレイ・サハロフ博士も含まれていた。[16]「作家同盟」も、リベラル派の代議員を何人か人民代議員大会に送り込んだ。

ここに、一つの皮肉な状況が生じた。七五〇議席を社会団体向けに別枠とすることは、人民代議員大会という組織の民主主義的性格を甚しく侵害するものと見なされていた。人民代議員大会は、一九八九年の末、次回の選挙からこの手続きを撤廃することにした。しかし、抜群の知名度や印象度を誇る民主派代議員の多くはそうした手続きを経て選出されていたのであり、彼らのうち何人が通常の選挙区から立候補して当選できたかは定かではない。

この選挙では、官製候補が多数落選した。軍高官で落選した者も何人かいる。ムルマンスクの北洋艦隊の司令官や、モスクワとレニングラードの〔軍管区〕司令官は文民の対立候補に屈し、駐東独ソ連軍司令官は一介の中佐に敗れた。[17]また、多数の共産党当局者が落選した。その中には、対立候補がいなかったにもかかわらず、不信任投票が過半数を超えるという屈辱を味わった者もある。レニングラード州の党組織の指導者〔州党委員会第一書記〕で、政治局員候補を兼ねるユーリー・ソロヴィヨフもこうした憂き目に遭った候補者の一人である。市レベルの党指導者の選挙結果は、モスクワ、レニングラード、キエフにおいてとくに不振であった。

この選挙における共産党当局者の苦戦ぶりは誇張すべきではない。選挙に打って出た連邦構成共和国と州の党書記のうち、八〇パーセントは当選を果たした。党当局者の健闘がとくに目立ったのは中央アジアである。中央アジアでは、州党第一書記で落選した者はいない。共産党員の占有率は、旧最高会議よりも新設の人民代議員大会の方が高かった。前者における党員の比率は七一・五パーセントで、後者は八七パーセントであった。(18) しかし、ソ連社会に広がった論争と意見対立が共産党の一般党員にも浸透するようになると、代議員が党員であることはもはやかつてのような意味をもたなくなった。

ソ連最大で、政治的にもっとも重要な共和国であるロシア共和国では、党と政府の当局者の選挙結果は振るわなかった。ロシア共和国における公選議席合計六四五のうち、立候補者二名で議席を争った選挙区から二三二選挙区をサンプリング調査した結果判明したところによると、選挙に臨んだ高官で落選した者は七八パーセント、中堅の当局者で落選した者は四七パーセントだった。それとは対照的に、選挙に挑んだ知識人のうち七二パーセントは当選を果たした。(19)

ソ連の知識人は、新制の比較的自由な選挙のおかげで大きなチャンスに恵まれた。この選挙には政党は参加しておらず、人々は無所属候補として立候補した。知識人は、通常、話しぶりが明晰で見識がある。したがって、こうした選挙を制するのに絶好の立場にあった。第3章ですでに述べたように、一九八九年には、活字メディアと放送メディアの多くは、急進的な変化を支持する比較的自立心の強い編集者や記者によって支配されていた。党と政府の当局者が直面していたのは、猜疑心の強いメディアであった。一方、急進的な変化を好む知識人に対してメディアは好意的で、選挙運動に対しても物分かりがよかった。社会団体枠で選ばれた代議員を除くとロシア共和国の選挙区から選出された代議員は全部で六四五名であるが、これら代議員を調査して分かったのは、知識人が人民代議員大会の選挙区選挙で健闘し、全議席のうち相当の割合を占めるに至ったという事実である。この調査によって判明した六四五名の代議員の内訳は次の通りである。知識人二八パーセント、党・政府当局者二一パーセント、労働者一六パーセント、企業経営者一四パーセント、集団農場などの長一三パーセント、コルホーズ農民など八パーセント。都市部で選出された代議員の中では、知識人は三七パーセントを占めていた[20]。

人民代議員大会は一九八九年五月に開幕し、予想通り最高会議議長（報道機関の呼び方に従うなら「大統領」）にミハイル・ゴルバチョフを選出した。ゴルバチョフの得票率は九五パーセントを超えていた。人民代議員大会の初の審議は、強烈なインパクトがあった。審議の模様は、一三日間にわたって、およそ二億人のソ連の視聴者に向けてテレビで生中継された。それがあまりにも面白かったので、何百万何千万という人々が仕事を放り出してテレビの前に釘づけになった。ある当局者の試算によると、生中継の時間帯は工業生産が二〇パーセント落ち込んだという。そのため、中継番組の放映時間は夜に切り替えられた[21]。旧最高会議の筋書き通りの投票とは対照的に、視聴者が目の当たりにしたのは、知名度抜群の社会的名士が闘わせる純粋な政治討論であった。討論の対象にタブーはなかった。ソ連のアフガニスタン侵攻、スターリンの犯罪、経済資源に対する軍産複合体の飽くことなき貪欲ぶり、狙いに反して行き詰まる経済改革、汚職。これらの問題がすべて、代議員の演説や論戦のテーマとなった。それだけではない。バルト諸国の代議員は独立を要求した。代議員の中には、共産党の社会的役割を非難する者もいた。それらすべてを捌《さば》いたのはゴルバチョフ議長であった。ゴルバチョフはしばしば説教をたれたり、警告を発したりしたが、それでも比較的自由な討論を許した。

ソ連の新議会は法律を通す権能をもっていたし、実際に幾つかの法律を成立させた。しかし、新議会の重要性は、主として通常の立法機関としてのそれにあったのではない。ソ連では、議会において討論が行われ、それが広くテレビ報道されることによって政治的なカタルシスの場が生じた。思いもかけず、政治的活動が公然と行われようとしていた。政治は、人々の関心事項の解決を目指した。政治には、社会に見いだされる、あるがままの多様な見解が反映されていた。人民代議員大会の単なる審議が、共産党機構から権力が遊離する過程の始まりだったということは、当時それほど明白ではなかった。党指導者に選ばれることによって権力を握ったゴルバチョフは、今や半民主主義的に選ばれた、党とは何ら法的なつながりをもたない統治機関のおかげで大統領の座にあったのである。

新最高会議は、その権限を真剣に受け止めた。ルイシコフ首相は、一九八九年六月、最高会議の承認を得るために閣僚名簿を示したとき、自分の直面しているのが決して追認機関などではないということを悟った。ルイシコフが提案した全閣僚七〇名のうち、一一名は委員会または本会議で拒否された。ルイシコフは、代わりの閣僚候補の指名を余儀なくされた。ルイシコフ自身、自分の承認公聴会でかなり厳しい審問を受けた(22)。

翌一九九〇年、連邦構成共和国が行った共和国および市の議会《ソヴィエト》選挙はもっと民主的であった。一九九一年、ロシア共和国は、新設の共和国大統領や各大都市の市長を含め、住民の直接投票で決まる行政ポストを創設することになる。こうした事態の推移は、ソ連の権力闘争において重要な役割を果たしたのであるが、これについては第7章で論ずる。

共産党の役割の変化

第1章で見たように、ゴルバチョフの改革以前、共産党と行政機関の関係は複雑であった。党書記長は、このシステムにおける最大の権力者であった。党書記長とその配下の政治局員は、政策立案を行った。それは最高会議によって承認され、連邦国家の行政部門によって実施に移される決まりになっていた。下級レベルにおいても、共和国、州、市町村の党組織と、それに照応する政府組織との間で同様の関係が見られた。党中央の指導部は地方の党指導者に指示を与え、それによって、国家行政に対する党の介入を強固なものとした。

巨大な組織の中にあって、各行政機関は必然的に幾分かの主体性をもつ。政策の処方箋は、その政策をどのように実施に移すべきかについて事細かに指示するほど精密なものとはなり得ない。したがって、行政官の手中には一定の自由裁量の余地が残るのである。また、監視も完璧なものにはなり得ないので、政策実行者の行動は一部見過ごされてしまう。党は、国家行政のポストに人々を任命する役割を担っており、そのおかげで重大な影響力をもっている。しかし、こうした役割は必ずしも決定的なものとはならない。一例を挙げると、イングランドのヘンリー二世[訳2]はかつて、自分がカンタベリー大司教〔全イングランドの首席司教〕に任命したトーマス・ベケット[訳3]が、国王ではなく教会の利益のために奉仕し始めたのを知って愕然としたものである。独自の任務を帯びた巨大組織の中で高い地位に収まると、その当

（訳2）（一一三三〜一一八九）。イングランド国王（一一五四年〜八九年）。アンジュー王朝（プランタジネット王朝）の祖。聖職者特権の制限を図った。

局者は得てして当該組織の利益を擁護するようになる。

こうした問題ゆえに、党は正真正銘の権力を行使するためには、少なくともある程度は、政策の立案だけではなく実施にも関与しなければならなかった。そのための一つのメカニズムが、国家機構の最高当局者を党政治局に加えることであった。たとえば、一九八〇年代を通じて政治局には常に、ソ連の閣僚会議議長〔首相〕と副議長〔副首相〕、ロシア共和国閣僚会議議長〔首相〕、KGB〔国家保安委員会〕議長、国防相、外相が入っていた。

第1章で説明したように、党は「影の政府」と経済管理システムを兼ねたような機能も果たしていた。中央委員会は、国家の各主要機能に対応する多数の「部」を擁していた。その担当領域は経済、政治、文化の各分野にわたるものであった。中央委員会書記局は、党の巨大な管理機構を監督し、管理機構に、党の政策が履行されているかどうかの確認をさせた。書記局自体も、定期的に会合を開き、党の政策を狙い通りに確実に実施させようと努力した。地域レベルでは、地元の党書記が伝統的に最大の実力者であり、揉め事を解決し、調停を成立させ、上級の官僚機構に対し資源の追加配分要求を行った。

民主化キャンペーンは、党・国家関係という扱いの厄介な問題に直面せざるを得なかった。共産党の党員数は、そのピーク時の一九八九年に一九五〇万人を数えた。これは、全人口の七パーセント弱に相当する。[23] 真の民主化は、社会に対する党の直接の統制を緩和することを意味せざるを得なかった。ゴルバチョフの編み出した対応策は、党が社会において行政的な役割よりも、政治上、イデオロギー上の役割を果たすことを要求するというものであった。こうして、「指令・行政システム」という軽蔑語が過去の慣行を指すのに用いられるようになった。それまで、最上層から指令を下していたのは党であった。[24] 一九八八年一月、党中央委員会理論誌〈コムニスト〉は、党が国家行政から撤退することを要求した。

第一九回党協議会において新しい人民代議員大会の青写真が描かれた直後、ゴルバチョフは共産党中央委員会に大がかりな自己改革を強いた。一九八八年の九月、中央委員会の「部」が二〇から九へ削減された。その際、経済担当の各「部」は農業部を例外としてすべて統廃合された。「部」から成る中央委員会構造は、党がソ連社会の管理に積極的に介入するための支えとなってきたのだが、事実上、新設された一連の「委員会《コミッシャ》」に置き換えられた。委員会《コミッシャ》はイデオロギー、組織、経済、国際問題など、それぞれ広範な問題を扱う。各委員長には政治局員が充てられた。また、書記局は会合を停止した。

党機構の再編は、ソ連社会における共産党の役割と党の中央・地方関係のいずれにも多大な影響を及ぼした。これによってかなりの程度、党はソ連体制の管理から遠ざけられた。イタリアのソ連研究者リータ・ディ＝レーオは、こうした事態の展開を「まぎれもない地殻変動」と描写し、次のように述べている。

「この措置が示唆しているのは、レーニン主義とスターリン主義の党が、その歴史的役割と国の運命を決定する権利を、事実上、放棄したということである」(25)

政治局員のエゴール・リガチョフはその回想録で、この再編によって「自動的に書記局が葬られた。……党は指導者のための作業スタッフを奪われた」(26)と記している。書記局の会議はそれから一年間は

(訳3)（一一一八頃〜一一七〇）。一一五五年、尚書部（政府の中枢機関）長官に任ぜられる。一一六二年にカンタベリー大司教に任命されると、教皇の指導する「教会の自由」の闘士に豹変し、聖職者を国王に従属させようとするヘンリー二世と対立するに至った。亡命後、いったんはヘンリー二世と和解するが、結局、王直属の騎士によって殺害された。

開催されず、その後も、一九九〇年七月の第二八回共産党大会でふたたび制度化されるまで散発的に開かれるだけだった。

地方の党指導者たちは、党中央がもはや指令を送ってこないことに気付いた。リガチョフによると、地方党組織は中央からの明確な方針のないまま自主的決定を任された。「中央は消滅間近のように見えた」と、リガチョフは書いている。一九八九年三月の人民代議員大会選挙にどう取り組むのかといった重要な案件についてすら、地方党組織は判断を一任された[27]。同時に、「党はもはや社会の行政的事項に介入すべきではない」という第一九回党協議会から伝わってくるメッセージに縛られ、地方党当局者は自分たちが何をするよう期待されているのか見当がつかなかった。

それまでソ連体制の中で党は、重要な調整役を果たしていた。中央の硬直的な計画から問題の生ずることがよくあったが、それを解決するのは得てして地方の党当局者であった。ある現場で重要な経済資源が思いがけず品薄になると、地方の党当局者がモスクワのしかるべき担当者に連絡をとって、その問題を解決するのが常であった。ゴルバチョフは体制の民主化を目指し、党に日常の社会生活における指令役を急いで返上させようとしていた。しかし、そうすることによって重要な調整役を失おうとしていたのである。しかも、ゴルバチョフがこうした措置をとったのは、国有企業法が施行されてから九ヵ月後のことであった。モスクワの省庁は国有企業法を受けて、ソ連全土の企業の運営・調整に関与する度合いを弱めていた。

新たに再編された各級議会《ソヴィエト》は、過去七〇年間にわたって党が果たしてきた役割に踏み込むことになっていた。しかし、そうした役割を効果的に果たす能力が短時日のうちに身に付くかというと、それは覚束なかった。新たに選出された各級議会は、激しく相争う党派を内部にかかえており、社会において何らかの調整機能を果たすのは困難であった。最高会議《ソヴィエト》議長のアナトーリー・ルキヤノフは、一九九〇年、第二八回共産党大会で次のようにコメントした。

「私見によれば、過去二年間の災いのうち、半分は主として党の各級委員会が事実上統治を停止し、その一方で議会《ソヴィエト》がいまだに統治機能を負うだけの能力をもっていないという事実に起因しているのである。……同志諸君、権力の真空が生じているのだ」(28)

ソ連社会を嚮導《きょうどう》する権限を共産党に与えていたソ連憲法第六条は、依然として健在であった。しかし、ゴルバチョフの改革が発端となって事態は、党がにわかにそうした役目を返上するというところにまで至ろうとしていた(29)。社会を直接支配する党の力が衰えるにつれて、そうした傾向を正式なものにしようとする圧力が高じた。一九九〇年二月、モスクワにおいて推定一万人の群集が党中央委員会総会の会場の外でデモを行い、党に対し、憲法で定められた統治権を放棄するよう要求した。中央委員会はゴルバチョフにせき立てられて、党の公式の支配的地位を取り下げることを承認した。翌月、党員が議席の約八七パーセントを占める人民代議員大会が、賛成一七七一票、反対二六四票、棄権七四票でソ連憲法第六条を修正し、共産党による統治権を失効させた(30)。

共産党の公式な支配に終止符を打った一九九〇年二月の中央委員会総会と三月の人民代議員大会は、その一方で、大統領を頂く新たな執行権力システムを創設した。それまでもゴルバチョフは、最高会議議長として非公式に「大統領」と称されていたが、今や人民代議員大会は多大な執行権力をもった大統領職を承認したのである。このシステムには、「抑制と均衡《チェック・アンド・バランス》」が組み込まれていた。大統領は、立法府を通過した法案に対して拒否権を発動することができる。その拒否権を、立法府は三分の二の多数で覆すことができる。人民代議員大会の指名する憲法監督委員会は、各級議会《ソヴィエト》の違法または違憲の法律を無効にすることや、大統領の弾劾を勧告することができる。新制の大統領は任期五年で、国民投票で選出されることになっていた。しかし、人民代議員大会は、初代大統領が国民の投票ではなく議会の指名によって選出されることを認めた。ちなみに、このポストにゴルバチョフが就くことになるということは周知のことであった[31]。

新しい機構には、一六名からなる「大統領会議」が含まれていた。それは内閣と同様、大統領によって任命されることになっていた。ゴルバチョフは、今や国家権力を行使するためのまったく新しい組織を手中にしており、もはやソ連共産党に頼ることはなくなった。大統領会議は、共産党政治局の後継機関ともいうべき姿をしていた。一九九〇年七月の第二八回共産党大会の後、こうした印象の正しさが確認された。首相、外相、国防相、内相、ＫＧＢ議長といった最重要国家当局者が政治局を離れ、大統領会議専任となった[32]。それまでとは違って、第二八回党大会で選出された政治局は、例外を別として、国家当局者ではなく専従の党当局者で構成されていた（唯一の例外は〈プラウダ〉紙の編集長である）。具体的にいうと、政治局は各共和国の第一書記と共産党中央委員会の書記数名から成っていた[33]。ここからはっきりと読み取ることができるのは、政治局はそれ以後、国政ではなく党務を担当するということであり、また国政は新議会と大統領が引き受けることになったということである。

ゴルバチョフは党員に向かって、ソ連国家および党の役割の、こうした変化をどのように正当化したのであろうか。何しろ、ソ連社会を統治する党の制度上の権限が撤廃されたのである。ゴルバチョフは、こうした動きは社会主義からの退却ではないと述べた。逆にそれは、ソ連の社会主義を民主化し、最終的にロシア十月革命の約束を果たすのに必要であると述べた。第二八回共産党大会では、党権力の侵食に業を煮やした代表団が、造反を起こしかねなかった。そうした状況に直面したゴルバチョフは、「共産党の一新」を要求した。生まれ変わった共産党は、「社会主義の選択」と共産党の前途を確固たるものにし、「人道的で人間本位の理想全般」を擁護するはずであった。まさにそうしたことを行うために、党は「政府機関にポストを占めるとか、行政・管理機能を果たすとかいった任務を正式に放棄したのである」と、ゴルバチョフは述べた。党は社会主義の建設においてソ連社会の先導に努めるが、ただし、それはこれまでと異なったやり方によってであるというのがゴルバチョフの言い分であった。

「我々が確信しているのは、前衛としての（党の）役割を社会に押しつけることはできないということである。こうした役割を勝ち取ることができるとすると、それはもっぱら労働者の利益を擁護する建設的な闘争を通じてである。……ソ連共産党は自己の政策を追求し、支配党としての権限を保つために闘って行くが、それは民主主義の大枠の中においてであり、また中央および地方における立法機関の選挙を通じてである」(34)

民主化の影響

ゴルバチョフら改革派は、社会主義は政治改革によって強化されると確信していた。彼らは、社会主義が解体されるといったことは考えていなかった。どうしてこのように大きく見立てを間違えたのであろうか。ゴルバチョフ派は、民主化が社会主義の拒否につながるとはゆめゆめ予期していなかった。彼らには、ソ連国民が民主主義と社会主義の両立を願っていると考えるに足る充分な根拠があった(35)。だからゴルバチョフ派は、体制を民主化しても、真の社会主義社会を建設するという目標が脅かされるはずはないと判断したのである。

しかし、民主改革の結果、ゴルバチョフは政治的に弱い立場に置かれることになり、社会主義改革のプロセスを完成させるのが難しくなった。もっとも、そのことは当初から明らかだったわけではない。ゴルバチョフの本来の国内支持基盤は、党・国家エリートであった。一九八五年、ゴルバチョフを党書記長にしたのは党・国家エリートの最上層部であった。ひとたび党書記長になると、ゴルバチョフにとって党は、その階層的構造と伝統によって、党・国家エリート内部の支持基盤を維持するための強力な道具となった。支持基盤が確保されただけではない。強力な機構をもつ党は、ゴルバチョフの計画を実施に移すための実働部隊となっていたのである。

ところが、改革の結果民主化が進み、ゴルバチョフは一九九〇年には党・国家エリートという本来の支持基盤を失う危険にさらされていた。国内で権力を行使するための従来の党機構も、すでに破壊されていた。かつての厳格な党規律が消失する中、党・国家エリートが今後もゴルバチョフと改革計画を支持し続ける確証はなかった。急進経済改革の結果成立した、混沌とした厳しい環境の下では、国内に新たな支持基盤を構築することとは容易なこととは思われなかった。しかも、権力を行使するための新たな実効性のある梃子はまだできていなかったので、党の代わりになるものはなかった。(36)ゴルバチョフは、大統領として軍の指揮権を含めさまざまな権力をもっていたが、戒厳令を敷いて国を統治するつもりはなかった。ゴルバチョフは、それまで党機構の行使してきた権力が、今度は各級議会《ソヴィエト》に移るだろうと予想しているようであった。しかし、議会に対するゴルバチョフの統制力は限定的なものであった。ゴルバチョフはまず半独立的なソ連最高会議《ソヴィエト》と対立し、その後間もなく、ロシアそのほかの共和国や有力都市に登場した、まったく言うことを聞かない議会とも対立した。

ゴルバチョフは、今や、権力構造の分権化がいっそう進む中、国内の支持基盤を求め、また政策を実行に移すための梃子を求めて闘うことを余儀なくされようとしていた。権力構造の分権化が進んだのは、ゴルバチョフの進めた改革のゆえであった。こうした新たな流動的状況の中、資本主義支持連合は権力を求めて闘う機会を得た。民主化のプロセスが進んだおかげで、ボリス・エリツィンはロシア共和国の最高指導者になれた。エリツィンは最初議会によって〔ロシア最高会議議長に〕選出され、次いで国民投票によって〔大統領に〕選出された。一九九一年も押しつまったころ、エリツィンは選挙で選ばれたロシア共和国指導者としての立場に乗じてゴルバチョフを一蹴し、ソ連国家を解体し、ロシアを資本主義の前途に向けて全速前進させた。ゴルバチョフによって触発、先導されたソ連の政治制度の民主化が一大原因となって、ゴルバチョフ個人は政治の舞台から退場し、また社会主義改革の企図も挫折した。

しかし、新設の民主主義的政治制度がソ連体制の終焉に果たした役割は誤解を招きやすい。エリツィンがソ連の連邦構成共和国であるロシアの元首となり、次いで一九九一年八月以後、ソ連全体の支配的人物となり、最後に独立国ロシアの指導者になったプロセスは、（いかなる選挙にせよ）選挙の直接の結果によるものではない。新たな自由選挙は権力闘争の最終段階において一定の役割を果たしたが、それがすべてというわけではない。

本物の社会革命で、選挙に勝っただけで成し遂げられたものはこれまで例がない。もちろん、一九九〇年から九一年にかけてソ連で起こった革命も例外ではない。エリツィン個人とエリツィン率いる資本主義支持連合は国家権力を勝ちとるために、新たに民主化されたソ連体制において選挙に勝つだけではなく、それ以上のことを成し遂げなければならなかった。片やゴルバチョフと社会主義改革者、片や過去への回帰を目指す守旧《しゅきゅう》派、この両方を政治的に屠《ほふ》らなければならなかったのである。ゴルバチョフはソ連の大統領としてエリツィンよりも高い地位にあり、守旧派に属す連中はソ連国家において重要な役職を占めていた。この、一九九〇年から九一年の政治的闘争においてエリツィンと資本主義支持連合は究極的に勝利を収めるのだが、その勝利の鍵となったのは党・国家エリートからの支持である。党・国家エリートの支持は、改革した社会主義を建設するというゴルバチョフの計画から離れ、エリツィンと資本主義支持連合の方に引き寄せられていったのである。次の章で、ソ連エリートの中核的部分がこのような驚くべき宗旨変えを行うに至った過程を検証する。

第6章　党・国家エリートと資本主義支持連合

通説では、ソ連では一九八九年から九一年にかけて、民主主義の立場に立つ多数派が党・国家エリートを打倒したということになっている。多数派はその勝利によって国家社会主義体制を打倒し、資本主義体制の建設にとりかかった。旧エリートは自己の特権を維持するために、その特権の支えとなっているシステムを守ろうとあがいていたのだが、国民の大多数は旧体制を嫌悪するようになり、ボリス・エリツィン率いる反対派勢力に支持をシフトさせた。エリツィン派は選挙を制し、また旧体制側の戦車をひとにらみで退散させ、最終的には一九九一年の末、自分たちの目標を達成した。

こうした解釈は、誰が誰を相手にしてペレストロイカ初期の闘争を行っていたのかに関する支配的な見解とセットになっている。ちなみに、ペレストロイカの初期とは、旧体制の打倒ではなく改革の提案が問題となっていた時期のことである。ロシアの社会学者タチヤナ・ザスラフスカヤは、ゴルバチョフの改革計画を立案した有力な理論家であるが、彼女の説によると、ペレストロイカはスタートの時点で「おそらく官僚機構の大部分」から抵抗を受けていたという。ザスラフスカヤに言わせると、変化に対する抵抗は「中央（モスクワ）では中間層において、ほかの地域では上層部において」最大であったという。(1) すなわち、ソ連体制下の官僚機構は、ペレストロイカに着手した当の最上層部の一部を除けば、こぞって変化に抵抗したというのである。こうした見方が、ペレストロイカ期には西側で主流となっていた。ソ連体制最後の数年間、ソ連における闘争が激化する中、急進化の度合いを強める知識人は「いかなる変化にも抵抗する強力な官僚」というイメージを広めた。その一方で、ゴルバチョフの真の支持者としての進歩的な知識人という図が描き出された。このような闘争観は、その後、旧体制の最終的な敗北を説明する際にも応用された。つまり、党・国家エリートは改革に対する抵抗を試みたが、むなしく敗北を喫したというのである。

一九九一年の激しい抗争の余波がいくらか落ち着くと、こうした通説と大きく矛盾する事実に気付かないわけにはいかない。支配集団が革命に遭って打倒されると、その構成員は、通常、放逐《ほうちく》の憂き目に遭う。すなわち、亡命か、あるいはもっと端的に言えばあの世送りを余儀なくされる。一七八三年の米国独立革命で英国が敗れると、英国派《トーリー》はなだれを打ってカナダに逃げ出した。ロシア帝国の貴族と白系の官僚は、一九一七年、パリに逃げ出した。それでは、一九九一年のロシア革命にともなって出たはずの犠牲者は今どこにいるのであろうか。実は彼らは全体として、以前の居場所、すなわちソ連の各継承国において高い地位にとどまっているのである。ソ連崩壊から二年後の時点で、ソ連を構成していた一五共和国のうち一一の共和国において、かつてソ連共産党の幹部だった人物が元首を務めていた。そのうち五人は、ソ連共産党政治局員の経歴の持ち主である。ソ連崩壊後の社会にあって、かつてソ連エリート層に属していた連中が有力な地位にとどまって羽振りをきかせているという事実と、党・国家エリートの敗北という通説とはどうやって両立させることができるのであろうか。

伝統的に保守的な党・国家エリートのうち、中間層および下層部分にいた人々は、ペレストロイカの初期、新指導部の唱導する変化を受け入れ難いと感じた。ザスラフスカヤのこうした指摘は正鵠を射ているように思われる。しかし、一九八七年ころに事態が変化し始めると、闘争の本質に関する上述の通説はたちまち時代遅れのものとなる。そしてそれは、闘争の最終的な結果を理解しようとするとき、誤解のもととなる。証拠の示すところによると、党・国家エリートの決め手となる部分は、瞬く間に猜疑心を捨て、国家社会主義を資本主義に置き換えるというきわめて根本的な変化を熱狂的に支持するようになったのである。

党・国家エリートは、なぜ資本主義を支持するようになったか

党・国家エリートは、なぜ資本主義支持連合に肩入れしたのであろうか。党・国家エリートの社会主義に対する忠誠――過去、エリートなら誰しもが誓うよう要求されていた忠誠――は、一体どうなったのであろうか。実は、そうした誓いはこの集団の大部分のメンバーにとっては無意味だったのである。第1章で述べたように、ソ連エリートの大部分は、イデオロギー的というよりきわめて御都合主義的な態度をとっていた。彼らが共産党に入党したのは、それが出世に必要だったからである。彼らの動機はイデオロギーへの献身ではなく、物質的特権と権力を追求することにあった。その二つの目的の少なくとも一部は、共産党に入党し、エリートの地位にのし上がれば達成可能である。党に対するこうした態度は、一九九一年七月のあるベテラン・ソ連当局者の発言によく表れている。この人物は、共産党員なのかどうか尋ねられて次のように答えたのである。

「もちろん共産党員だが、共産主義者ではない！」(2)

一九八〇年代、ソ連の党・国家エリートの大部分は出世主義者によって占められていた。彼らはかつて、社会主義に代わるソ連社会の将来像を考える機会を与えられていなかった。社会主義を建設すると

いう公式の目標を問題視することなど、がんじからめの画一化されたシステムの下では許されなかったのである。しかし、ひと度ペレストロイカによって社会が開放され、議論と討論ができるようになり、さまざまな見解をメディアにおいて公表する機会が得られるようになると、エリート層の構成員たちはこの問題に直面せざるを得ないということにはたいと気付いた。

一九八〇年代の末、相互に競合していた三つの主要な未来像を考えてみよう。ゴルバチョフ派は、社会主義体制の民主化と分権化を願っていた。労働者が企業の主人公となり、一般大衆が国家に対する政治的主権をもつようになると想定されていた。事の変化がこうした方向に向かえば、党・国家エリートの権力および物質的特権は削減され縮小されかねなかった。党・国家エリートは、大衆を管理するのではなく、大衆に対して責任を負う文字通りの公僕になるよう圧力を受けることになろう。モスクワの省庁においても大企業の経営陣においても、経済管理に携わる者なら誰でも、部下を従える傲慢な管理者の役割を放棄し、命令ではなく説得と妥協による仕事の進め方を体得しなければならなくなるであろう。この計画が順守されていたなら、党・国家エリートの公式な立場に大きな修正をほどこす必要は生じなかったであろう。結局のところ、公式のスローガンにおいてはそれまでもずっと、ソ連は「西側よりもっと民主主義的な労働者国家」であると公言されていたからである。しかし、ゴルバチョフ派の計画を実施に移せば、大部分のエリートの真の関心事である物質的特権と権力は大幅にそがれることになっていたであろう。

党・国家エリートの中には、社会主義の理想を本当に信じていて、ソ連体制が終焉を迎えるまでそれに固執していた者もいないではなかった。一九八五年から九一年にかけてのゴルバチョフの論文、演説、行動から分かるのは、ゴルバチョフが民主主義的社会主義というこう考えを決して放棄していなかったということである。一九九二年一〇月、元ソ連首相のニコライ・ルイシコフも、依然として「社会主義市場経済」を支持していると主張した。ルイシコフは、ペレストロイカの本来の計画は「いかなる社会主義からの逸脱も」必要としていなかったと発言した。ルイシコフは、「社会主義的所有関係を効率化するために、その枠内で経済メカニズムを修正すること」が真の目標だったのだと論じた(3)。また、リガチョフの回想録は、社会主義の理想を信じ切っている者の証言として、好意的でない書評家に対しても感動を与えた(4)。党・国家エリートの構成員のうち、社会主義を信奉していた人々はソ連型社会主義を改革し、民主化しようとの呼びかけに飛びつくように反応した。しかし、所詮こうした人々の数は非常に少なかった。

　第二の重要な立場は、旧体制への回帰を支持するものであった(ただ、旧体制といっても、わずかに手直しを加えることは想定されていたが)。共産党は、指令による支配を続ける。経済もモスクワが管理を続ける。政治活動は、ブレジネフ時代のような画一的統制の時代に逆戻りする。しかしなぜ、党・国家エリートは通説と違って、この立場を頑強に支持することがなかったのであろうか。

　すでに党・国家エリートの大部分は、旧体制に大がかりな手直しをほどこすことが必要であると確信するようになっていた。ソ連体制の機能は一九七〇年代半ば以来、効率を失う一方であった。エリートにとって、衰え続ける体制をつかさどることは望ましいことではなかった。結局のところ、体制の衰えを食い止めることができなければ、支配を維持することはできないからである。党・国家エリートが体感したのは、変化を支持するよう迫る圧力であった。ペレストロイカ期に明らかになったのは、潜在的な変化の方向は一つだけではないということであった。民主主義的社会主義の方向は、エリートの私利私欲と対立するものであった。ところが、かつては想像もできなかった第三の道、すなわち資本主義への移行という道であれば、それはエリートの利益に反していなかった。

ソ連体制下の党・国家エリートが資本主義を選んだなどと言おうものなら、最初はとても本当には聞こえないだろう。カトリック教会が、突如無神論に鞍替えすることがあるだろうか。米国の商工会議所が、民間企業の国有化を要求するなどということがあるだろうか。〔戦争反対を宗旨とする〕クエーカー教徒が、「その年の顔」にランボー[訳1]を選ぶというようなことがあるだろうか。そんなことはあり得ない。ところが、ソ連の党・国家エリートは、絶えず言葉で粉砕しようとしてきた敵性イデオロギーを、結局のところ自ら奉ずるに至ったのである。この転換を検証すると、それが説得力をもつように見えるだけではなく、実はきわめて論理的であることが分かる。

党・国家エリート層のメンバーは、多大の物質的特権を有していた。それは、そうしたエリート層の一員であるおかげで手にすることのできるものであった。彼らの給料は平均賃金を上回っていたし、彼らは仕事を通じて高級車を使う権利を与えられていた。また、エリート向けの高級な食品、飲み物、そのほかの消費物資を特別に手配して入手することもできたし、コネのおかげで子弟を一流の学校に入学させることもできた。

しかし、ソ連のエリートが浴していた物質的特典は、西側資本主義諸国のエリートの享受していた物質的メリットに比べると大したことはなかった。第1章で見たように、ソ連体制における所得分配の上下間の開きは、資本主義体制の場合よりもずっと小さかった。ソ連企業の総支配人が受け取る給料は、一般の労働者の約四倍であった。それとは対照的に、米国企業の社長や会長の平均的な俸給は、平均的な工場労働者の一五〇倍近くに上るのである[5]。

ソ連エリートの最上層メンバーの所得は、公表されたことはない。しかし、〈アガニョーク〉誌の編集長で、ソ連エリートに鋭い批判を浴びせていたヴィターリー・コロチッチが一九八九年に断言したところによると、政治局員の月収は一二〇〇ルーブルから一五〇〇ルーブルの間であった。月給がもっとも高いのは最高クラスの将官で、月額約二〇〇〇ルーブルであった。ソ連の工場労働者の平均賃金は、当時、月額約二五〇ルーブルであった。(6) そうすると、ソ連体制下の最高レベルの給与は、平均的工場労働者と比べて最大で八倍ということになる。米国では、一九九三年の工場労働者の平均賃金は年額で二万五千ドル。その八倍ということになると年額約二〇万ドルである。ところが、米国のエリートの最上層部に属する連中は、一週間にそれ以上の額を稼いでいるのである。(7)

旧ソ連エリートのメンバーは住み心地のよい住宅を与えられていたが、それは米国の財界や政官界の一流どころの個人住宅とは比べものにならなかった。ゴルバチョフ大統領自身、レーニン丘にある何の変哲もない四世帯向け共同住宅に住んでいた。この住宅の残りの住戸《フラット》に住んでいたのは、シェワルナゼ外相の一家とソ連軍の将官の一家である（もう一家族の身元は分かっていない）。ルイシコフ首相は辞任するとき、モスクワ郊外に快適な田舎家をもっていた。米国であれば、そこそこの成功を収めた医師か弁護士のもっている程度の住宅である。しかし、資本主義社会であれば、いやしくも富と権力の絶頂にある人々はそれよりはるかに立派な不動産を所有している。

ソ連が世界の二大超大国の一方であったことを考慮すると、ソ連エリート層の中堅および下層レベルの人々に対する物質的報酬はいたって控え目であった。米国のソ連研究家ジェリー・ハフは、ソ連エリ

（訳1）　アメリカ映画「ランボー」シリーズの主人公。己の腕力だけを頼みとして警察・軍との闘いを繰り広げるベトナム帰還兵。

ートの置かれた環境を次のように描写している。

「ソ連の行政職のサラリーは相対的に非常に少なく、生活条件は悪い。ミンスク市党委員会の第一書記は、二寝室の共同住宅に妻、既婚の娘、その婿と一緒に住んでおり、またレニングラードの建設関係の高官は、妻と二人で一寝室の共同住宅に住んでいる」(8)

ソ連のエリートの物質的生活水準は西側のエリートと比較してずっと低く、しかも、第1章で述べたように、生活水準のかなりの部分が役得によって支えられていた。高級車や造りの大きな別荘など、エリートの手にすることのできる高級品の多くは、あくまで役得であって個人的な資産ではなかった。社会主義の建前をとるソ連では、合法的な手段を通じて巨額の富を個人的に蓄えることは不可能であった。そんなことをする者は、事が露見して訴追されるのではないかとビクビクしなければならなかった。実際、そういった事件はときどき起こった。西側の財界、政官界の指導者たちは、役職に付随するありがたい特権を享受しているが、その一方で個人の富をたっぷり手に入れることも可能である（政治指導者は、たいてい政界に身を転ずる前に医師・弁護士などの技能職に就くか、実業家になるかして富を獲得している）。

米国または英国のエリートは、職を失っても、一家の消費レベルを私的な富によって守ることができる。しかし、ソ連のエリートの特権的地位は職によって左右される。したがって、高い地位にあるエリートでも、上司の不興を買いはしないかと戦々恐々としている。職を失えば、その職に結び付いている権力と特権だけではなく、それにともなう生活水準まで断念しなければならないことが分かっているからである。また、ほとんどの物質的な財産は、子弟に相続させることが不可能であった。

一九八〇年代、ソ連に流入してくる情報は増加の一途をたどった。西側諸国の映画が上映され、海外旅行をする人も大幅に増えた。ソ連のエリートは、自分たちの生活様式と西側資本主義体制下のエリートのライフスタイルとの間に甚だしいギャップがあることに気付くようになった。先に引用したソ連専門家ジェリー・ハフは、ソ連エリートの置かれている質素な生活環境について言及したのに続けて、次のように指摘している。

「そのような行政管理能力をもっている当局者たちは、西欧の体制下であればはるかにいい思いをしているはずである。彼らは、今やそれを知っている」

ハフが示唆しているのは、こうした事実によってソ連体制が革命に侵されやすい体質になりかねない、ということである。そして、次のように述べる。

「旧体制が陥落するのは、旧エリートに属する人々のうち、あまりにも多くの構成員が現体制が守るに値しないと最終的に判断し、見切りをつけるときである」(9)

しかし、資本主義の下ではもっといい目を見ることができるなら、また、それが分かっているなら、党・国家エリートはどうして旧体制の擁護を断念するにとどめるだろうか。この実利主義的で利己主義的な集団は、忠誠の対象を切り替え、社会主義を資本主義に転換することを支持するに足る充分な理由を抱えていた。体制が資本主義に転換すれば、生産手段を管理するだけではなく所有することが可能になる。そして、個人の富を合法的に蓄えることが可能になる。子弟の将来も、コネを使うだけではなく、富の直接相続によって保障される(10)。

グラフ６－１　モスクワのエリートの支持するイデオロギー的立場（1991年６月）

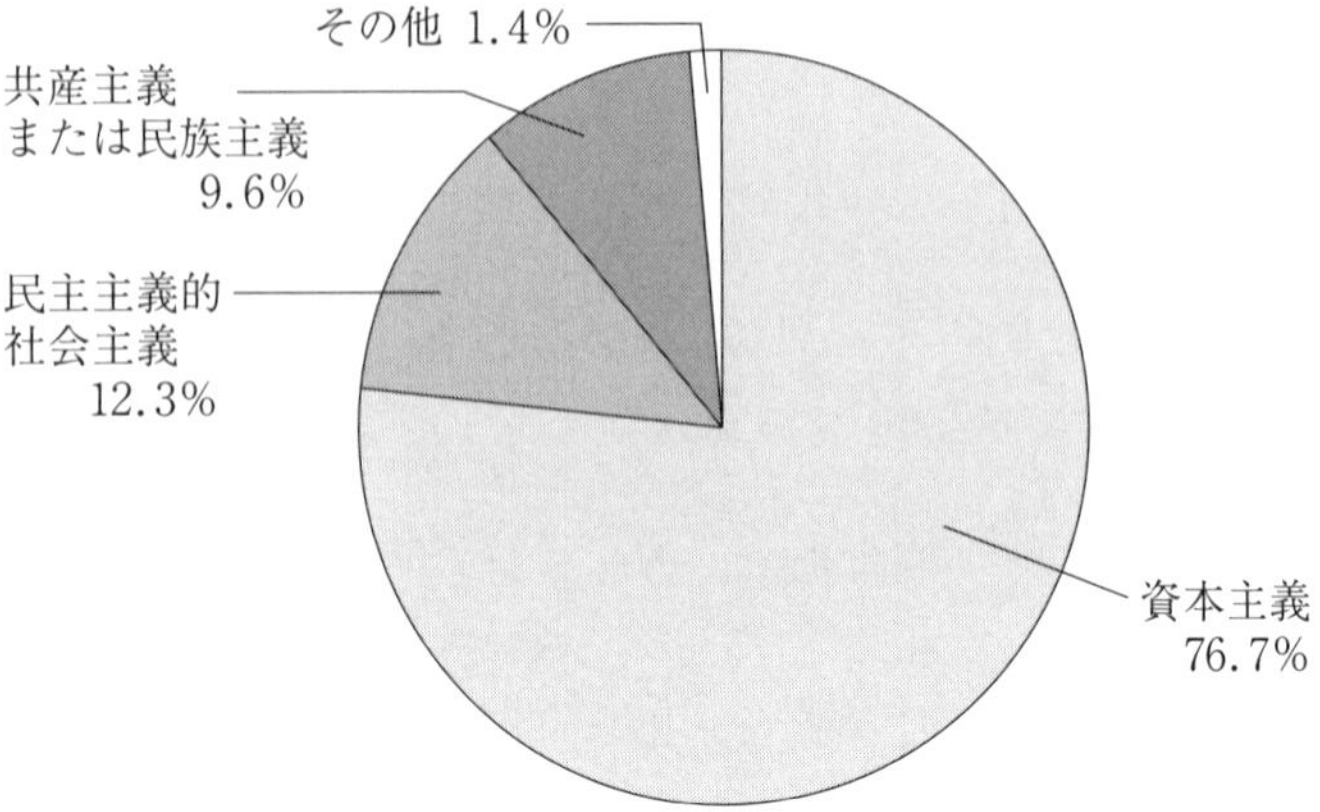

出典：参考文献一覧［112］940～946頁。

資本主義へのそうした転換を妨げる唯一の障害は、イデオロギーであった。社会主義の理想を信じている人々にとっては、こうした切り替えは現実には容易なことではない。一九九一年の後半にソ連体制が終焉を迎えたとき、心から社会主義を信奉していた人々の中には、自殺を図ったり、病院で臨終を迎える人もいた。それは、命がけで擁護してきた体制を失うというストレスに耐えかねてのことである(11)。しかし、そういった人々は少数派であった。この集団の大部分の実利主義的なメンバーは、イデオロギー上の急転換に直面したとはいっても、かつて繰り返されたイデオロギーの転換を経験しているだけにさほど痛痒《つうよう》は感じなかった。

二世代前の一九三九年、独ソ不可侵条約(訳2)が調印されると、ソ連のエリートは一夜にして反ドイツ・ファシズムの姿勢に終止符を打ち、イギリスの帝国主義的野心を批判するようになった。二年後、ドイツがソ連に侵入すると、それに続いて反ファシズムへの再転換が起こった。この事例を含め、かつてのイデオロギー上の急転換は、ソ連のヒエラルキーの最上層部から押し付けられたものであった。一九八〇年代の末、政治的な逆流現象が勢いを増す中、共産党の規律が弛緩し、党・国家エリートは自己決定を迫られた。いざ蓋を開けてみると、党・国家エリート自ら急転換を乗り切り、意識的に私利私欲を追求するだけの才覚をもっていた。それは、かつてのエリートが上からの命令に沿って、自己の立場を守るために変わり身を見せたのとまったく同じことであった。

米国のあるソ連研究者が一九九一年六月にソ連エリートのイデオロギーに関する調査を行い、実証的なデータを得た。そのデータから分かるのは、そのころまでには、エリートの大部分は資本主義支持へ転向していたということである。この調査の被験者は数人ごとのグループ討論に参加し、その討論が記録・分析された。**グラフ6‐1**は、この調査結果を示したものである。[12] この調査におけるモスクワのエリートのサンプルには、党・国家エリートというよりはむしろ知識人に分類すべき人々が一部入っている。また、この調査の被験者は必ずしも無作為に選ばれたわけではない。[13] にもかかわらずこの調査からは、いかなるタイプの社会主義にせよ、社会主義に対する支持がソ連社会の上層部においてほとんど消えかかっているという驚くべき状況が分かる。「民主主義的社会主義者」に分類されるのは、被験者のわずか一二・三パーセントにすぎない。「民主主義的社会主義者」とは、社会主義を改革し、民主化する努力を支持する者のことである。[14] また、「共産主義者」または「民族主義者」に分類されたのもわずか一〇パーセント足らずであった。共産主義者と民族主義者を合わせたものは、私たちのいう守旧《しゅきゅう》

(訳2)　一九三九年八月にソ連とドイツの間で結ばれた条約。有効期限一〇年で、相互不可侵を規定していた。不具戴天の敵と見られていた両国が同条約を締結したことから、世界中が大きな衝撃を受けた。

派、すなわちペレストロイカ以前の時代への回帰を支持する勢力に相当する。(15) 後で第7章で見るように、同時期に行われた各種世論調査によると社会主義は、エリートにとってもはや魅力的ではなかったのに、国民全体の中では人心を失っていなかった。また、国民の中で資本主義支持に回っていたのは少数派にすぎなかった。

エリートがソ連体制に見切りをつけるに至った過程は、どのように見ることができるであろうか。早くも一九八七年には、党・国家エリートの多数のメンバーが従来の立場を離れて資本主義者と化していた。すなわち、私企業を新たに興すか、そこで働き始めたかのいずれかであった。この過程の一部で、国家社会主義経済体制のさまざまな機関がいつのまにか――往々にして最初は秘密裏に――その管理者自身によって利潤追求型の私企業に変身させられたのである。こうした現象が始まったのは、私有化が公式の政策になる数年前のことである。このプロセスのもう一つの側面は、一九八九年から九一年にかけて、党・国家エリートのメンバーたちがゴルバチョフ支持をやめてエリツィン支持に乗り換えたということである。彼らがこうした鞍替えにともなってよく口にしたことは、社会主義およびマルクス主義に対する幻滅感と、私有および自由市場にこそロシアの唯一の未来があるという新たな確信である。

共産主義者、資本家と化す

ゴルバチョフの統治時代、私企業を禁止するソ連の法制は次第に緩和された。第4章で述べたように、一九八八年の協同組合法を受けて数千社の企業が新設されるなど、小規模私企業が急速に成長を遂げた。新設私企業の一部は、表向きだけは協同組合の体裁を保っていたが、実態としては資本主義企業であった。一九九〇年までに国家からの監督は見る見る弱まり、資本主義企業はますます公然と活動することができるようになった。国有企業の正式な私有化は、一九九一年のソ連終焉まで始まらなかったが、しかし、一部の国家事業主体はそれよりずっと以前に、それまでなじんできた役割から脱却し始めていた。(16)

資本主義企業のうねりを巻き起こしたのは誰か。一部は技術専門家である。すなわち、国有企業の束縛に欲求不満を募らせていた科学者、エンジニア、技手、発明家である。シベリア生まれのヴァレーリー・ネヴェロフは、科学者から転向した資本家の一例である。ネヴェロフはモスクワ冶金《やきん》大学の大学院を修了した後、物理学の講師としてチュメニ大学に赴任した。同大学は、石油資源に恵まれたチュメニ州にある。ネヴェロフは、石油・ガス生産分野の発明で特許を何件か取得した。その中には、新型の測定機とモニター装置も含まれていた。一九八六年、ネヴェロフは石油・ガスの新しいテクノロジーの開発、応用を目的として、当初はチュメニ大学に付属する形で小規模の協同組合を設立した。一九九〇年、ネヴェロフは、チュメニのガス・石油産業に装置を卸すなどして培ったコネを利用し、石油取引に転じた。一九九一年までに、ネヴェロフのベンチャー企業は株式会社「ヘルメス」に衣替えしていた。同社は資本金五千万ルーブルで、傘下の銀行、証券取引所、商品取引所、商社をロシアの各都市に配していた。(17)

ミハイル・グーラも科学畑の出身で、かつては無線と音響を専門とするエンジニアとして軍関係の研究所に勤務していた。一九八七年、グーラは国家セクターを離れ、ある国家機関から八万ルーブルの低利融資を仰ぎ、小ぢんまりとした録音・録画関係の協同組合を設立した。設立者のグーラはもともと科学者だったが、そんなことにはお構いなく、民間治療薬として使われるトナカイやレイヨウの角を輸出してのけた。こうした商品は、医学的に効き目がないとしても、販売業者にとって利益面の効能は大であった。グーラは数年のうちに、小さな協同組合を「オルト・インターナショナル・コンソーシアム」に改組した。これは、輸出入業や裕福なロシア人旅行者相手のルーブル建てクレジット・カードの発行、そのほかのさまざまの業務に携わる多国籍企業であった(18)。

ソ連崩壊後、ロシアのメディアは、右の例に見られるような「科学者から転向した企業家」というイメージを喧伝《けんでん》し広めた。しかし、そうしたケースは明らかに少数派である。つぶさに観察すると、多くの場合、私企業で大成功を収めた科学者およびエンジニアは、単に技術上のノウハウをもっていただけではなく、ビジネスの追い風となるものに恵まれていたことが分かる。ネヴェロフの大成功は発明のもたらしたものではない。むしろ、たまたま利益を上げる好機をつかんだおかげであった。具体的に言うと、生まれ立てのソ連市場で高価なシベリア産石油を取引することができたおかげなのである。また、グーラは公的資金を仰いでビジネスを始めたのであり、その後、すぐに本業の録音・録画関係の仕事に見切りをつけ、貿易および金融という高利潤の世界に転向している。

ソ連末期の数年間、ビジネスの成功に必要だったのは技術上の知識ではなく、まずコネであり、そして与えられたチャンスを機敏に捉える能力であった。個人営業のルールが依然としてはっきりしなかっただけに、コネが不可欠であった。企業家がビジネスに踏みとどまるためには、権力をもった友人が権威ある役職に就いていることが必要であった。民間の銀行や、資金力のある合法的な民間投資家が存在しないことを考え合わせるなら、コネは資金を調達するための唯一の方法でもあった。

ソ連においては、成功を収めるためのチャンスは一九八七年から九一年にかけて不意に到来したが、それは基本的に実用的商品の生産においてではない。企業家はそんなことをしようとするなら、補助金のテコ入れを受けている巨大国有企業と競争しなければならない。何しろ国有企業は、低く設定された統制価格で販売を行っているのである。

巨額の潜在的利益の源は二つの領域にあった。一つは、国内貿易および国際貿易であった。品薄が嵩《こう》じる一方で価格統制が保たれたままだったので、才覚のある取引業者は国有企業から商品を買い取り、それを買値よりずっと高い市場価格でソ連国内において転売することができた。もっと大きな利益は、国内の割安な原材料を手に入れ、それをひそかに世界市場価格で輸出することによって得られた。

もう一つの、大きな利益を手に入れるための機会は金融投機にあった。原材料および為替市場が次第に整ってくるに従って、頭の切れる企業家はソ連の金《きん》やモリブデン(訳3)、あるいはドルや円を投資対象とし、悪化するソ連経済の中でそれらの価格が必然的に上昇するのを待って売却し、財産をこしらえた。

専門的な知識は、ビジネスの成功にとって必須ではなかった。新しい私企業経営者の主たる出身母体となったのが、抜群のコネをもっていて、貿易と金融においてますます多くの機会が到来するのをはっきりと見て取った集団、すなわち党・国家エリートであったということは驚きではない。

あるモスクワの研究者が、一九九三年、モスクワの民間企業経営者の出身について調査した。非国有企業二六七社からなる無作為標本に基づいて判明したのは、「専門職」出身者によって経営されているのは全体のわずか二五・八パーセントにすぎないということである。「専門職」とは、科学者およびエンジニアを含むカテゴリーである。また、全体の三分の二以上、すなわち六八・一パーセントの企業を率いていたのは国有企業の元経営者であった(19)。しかし、この調査はモスクワの民間企業全部からの無作為抽出に基づくものであったので、標本となった企業の大部分は中規模企業または小企業であった。

(訳3)　原子番号42。ステンレス鋼や耐火合金をつくる際に利用される。

グラフ６－２　ロシアの民間企業経営者上位100傑の出身（1992-93年）

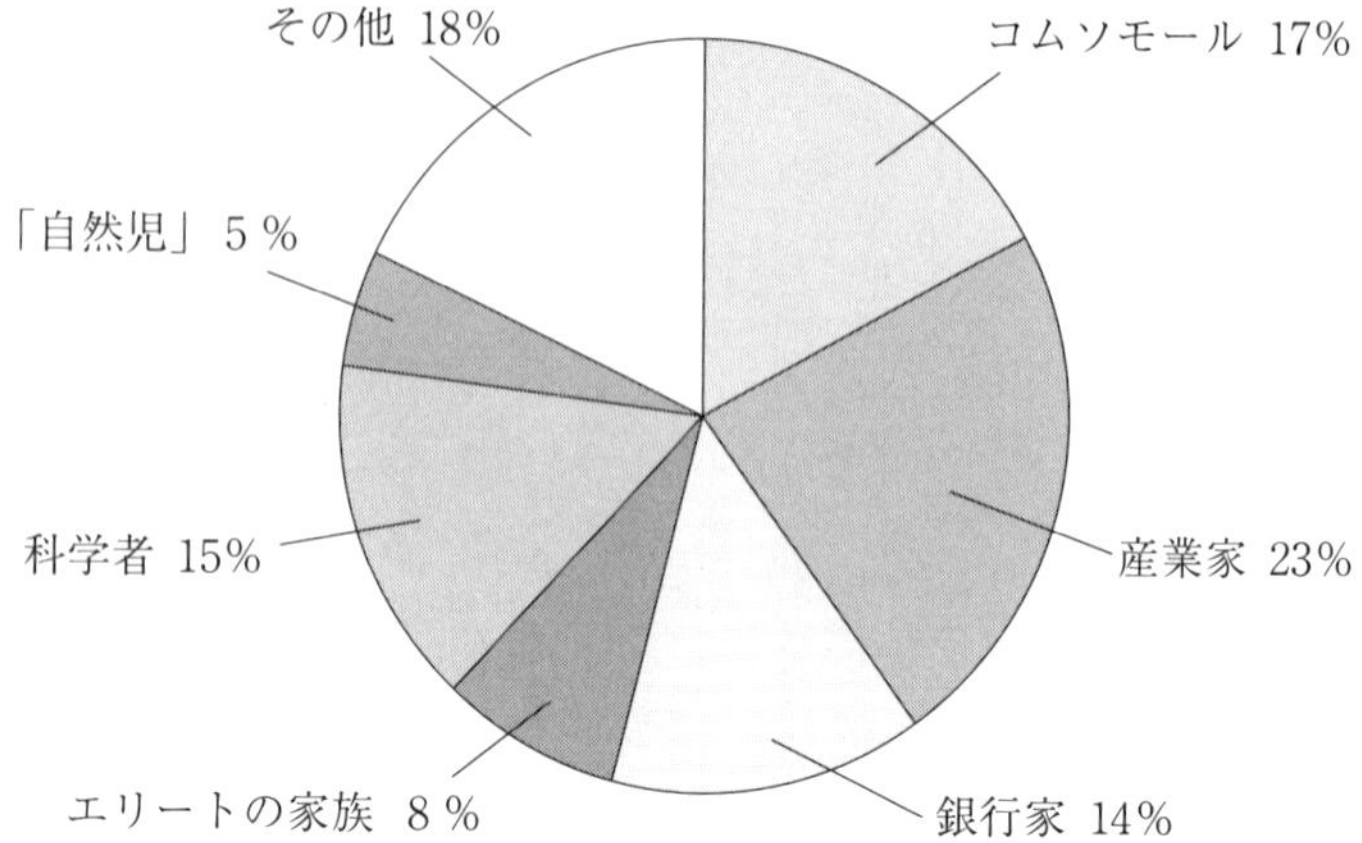

出典：参考文献一覧［110］。

大企業の創業者としての科学者とエンジニアは、さらに影が薄いと予想されよう。データを見ると、それが確認できる。

ロシアの社会学者オリガ・クルィシタノフスカヤは、ソ連、次いでロシアのエリートを多年にわたって研究してきた。クルィシタノフスカヤの率いる研究者チームが、一九九二年から九三年にかけてロシアの最有力企業家の調査を行った。クルィシタノフスカヤのチームはこの調査に基づいて、ロシアの経営者上位一〇〇傑のリストを作成した。格付けの基準となったのは、経営者が支配下に収めている資本の規模である。

グラフ6-2は、民間企業経営者上位一〇〇傑の出身に関するクルィシタノフスカヤの調査結果を表している。**グラフ6-2**のうち党・国家エリートに属する四個のカテゴリ――すなわち、コムソモール、産業家、銀行家、エリートの家族――は、合計で一〇〇傑全体の六二パーセントを占めている。科学者の占める比率はわずか一五パーセント。また、全体の五パーセントを占めていたのは、クルィシタノフスカヤが「自然児《サモロードク》」と称している人々であった[20]。サモロードクというのは、旧体制に収まりきらず、現状打破を志向する独立独行型の人々である。サモロードクは、ペレストロイカのずっと以前から、国家社会主義の公式のルールや規範を破って自分の創意で働こうとしてきた。残る一八パーセントの出身はまちまちであった（その中には犯罪者、失業者が含まれる）。

共産党の青年組織であるコムソモールは、新ビジネス階級の重要な足がかりとなった。上昇志向をもったソ連の若者は、こぞって「コムソモール」に加入した。そこで培われたよしみとコネは、ソ連官僚機構の階段を上っていく上で大きな価値があった。ここでいう「青年」は、あまり厳密に解釈してはならない。なぜなら、コムソモールの活動家は、四〇歳代前半までこの組織にとどまることができるからである。無償労働に支えられたさまざまな市民プロジェクトの企画・実行は、コムソモールにおける多数の活動の一つであった。コムソモール員は、そうした手腕を身に付けながらコネをつくっていった。

「理想主義」という単語には、「青年特有の」という形容語がつきものである。実際、青年組織は理想主義に染まっていることが多い。コムソモールもロシア革命から日を経ないうちは、例外ではなかった。しかし、党・国家エリートの中で古株の勢力が理想主義を捨てて出世主義に乗り換えるにつれて、コムソモールにおいても同様のプロセスが輪をかけた形で起こった。ロシアで月刊誌〈デロヴィエ・リュージ（事業家）〉を発行しているヴァディム・ビリュコフは、コムソモールの活動家は「マルクス・レーニン主義を信じていない」し、「何でもやってのける用意がある」と発言した[21]。一九八〇年代半ば、ペレストロイカによって新たな機会を与えられるようになったコムソモールは、資本主義的事業を起こすための足がかりとなった。

ヴィクトル・ミロネンコは、一九八六年七月から一九九〇年四月まで、コムソモールの第一書記を務めた。ソ連の政治機構におけるコムソモールの重要性は、コムソモール第一書記のミロネンコが、共産党中央委員およびソ連最高会議幹部会員を兼任し、しかも政治局の会議に出席することもあったという事実からもうかがえる。一九九二年、ミロネンコは、「ほかならぬ社会主義という概念に議論の余地がある」と述べた。ミロネンコは、社会が必要としていたのは「正常な経済」であったと論じた。「正常な経済」という用語は、ソ連で資本主義を指すのに使われるようになっていた婉曲語である。ミロネンコは、〔ノーベル賞作家〕ソルジェニーツィンのいう、炎上する車輪としてのロシア革命という概念を、同調的な立場に立って引用した。ソルジェニーツィンは、炎上する車輪は究極的には倒れ、燃え尽きるはずだとしていたが、ミロネンコは、その車輪がもう完全に燃え尽きた後であることを願う、と付け加えた。(訳4) ミロネンコは英国保守党の元首相マーガレット・サッチャーをほめちぎった。米国の共和党青年部に所属する大学生がそういった見方をするなら、さもありなんといったところだが、ミロネンコはソ連共産主義青年同盟の元第一書記なのである！(22)

クルィシタノフスカヤは、ロシアのトップ経営者のうち一七パーセントがコムソモール機関を足がかりとして私的企業活動に参入していることを突き止めた。彼女はまた、コムソモール機関がごく早い段階から、経営者を世に送り出す最重要母体の一つとなっていたということを調べ上げた。一九八七年から八九年にかけて、コムソモール出身の経営者は科学者とともに、他に先駆けて私的企業活動に参入したのである。コムソモールからの転身は、一九八八年にピークを迎えた。これら若手の共産主義実業家の半分以上は当初、「青年科学技術創造センター」と称されるコムソモール施設の、各事務所を足場にして事業に着手した。(23)

初期エリート経営者の最大のカテゴリー（全体の二三パーセント）を構成するのは、元「産業家」である。元産業家のうち半数あまり（五六パーセント）は、ソ連またはロシア共和国の工業関係の省庁および国家委員会を出身母体としており、また、四分の一（二六パーセント）は大規模国有企業の支配人上がりであった。これらの人々は、一九八九年から九一年にかけて私的企業活動に入った。転身者の数が最大になったのは一九九〇年のことである。

ロシアの経営者上位一〇〇傑のうち、一四パーセントはソ連国営銀行を出身母体としている。この集団の構成員は、新規に私営銀行を設立したか、あるいは支配下にある既存の国家銀行システムの一部を巧みに私有化したかのいずれかである。産業家と同様に、彼らが私的経営活動に参入したのは一九八九年から九一年にかけてである。その際、参入者の五一パーセントは一九九〇年に集中している。

エリートの最後のカテゴリーは「エリートの家族」で、全体の八パーセントを占める。これは、たとえば外交官など多くの場合、国際的活動と関係をもつ党・国家エリート高官の子弟である。この連中は一流の大学を卒業し、家族旅行や海外の知り合いを通じて外の世界を非常によく知っていた。彼らのビジネス界入りは早く、大部分は一九八七年にそれを果たしている。

旧党・国家エリートから民間事業に至る転身過程は、個別の事例を幾つか見ればよく理解できる。旧機構のさまざまなポジションを足がかりにして転身を果たした人々の経歴を手短かに見てみよう。彼ら

（訳4）（一九二五〜）。英国の政治家。一九五九年に保守党から下院選挙に出て当選。七五年、保守党党首。七九年に首相に就任（〜九〇年）。国営産業や国有企業を民営化し、医療や教育など従来国が管轄してきた領域に市場を導入するなど、保守的な経済政策を推進し、効果を上げた。

の出身は、コムソモール、工業関係の省庁および企業、国家銀行システム、外務省、エリートの家族、さらにはソ連の内閣である。

コムソモール

「メナテップ銀行」は、コムソモールを母体として出現した民間企業としては最大にして最有力のものの一つである。当然といえば当然のことであるが、メナテップ銀行の本部は、スターラヤ広場の、コムソモールおよび共産党中央委員会の入っていたビルから歩いてすぐの位置にある。メナテップ銀行の廊下には、いかめしい様子をしたガードマンが一〇ヤードごとに立っている。人はメナテップ銀行を「コムソモール銀行」と呼ぶことがあるが、その呼び名はメナテップ銀行の起源を正確に反映している。メナテップ銀行のミハイル・ホドルコフスキー頭取は、インタビューの席上、同銀行がコムソモールのプロジェクトから進化してロシアの民間銀行のベスト10にまでのし上がった経緯を説明してくれた(24)。

ホドルコフスキーは、一九八六年にメンデレーエフ化学大学を卒業し、翌八七年にコムソモールの専従職員となった。ホドルコフスキーは、コムソモールにおける青年科学技術創造センターの設立準備に参画した。ちなみに、ホドルコフスキーは同センターを投資会社と評した。一九八八年、ホドルコフスキーとその仲間は銀行を設立した。その銀行に出資したのは、コムソモールの青年科学技術創造センター、国家科学技術委員会（ソ連国家の中央計画機関の一部）、「ジルソツ銀行」（国家銀行システムの一部）である(25)。ホドルコフスキーは、個人的な資金をもっていなかったため、それは上記出資機関によって調達された。このように、メナテップ銀行は党・国家の出資によって発足したのである。

当初、メナテップ銀行は正式には地方自治体の所有物で、具体的にはモスクワ市内のある区当局が所有者であった。利益は銀行の従業員集団のものとされた。メナテップ銀行は利益を上げ、その利益は出資三機関から所有権を買い取るために用いられた。そして一九九〇年、メナテップ銀行は株式会社に改組され、一九九四年には資産一〇億ドルを擁していた。

メナテップ銀行の主たる活動は金融取引である。すなわち、キャピタルゲインを狙いとする金融資産の売買である。メナテップ銀行はまた、貸付や投資も行っている。もっともこれは、ロシアの不安定な経済状況の下では危険をともなう。メナテップ銀行の第三の営業種目は信託業務である。同銀行は、およそ二千人の個人顧客の資金管理を行っている。信託業務の顧客は、通常、非常に裕福な個人で、一部の専門家は、メナテップ銀行の裕福な顧客の多くは犯罪組織がらみの人物だと主張している。もっとも、こうした主張の真偽は確かめようがないが。

ロシアの新進銀行家と事業経営者の出自について、ホドルコフスキーは次のように推測している。

「事業で成功を収めた人の九〇パーセントは、旧ノーメンクラトゥーラ組織か、それと近い関係にある組織を出身母体としている」

ホドルコフスキーは、旧来の幹部《カードル》の抜擢システムは、才能とエネルギーに恵まれた人を出世させるという点で「それほど悪くなかった」と述べた。ホドルコフスキーからすれば、コムソモール内部の才能とエネルギーのある人間が事業経営者として成功を収めるのは当然のことのように思えたわけである。ホドルコフスキーとその仲間、そして、もっと多くの似たようなタイプの人々が金融上の利得を追求し、それが一因となって「上からの革命」が燃え上がり、その結果ソ連体制は倒壊へ至るのであるが、ホドルコフスキーはそうした運命の皮肉にあえて触れることはなかった。

当時、コムソモールを母体として出現した民間事業体はほかにもある。その一つは「モスト銀行」で、これもロシアの有力な民間銀行の一つである。この銀行を支援したのはコムソモールのほか、モスクワの市長と市議会《ソヴィエト》である。[26]「フィニスト銀行」は、コムソモールから七億ルーブルの出資を受けて設立された。同銀行会長のアレクサンドル・シチェルバコフは、かつてコムソモール中央委員会の当局者であった。このほか民間就職斡旋所もある。たとえば、ヴラジスラフ・セドレネクの経営する斡旋所は、本来、一九八七年にコムソモールを母体として発足したもので、元手は、この事業のためにコムソモールが提供してくれた二万ルーブルであった。若手資本家の利益の代弁を図る組織「青年事業家同盟」を率いているのは、元コムソモール書記のセルゲイ・ポタペンコであるが、それは理にかなっている。[27]

産業家

旧エリート層の別の部分から身を起こした者もいる。一例として、ユーリー・エーデリマンが挙げられる。[28]学校で機械工学と経済学を学んだ後、エーデリマンは工作機械工業の分野で急速に頭角を現した。ちなみに、工作機械工業はソ連体制の下で優遇されていた分野である。一九七五年、クラスノダールの工作機械工場で機械工として出発したエーデリマンは、典型的な出世コースをたどった。同工場の主任技師、総支配人代理を歴任し、一九八四年までには総支配人にまで上り詰めた。一九八七年、エーデリマンは、工業相からクラスノダール工作機械建設合同の総支配人補佐の職を提示された。エーデリマンによると、そのポストは省の局次長の職に匹敵するという。本人いわく、そうした高い地位にもかかわらず月給は四〇〇ルーブルで、決して「高給ではなかった」。

クラスノダールはモスクワから遠かった。エーデリマンは、モスクワのある工作機械工場の総支配人が間もなく引退するという話を聞きつけ、掛け合ってその職にありついた。エーデリマンは、工場経営について強い信念と独立心をもっており、一九九〇年、ソ連体制の束縛が緩んだのを利用して、自社を従業員所有の企業に改組し、省の権限から切り離した。二年後、業績好調の社を株式会社に転換し、自社株のうち三一パーセントを自分の手中に収めた。一九九三年までに、エーデリマンは個人的な元手なしで、巨利を博する資本家へと変身したのである。ただ、ロシア経済が混迷の度を深めたため、いかなる製造業においても利益を上げるのは難しくなっていたが。

ソ連の経済管理ヒエラルキーにおいてエーデリマンよりも高い地位にあった人は、もっと実入りのいい私営事業の世界にもぐり込んだ。たとえば、石油・ガス省の次官だったヴァギト・アレクペロフは、持ち株会社「ルーク・オイル」の社長に収まった。のちに同社は、ロシアの大手石油企業の一つとなった。アレクペロフは石油・ガス省を辞めたとき、同省の元上司を顧問兼相談役として引っ張ってきた。社会学者クルィシタノフスカヤによれば、旧中央経済管理機構の最高幹部のうち、多くの者が新興民間事業のコンサルタントとして実入りのいい職に転じた。もう一つの例は、一九六五年から八五年までゴスプランの議長を務めたニコライ・バイバコフである。バイバコフは、業績大好調の株式会社「ガスプロム」のコンサルタントになった。ちなみに同社の社長は、一九九四年六月、ロシアの有力実業家上位五〇傑の第八位にランクされている。(29)

新興資本家の多くは、ソ連の工業企業のトップ経営陣から身を起こした。ソ連の巨大自動車メーカー「ヴァス」（ヴォルガ自動車工場）の支配人ヴラジーミル・カダンニコフは、一九九〇年、〔株式を独占するなどして〕同社を個人財産化し始めた。(30)カダンニコフは上記有力実業家五〇傑では第一〇位にランクされており、ロシアのもっとも裕福な人物の一人と信じられている。

同様のプロセスが、もっと小さな国有企業でも起こった。一例を挙げよう。ヴラジーミル・Sは、管理者教育企業で支配人を務めていた。同社はソ連全土の国有企業数百社が共同で設立した企業で、管理職に対して特別教育をほどこすことを目的としていた。一九九一年の夏までに同社は民間企業に衣替えし、ヴラジーミル・Sは単独で社主となった。当時、同社はソ連各地の五〇都市に支社をもっていた[31]。経済上の変化があまりにも巨大だったことから、管理者教育は一大事業となった。ヴラジーミル・Sの幅広いコネのネットワークに基づくこの企業は、ソ連の幾つかの後継国において事業を発展させ続けることのできた比較的少数の企業の一つである。

国有企業の元支配人の中には、支配下の企業を私有化するのではなく、新規事業を起こすことによって資本家になった者もいる。ニコライ・リサイは、以前、六つの大規模軍需工場からなる企業合同（労働者数七万五千人）を率いていた。リサイは一九九一年に同僚数人とともに退社し、コンピュータ・ソフトウェアを取り扱う私企業を起こした。最初、製造業関係の企業への売り込みを図った後、ロシアの新興民間銀行へのソフトウェア供給で成功を収めた。リサイが述べたように、「銀行は資金をふんだんにもっていて、使い道を探しているだけなのである」[32]。

銀行家

新興資本家のもう一つの出身母体は、ソ連国家銀行システムおよび財務省である。セルゲイ・ロジオノフは、財務省の局長から転身して「インペリアル銀行」の頭取になった[33]。ロジオノフは、上記のリストでロシアの最有力経営者の第九位にランクされている。ヴァジム・パルケヴィッチは、一九八九年に国家銀行システムの管理部門における二五年間の勤務に終止符を打って、モスクワの「スタンキン銀行」の会長となった。同じく一九八九年、アナトーリー・ヴァシュコフは、ソ連「ストロイ銀行」のレニングラード州支店の部長職を退いて、サンクトペテルブルクの「アストロ銀行」という民間商業銀行の会長となった(34)。

多数の国有銀行が、当時の経営者の支配下に置かれたまま私有化された。「プロムストロイ銀行」は、かつてソ連最大の国有銀行であった。一九九一年、同銀行の幹部数人が、新設私営銀行の経営に転ずるために退職した。しかし、プロムストロイ銀行の総裁であるヤーコフ・ドゥベネツキーはその職にとどまり、同銀行を株式会社に改組した。一九九四年、ドゥベネツキーは「経済が病み、カオスが広がっているとき、銀行だけが繁栄しているというのは不合理のように思える」と述べた(35)。プロムストロイ銀行は、好調な業績を上げることのできた銀行の一つで、そのおかげでドゥベネツキーはロシアの最有力経営者リストの二一位にランクされた(36)。

セルゲイ・エゴロフは、新しいシステムの下で成功を収めたもう一人の元国有銀行当局者である。エゴロフはかつて一〇年間にわたってソ連共産党中央委員会のスタッフを務めた経歴もあるが、今や、ロシア銀行協会の会長である。同協会は、ロシアの資金力のある有力民間銀行を傘下に収めている。もう一人の元国有銀行当局者であるV・ヴィノグラードフは、今や「インコム銀行」を率いており、最有力経営者の第一位にランクされた(37)。

旧体制のほかの分野を出身母体とする資本家

資本主義という概念が外国からの輸入物である以上、ソ連外務省出身の新興資本家が多数いることは、あるいは驚くべきことではないのかもしれない。ヴァジム・ビリュコフは、かつて外務省報道局に勤務

〈デロヴィエ・リュージ〉誌の表紙

していた。ビリュコフは、一九九〇年、フランスの〈フィガロ〉紙の出版元であるソクプレス社の社長ロベール・エルサンから、ソ連経済の変化と東西の経済関係を論ずる新たな雑誌の創刊をもちかけられた。ビリュコフはこれに応じ、月刊のグラビア誌〈ソ連のビジネス〉が誕生した。ビリュコフは、編集長を兼ねる最高幹部となった（最高責任者は、ソクプレス社から送り込まれた）。ソ連が崩壊したとき、同誌の名称は〈デロヴィエ・リュージ（事業家）〉に変わった。

この事業の出資者は、ソクプレス社だけではない。ソ連の国営出版業界の老舗「プログレス出版」も資金を提供した。プログレス出版はそれまで『レーニン全集』の大量出版で知られてきたが、同社が参画した私営企業はソクプレス社との合弁企業にとどまらなかった。一九九一年七月、プログレス出版は〈リーダーズ・ダイジェスト〉と提携して同誌のロシア語版を創刊した。この事業には、ソ連共産党出版局およびソ連の書籍流通を一手に取り扱う「メジクニーガ社」も参画した[38]。

クルィシタノフスカヤの調査によると、ソ連のトップ・エリートの子弟は新興民間資本家の中でかなりの比重を占めている。最後のソ連最高会議議長アナトーリー・ルキヤノフは、党員の子弟の多くは事業の私有を熱狂的に信奉するようになったかに見える、と述べた[39]。一例は、故ミハイル・スースロフの孫、ヴラジーミル・ステルリゴフである。ちなみにスースロフは、一九五〇年代、六〇年代のソ連共産党においてイデオロギーの分野を統括していた人物である。ブレジネフ時代に権勢を誇ったソ連指導者の一人で、正統派マルクス・レーニン主義の最大の守護者であった。スースロフの孫のヴラジーミルは、一九八〇年代の末、ソ連共産党中央委員会の機関紙〈プラウダ〉に勤務していた。一九九一年七月、ヴラジーミルは民間商業銀行の役員になった。また、ブレジネフの孫の一人であるヴィカは、ソ連崩壊よりも前に経営者に転身した(40)。

ペレストロイカ時代、党・国家エリートから民間事業への転身は、全体としてはソ連政治指導部の最高幹部の面々を直接巻き込むことはなかった。最高首脳部を構成していた人々は、大部分政界にとどまった。しかし中には、ヴラジーミル・シチェルバコフのように転身を遂げた者も若干は存在する。シチェルバコフは「トリアッチ自動車工場」の管理部門から身を起こし、一九八〇年代初め、モスクワの自動車工業省勤務に転じた。一九八五年以後、シチェルバコフは昇進を遂げ、さる重要な国家委員会を経て閣僚会議の局次長となった。一九九〇年までに、ソ連共産党中央委員になった。一九九一年三月、ソ連副首相に任命され、その二ヵ月後には第一副首相に昇任した(41)。そして、一九九一年八月のクーデターが未遂に終わった後は、四八時間だけ首相代行を務めた。

ソ連国家が崩壊する直前の一九九一年一一月、シチェルバコフは「私有化支援と外国投資のための国際基金」（略して「インテルプリヴァチザーツィヤ」）と呼ばれる私企業を設立した。過去のソ連の指導者は、隣国の支配権を握るために行動を起こすことがよくあった。しかし、ソ連の元高官であるシチェルバコフが一九九四年春のニュースに登場したのは、ライバル企業の買収を強行しようと試みたためである。シチェルバコフは、ロシアの民間銀行と工業企業〔メーカー〕からなる企業グループを率いて、当時ギリシャ人に所有権を握られていた〈プラウダ〉紙（元はソ連共産党中央委員会の機関紙）の支配権を手中に収めようと躍起になっていた。そのころには、シチェルバコフはソ連でもっとも裕福な人物の一人との評判をとっていた(42)。

カール・マルクスは、旧社会の胎内で育つ新たな社会的関係を論じた際、社会主義関係は資本主義の発達に直接胚胎《はいたい》するという見解を示した。しかし、このイメージは、資本主義関係がソ連の国家社会主義関係から出現するプロセスにぴたりと当てはまる。資本家に転身した人々の出身母体は、旧党・国家エリートのすべての層に及んでいる(43)。しかも、このプロセスは体制側の多くの組織に促されて前進したのである。コムソモールは、それら組織の中で群を抜いて目を引いたというだけのことである。ソ連の各出版社は、資本主義的な出版を始めた。国有銀行は従来、国家経済計画に合わせるために、命じられた通りに黙々と資金手当てを行うことを任務としてきたが、進化して民間商業銀行に姿を変え、リスクの高い投機的な投資という狂騒の世界に身を投じた。その結果、銀行家は多大の富を手にした。また、国家計画に従って唯々諾々《いいだくだく》と製品を生産してきた工業企業は、従来経営者と労働者の給与に限定的な格差しか設けていなかったが、今や、経営者から転じて社主となった人々にとって、個人的利益をもたらす打ち出の小づちとなった。

資本主義がソ連国家社会主義の諸機関から派生したのは、モスクワとレニングラード〔現サンクトペテルブルグ〕に限ったことではない。旧体制内部における組織ぐるみの資本主義熱の顕著な例は、一九九一年のペルミ市に見られる。モスクワやレニングラードと違って、ペルミでは共産党の当局者は一九九〇年の地方選挙で野党勢力の挑戦を退けた。しかし、勝利を収めたペルミの地方エリートは、資本主義への移行に精力的に取り組むようになった。一九九一年一月、ペルミ州党委員会は、党のホテルなど党資産のレンタル業を営む商会を設立し、また自動車レンタル事業を起こした。その際、党の一連の指導者が株主になった。その結果に気をよくした党委員会は、もっとも業績の良い市内の企業を残らず買い取るため法人を設立するという趣意書を配布した。その際、株は党と市議会《ソヴィエト》の当局者の間で山分けされることになった(44)。

共産主義者、資本主義志向の政治家となる

新興資本家階級が党・国家エリートを母体として発生したのと平行して、政治の舞台でもこれとよく似たプロセスが起こった。ソ連における野党運動は、当初、反体制派と知識人を支えとしていた。しかし、ペレストロイカ後期になると、野党勢力に党・国家エリートたちが合流し始めた。一九九一年までに、旧エリート出身者で新興の資本主義支持連合の政治的指導者になった者は相当数に上る。

グレープ・ヤクーニン神父のように、反体制派出身の著名な野党運動家もいないではない。ヤクーニンは、一九九〇年に結成された「民主ロシア」運動の指導者である。アナトーリー・サプチャークは、一九九〇年にレニングラード市長に選出された野党運動家で、かつて弁護士や法律学の教授を務めた経歴の持主であり、ソ連の党・国家エリートには属していなかった。しかし、野党の最重要人物の多くは党・国家エリートの出身であった。

クルィシタノフスカヤの調査チームは、独立ロシアの政治指導部の身元調査を行った。同チームは、エリツィン周辺の指導層の七五パーセントが旧ソ連エリートの出身であるとの結論に達した。エリツィンの政府（大統領府とは別物）においては、七四パーセントがソ連エリート出身であった(45)。ヤクーニンとかサプチャークのような人物は、新生ロシアの政治指導者の中では明らかに少数派であった。共産

党員から転じて資本家になった人々のケースを論じたのと同じように、資本主義志向の政治家になった共産党当局者のケースを幾つか見ておくことは有益である。ボリス・エリツィンというよく知られた例のほかにも、ペレストロイカの末期、党・国家エリート出身者でこの道をたどった者は大勢いる。その一例は、ユーリー・アファナシエフである。

アファナシエフは、歴史学専攻で、その博士論文には、「現代フランスのブルジョアによる大十月社会主義革命の歴史叙述」という、正統派マルクス・レーニン主義的題名が付けられていた。アファナシエフはコムソモール機関に勤務し、そこで高等コムソモール学校の党委員会書記の地位に昇進した。アファナシエフは、一九七〇年代半ば、党中央委員会文化部の副部長を務め、一九八五年から八七年、ソ連共産党中央委員会の理論誌〈コムニスト〉の部長を務めた。そして、一九八七年、モスクワ古文書大学の学長に任命された(46)。

一九八〇年代の後半、アファナシエフは野党指導者の重鎮として姿を現した。一九八九年、ソ連人民代議員大会の選挙に勝利を収めた後、アファナシエフはエリツィンおよびサハロフとともに、初の実質的な野党組織「地域間代議員グループ」を共同で設立した。その結果、共産党は国家権力機構内部で組織的な野党勢力を相手にせざるを得なくなった。一九九〇年、アファナシエフは「民主ロシア」運動の創立に際して指導的な役割を務めた。「民主ロシア」は、さまざまな野党グループおよび人物の糾合を図った。

イヴァン・シラーエフは、旧エリート層の別の部分から野党に転じた人物である。シラーエフは、軍産複合体の重要部門である航空産業で身を起こした。ゴーリキー市の航空関係の企業で支配人を務めた後、シラーエフは一九七四年にモスクワの航空工業省に〔次官として〕移った。一九八一年には同省の大臣に昇進し、同年、党中央委員会入りを果たした。一九八五年、ゴルバチョフによって閣僚会議副議長〔副首相〕に任命され、一九九〇年までその職にあった。

シラーエフが突如野党に身を投じたのは、一九九〇年六月のことである。当時、エリツィンは共産党指導部の抵抗を打破し、からくもロシア共和国の新設議会の議長選挙に勝利したところであった。ちなみに、エリツィンはロシア議会の議長になったことにより、事実上のロシア大統領となった。エリツィンは、ロシア共和国首相のポストに、反体制派の知識人でなく共産党の指導者であるシラーエフを選んだ。シラーエフは一九九一年初めに離党し、別の野党運動「民主改革運動」を仲間とともに結成した。一九九一年八月のクーデターが失敗に終わった後、エリツィンはゴルバチョフから権力を取り上げ、ソ連経済全体を監督するために新設された委員会の議長にシラーエフを任命した。

一九九〇年一〇月、シラーエフは自分の「進化」を顧みて、「私は一九七〇年代の自分とはまったく別の人間になった」と述べた。そして、シラーエフは次のように付け加えた。

「我々は資産の私有化を支持している。……土地と工業企業のいずれについても私有を支持する」

この、国家社会主義体制の最高当局者は、すでに私有財産と自由市場の擁護者、すなわち資本主義の擁護者と化していたのである(47)。

シラーエフが基本的に党・国家エリートの国家部門で昇進したのに対し、アルカージー・ヴォリスキーは国家機構に照応する、共産党の経済監督機構の階段を上っていった。ヴォリスキーは一九六九年、共産党中央委員会の機械製作工業部に勤め始め、一九八五年に同部の部長に昇格、一九八八年には中央委員会のスポークスマンに任命された。翌一九八九年には、工業という本来の担当分野を越えて、在ナ

ホワイトハウス　(株)ロシア旅行社提供

ゴルノ・カラバフ自治州ソ連政府特別代表に任命され、同自治州で勃発した激しい民族紛争の解決に尽力した(48)。

ヴォリスキーは、一九九一年のクーデターまでは公然と野党に身を投ずることはなかった。しかしクーデターが起こると、ヴォリスキーはエリツィンのために資金をかき集め、それを携えて包囲されたホワイトハウス（ロシア共和国議会ビル）に駆け付けた(49)。

ヴォリスキーは、伝えられるところによると、クーデターを糾弾するために事業家たちを取り仕切り、「危機のあいだ、要所要所で、必要不可欠な連絡係」を務め、ホワイトハウスへの支援を行った(50)。それ以降、ヴォリスキーは公然とエリツィンに味方し、ゴルバチョフを敵に回した。そして、ヴォリスキーはクーデター後のソ連において、シラーエフが議長を務める前述の委員会のメンバーに任命された(51)。

エゴール・ガイダールは、ソ連の旧エリート家庭の出身である。祖父のアルカージー・ガイダールは国内戦争の英雄で、のちに有名な児童文学作家となった。エゴール・ガイダールは大学では経済学を専攻しており、一九八〇年代半ばの時点では、中央計画化経済の正統派支持者であった(52)。一九八七年から九〇年の間、ガイダールは〈コムニスト〉誌の部長を務め、次いで党中央委員会機関紙〈プラウダ〉で部長を務めた。

ガイダールは〈コムニスト〉誌と〈プラウダ〉紙に勤務している間に、物の見方を急転換させ始めた。伝えられるところによると、ガイダールとその仲間たちは、保守派米国経済学者ミルトン・フリードマン(訳5)の著作やマーガレット・サッチャー英首相の演説を読み始めた。ガイダールは、従来のイデオロギーに代わる新たなイデオロギーを探し求めていた。そして、その新たなイデオロギーを、市場経済理論、すなわち英米の保守派経済学者の信奉するレッセ・フェール(訳6)の理論の中に見いだした(53)。一九九一年の秋、エリツィンはガイダールをロシア共和国の経済担当副首相に任命した。ガイダールは、「ショック療法」戦略の中心的立案者となった。「ショック療法」戦略は、ロシア経済を短時日《たんじじつ》のうちに資本主義に転換させることを狙いとしていた。これについては第8章で議論する。

(訳5)　（一九一二～）。米国シカゴ大学の経済学担当の教授（一九四六年～八三年）。マネタリストの泰斗。一九七六年にノーベル経済学賞を受賞。

(訳6)　自由放任主義。一八世紀ヨーロッパの先進国において、市民社会が確立される過程で出てきた考え方で、ブルジョア的個人の利益追求を放任しておけば、社会全体の繁栄が実現されるという主張を指す。代表的論客に、『諸国民の富』の著者アダム・スミスらがいる。

結びの所見

ソ連の党・国家エリートは、一九八七年ころから、新たに資本家階級と資本主義的事業体を生み出していった。そうした新しい事業体は、国家社会主義の組織の内外で成長を遂げた。国家官僚や党官僚の立場から私営事業へ劇的な転向を遂げた人の例を見れば、党・国家エリートが裕福な資本家に変身するための好機がペレストロイカによって整ったことが分かる。一九八七年から九一年にかけて、エリート層の大部分のメンバーは自らこうした転換を遂げることはなかったが、転身を果たした仲間のことや、それら仲間の得た富や権力の増大ぶりはいやでも応でも耳にしていた。国家社会主義の解体と、私有化および自由市場の認可は、抜け目のない機敏な仲間がたどったのと同じ道を進むことを可能にするものであり、自己の利益にかなうものである。エリート層の大半を占める実利主義的な出世主義者は、そうした教訓を見過ごさなかった。従来旧体制を運営してきた集団は、同時に旧体制の主たる受益者でもあったわけだが、この集団が下した結論は、自己の利益はもはや旧体制によって守られるものではない、ということだった。彼らの見地からすれば、資本主義の方が優れており、旧体制は資本主義に道を譲るべきであった。

このプロセスにおいて、エリート層のメンバーはさまざまな役割を果たした。中央経済管理機構に身を置いていたか、あるいは国有企業または銀行の当局者として勤務していた人々にとっては、資本主義への移行によって絶好のチャンスが到来したわけである。国家資産の私有化という政策が採用されれば、そうした人々は新しい所有者となるのに絶好の位置に置かれることになるからである。一方、国家の調整機関に勤務していた人々は、賄賂を求め受け取るなど新興事業家の富が利用できるということを知った。国家当局者は、資本主義に移行すれば自分たちの生活を西側エリートの生活水準にまで引き上げることができるものと想像し、暮らし向きが大幅に改善されることを期待した。エリツィンの尻馬に乗る当局者の数は、増える一方であった。それら当局者は、今までよりも金銭的見返りの大きい新体制において政治指導部の一角に食い込めるものと期待していた。

　エリート層の中でもっとも恩恵に恵まれそうになかったのは、共産党機構のメンバー、すなわち党・国家体制の党部門で勤務するという経歴をたどってきた人々である。組織としての共産党は、たとえ政党として生き残っても、新資本主義体制の運営に何の役割も果たさないだろうと見られていた。したがって、党の権力が一九九〇年から九一年にかけて縮小したとき、多くの党専従職員《アパラチキ》は党から国家へ移り、国家官僚あるいは企業支配人としての職を手に入れた。彼らは長年にわたって国家機関側の窓口と緊密な連絡を保ってきたので、そうした転職の段取りを付けるのは容易なことであった[54]。

　従来の通説は、ソ連の当局者が資本主義支持へ鞍替えしたことに一応触れている場合でも、この鞍替え現象に対して上述の説明とは異なる解釈をほどこしている。それによると、ソ連の当局者は自分の周囲で旧体制が崩壊するのを目撃し、結局、資本主義が唯一見込みのある体制であることを認めざるを得なかった。そして、望ましくない状況を逆手に取って、新体制にうまく適応しようとしたというのである。しかし、この解釈では、ソ連最後の数年間に起こった出来事の時系列的な推移をうまく説明することができない。党・国家エリートが国家社会主義体制を放棄し始めたのはあまりにも早い時期のことであり、したがって、通説的な解釈には収まりきらないのである。すでに見たように、早くも一九八七年には党・国家エリートたちは資本主義へ鞍替えし始めた。一九八九年には、このプロセスは最高潮に達する。党・国家エリートが国家社会主義体制を見限ったのは、旧体制が崩壊したからではない。正しくはその逆である。すなわち、党・国家エリートに見限られたからこそ旧体制の崩壊が起こったのである。

　ロシアが一九九一年の末に独立し旧体制が葬られると、それまで資本主義に抵抗していた党・国家エリートの中からも、（通俗的解釈が示しているように、不本意ながら）新たな状況に適応する者が出てきた。元ソ連首相のルイシコフは、ペレストロイカを推進するために五年間奮闘したが、結局一九九〇年、心臓の発作に見舞われて退任した。筆者が一九九二年にインタビューしたとき、ルイシコフは依然として生来の社会主義信奉を守っており、懸命に後押ししたにもかかわらず改革が失敗に帰したことを残念がっていた。しかし、一八ヵ月後の一九九四年、ルイシコフですら現実を直視し、ロシアの大手民間銀行の一つである「トヴェーリ・ユニヴァーサル銀行」の経営を引き受けないかとの申し出を受け入れた[55]。しかしそれは、一九八七年から九一年にかけて党・国家エリートの中核的部分が資本主義支持連合に熱烈に肩入れしたのとは別の事柄である。

　党・国家エリートは、ソ連の政治の舞台における唯一の因子というわけではない。確かに、資本主義支持連合が権力獲得のための実力を授かったのは、党・国家エリートから支持を得たときのことである。しかし、党・国家エリートは資本主義支持連合の唯一の支持者ではなかったし、一番槍で同連合の支持者になったわけでもない。他に先駆けて資本主義支持連合に入り、遠慮のない発言という点で他を圧倒した集団は、ソ連知識人である。知識人のうち経済学者は、資本主義支持連合においてとくに重要な役割を果たしたので別格扱いする必要がある。ソ連の経済学者の大部分が資本主義を支持する立場に転向したということは、事態の推移に大きなインパクトを与えた。経済改革によって私営事業が合法化されるにつれて、闇経済の取り仕切りを行っていた者の一部が、裕福な事業家として日の当る場所に浮上してきた。彼らはかつて、中央計画経済の周辺部分で商品を売買したり、さまざまな違法な商売に従事したりしていた。彼らが、資本主義支持連合に肩入れするのは当然のことであった[56]。また、合法的ながら非エリートの職業を出身母体とする新興事業家、すなわち、かつて科学者、技術者、医師、歯科医だった者、さらには若干の労働者および農民上がりの者も、私営事業の機会の拡大を望んでいた。私営事業家の出自が何であるにせよ、そうした事業家からなる新興集団は全体として資本主義支持連合の財政基盤となった。

資本主義支持連合は、こうして「知識人」「経済学者」「非エリート出身の私営事業家」「党・国家エリート」という四つの主要な集団から支持を集めた[57]。知識人の議論、経済学者の助言、事業家の資金、それらはいずれも資本主義支持連合の力を補強するのに役立ったが、決め手は体制内における党・国家エリートの戦略的立場だった[58]。

第7章　権力闘争

これまで見てきたように、旧ソ連においてグラスノスチ、経済改革、政治の民主化が進んだ結果、思いもかけず資本主義支持連合が成長を遂げた。急進化の道をたどっていた知識人は、グラスノスチのおかげでソ連マスメディアの多くを運営する立場に収まることができた。一九八八年から八九年にかけて、経済改革が発端となって深刻な混乱が起こり始めた。ソ連の有力経済学者は、解決策を示すよう要請されると、急速な市場化と経済の自由化を答申した。経済学者たちは、そうすることが危機から脱出するための唯一の出口であると主張した。経済改革によって、非国有企業の合法化も行われた。それは、富裕な民間事業家階級の出現につながった。ソ連体制における党・国家エリートの主要部分が自らソ連社会主義に対する忠誠を捨て始め、西側スタイルの資本主義に引き寄せられていった。こうしたプロセスの中から生まれたのが、野党運動、すなわち資本主義支持連合である。資本主義支持連合は、知識人、経済学者、私営企業主から支持を集めた。また、党・国家エリートの中でも、資本主義支持連合の支持層が拡大していった。

ソ連体制の政治的民主化によって、共産党から新設国家機関への権力の移行が起こった。新設国家機関の指導者は、民主的選挙を経て選出されることになった。その結果、ソ連体制に敵対する勢力は公然と権力を求めて闘う機会を手にした。しかし、資本主義支持連合はあっさりと権力に到達したわけではない。資本主義支持連合は一九八九年から九一年にかけて集結し、エリツィンがその指導者として登場した。資本主義支持連合はその過程で、自己の目的を達成するために複雑な政治闘争を完遂しなければならなかった。資本主義支持連合は権力を掌握するため、ゴルバチョフ率いる社会主義改革者と、ペレストロイカ以前のソ連体制への回帰を唱導する守旧《しゅきゅう》派のいずれをも打倒しなければならなかった。この章で私たちは、この政治闘争のもっとも重要な側面を跡付け、どのように資本主義支持連合が敵を打倒し、国家権力を掌握することができたかを示す。

この政治闘争を遺漏なく物語るとなれば、それだけで丸一冊の本が必要となろう。ここでは、最終的な結果を決する上でもっとも重要だったと考えられる四つの事柄について考察する。第一は、一九九〇年から九一年の間、エリツィンがロシア共和国において権力に到達したという事実である。第二は、一九八九年から九一年にかけて盛り上がった、炭坑労働者によるストライキのうねりである。それは、資本主義支持連合を強化するという効果をもっていた。第三は、ソ連末期の数年間、全土を覆った強力な民族主義《ナショナリズム》のうねりである。エリツィン派はそれをたくみに利用した。最後に、私たちは一九九一年のクーデター未遂を検証する。このクーデターの失敗を契機として、権力はゴルバチョフとソ連政府を離れ、一五の連邦構成共和国の指導者へと移動した。一九九一年の末までにソ連は消滅した。ソ連に代わって、一五の新興国家（すなわち、それまでソ連を構成していた一五の共和国）が誕生した。それら諸国の大部分において、指導部は資本主義体制建設を目指すとの態度をとった。以下の説明において、次のことを明らかにする。すなわち、ソ連が比較的平穏のうちに急速に終焉を迎え、それにともなってソ連国家が解体したのは、国家権力を目指す資本主義支持連合が首尾よく闘争を展開したという事実によって説明がつく、ということである。

ロシア共和国におけるエリツィンの権力掌握

一〇年間にわたってスヴェルドロフスク州党委員会第一書記を勤めた後、ボリス・エリツィンは一九八五年四月モスクワに移り、中央委員会建設部の最高責任者となった。数ヵ月後、エリツィンはモスクワ市党第一書記に任命され、八六年には政治局員候補を兼任した。

エリツィンとゴルバチョフの不和は、一九八七年一〇月の中央委員会総会に端を発する。このときエリツィンは、ペレストロイカのペースが緩慢であるとして、それを鋭く糾弾した。そのためエリツィンは、間もなくモスクワ市党第一書記と政治局員候補の両ポストから解任された。(1) 一九八八年六月の第一九回党協議会において、エリツィンはテレビカメラの前で屈辱的な嘆願を行い、共産党指導部に対し復権をかなえてくれるよう求めた。しかし、この願いは聞き入れてもらえなかった。エリツィンは最高指導部への返り咲きは拒否されたものの、党中央委員会にはとどまり、国家機関の高官〔国家建設委員会第一副議長〕としての地位を保った。

ペレストロイカ以前にそうした降格処分に処せられていたら、その人物の政治的経歴にはピリオドが打たれていたであろう。しかし、一九八九年までにソ連の民主改革が推し進められたことにより、エリツィンは党指導部の意向に逆らってカムバックを果たすチャンスを与えられた。一九八九年三月、エリツィンは新設のソ連人民代議員大会の代議員に選出され、そこを足場に、急速に結晶化する野党運動の指導者となった。そして翌九〇年、衣替えしたロシア共和国議会の代議員に選出された。同議会でエリツィンは議長に指名され、その年の後半、エリツィンは劇的な形で共産党を離党し、(訳1) 一九九一年六月、国民投票によりロシア共和国大統領に選出された。

エリツィンは、ロシアの一般大衆にとっていわく言い難い魅力をもっていた。(2) エリツィンは、党エリートの不公正な特権を糾弾するポピュリスト的な政治家であった。エリツィンの名前が西側の新聞・雑誌に登場するようになったのは、早くも一九八六年のことである。このときエリツィンは、共産党大会で「有力当局者に対する特別給付」と「ウズベキスタンにおける目にあまる汚職」を弾劾した。(3) エリツィンはモスクワ市党委員会の第一書記として市中を視察して回り、一般市民と対話を行った。ソ連エリートの特別給付に対する怨嗟《えんさ》が瀰漫《びまん》していたので、特権に対するエリツィンの攻撃は一般人の間で大いに人気を博した。

エリツィンはまた民主化を強く支持した。政治的に死に体と見られていたエリツィンが返り咲きを果たすことができたのは、結局のところ民主化のおかげであった。一九八九年二月、すなわちソ連人民代議員大会の選挙の一ヵ月前、エリツィンは、その選挙を真にオープンで民主的なものとすべきであるとの要求を掲げた。(4) 民主化は、ロシアの一般大衆、とくに都市住民にとって非常に魅力的に感じられた。

エリツィンは、ある種のロシア・ナショナリズム感情を利用した。多くのロシア人はソ連の非スラブ系民族を見下し、それら民族が後進的であり、ロシアにとって外国であると見ていた。たとえば、中央アジアとカフカスの諸共和国は、ロシアの足を引っ張る重荷であり、ソ連体制の内部で補助金と特権的扱いを施されて得をしていると見られていた。ソ連内部においてロシアの権威と自主性を拡大すべしとするエリツィンの要求は、こうしたロシア人の感情に訴えかける力をもっていた。(5)

(訳1)　エリツィンは、一九九〇年七月に開催された第二八回党大会で、新中央委員として自分の名前を読み上げられたとき、突然離党を声明した。

しかし、エリツィンの知名度が抜群だったのは、経済改革をスピードアップすべしとの主張によるところが大であった。エリツィンは、経済改革を邪魔しているとして、共産党と国家官僚機構に巣食う守旧派勢力を非難した。当初、エリツィンがどのような種類の経済改革を支持しているのかははっきりしなかった。しかし、経済学者たちが一九八九年から九〇年にかけて自由市場を要求し始めると、エリツィンは市場改革を自分の経済プログラムとして採用した。

エリツィンが一般人と党・国家エリートの心を同時につかむことができたのは、「市場改革」を唱えたからである。すでに見たように、一九八七年以来、市場に対する信頼の高まりはゴルバチョフの社会主義改革プログラムにも浸透していた。このように、ロシアにおける市場改革への支持は広がりを見せていたが、その一方で市場改革が何を意味するのかという点については、解釈は十人十色であった。経済学者たちは、市場改革によって、ソ連に蔓延している行列とひどい品不足に終止符が打たれると約束した。しかし、市場改革はまた、一般市民にとっては別の意味をもっていた。エリートの利用する特別店やそのほかの特別流通メカニズムは、一般市民の怨嗟《えんさ》の的になっていた。「市場経済」という用語は一般人にとって、だれもが同じ店で買い物し、同じ商品を買うことのできるシステムを意味するようになった。市場改革を行えば、最良の品が市場に出るようになり、大衆はそれを買うことが可能になる。それは平均的なソ連市民にとって、平等主義的理念の実現に向けて一歩前進することであるように感じられた。ちなみに、平等主義的理念は本来、社会主義体制の特徴であるはずであった。

ところが党・国家エリートにとっては、市場経済はまったく別のものを意味していた。彼らは、一般市民を悩ます長い行列に縁はなく、順番待ちを強いられることもなかった。しかし、消費物資を入手するための特権的経路を確保するためには、大きな犠牲を払わなければならなかった。すなわち、常に上司の好意にすがらなければならなかったのである。党・国家エリートにとって市場改革とは、特権がもっぱらヒエラルキー内の地位によって左右されるようなシステムから解放されるということを意味していた。個人的な蓄財に対する党の規制から解放されれば、金で買うことのできる最高の消費物資にもっと確実に手を伸ばすことができるようになる、との期待があった。

ポピュリズム、民主主義、ロシア・ナショナリズム、市場改革といったエリツィンの複合的な主張は、一九八〇年代の終わりのロシア社会においては幅広く訴える力をもっていた。こうした実体的な主題に付け加えられたのが、エリツィンのシンボリックな役割であった。エリツィンは、弱体化する共産党指導部を敵に回す最大の著名人という役どころを演じていた。当初、ゴルバチョフの改革プログラムは大いに人気を博し、人々は期待をふくらませたが、一九八八年から八九年にかけて生じた経済の混迷のために、指導部の評判は急降下した。そうした中、共産党指導部の一員にまでのし上がったエリツィンは、いったんそこから放逐され、今やふたたび日の当る場所にカムバックしようと奮闘していた。こうしたエリツィンのイメージは、多くのロシア人に受けた。

第5章で述べたように、エリツィンは、一九八九年三月に実施されたソ連人民代議員大会選挙に「モスクワ選挙区」から出馬して圧勝を収めた。エリツィンが人民代議員大会で果たした役割は大きかったが、そこでのエリツィンの権力は厳しく制限されていた。ロシア共和国は最大の共和国であったかもしれないが、擁する人口はソ連の人口の半分でしかなかった。エリツィンは、ほかの一部共和国の代議員からはあまり支持を得られなかった。なぜなら、それら共和国では、共産党に対する忠誠が依然として強固だったからである。ソ連人民代議員大会に対するゴルバチョフの統制力は、依然として有効であった。人民代議員大会においてエリツィン支持が限定的であることがはっきりと例証されたのは、人民代議員大会が互選で常設の議会（最高会議）の議員を決めたときのことである。エリツィンは、人民代議員が無記名投票で選んだ最高会議メンバーの中に入っていなかった。人民代議員大会のエリツィン支持派とリベラルなモスクワのメディアは、さかんに不満を表明した。そこでゴルバチョフは、エリツィンを最高会議に加えるように手はずを整えることに同意した。(6)

このように連邦レベルの最高会議となると、エリツィンはその議席を得るためにすら、最大のライバルであるゴルバチョフの好意に頼らざるを得なかったのである。ソ連の議会内部では、権力に至る道がエリツィンにとってすべて閉ざされているように見えた。エリツィンは、権力に至るもっとも平坦な道が連邦レベルの統治機関ではなく、ロシア共和国に敷かれていることに気付いた。ロシア共和国では、選挙が一九九〇年三月に設定された。有権者が選ぶことになっていたのは、衣替えしたロシア共和国議会(7)およびロシア全土の市議会《ソヴィエト》の議員であった。一九九〇年のロシア議会選挙は、前年のソ連邦全体の選挙と比べてさらに民主的なものとなることが予定されていた。新ロシア議会ではいかなる議席も、共産党そのほかの「社会団体」向けの別枠とはしないことになった。議員は全員、競争選挙で選ばれることになった。エリツィンは、一九九〇年三月のロシア共和国議会の選挙に、出身地スヴェルドロフスクから出馬することを決めた。

エリツィンは一九九〇年までに、ロシアでは高い知名度と人気度を誇るようになっていたので、ロシア共和国の議会選挙で単に勝利を収めるためであれば多大の支援は必要としなかった。しかし、エリツィンはただ単に議席をとるだけではなく、議会議長のポストを狙っていた。このポストに座れば、巨大なロシア共和国の事実上の大統領になるわけである。(8)こうした狙いを達成するためには、有権者に個人的人気があるだけでは不充分であった。

一九九〇年の上半期、エリツィンを含めたソ連の主要な政治家の大部分は、依然として共産党員であった。しかし、同年初め、ある組織的な政治勢力が党外に登場し、各選挙の帰趨とエリツィンの権力掌握に重要な役割を果たした。一九九〇年一月、選挙連合「民主ロシア」が結成されたのである。それは、モスクワの既成の各選挙団体を母体とするものであった。[9]「民主ロシア」は、一九九〇年のモスクワ市議会《ソヴィエト》選挙に向けて一連の候補者を擁立し、また、ロシア共和国議会およびモスクワ以外のロシア各都市の議会選挙でも立補者を支援した。

「民主ロシア」は、紛れもない下からの運動であった。その指導者は、主としてリベラル派の知識人であった。「民主ロシア」が力点を置いたテーマは、民主主義や市場改革など、エリツィンが掲げた主題の多くと重なっていた。エリツィンと同様に「民主ロシア」は、主たる敵として共産党指導部に焦点を合わせた。しかし当初は、「民主ロシア」の指導者と支持者の多くは共産党に残留した。「民主ロシア」は、エリツィン以上にロシアの主体性に力点を置いた。[10]

「民主ロシア」は、モスクワそのほかの大都市の選挙戦において非常に目覚ましい成果を上げた。「民主ロシア」の支持した候補者は、一九九〇年三月のモスクワ市議会《ソヴィエト》選挙では全議席のうち五七パーセントを、レニングラードでは六〇パーセントを獲得した。しかし、ロシア議会選挙ではそれほど振るわず、ロシア各地の選挙区で「民主ロシア」の候補者の得票率は二〇パーセントから三〇パーセントの間にとどまった。[11]

エリツィンは、公式には「民主ロシア」に入っていなかった。当初は、「民主ロシア」の結成に反対していたほどである。[12]「民主ロシア」の指導者たちはモスクワの知識人であったが、エリツィンはまったく異なる経歴の持ち主で、政治家としての形成期を州党第一書記として過ごしている。エリツィンは党指導部と敵対関係にあったとはいえ、党・国家エリートの出身なのである。エリツィンと「民主ロシア」は、相互に警戒する関係にあった。それは、発達を遂げる資本主義支持連合の、二つの基幹部分の不安定な結び付きを象徴するものであった。二つの基幹部分とは、一方は知識人であり、他方は党・国家エリートの中にあって体制の全面的否定に向かいつつあった層である。ちなみに、そうした層は拡大しつつあった。「民主ロシア」は、大都市の知識人層や〔医師、弁護士などの〕知的階級を越えてアピールする力のある、強力な国家的人物を必要としていた。一方、エリツィンは、効果的な組織的支援を必要としていた。「民主ロシア」ならば、それを提供することが可能であった。

「民主ロシア」の活動は、選挙運動にとどまらなかった。「民主ロシア」は、モスクワで大衆デモを手際よく企画・実施するようになった。一九九〇年二月、「民主ロシア」は約一〇万人から成るデモ隊をクレムリンの城壁まで連れ出し、民主主義を要求した。そのとき共産党中央委員会は、総会でソ連憲法第六条の運命を議論していた。憲法第六条とは、ソ連共産党に対して政治的独占を保障する条項である[13]。大勢のモスクワの住民を動員できるかどうかがロシアの将来をめぐる闘争において重要であるということは、その後に明らかになる。

選挙後、ロシアの新議会が召集されると、エリツィンは議長ポストを目指して運動を開始した。「民主ロシア」はエリツィンを支持してくれたが、単独で勝利を収めるのにほぼ充分な議席数は確保していなかった。しかし、エリツィンは、党・国家エリート出身の議員の支持を引き付けることができた。党・国家エリートは、体制と対立する立場に移行しつつあったのである。そこで、投票の数日前、ゴルバチョフはロシア共和国議会のメンバーに対し、エリツィンが社会主義に見切りをつけようとしていると警告した。しかし、議員の多くは動じなかった[14]。投票は四度繰り返され、結局、一九九〇年五月二九日、エリツィンは〔過半数を〕わずかに四票上回る得票で議長に選出された[15]。

エリツィンは、「民主ロシア」との間に距離を保った。エリツィンは、「民主ロシア」の活動家をロシア閣僚会議のメンバーに指名することも、顧問団の中に加えることもしなかった[16]。巨大なロシア共和国の議会議長および事実上の大統領として、エリツィンは制度上の強力な足場を確保した。そこを足がかりにすれば、ゴルバチョフおよびソ連体制指導部に挑戦することができる。二ヵ月後の一九九〇年七月、エリツィンは劇的な形でソ連共産党を離党した。ソ連では、一九一七年のロシア革命を思わせる潜在的な二重権力の状況が生じようとしていた。もっとも、ロシア共和国元首の法的権威は限定的なものであった。

一九九一年二月、エリツィンはソ連指導部に圧力をかけて、テレビで国民向け演説を行う機会を得た。エリツィンはテレビ中継された演説の中で鋭くゴルバチョフを攻撃し、ゴルバチョフが独裁の野心を抱いていると非難した。さらに、ゴルバチョフの即時退陣を迫った[17]。それに対して、ロシア共和国議会の議員数百人は激怒して、エリツィンを議長職から解任するため議会を緊急に召集するよう要求した[18]。

一九九一年三月の会期が迫ってくると、ゴルバチョフは、議会の会期中モスクワでデモを行うことを禁じた。「民主ロシア」はその禁止令を無視し、エリツィン支持のデモを催し、モスクワ市民およそ一〇万人を動員した[19]。ゴルバチョフは警告を撤回し、モスクワに入っていた部隊に対して介入しないよう命じた。流れは、明らかにエリツィンに分があった。会期が始まると、共産党議員団のうち多数の者が袂を分かち、エリツィンに票を投じた[20]。議会はエリツィンを議長職から解任するのではなく、逆にエリツィンの権力を拡大した。議会はまた、新設のロシア共和国大統領を選出するため、国民投票を一九九一年六月に行うことも決めた[21]。

ロシア共和国大統領を目指す選挙運動において、エリツィンは以前役立った題目をふたたび強調した。エリツィンは、市場改革をスピードアップさせる必要性があるという点に最大の力点を置いた。そうした要求は、ソ連経済が一九九一年に混迷と不振に陥っただけにいっそう効果的であった。エリツィンは、ロシア共和国の「主権」を守ると公約した。またエリツィンは、ロシア共和国議会議長としての立場を利用して、政治的な争いを超越する政治家というスタンスをとった(22)。エリツィンは副大統領候補に、アフガニスタン戦争に従軍した経験をもつ軍人で、人気の高いアレクサンドル・ルツコイを指名した。エリツィンの選挙運動と共産党との曖昧な関係は、ルツコイの立場に現れている。ルツコイは、「民主主義のための共産主義」と呼ばれるグループの指導者であった(23)。

エリツィンは、選挙運動を推進するためには「民主ロシア」に頼らざるを得なかった。「民主ロシア」の活動家は、実務的な作業の大部分を引き受けた。すなわち、選挙対策本部に人員を張り付け、ロシア全土に文書を配った(24)。エリツィンは、投票総数の五七・三パーセントを得た。残りの票は、ほかの候補者五人の間で割れた。ほかの候補者はいずれも、緩やかな経済改革か、あるいは好戦的なナショナリズム的題目のいずれかを強調していた(25)。「民主ロシア」の指導者ガヴリール・ポポフとアナトーリー・サプチャークは、それぞれモスクワとレニングラードで市長選を制した。

ロシア大統領選挙においてエリツィンが勝利したからといって、ロシアの有権者の過半数が資本主義への移行を承認したと解釈することはできない。ところが、やがてエリツィンはロシアに資本主義を導入することになる。エリツィンはそうした自分の意図を一切表に出さず、ロシア共和国の大統領の座に到達した。事実、エリツィンとその側近は「資本主義」という用語を公に使うことはなかった。一九八五年から九〇年までソ連首相を務め、一九九一年六月のロシア大統領選挙で最大の対立候補となったルイシコフはのちに、エリツィン派は自らの計画していた大がかりな社会経済の変革に関して「自分たちの見解を秘密にしていた」との不満を漏らした[26]。知識人、とくに経済学者の中には資本主義擁護論を公然と唱える者もあったが、エリツィン派は公にそうすることはなかった[27]。

野党指導者が、体制の変革をどのように計画しているかを正確に説明しなかったのにはそれ相当のわけがあった。一九九一年六月までに党・国家エリートと都市知識人が資本主義を支持するようになっていたのに対し、全体としての選挙民の意見は明らかにそれとはまったく違っていたのである。世論調査の示すところによると、当時、ロシア国民は全体として自由市場資本主義をあまり支持していなかった。アメリカに本拠地を置く「タイムズ・ミラー・センター」は、一九九一年五月、ヨーロッパ部ロシア〔ウラル山脈より西の地域〕において大規模な世論調査を行った。これは、エリツィンがロシアの大統領に選ばれるわずか一ヵ月前の時期に当たる。調査員は一一二三人にインタビューし、多数の質問項目について被調査者の政治、社会両面の考え方を聞いた。もっとも意義深いのは、どのようなタイプの社会体制を望むかという質問に対する答えである。回答は**グラフ7－1**に示してある。

調査結果から分かるのは、民主主義的社会主義を支持している者の比率は、絶対多数ではないにしても相対的にはほかの体制の支持者よりもずっと多いということである。回答者のうち合計四六パーセントが、何らかのタイプの社会主義と見なされる選択肢を選んだ。「意見なし」の回答者を除いて考えれば、それ以外の回答者のうち五四パーセントが社会主義を望んだことになる。また、全回答者のうち二三パーセントはスウェーデン型モデルを選んだ。スウェーデン型モデルとは、高度に平等主義的な社会民主主義体制で、一定の労働者の権利、社会的便益、ほかの西側諸国には見られない個人の経済保障をともなう体制である。「比較的規制されない資本主義」を良しとすると回答した者は、二割足らずであ

グラフ7－1　質問「どのような社会体制を望むか」に対する回答（調査対象はヨーロッパ部ロシア、1991年5月）

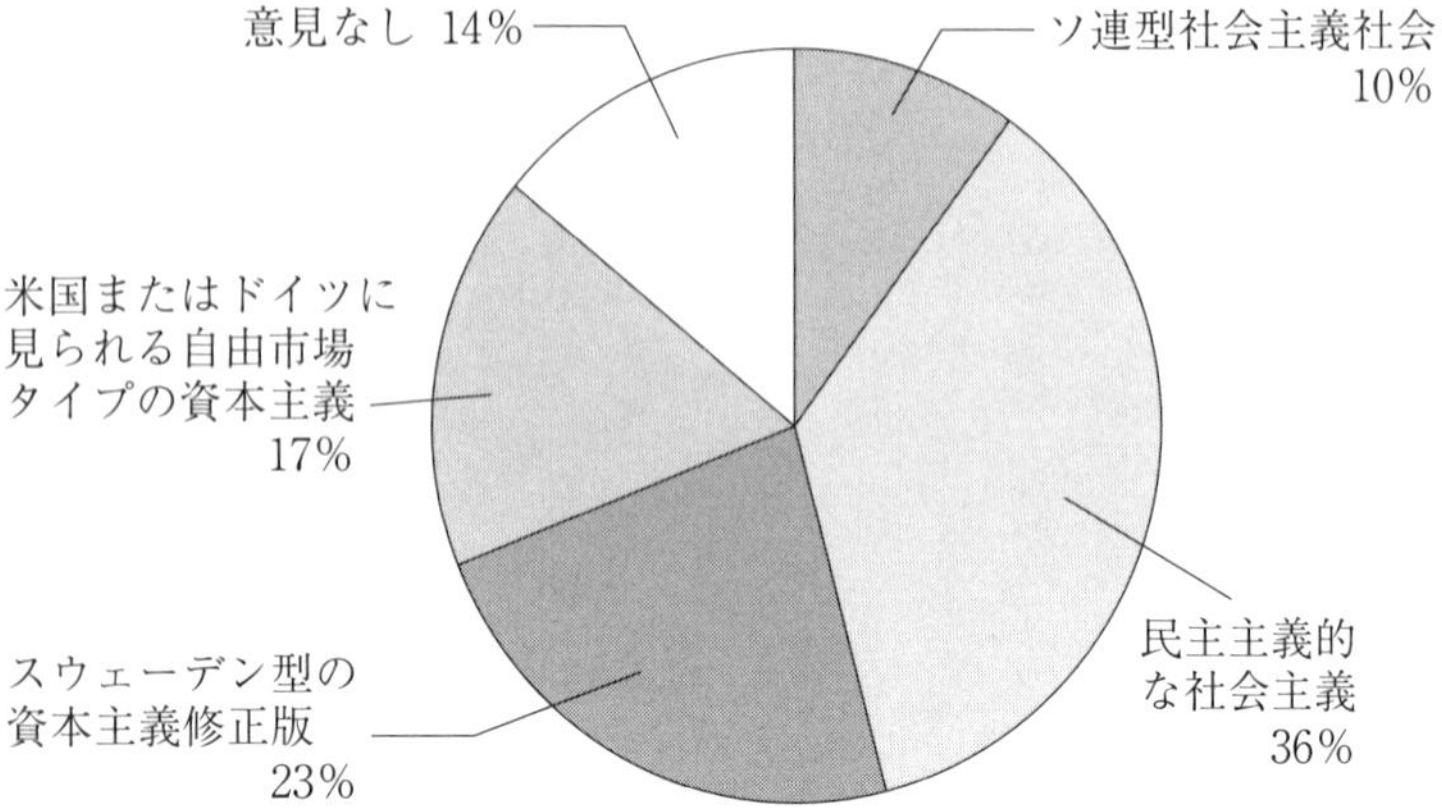

出典：参考文献一覧［158］50頁。

った。エリツィン率いるロシアの資本主義支持連合は、ひと度国家権力を握ると、確固たる決意をもってこのタイプの資本主義を追求することになるのである。もし、この世論調査において、モスクワとサンクトペテルブルク[28]の住民から人口不相応に多数のサンプルが抽出されていなかったら、将来像としての資本主義を支持する回答者がさらに少なくなっていたことは疑いない[29]。一九九一年に行われたほかの世論調査では、資本主義に対する支持はもっと少なかった[30]。

「タイムズ・ミラー・センター」の世論調査で設定されたそのほかの質問に対する回答から分かるのは、産業の私有化に対する国民の支持が非常に限定されているということである。産業の私有化は、のちにエリツィン政権の目玉となる。私有化に賛成していた回答者は、重工業についてはわずか三パーセント、銀行に関しては九パーセント、消費物資製造業については二〇パーセントであった。国家が各市民に食べ物と住まいを保障すべきだと考えていた回答者は八一パーセントにも及ぶ。その一方で、共産党の支持者はわずか三〇パーセントであったのに、支持しない者は六〇パーセントに上った。[31]この世論調査の結果から分かるのは、大多数の者は何らかの形態の社会主義または社会民主主義を望んでいたが、共産党の従来の国家運営方式には難色を示していたということである。

エリツィン派には分かっていたが、ロシアの大衆の大部分は自由市場資本主義という将来像を支持していなかった。しかし、大衆は同時に、共産党指導部に対する批判と、市場改革のスピードアップや民主化の推進、そしてロシア共和国の自主性の拡大を呼びかける声には非常に好意的な反応を示した。[32]エリツィンの選挙運動は知識人のみならず一般の労働者、女性、年配の年金生活者からも強い支持を得た。エリツィンの得票がほかのどの候補者の得票をも下回ったのは、軍とロシアの一部地域だけである。[33]しかし、エリツィンがのちに先頭に立って進むことになる方向を圧倒的に支持していたのは、ロシアの住民の中のある集団だけであった。その集団とは党・国家エリートである。第6章で引用したエリートの世論調査が示しているように、一般大衆が資本主義の建設を支持していなかったのと対照的に、党・国家エリートの大部分はまさにその進路を支持していたのである。

ロシア共和国の大統領ポストとロシア議会に対する主導権を握ったことにより、エリツィンは足がかりをつかみ、国家権力を目指す運動を推進することが可能になった。しかし、こうした成果を上げたからといって、それだけでは直ちにエリツィンと資本主義支持連合が真の国家権力を握ることにはならなかった。何しろ、ロシア共和国は独自の軍隊をもっていなかった。主権国家でもなかった。要するに、ソ連を構成する一五の共和国の一つでしかなかったのである。ロシア共和国の大統領は、米国カリフォルニア州知事が州内の資本主義を一掃する法的権限または憲法上の権限をもっていないのと同様に、ロシアの社会経済体制を転換させる権限はもっていなかった。資本主義支持連合が究極的に勝利を収めることができるか否かは、ソ連においてさらにいっそうの変化、進展が見られるかどうかにかかっていたのである。

炭坑労働者のストライキ

ソ連ではストライキは法的には違法ではなかったが、当局がストライキを許すことは実際には決してなかった。ところが一九八九年の初め、ソ連では一九二〇年代以来絶えて見られなかった労働者の不穏な動きが大規模な形で起こった。一九八九年から九一年にかけて、さまざまな労働者グループがストライキとデモを行った。しかし、大規模ですさまじいストライキを繰り返して、大きなインパクトをもたらし、ソ連の政治闘争全般に影響を与えたのは炭坑労働者だけである。炭坑労働者のストライキのうねりは、最初、一九八九年七月に発生した。それに続いて同年一〇月のある日、終日ストライキが行われた。第二の大きなストライキは、一九九一年三月から四月に発生した。

ソ連の炭坑ではおよそ二二〇万人の労働者が働いており、ソ連のエネルギー需要の二〇パーセントを供給していた(34)。炭坑労働者は比較的高い賃金を受け取っていたが、住宅環境がお粗末であることや社会インフラが整っていないことに不満を募らせていた。炭坑労働者はペレストロイカの自由な空気に勢いを得て、自分たちの不満を前面に押し出した。炭坑労働者はまた、ペレストロイカのある側面が脅威になっているのを感じていた。石炭の価格は、それまで一貫して低く抑えられていた。労働者は、企業の自己資金調達という新方針の下で、金食い虫となっている炭坑が閉山の憂き目に遭うのではないかと心配していた。一九八八年から八九年にかけて、炭坑地区で消費物資の不足がひどく深刻化した。一九八九年、炭坑労働者がストライキに駆り立てられたのは、主として、炭坑地区の店頭から突然石鹸が姿を消したためだといわれている。

一九八九年七月のストライキは西シベリアのクズバス炭田で始まり、およそ一〇万人の炭坑労働者が職場放棄を行った(35)。このストライキは、たちまちウクライナのドンバス地方と極北のヴォルクタに伝染した。ストライキに参加した炭坑労働者は賃金、労働条件、地元の生活環境の改善を要求したが、彼らの要求は経済問題にとどまらなかった。一部の炭坑労働者グループは、炭坑をモスクワの省庁から独立させ、石炭価格の設定権限を炭坑企業に移せと要求した(36)。また、共産党の支配に真っ向から異議を唱え、憲法第六条の撤廃を要求したグループもあった。

ソ連当局は、炭坑労働者の経済的要求に譲歩を行った。一九八九年七月、ストライキは沈静化した。しかし、炭坑労働者は結束を続け、独立労働組合の創設を目指した。それは、官製労組が労働者の代弁者として期待通りに機能しなかったからである。一九九一年の三月と四月、新たなストライキの波が、またしても上記三ヵ所の炭田で発生した。今度のストライキは、ソ連政府の退陣など政治的要求に焦点を当てているように見えた。クズバスのストライキが終息したのは、エリツィンが五月一日にロシアの炭坑をソ連の管轄下からロシア共和国の管轄下に移すことを約束したときのことである(37)。

炭坑労働者のストライキはソ連政府を転覆させることはなかったが、そういった目的に大いに貢献した。炭坑労働者のストは、深刻な経済的混乱を引き起こした。その結果、秩序が破壊され、物事の統制がきかなくなっているという印象が強まった。ストライキはソ連政府の正統性と権威の侵食を助長した。政府は、知識人サイドからの抵抗であれば、それを社会の特権階層に端を発するものであるとしてあっさりと一蹴することができよう。しかし、政府は労働者階級の代表を自称していたというのに、今や、当の労働者階級からの痛烈で戦闘的な反抗に直面していたのである。

炭坑労働者は、ゴルバチョフ、共産党、ソ連政府に反抗しただけではない。それら労働者の指導者は、一九九〇年から九一年にかけて、次第にエリツィンおよび「民主ロシア」と同盟を組むようになった(38)。これは、驚くべきことのように感じられるかもしれない。リベラル派知識人や資本主義との同調で知られる炭坑労働者というのは、世界広しといえどもそうあるものではない。しかし、炭坑労働者とエリツィンの同盟にはそれなりの論理があった。炭坑労働者の利益をあまり代弁してこなかった官製の炭坑労組は、共産党によって支配されていた。そうした背景があったからこそ、炭坑労働者の多くは党に反対する姿勢をとるようになり、また、党指導部批判の急先鋒であるエリツィンの言うことに喜んで耳を傾けるようになったのである。

炭鉱ストの指導者は、ソ連政府とその管轄下の省庁を自分たちの抑圧された状況の元凶と見ていただけに、市場経済を導入すべきであるとの要求に大きな魅力を感じた。市場経済は、彼らにとって省庁からの独立を約束するものに等しかった。エリツィンは、炭鉱労働者の指導者に対してさかんに支持を求めた(39)。エリツィンは彼らに、炭坑がロシア共和国の管轄下に入ったら実質的な独立性を与えると約束した。ここに示されているのは、蹂躙された炭鉱労働者が、市場経済を求める玉虫色の要求に衝き動かされてエリート集団に合流した図である。ところがエリート集団の方は、ソ連の国有資産の所有権を手に入れることを狙っていたのである。

一九九一年三月から四月の炭坑労働者のストライキは、エリツィンにとって願ってもない絶妙のタイミングで行われた。それは、上述のように、エリツィンがゴルバチョフおよびロシア共和国議会の共産党議員団と対立していたまさにそのときのことであった。炭鉱労働者のストによって、モスクワの「民主ロシア」の大規模デモによって生じた緊張がさらに高まった。こうした状況に助けられて、エリツィンは議会に対する支配権を保ち、ロシア大統領のポストに向かって邁進することができたのである。

ナショナリズム(40)

ソ連は、一五の共和国の連邦として組織されていた。**表７−１**は、人口順に一五の共和国を並べたものである。スラブ系の三共和国、すなわちロシア、ウクライナ、ベロルシアがソ連の全人口の七二・六パーセントを占めていた。中央アジアの五共和国（ウズベキスタン、カザフスタン、タジキスタン、キルギスタン、トルクメニスタン）は、全人口の一七・六パーセントを占めていた。したがって、スラブ系共和国と中央アジアの諸共和国を合わせると全人口の九〇・二パーセント、面積は国土全体の九七・六パーセントに及ぶ。カフカス山岳地帯の共和国、アゼルバイジャン、グルジア、アルメニアはソ連の人口の五・五パーセント、バルト三国（リトアニア、ラトヴィア、エストニア）は二・八パーセント、ルーマニアと国境を接するモルダヴィアは一・五パーセントを占めていた。ロシア系住民は、ロシア以外の一四の共和国に散らばっていた。共和国によっては、ロシア系住民が人口の中で相当の比率を占めているケースもあった(41)。

一九八〇年代の末、一部の連邦構成共和国で強力な民族運動が発生した。一九九一年にソ連国家が最終的に崩壊したのは、共和国の独立宣言のうねりに引き続いてのことである。そのこともあって一部の分析家は、ソ連体制の終焉を、主としてナショナリズムが猛烈に勢いづいた結果だと考えている。この

表７－１　ソ連の連邦構成共和国（1991年）

共和国	人口（100万人）	共和国	人口（100万人）
ロシア	148.5	キルギス	4.4
ウクライナ	51.9	モルダヴィア	4.4
ウズベク	20.7	リトアニア	3.7
カザフ	16.8	トゥルクメン	3.7
ベロルシア	10.3	アルメニア	3.4
アゼルバイジャン	7.1	ラトヴィア	2.7
グルジア	5.5	エストニア	1.6
タジク	5.4	ソ連	290.1

出典：参考文献一覧［144］1991年、67頁。

見解によると、ゴルバチョフがソ連体制を民主化した以上、長きにわたって抑圧されてきたソ連の諸民族が独立を要求するのは必至であったという。そして、究極的な帰結としては、ソ連体制の終焉しかあり得なかったであろうというのである。

この説では、ソ連終焉のもっとも重要な特徴が説明できない。その特徴とは、ロシアをはじめソ連を母体とする新興独立国において、旧来の社会経済システムに見切りがつけられたという事実である。ソ連の終焉においてナショナリズムは重要な役割を果たしたが、それにしても上述の見解はあまりにも単純である。ある慧眼《けいがん》なソ連史の分析家は次のように示唆している。「ソ連が崩壊したのは諸民族が離脱したからではない」のであり、「体制が衰退し、事実上崩壊したからこそ、諸民族が離脱の機会を与えられたのである」[42]。私たちが論じようとしているのは、この見解の方が、ナショナリズムによってソ連体制の命運が決まったとする見解よりも真実に近いということである。

ナショナリズムを研究している大部分の専門家の見解によれば、ナショナリズムは一般的な印象とは違って、人間社会において古くから力をもっていたわけでなく、むしろかなり最近になって出てきた現象であり、それが世界に現れたのはたかだかこの二世紀の間にすぎないという[43]。エスニック集団、人種、宗教、部族、地域などに対する帰属意識は数千年前にさかのぼるが、国民国家およびそれにともなう概念、すなわち国民意識、国への忠誠心、民族が国をもつ権利などは近代になってつくり出されたものである。実は、ナショナリズムは資本主義という時代によって生み出されたのである。資本主義的工業化の結果、人々は孤立した地方共同体から引っ張り出されて大都市に放り込まれた。そして、マスメディアも出現した。広範な地域が市場関係を通じて経済的な相互依存関係に置かれ、相互に結合した。こうしたプロセスが重なり合った結果、人々はかつてもっていた、氏族、エスニック集団、宗教、地域などに対する帰属意識を越えて、国民意識をもつようになったのである。

最初から、鮮明な一体性をもった各民族《ナショナル》集団があって、ソ連体制は、ただ単にそれら集団を束ねて支配下に置いただけであるとの見方がある。歴史家のロナルド・サニーも指摘していることだが、こうした見解を信じたら間違いのもとである[44]。ソ連内部のさまざまな集団の中に民族《ナショナル》意識が発達したのは、ソ連体制と、それによってもたらされた急速な経済的、社会的発展に負うところが大きい。ボリシェヴィキは、一九一八年から二〇年にかけての内戦を経て広大な地域と多様な民族集団を支配下に置いた後、連邦国家としてソ連国家を建国した。連邦を構成するのは、それぞれ民族の一体性をもっと定義された各共和国であった[45]。一部の連邦構成共和国は、かつて独立国を擁したことのある集団をベースにしていた（たとえばグルジア）。その一方で、独立国になった経験のないアゼルバイジャンやベロルシアのような共和国もあった[46]。ウクライナは、一六五四年以来ロシアの一部であった。カザフ人は、ソ連結成までは遊牧民であった。中央アジアの各共和国の人々は、何らかの民族集団よりもムスリム〔イスラム教徒〕の一員であるという意識の方が強かった。

ソ連の連邦構成共和国の中には、もともとは都市住民のほとんどがほかの民族によって占められていた共和国もある。たとえばベロルシアでは、元来大部分の都市住民はユダヤ人、ロシア人、ポーランド人であった[47]。また、革命前、アゼルバイジャンの首都バクーでは、住民の大部分を占めていたのはロシア人とアルメニア人である。ウクライナでは、ウクライナ人のほとんどが農民であったのに対し、地主および役人はロシア人かポーランド人で、商人はユダヤ人であった[48]。しかし、こうした状況は数十年にわたるソ連の発展の結果、変化を被った。少なくとも、多くの連邦構成共和国ではそうであった。

ソ連時代のたいていの時期、少数民族は一定の制限の中で言語と文化の発展の後押しを受けた。各共和国は、真の政治的主権こそ与えられなかったものの、民族国家の装いをふんだんに施され、独自の政治的、文化的制度を与えられた。急速な経済発展にともなって都市化が進み、識字率が向上し、マスコミが発達し、民族意識が覚醒した。同時に、ソ連体制の中でロシア人が優位に立ち、モスクワを中心として硬直的な支配が行われ、少数民族の中で上昇志向をもつ者に対してロシア化を要求する圧力がかかっていた。そのため民族の怨嗟《えんさ》が生じ、そうした感情が水面下でわだかまっていった。スターリンの恐怖政治がその死とともに終わりを告げたとき、一部の共和国、中でもバルト三国で民族運動が次第に盛り上がりを見せ始めた。バルト三国は、第一次世界大戦が終わってから一九四〇年にソ連に吸収されるまで、独立国の地位を経験していた。

ゴルバチョフがグラスノスチと民主化に着手したとき、それまで基本的には地下に身を潜めていた民族運動が表舞台に躍り出た。しかし、民族運動の形態は共和国によってまちまちであった。そして、そうした運動がソ連国家の破壊に結び付く必然性はなかった。バルト三国やグルジアのような一部の共和国では、独立国家の記憶が鮮明だっただけに独立志向は非常に強力であった。しかし、こうした共和国は、天然資源に恵まれないソ連のごく一部の地域であった。残りの共和国の場合、状況はもっと複雑であった。事の成り行きは事前に決まっていたわけではない。

ペレストロイカ期の民族闘争は一九八八年に始まったが、それは反モスクワ運動をともなうものではなく、二つの隣接し合う共和国の間での暴力的闘争という形をとった。アルメニアとアゼルバイジャンが、ナゴルノ・カラバフの帰属を争ったのである。ナゴルノ・カラバフはアゼルバイジャン共和国の領内にありながら、主としてアルメニア人の居住する飛び地となっている。ソ連当局は秩序を回復するために軍隊を派遣したが、双方の紛争当事者をともに満足させる解決策を見いだすことはできなかった。同じく一九八八年、エストニア人民戦線がエストニアの自治権の拡大を求めて立ち上がった。

翌一九八九年、大衆を基盤とする民族運動がソ連の周縁地域、すなわちバルトのすべての共和国とグルジアで発生した。それら共和国における長年の地下民族運動は一九八九年の民主改革に乗じて公然化を果たし、有権者の支持を模索するようになった。一九八九年四月、重大な事態が発生した。民族主義のデモを鎮圧するためにグルジアのトビリシに軍隊が派遣され、血みどろの戦闘が起こったのである。これを契機として、中央政府の武力行使に対する抗議のうねりが発生した。そうした抗議は、新設のソ連議会の代議員およびマスメディアに反映された。「トビリシ・シンドローム」として知られるこうした反応に阻まれて、ソ連政府は造反を起こした共和国に対し、本格的な軍事的措置によって対応することが難しくなった。

一九八九年、造反を起こした共和国、すなわちバルト三国、グルジア、そして今やアルメニアまでもがまず自主権を、次いでソ連の枠内での主権を要求した。(50) その際、それら共和国の要求ぶりは次第に大胆になっていった。一九八九年一一月、バルト三国はソ連最高会議から自主権を与えられたが、(訳2) それ(49)

には満足しなかった。バルト諸国では、一九九〇年三月の共和国の選挙によって民族主義者が多数派となった。それら諸国の新議会はさらに歩みを進め、ソ連からの独立を宣言した(51)。

連邦政府としては力を行使する以外に、バルト諸国をソ連の中にとどめ置く方法はなかったであろう。それは明らかである。しかし、暴力の行使は、ゴルバチョフの導入した民主改革によって封じられているように見えた。ソ連憲法によって共和国は、ソ連から脱退する権利を形式上与えられていた。ゴルバチョフは連邦離脱の権利を拒否することはなかったが、バルト諸国を説得してソ連からの離脱を思いとどまらせようとした。争点は、仮にバルト諸国の連邦離脱について決定を下すとして、その場合いかなる手続きを踏まなければならないかにあった(52)。バルト三国は人口的にはソ連の二・八パーセントを占めているにすぎず、重要な天然資源ももっていない。また、悪名高い一九三九年の独ソ不可侵条約〔に附属する「モロトフ・リッベントロップ密約」〕の結果としてソ連に編入されたという唾棄《だき》すべき経緯に照らすなら、バルト諸国がソ連から離脱したとしても、それ自体はソ連にとって致命的ではなかったであろう(53)。

一九九〇年六月、ロシア共和国がロシアの主権決議を採択したとき、まったく新たな要素が民族紛争に注入された。ロシアはそれまでずっと、ソ連体制の中で逆説的な立場に立たされてきた。ロシア人は支配的な民族集団で、ソ連の人口のおよそ半分を占めていた。しかも、ソ連共産党および連邦機関においてロシア人が占める割合は、人口と比べて不相応に大きかった。ロシア人はまた、ほかのすべての共和国の党と政府機関において高い地位を占めていた。ソ連の周縁部で造反した共和国は、かなりの程度、ロシア人支配のイメージに反発して造反したのである。

ロシア人はこのような方法でソ連邦を支配していたが、それにもかかわらず、同時にロシア民族主義はある点においてソ連体制によって抑制を受けていた。レーニンが絶えず懸念していたのは、「大ロシア至上主義《ショーヴィニズム》」によってソ連国家の統一が脅かされる可能性があるということであった。ソ連体制の構成には、そうした懸念が反映されていた。ロシア共和国はほかの一四の共和国と異なって、独自の党組織をもっていなかった。ロシア共和国はまた、連邦構成共和国の中で唯一、独自の科学アカデミー、労働組合評議会、コムソモール、KGBをもっていなかった。連邦全体を対象とする帰属意識をソ連国民の中に育てるため、ロシア人としての民族意識はある程度抑圧されていた。

ソ連の周縁地域における民族運動が、ますます大胆に自主権、さらには独立を要求するようになるにつれて、ロシア人も民族としての不満感を募らせていった。これは、エリツィンと資本主義支持連合にとっては好機となった。エリツィンは民族の不満を強調した。「ソ連の中で、価値の生産が消費を上回っているのはロシアとトルクメニスタンだけではないか」と指摘することもしばしばであった(54)。エリツィンがロシア議会の議長になってから一ヵ月後、「民主ロシア」はロシアを主権国家と宣言するという法的措置を提案した。すなわち、ロシアに天然資源に対する管轄権をもたせ、共和国の法律を連邦法律に優先させるべきだというのである(55)。エリツィンは、この提案がゴルバチョフとソ連政府全体に引導を渡すための一法となると見抜いた。ソ連憲法にはこうした法的措置の根拠となるものは見当たらなかったが、エリツィンはロシア共和国議会を説き伏せて、一九九〇年六月八日、主権宣言を採択させ

(訳2)　これにより、バルト三国は一九九〇年一月から独立採算制に移行することが保障され、土地、地下資源の所有、利用、管理から財政機構や銀行の運営に至るまで、共和国のあらゆる経済分野において広範な裁量を与えられることになった。

た。投票結果は、賛成五四四四票、反対二七一票であった[56]。

ロシア共和国は、主権宣言に実効性をもたせるための法的手段をもっていなかったが、それが採択されたということはほかの共和国に直ちに深刻な影響を与え、各共和国を貫く民族主義の衝動を本質的に一変させた。ロシア人がソ連体制をどれだけ支配していようとも、少なくとも連邦の構造からして、非ロシア人共和国は、経済上の便宜をたっぷりと、また、保護措置と権力をなにがしか与えられていた。たとえば、ロシアの豊富な天然資源は、ソ連全土どこにでも安価に供給されていた。ところが今や、ロシア共和国は自己の天然資源とその取り扱いに対する支配権を主張しているのである。

以前は比較的おとなしかった各共和国の指導部は、そのとき直ちに主権決議を採択した。一九九〇年の八月までに、主権決議を採択した共和国はウズベキスタン、モルダヴィア、ウクライナ、トルクメニスタン、タジキスタンに及んだ。モスクワに忠実なカザフスタンも、一〇月までにほかの共和国に追随した。これらの共和国のうち、一部では大衆運動は発生すらしていなかった。しかし、これら共和国の指導者は、エリツィンが現実にソ連国家を解体してのけた場合に備えて、権力を維持できるよう態勢を整えようとしていたのである。

ウクライナの指導者レオニード・クラフチュクの変わり身は、ロシア共和国の主権獲得運動をきっかけとして始まったプロセスを分かりやすく示している。クラフチュクはそれまでウクライナ共産党のイデオロギー担当書記を務めており、ウクライナ民族主義を抑えることを専門とし、それに対抗するため社会主義的国際主義を推進していた。一九八九年末、ウクライナで民族運動が起こった。それは、主としてウクライナ西部を足場にしていた[57]。クラフチュクは、共産党最高幹部として一九九〇年七月にウクライナ最高会議議長に上り詰めていたが、モスクワの中央政府が弱体化し始め、また資本主義を目指す勢いにはずみがつくに従って、今やウクライナにおける権力構造の中で高い地位を保とうとして新たな政治基盤を探し求めていた。クラフチュクは、共産党およびソ連に対する忠誠をかなぐり捨て、社会主義的国際主義の講義ノートを放り出し、ウクライナ民族主義者に変身した。クラフチュクはこうした新たな立場を利用し、権力の座にとどまり、ソ連解体を乗り越えて生き残った。(58)

エリツィンはロシアの主権獲得という目標を追求するため次の手を打った。それはまた、そうした主権を得ることによって、資本主義への転換という見通しを現実のものとするためでもあった。すでに一九九〇年九月、ある経済顧問団が急速な市場化と私有化を目指す「五〇〇日計画」を提案していた。これについては、第４章ですでに論じた。ゴルバチョフは最終的にはこの案を引っ込めたが、エリツィンは九月一一日、ロシア共和国議会にこの案を飲ませた。(59) エリツィンは、まだロシアで五〇〇日計画を実施に移すための権力を握っておらず、その点では、この計画案が議会を通過した意味は象徴的なものにすぎなかったが、それによって経済は混迷の度合いを深め、今やソ連はそうした混迷の中に飲み込まれようとしていた。ソ連と連邦最大の共和国ロシアは、今や、将来の所有関係をはじめ、経済改革をめぐって相互に対立する法律を採択したわけである。高度の相互依存関係にあるソ連の経済メカニズムは、権力闘争のあおりを受けて分解し始めた。そして、共和国と共和国の境界をまたぐ企業間の経済的紐《ちゅう》帯《たい》は分断され始めた。

一九九〇年の一二月、エリツィンは中央政府に対してそれまで以上に大胆な攻撃を仕掛けた。ロシアにおいて徴収される税は、ソ連政府の歳入のおよそ半分を占めていた。一二月二七日、エリツィンは、一九九一年の連邦予算用として連邦政府に上納しなければならない税収のうち、最大で一〇分の一しか納めないという措置をロシア共和国議会に承認させた。(60) このことは、中央政府の存在そのものを脅かした。それによって助長された財政赤字の急増とインフレ圧力の昂進は、一九九一年、一気にソ連を飲み込んだ。

ロシアが主権を宣言し、ほかの共和国が続々とそれに追随するのを受けて、ゴルバチョフは次のように判断を下した。すなわち、ソ連を存続させるためには、共和国の自主権の拡大を認める新たな基本原理に基づいてソ連を再構成しなければならない、と。ゴルバチョフは、新連邦条約の交渉に手をつけた。こうした目標への支持を固めるため、ゴルバチョフは連邦存続について国民投票を計画した。というのもゴルバチョフは、連邦解体の過程はソ連国民の多数派の願いを反映していないと信じていたからである。

国民投票は、一九九一年三月一七日、バルト三国、アルメニア、グルジア、モルダヴィアを除くすべての共和国で行われた。投票総数は一億四七〇〇万人で、連邦の存続に賛成票を投じた者は七六・四パーセントに上った[61]。国民投票の行われた九共和国では、例外なく有権者は圧倒的に連邦存続に賛成した[62]。この結果ゴルバチョフは、再構成された連邦国家の存続を国民が強く支持していると主張することができた。ソ連経済は高度に相互依存的であったので、連邦解体には莫大な物的コストがかかるということは周知のことであった。相対的に貧しい共和国では、多くの人々は連邦の結び付きから経済的利益を得ていると確信していた。大部分のロシア人も、祖国の従来の人口が半分に減るとか、ソ連の分解の結果成立する国々に、全ロシア人の五分の一近くに相当する二五〇〇万人の同胞が少数民族となって四散するといった事態は望んでいなかった[63]。多くの人々は、確かに共和国の諸機関にもっと権限を与えてもらいたいと願っていたが、一九九一年三月の国民投票の結果判明したのは、投票を実施した九共和国においてはひと握りの人々しか共和国を独立国にすることを願っていないということであった。

しかし、国民感情が逆を向いていたにもかかわらず、ソ連解体を目指して驀進《ばくしん》する強力な勢力が残っていた。ゴルバチョフおよび衣替えした連邦国家は、連邦の存続のみならず、ある種の社会主義体制の維持を象徴するものであった。ゴルバチョフは諸共和国をまとめる中心的人物であり、社会主義を資本主義に置き換えるのではなく、あくまでも社会主義を改革するという目標にこだわっていた。エリツィン派は、社会主義を排除しようと決意したが(64)、ゴルバチョフがその前に立ちはだかった。多くの共和国で発生した民族運動は民族感情の純粋な発露であったが、もし仮に資本主義支持連合が社会主義体制を撤廃し、資本主義への道をうかがつという決意をもたなかったならば、民族運動によって連邦が破壊されたかどうかは疑問である。

一連の主権宣言に先鞭を付けたのは、すでに見たように一九九〇年六月のロシア自身の主権宣言である。それは、決して外国の権力からの独立を求める民族主義の願望に端を発するものではなかった。何しろ、ロシアは独立以上のものを手にし、ソ連という多民族国家をまるごと支配する立場に立っていたのである。エリツィンと社会経済上の変化を求める資本主義支持連合の企図は、ゴルバチョフとソ連国家による封じ込めを打ち破り、主権宣言という重要な行動を引き起こす引き金となった。そして、主権宣言を契機にソ連の崩壊に至るプロセスが始まったのである。

一九九一年八月のクーデターとその影響

ゴルバチョフと社会主義改革計画と連邦国家。この三者にとって、一九九一年八月のクーデタ未遂とその余波はとどめの一撃となった。クーデターが失敗に終わったため、エリツィンと資本主義支持連合の立場は強化され、また、いずれの連邦構成共和国もほかならぬ独立という目標に向けて走り出した。

以前は、大部分の共和国は独立を求めていなかったのであるが……。

八月一九日、ゴルバチョフが休暇でクリミアにいたのをついて、ソ連政府の高官八人が自称「国家非常事態委員会」を設置し、ゴルバチョフの解任を発表した。国家非常事態委員会のメンバーは、ゴルバチョフをひそかに軟禁し、ソ連各地に国家非常事態を敷いた。エリツィンとロシア共和国議会は、勇敢にクーデターに立ち向かった。数日のうちにクーデターは鎮圧され、ゴルバチョフはモスクワに戻った。しかし、権力はまぎれもなくゴルバチョフのソ連からエリツィンの手中に移った。四ヵ月後、ソ連国家は消滅し、それに代わってロシアとそのほかの一四共和国が独立国として登場した。

一九九〇年の春、夏、そして初秋、ゴルバチョフとその社会主義改革計画は行き詰まりを見せた。エリツィンの勢力は拡大の一途をたどった。エリツィンとその支持者は、ソ連に対し五〇〇日計画を採択するよう要求していた。同計画が実施されれば、社会主義は終焉を迎えるはずであった。連邦政府の権力はじりじりと侵食されつつあった。経済は混沌の中に沈み込もうとしていた。

こうした逆境の中、ゴルバチョフは一九九〇年一〇月に政治上の同盟相手を組み換えた。すでに第4章で見たように、五〇〇日計画に反対する立場に立ったのである。ゴルバチョフはヤコヴレフやシェワルナゼのようなリベラルな顧問役に見切りをつけたらしく、守旧《しゅきゅう》派とおぼしき人々の所にすり寄った。守旧派は、社会秩序を保ち、ソ連を維持し、社会主義制度を守ることを支持していた(65)。一九九〇年一二月、ゴルバチョフはボリス・プーゴを内相に、ゲンナージー・ヤナーエフを副大統領に任命した。ゴルバチョフは首相のルイシコフが心臓発作に倒れると、その後任にヴァレンチン・パヴロフをあてた。これら新任の三閣僚は、いずれも「強硬派」と目されていた。シェワルナゼはこれを受けて、外相を辞任し、「独裁が迫っている」と警告した。一九九一年一月一〇日、ゴルバチョフはリトアニア議会に対し、リトアニアに連邦大統領による直轄統治を導入するかもしれないと警告し、またリトアニアが「ブルジョア体制の復活」に向けて動いていると非難した[66]。それからほどなくして、内務省軍がリトアニアとラトビアで建物を占拠するという挙に出た。ゴルバチョフはこうした行動をはっきりと支持することも、非難することもしなかった。

一九九一年三月初め、ゴルバチョフは集結する資本主義支持勢力を非難した。ゴルバチョフは、「民主派」が「典型的な右翼反対派」であると攻撃し、「社会の資本主義化」を唱導していると糾弾した[67]。しかし、すでに見たように、一九九一年三月の一ヵ月間でゴルバチョフの立場はいっそう弱体化した。炭坑ストライキの第二波によって、支配の正統性を侵食されたのである。エリツィンをロシア議会の議長から解任するという企ては失敗し、その結果、エリツィンの立場はますます強化された。ゴルバチョフにとってのひとすじの光明は、同月、連邦存続をめぐる国民投票で賛成票が多数を占めたことだけである。ゴルバチョフはエリツィンとの闘争に敗北しつつあることを悟り、一九九一年四月、ふたたび戦術を転換させた。今度は、エリツィンに対し宥和的な姿勢をとった。

今や優勢な立場に立ったエリツィンは、それでも三月の国民投票において国民が連邦存続を承認したことを念頭に置いていたのか、新連邦条約の起案を目的としてゴルバチョフおよびほかの共和国の首脳との間で交渉を行おうと提案した。ゴルバチョフはこの提案を受け入れ、「九プラス一」交渉が始まった[68]。一九九一年四月二三日、九共和国の首脳は新連邦条約の法的承認を求める合意書に署名した。新連邦条約が成立すれば、それら共和国はある種の連邦を保ちつつ実質的な権限を得るはずであった[69]。エリツィンはそこで、それまでの激しいゴルバチョフ批判をトーンダウンさせた。

ゴルバチョフは今度は「民主派」を攻撃するのをやめ、「強硬派」への警告に転じた。一九九一年七月、ゴルバチョフはリベラルな新党綱領案を中央委員会総会に通し、党内守旧派の怒りを買った(70)。同月後半、連邦条約の交渉においては新条約の細目について合意が成立した。それまで交渉に参加していなかった六ヵ国の一つアルメニアも、交渉に改めて参加したい旨を発表した。新連邦条約の調印は、一九九一年八月二〇日に設定された。

一九九一年八月のクーデターの引き金となったのは、間近に迫った連邦条約の調印であった。クーデターの一味が謀議を開始したのは、クーデターを宣言するわずか二日前のことであったらしい(71)。彼らは、連邦条約をソ連国家の息の根を止めるものと見なした。クーデターを謀った者の中には、ゴルバチョフ自身を別として、ゴルバチョフ政権の最高当局者のほぼ全員が含まれていた。クーデターに参加した顔触れには、ヤナーエフ副大統領、パヴロフ首相、ヴラジーミル・クリュチコフKGB議長、ドミートリー・ヤゾフ国防相、ヴァレンチン・ヴァレンニコフ地上軍総司令官、さらにはソ連大統領官房長官のヴァレーリー・ボルジンも含まれていた。

クーデターの首謀者は、強力な中央政府を維持するだけでなく、資本主義への転落を阻止するという構えも示していた。彼らは「暴利をむさぼることが流行している」と非難し、「いかなる社会体制を選ぶかを決めるのは人民であるはずなのに、人民からそうした権利を奪おうとする企てが試みられている」と主張した。彼らは労働者のための、勤労、教育、医療、住宅の権利を擁護するよう訴えた。しかし、彼らは共産党には言及しなかった(72)。彼らは政府の名において行動したのであり、党の名において行動したのではない。クーデターの首謀者はいずれも政府当局者であって、党の当局者ではなかった。

クーデター首謀者は、公式声明およびクーデター初日の記者会見での発言において、ゴルバチョフの下で開始された改革のうち少なくとも一部は続行すると確約し、一般大衆を安心させようとした。彼らは、「私企業」の役割を含め経済面での多様性を支持していると自称した。クーデターの最高幹部の一人であるアレクサンドル・チジャコフ国有企業連盟議長は、「市場経済を目指す改革政策を後戻りさせることはない」と述べた。ヤナーエフ副大統領は記者団に対し、「ミハイル・ゴルバチョフが一九八五年に着手した政策は継続される」と請け合った(73)。

しかし、クーデターの首謀者がいかなるイメージを醸し出そうとしたにせよ、ソ連では、クーデターはペレストロイカ以前の旧体制を復活させようとする最後のあがきと理解された。クーデターの首謀者は、社会主義の改革と民主化を先頭に立って唱導してきたゴルバチョフ大統領を脇へ押しやった以上、ゴルバチョフ改革の衣鉢《いはつ》を継ぐなどともっともらしく主張することはできなかった。クーデターの一味に安全保障および軍の最高当局者が多数含まれていたため、クーデターは旧体制を復活させようとする企てにほかならないという印象が強まった。

ソ連の発展の方向については、主として三つの思潮が覇を競っていたのであるが、各々の思潮の支持者が一九九一年八月の時点で形成していた勢力バランスは、クーデター首謀者の権力掌握失敗に続く出来事を見ればはっきりと分かる。旧体制への復帰を唱導する勢力は思い切った行動に出たが、一般大衆の中にも、党・国家エリートの内部にも支持は得られなかった。ソ連の大部分の地域、すなわちモスクワとサンクトペテルブルク以外では、クーデターは当初積極的な反対には遭わなかったが、かといって積極的な支持も集められなかった。ソ連で二番目に人口の多いウクライナ共和国の指導者レオニード・クラフチュクと、四番目に人口の多いカザフスタン共和国の指導者ヌルスルタン・ナザルバエフは、日和見的な態度を示した。モスクワで活発かつ決然とした反対が沸き起こり、クーデター首謀者が思い切った行動を起こすのをためらっていることが判明すると、クーデターはたちまち潰《つい》えた。クーデター側が旧体制の復活という大義に向けて党・国家エリートを動員することが全然できなかったということは、党・国家エリートの大部分が旧体制から離反しているということを決定的に証拠づけるものであった。

社会主義を改革し民主化するという変化の方向は、一般大衆の人気という点では他にひけをとらなかったが、こうした路線を積極的に支持する者は守旧派の支持者と同じように周辺的な立場に置かれていた。ゴルバチョフの改革の努力は、上からのイニシアチブ以上のものにはなっていなかった。ゴルバチョフの改革は、労働者の名において行われていたにもかかわらず、一般の労働者を決起させることはできずにいたのである。つまり、労働者は傍観者のままであった。ゴルバチョフが軟禁されていた間、社会主義改革路線の支持者からクーデター反対のうねりが生じることはなかった。

しかし、エリツィンと資本主義支持連合は、直ちに首都モスクワの拠点を足場にしてクーデターに対抗した。エリツィンは、装甲トラックの上に立ってクーデターは違法であると訴え、クーデターの首謀者を罰すると威嚇した(74)。エリツィンは、クーデターに対抗してゼネストを打つよう呼び掛けた(75)。ロシア議会の議場となっているホワイトハウスの周囲にたちまち群集が集まり、軍からも数個部隊が現地に到着し、議会の防衛を申し出た。ただ、ホワイトハウスを守る群衆は、当初、およそ二万人と見積もられ、その規模はモスクワの初期のデモを大きく下回っていた(76)。これは、国内にいかなる体制を導入するかをめぐる最後の衝突であるように思われた。ロシア共和国副大統領のアレクサンドル・ルツコイは、群集に向かって「我々は世界のほかの人々と同じように暮らすか、あるいは『社会主義の選択』とか『共産主義の繁栄』などと御託《ごたく》を並べ、豚のように暮らすかのいずれかだ」と述べた(77)。ゴルバチョフの元最高補佐官アレクサンドル・ヤコヴレフと元外相のシェワルナゼは、当時すでにゴルバチョフ陣営から離れていたが、ホワイトハウスの群集の中に身を投じた(78)。あるロシアの事業家の述べるところによると、ロシアの一部新興資本家もこの騒動に加わり、中には、八月一九日にホワイトハウス周辺でのデモの実施を手伝った証券取引業者もいるという。[79] エリツィンが一九九〇年五月にロシア最高会議議長に選出されて以来、二重権力が発生しようとしていたが、今やそれが現実のものとなって姿を現していた。守旧派が連邦国家の舵を握ったのに対し、エリツィンと資本主義支持連合はひるむことなくロシア共和国を守った。一方、ゴルバチョフと社会主義改革者は基本的に対立の場にはいなかった。

クーデターの首謀者は、エリツィンとその支持者の抵抗に直面し、思い切った行動をとるのをためらった。彼らは、クーデターの直後、エリツィンを逮捕しなかった。エリツィンが立てこもる議会ビルに攻撃を仕掛けることもなかった。彼らは国内の全報道機関を統制することすらせず、そのため、反クーデター側はクーデター側に対抗して集結することができた。一部観測筋は、クーデター側のこうした失策を無能のゆえであるとした。しかし、ソ連という超大国の政府、軍、安全保障機関の最高指導者の一群が、そろいもそろってクーデターを成功させるのに必要な比較的簡単な組織活動ができなかったとは信じ難い。

おそらく、クーデターの首謀者は、党・国家エリートの内部において積極的な支持がないことをすぐさま悟ったのであろう。あるいは、次のように考えた方が妥当かもしれない。すなわち、行動を起こす前から支持がないことに少なくともうすうすは勘づいていたが、彼らは体制の解体を食い止めるために、少なくとも何らかの行動を起こさずにはあきらめきれないと感じたのかもしれない。彼らはどうやら、ゴルバチョフがクーデター側に加わり、その行動に正統性を与えてくれることを願っていたか、あるいは人民代議員大会が会議を開き、クーデター側の行動を承認することを願っていたようである。彼らの問題は、能力の欠如ではなく、仲間内を超える積極的な政治的支持をまったく得られなかったという点にある。彼らは自分たちが孤立しているのを悟り、あっさりと白旗を掲げた。プーゴは自殺を遂げ、残りのメンバーは唯々諾々《いいだくだく》と逮捕されるがままになった。

クーデターが潰えると、ゴルバチョフはクリミアでの軟禁を解かれ、事態を制するためにモスクワに帰還した。少なくとも、本人はそのつもりであった。ゴルバチョフはクーデターの首謀者を非難し、エリツィンとロシア共和国の議員たちがクーデターに立ち向かったことに感謝した。ゴルバチョフはまた、社会主義への忠誠をことさら再確認してみせ、共産党から「反動勢力」を駆逐すると公約した。(80)

しかし、クーデタがあっけなく失敗に終わったということは、党・国家エリート内部において守旧《しゅきゅう》派と社会主義改革計画のいずれもが強い支持を得ていないということを示していた。エリツィン派は守旧派を打倒し、今や、ゴルバチョフだけでなく連邦をも一掃することが可能であることに気付いた。エリツィンは、クーデター首謀者にも劣る法的根拠しかもっていなかったにもかかわらず、ロシア域内の全資産の所有権を〔連邦中央から〕ロシア共和国に移す大統領令に署名した。エリツィンはソ連国旗を下ろし、昔ながらのロシアの国旗を掲揚した。また、共産党の活動を停止させ、ロシア域内での共産党機関紙の発刊を停止させた。(81) 数日もたたないうちにゴルバチョフは党書記長職からの辞任と党中央委員会に対する解散命令を余儀なくされた。その直後、エリツィンはゴルバチョフにソ連人民代議員大会を解散させ、中央の権限を各共和国の大統領および新設の立法評議会(訳3)に委譲させた。(82) 実際上、連邦政府の中にあってあとに残ったのは、ゴルバチョフという一人の人物だけであった。

ゴルバチョフはその後の数ヵ月、何らかの形で共和国連邦を維持するべく奮闘したが、それは徒労に終わった。エリツィンが見る見るうちに連邦の資産および機関に対する支配を固めたため、そういったものから成り立つ連邦というものがもはや存在しなくなってしまったのである。各共和国は、あからさまなロシア優位の帝国の一部になり下がることを嫌い、次々に独立を宣言していった。今や、ほとんどの共和国が連邦から離脱したいという紛れもない願望にとりつかれていたのである。(83) 共産党第一書記のポストを握っていた共和国の指導者たちは、ロシアの例に倣い、共和国内の共産党を禁止し、民族主義《ナショナリズム》を新たな宗旨とした。たとえば、ウズベキスタンのカリモフ大統領は、あっさりと共産党を「人民民主党」に改称した。人民民主党はウズベク共産党の資産をすべて接収し、党首に同じカリモフをいただいた。(84)

エリツィンは一二月初め、新連邦をまとめ上げようとする最後の努力を封じ込めた。エリツィンはクレムリンの官僚機構の財源を召し上げた。次いで、ほかのスラブ系二共和国、すなわちウクライナとベロルシアの首脳とともに、ソ連邦の最終的な解体と、縛りの緩い「独立国家共同体」〔CIS〕の発足を発表した。CISはいずれの旧ソ連共和国にも門戸を開いていたが、ソ連大統領のゴルバチョフには何の役割も与えられなかった。一九九一年一二月二五日、ゴルバチョフはソ連大統領の職を辞し、三一日にソ連は正式に消滅した。

上からの革命

ソ連体制は、本格的な暴力あるいは流血を引き起こすことなく一掃された。世界中が信じられない思

(訳3)「国家評議会」を指していると見られる。しかし、一九九一年九月五日の人民代議員大会で採択された国家機構法によれば、国家評議会は「内外政にわたって拘束力のある決定を下す」とされているものの、厳密にいうと立法機関ではない。立法府の役割を負ったのは最高会議である。

いで唖然としている間に、一つの社会経済体制がそっくり解体された。二超大国のうちの一方が、比較的平穏のうちに崩壊したのである。このプロセスは、疑いなく革命と呼ぶだけの資格がある。ただし、特殊なタイプの革命ではあるが。

歴史上、社会経済体制が下からの革命によって一掃された例は数多い。そうした古典的な革命の場合、社会体制の中で不遇を託《かこ》っていた勢力が成長を遂げ、旧支配集団を打倒し、旧支配集団が支配の挺子《てこ》にしていた体制を転覆させ、旧体制に代わる新体制の建設という困難な仕事を始める。フランス革命は、近代世界におけるそうした歴史的な出来事の原型である。一九一七年のロシア革命は、二〇世紀の革命の典型である。

ソ連の国家社会主義体制を打倒したのは一応革命には違いないが、それは古典的な革命にはまったく似ていなかった。この体制の終焉は、古典的革命とはまったく異なる社会プロセスに端を発していた。それは上からの革命だった。すなわち、旧支配集団の中核的部分が従来の帰属意識を脱し、それまで支配の挺子となっていた体制に不意打ちを食わせたのである。この革命においては、党・国家エリートは同盟者をもっていた。どのような革命にも、集団同士、階級同士の同盟が付き物である。資本主義支持連合も、知識人、経済学者、新興の民間事業家階級から支持を得た。それらはいずれも、ソ連社会においては権威または物質的富の点で特権集団であった。これまで見たように、知識人と経済学者はとくに革命のプロセスにおいて重大な役割を果たした(85)。しかし、この連合における決定的な因子は党・国家エリートであった。それは、ロシア共和国政府の重要人物の供給源であった。ロシア共和国政府は二重権力状況の中、資本主義支持連合の代表として登場した。新興資本家階級は、大部分が党・国家エリートを母体として出現しつつあった。そして、究極的にほかの二つの集団が無力化され、打倒されたのは、党・国家エリートが資本主義への移行を支持したからにほかならない。

最近の歴史的事件で、一九九一年のロシア革命とぴったり似たものを見つけるのは難しい。あえていえば、一八六八年の明治維新にはいくぶん似たところがある。明治維新というのは、日本が西洋列強の優れた軍事力によって屈辱をなめた後、国内の封建支配階級の内部においてある集団が権力を掌握したことを指す。新しい支配者は封建体制を、西洋に見られるようなダイナミックな資本主義に変えることを決意していた。彼らは、支配階級の特権や封建的土地所有システムを含め、旧体制の中心的制度を廃止した。彼らは国家を利用して資本主義的発展のための土台を整え、それによって鉄道や電信網を建設し、殖産興業に着手した(86)。

しかし、明治維新と、ソ連エリートの国家社会主義から資本主義への鞍替えの間には重大な違いがあった。日本の封建エリート内部で〔幕府に〕造反したのは、下級武士、公家、大名からなる混成集団であった。この集団は、権力を掌握するために、一八六六年から六八年の二年間にわたって戦争を余儀なくされた。それは、ソ連における本質的に平穏な移行と対照的である。しかも日本は、外部の列強によって軍事的、政治的な屈辱をなめさせられたことに対する反応としてそうした急転換を果たしたのである。それに対して、ソ連は二超大国の一方であり、軍事的に征服される危険に瀕していたわけではない。

ソ連終焉のユニークさは、国家社会主義体制の特殊な本質に由来する。歴史に登場したほかの強力な社会体制においては、支配集団は事業を支えるための資産を我が物としており、支配集団の利益のためにそうした資産を多少なりとも公然と運用していた。国家社会主義はこの点を異にしていた。国家社会主義の支配集団は、生産手段を所有していなかった。支配集団の正統性は、もっぱら一般の人々に奉仕するために体制を運営しているのだという言い分の上に成り立っていた。この支配集団を体制に結び付けているのは、歴史的、文化的、情緒的なきずなだけであった。こうしたきずなは、物質的な私利私欲と対立したとき無力化した。

すでに見てきたように、数々のまったく偶然の要因が、ソ連の終焉に一定の役割を果たした。ゴルバチョフの貧弱な経済改革構想は、そうした要因の一つである。別の要因としては、ソ連国家の特殊な多民族構造が挙げられる。それによって、ソ連国家が抑えようとしてきた当の民族主義が成長を遂げたのである。さらに別の要因としては、エリツィンという一個人の野心と特殊な才能も作用した。

ソ連は、たとえば共産党の支配するもう一つの巨大国家である中国と違って、多数の異民族共和国に立脚する多民族国家であったわけだが、仮にそうでなかったら、社会経済体制の終焉と同時に国家が解体することはなかったかもしれない。ソ連国家の解体は、ペレストロイカ時代の数年間に成長を遂げた資本主義支持連合の中核が、ロシア共和国内部で党・国家エリートの立場にあったことの副産物である。また、資本主義支持連合がもっとも確実に権力に至るためにソ連の解体を必要としていたという偶然の事実も、ソ連解体の一因となった[87]。

ソ連終焉にかかわるさまざまな偶然の要因は、一九八五年から九一年にかけての有機的なプロセスから生み出された。それは、ソ連体制の形成以来ソ連の党・国家エリートを縛ってきた厳格で階層的な規律が緩み、党・国家エリートが解き放たれるプロセスであった。ゴルバチョフの民主改革プロセスを貫徹するためには、そうした解放が必要だったのである。しかし、ひと度解放された後に党・国家エリートがすぐに悟ったことは、既存の社会経済体制から得るものが何もないのに対して、それを破壊すれば何でも手に入れられるということである。

しかし、エリートは終始一貫して前進を遂げたというわけではない。一九九一年の春、ソ連国民の過半数は各種世論調査および国民投票において、資本主義の下で生活することに反対であること、また連邦国家を維持したいと願っていることを示した。しかし、一般的に社会の大転換の方向は、世論調査や国民投票によって決まるものではない。一般人が国の望ましい将来像に関していかなる見解をもっていたにせよ、普通のソ連市民はソ連体制によって従順な態度を仕込まれていた。積極的に政治に関与するという伝統は、もはや市民の中に残っていなかった。ゴルバチョフは、ペレストロイカが「革命」であると喧伝したが、普通の人々は決起しなかった。というのも、共産党の階層的な支配が七〇年にわたって続いた結果、一般人は政治の外に身を置き、指導部の言うことを信じないという習慣を身に付けてしまっていたからである。ゴルバチョフが事を進めるスタイルは、大衆動員的性格ではなく、官僚的な身のこなし方を特徴としていた。ゴルバチョフが持論の「改革された社会主義」という目標によっていかに人々に訴えかけようと、普通の人々はそうした目標を支持するために決起することはなかった。それはおそらく、共産党という道具を通じて社会主義を改革し、民主化しようとしたからであろう。何しろ共産党は、トップダウン方式の官僚的悪政の長い歴史に染まっていた。

こうして党・国家エリートは、一九九一年、知識人の中に見いだした同盟者とともにソ連体制の運命を決する立場に立つことができたのである。ソ連体制のこうした構造上の特徴を理解すれば、ペレストロイカの驚くべき結末も、大団円《だいだんえん》に至る驚くべきスピードと平穏さも、もはや驚きとは思えなくなる。ソ連はすでに崩壊した。エリツィンと資本主義支持連合は今や、残存する国家社会主義の諸制度を廃止し、ロシアに資本主義を建設するという仕事に本格的に着手する自由を得たように見えた。しかし、意気揚揚としたロシアの新指導部は知る由もなかったが、彼らの選んだ行く手には巨大な障害が待ち受けていたのである。

第三部　ソ連終焉の影響

第三部　序

一九九一年一二月三一日、ソ連が消滅したとき、影響力、規模とも最大の継承国としてロシアが登場した。[1] ロシアの面積は旧ソ連のおよそ四分の三、人口は半分である。ロシアは、世界最大の陸地面積をもつ国としてソ連を引き継いだ。ロシアの面積は、世界第二位の国より七〇パーセント以上多い。またロシアは、貴金属原料の大部分と旧ソ連の産業基盤の多くをもっている。取り決めにより、ロシアはソ連の継承国の中で唯一の核保有国となる。[訳1] また、ロシアがソ連の国連安全保障理事会・常任理事国のポストを引き継いだとき、それに異論を唱える者はいなかった。

ソ連を継承したほかの一四の共和国ももちろんそれなりに重要である。ウクライナは五二〇〇万人の人口と、旧ソ連においてもっとも耕作に適した農地と立派な産業基盤を擁している。カザフスタンは、陸地面積ではロシアに次いでソ連継承国の中で第二位。米国テキサス州の四倍に相当する。また、豊かな鉱物資源にも恵まれている。しかし、旧ソ連地域を左右するのはロシアである。この地域の将来は、かなりの程度、ロシアで何が起こるかによって決まる。旧ソ連体制の終焉の最終章は、基本的にロシアにおいて書かれるであろう。

ロシアは独立してからの数年間、気の遠くなるような経済的困難を経験してきた。この間、激しい政治的闘争と思いがけない政治的逆流が起こった。政治的闘争は、エリツィン大統領が一九九三年一〇月、議会〔最高会議〕に対する砲撃を命じたとき最高潮に達した。それに続く平穏な時期はわずかの間しかもたなかった。二ヵ月後、新議会の選挙が行われ、エリツィンの敵が多数派を占めた。そして、大統領と議会の新たな闘争が始まった。一九九三年一二月の下院選挙で明らかになったのは、共産党が二年前に完全に葬り去られたかに思われていたのに、そこから再起を果たしたということである。経済的苦境はさらに続き、その上チェチェンでの悲惨な戦争が重なった。こうして二年がすぎた。一九九五年一二月、新たに選挙の洗礼を受けた議会〔下院〕において〔ロシア連邦〕共産党が最大の会派として登場した。ロシアにおける共産党の権力返り咲きは、現実味を帯びているように見えた。

政治闘争が数年にわたって続いたため、一九九一年末にロシアが先頭に立って独立したとき、比較的静かな雰囲気が漂っていたことがともすれば忘れられがちである。ロシアの独立後、しばらくの間エリートは政治的統一を保っていた。これは注意すべき事実である。エリツィン派は国内の重要な組織をすべて残らず支配下に置き、事実上、当初は何ら重大な政治的抵抗には遭わなかった。エリツィンは、国民の投票によって選出された大統領であった。それに対して、議会（とくに人民代議員大会）は、ロシアがソ連邦構成共和国としてのロシアから引き継いだ憲法の下で、強大な権力を握っていたが、最高会議の議長はエリツィンの眼鏡にかなったルスラン・ハズブラートフであった。ハズブラートフは、かつてエリツィンを支持し、一九九一年八月のクーデターに対抗してホワイトハウスを守った。この議会は、

（訳1）　ソ連崩壊の時点で核兵器が置かれていた共和国は、ロシアのほか、カザフスタン、ウクライナ、ベラルーシ。この四者が調印した「アルマ・アタ協定」（一九九一年一二月）に基づき、旧ソ連領に配備されていた戦術核兵器はすべてロシアに移送された。戦略核兵器についても、ロシア以外の三国による全面撤廃の合意を経て、すでに廃棄済みである。

一九九〇年にエリツィンを議長として選出したまさにその議会であった。この議会こそが、ロシア独立の二ヵ月前、すなわち一九九一年一一月、圧倒的な賛成票をもって経済改革の領域において「大統領令による統治権限」をエリツィン大統領に与えたのである。(2) ロシア連邦の三権の一つ、憲法裁判所もまたエリツィンの支持者によって運営されていた。

当時、ロシアの権力構造において統一が保たれていたのは、政治、経済的変化の方向に関してロシア・エリートの内部で広く意見が一致していたからである。ロシアのエリートは、いまだに残るソ連国家社会主義の特徴を一掃し、それに代えて、多少なりとも西側モデルに基づく民主主義的資本主義を据えることを望んでいた。(3) これこそまさに、エリツィンが行おうとしていたことである。組織としての共産党はすでに禁止されていた。共産党の元幹部の大部分は、今や、新体制における猟官《りょうかん》に忙しかった。企業の経営者は、新しい市場の条件の下で自分たちの企業をいかにして立ちいかせるか不安を募らせていた。しかし彼らは、私有化された企業の所有者になれるという見込みに対してうずうずしないではいられなかった。第6章で見たように、一部の者が早々と「自然発生的な」私有化を通じて私企業の所有者になったのをまねようというわけである。

国内には、確かに反対派がいた。しかし、一九九一年の末、それは四散し脇に追いやられていた。個々の共産主義者の中には、新しい政治的方向を拒否する者もいたが、彼らの人影のまばらなデモを見れば分かるように、支持者集めはうまくいかなかった。反西側の立場に立つ民族主義者は、独立ロシアの規模の縮小と強い西側志向に不安を募らせたが、所詮は無力であった。強硬派の共産主義者と民族主義者は議会にいることはいたが、この二つの勢力を合わせても、一九九二年初めの時点ではひと握りの少数派でしかなかった。

しかし、一九九二年の半ばまでには、先鋭化する対立がロシアの政治に浸透し始めた。こうした対立は、基本的にエリツィン政権が市場経済を建設するために採用した特別な政策、すなわち一般に「ショック療法」あるいは「ネオリベラリズム」として知られる政策に端を発するものであった[4]。この政策の影響は間もなくロシアにおいて姿を現し、その結果、社会に鋭い対立が起こり、その対立は深刻化の一途をたどった。かつての親密な仲間同士が、いがみ合う敵味方に分かれた。かつて議会を主たる支持基盤としていたエリツィン大統領は、今や議会との対立に足をとられた。この対立は一九九三年一〇月、暴力的な対立へとエスカレートした。エリツィンが、議会の解散のために武力を行使したのである。しかし、それでも対立は解消されなかった。一九九三年一〇月以降、野党勢力が急進化する中、対立は新たな様相を呈するようになった。

ショック療法に加えて、ロシアにおける政治的対立の第二の原因となったのは、エリツィンの独裁的な統治スタイルである。エリツィンの盟友の中には、巡り巡ってエリツィンの敵となった者もいる。それはロシアにとっての最適の将来をめぐって意見が根本的に対立したからではなく、個人的に新体制における権力の分け前に与《あずか》れなかったことに対する反応であった。とはいえ究極的には、エリツィンの反民主主義的な手法の原因を、エリツィンの州党委員会第一書記としての経歴によって説明することは不可能である。むしろ、そうしたエリツィンの手法は、エリツィンの採用した経済変革の戦略の論理的帰結だったのである。

第三部では、ロシアがソ連解体と同時に独立を達成して以降にロシアで起こった経済的、政治的転換のプロセスを検証する。第8章では、ショック療法の本質と、ショック療法が採用されるに至った経緯を説明する。第9章では、ショック療法が施された間にロシア経済とロシア国民がどうなったかを確かめ、ショック療法が、その支持者によって約束されていたような効果を上げることができなかった原因を説明する。第10章では、ショック療法の結果として、ロシアにおいて不安定で鋭い政治的対立が起こり、エリツィン大統領が権威主義的統治への傾斜を強め、共産党が息を吹き返した有様を示す。第10章ではまた、ロシアが将来いかなる経済、政治的進路をとる可能性があるかを考察する。ロシア指導部が資本主義市場システムを建設するために採用した特別な戦略、すなわちショック療法は、政治的対立を引き起こしているだけでなく、ロシア指導部が達成したいと願っていた目標そのものを侵食する危険をはらんでいる。その結果として、ロシアが資本主義的または民主主義的な体制を建設することに成功するか否かには依然として疑いが残っている。最後に第11章において、社会主義の未来のためにソ連の経験ならびにソ連体制の終焉、およびその結果から引き出すことのできる教訓を考察する。

第8章　ショック療法

独立ロシアの採用した「ショック療法」という経済転換の戦略は、しばしば三つの具体的な政策を束ねたものと同一視される。三つの政策とは、「価格の自由化」「金融・財政政策を通じての経済の安定」「国有企業の私有化」である。(1) しかし、実際のショック療法はそれに尽きるものではない。ショック療法という名称は、その最重要の特徴、すなわち非常に急速な経済転換を求めたことに由来する。国家社会主義体制を資本主義市場システムに転換するという壮大な仕事は、できるだけ速く、すなわち数年以内に行われることになった。一連のまったく新しい政策が、順を追ってというよりも、むしろ一挙に導入されることになった。(2)

こうしたアプローチの支持者は、それを推進するために、たとえば次のことわざに見られるような俗《ぞく》耳《じ》に入りやすい比喩を用いた。

「飛び越しを二度に分ければ奈落に落ちる」(3)

ことわざはともかくとして、経済転換を一気に進めることを良しとする幾つかの論拠が示された。それによれば、ゆっくり進めば長い期間が必要となり、その間、経済体制は古い国家社会主義体制と新しい資本主義市場経済の混合物になる。そうした混合物はうまく機能しない。第二に、次のような主張がなされた。歴史の示すところ、漸進的な転換はうまくいかない。そのことは、一九八五年から九一年にかけての、ソ連経済を徐々に改革しようとする努力が失敗に帰したことからも明らかである。第三に、急速な動きは、転換のプロセスをできるだけ早く不可逆にするために必要であると考えられた。こうした発想を呼び起こしたのは、旧体制の支持者および受益者が時計を逆戻りさせようと企て、それに成功するかもしれないという不安感であった。

ショック療法には、短期間での転換に力点が置かれたことに加え、もう一つの特徴があった。それは、新たな資本主義市場システムを実際に創設していく際に、政府にごく限られた役割しか与えられなかったという点にある。政府は基本的に、古い中央集権的計画システムの廃止、資産の私有化、市場と私有財産にふさわしい新たな法的枠組の立案などにおいて貢献するものとされていた。新しい市場関係を創設し、既存の企業を改造することは民間のイニシアチブに任され、政府が事態を指導するとか規制するといったことは想定されていなかった。ショック療法のこのような特徴は、自由市場経済学者の奉ずる見解によって支えられていた。それら経済学者は、市場経済というものは、国家によって前途を遮られなければ、大なり小なり自動的に成長すると信じていたのである。市場経済は人間社会における経済の「自然な」あるいは「正常な」状態であって、そうした本来の状態が失われるのは、国家の行動に妨げられて機能不全に陥るときだけである、というのである。しかも、西側の多くの経済学者は、国家が市場を先導したり規制したりすることは、百害あって一利なしであろうと考えていた。

ショック療法においては、転換を急速に進めることと、転換のプロセスに対する国家の管理を限定的なものにとどめることが求められていたほか、移行期間においてある具体的な経済政策の組み合わせを実施することが提案されていた。上述の自由化、安定化、私有化は、そうした組み合わせにおける重要な要素であったが、ショック療法に含まれる項目はそれにとどまるものではない。ショック療法におい

て提案された具体的な主要措置は次のものである。(4)

❶価格の自由化。

❷マクロ経済を安定化させること。

（イ）政府支出を削減して予算を均衡させること。

（ロ）貨幣と信用の増加を厳格に制限すること。

❸国有企業を私有化すること。

❹中央による資源分配の要素を残らず一掃すること。

❺自由な国際貿易および投資の妨げとなる障壁を除去すること。

最初の項目である「価格の自由化」が意味していたのは、小売価格および卸売り価格の双方に対する国家の統制をはずし、価格の決定を市場の需要と供給の相互作用にゆだねるということである。価格自由化はまた、非常に特殊で重要な価格、すなわち外貨に対するルーブルの為替レートをも対象とすることになった。政府はルーブルの為替価格を統制するのをあきらめ、「変動相場制」を導入することになった。すなわち、為替価格は自由為替市場における需要と供給によって決まることになったのである。(5)

❷の「マクロ経済の安定」は、インフレの抑制を狙いとして二本柱で構成されていた。一方は、政府予算にかかわるもので、他方は、中央銀行の金融政策に関係するものである。ソ連最後の数年間、連邦予算には多額の赤字が生じていたが、直ちにそれを一掃することになった。軍事費をはじめとして、国有企業、社会プログラム、教育に対する補助金、さらには公共投資など、事実上政府支出のすべての項目において大幅な削減が要求された。一方、経済安定化の第二の柱についていうと、中央銀行は貨幣お

よび信用の増加を大幅に削減することを求められた。銀行業界は貸付資金の大部分を中央銀行に仰いでいた。したがって、中央銀行は、銀行への貸出を削減することによって企業への信用供与を直接制限することが可能であった。

❸の「私有化」においては、小規模企業をすみやかに私有企業へ転換することが要求された。中規模企業および大企業については、急速な私有化は不可能であるというのが従来の認識であったが、ショック療法においては、そうした企業を直ちに「非国有化」し、また「商業化」することが求められた。それは取りも直さず、そうした企業が国有から株式会社へ転換し、旧体制下のような計画遂行型企業から営利企業へ脱皮するということである。当初は国が大株主になるかもしれないが、できるだけ早い時期に国の持ち株を民間の株主に移し、私有化のプロセスを完了するものとされた。私有化は金融以外の部門だけでなく、銀行をもその対象とすることが予定されていた。もっとも、中央銀行は例外である。

❹は、経済に残る中央集権的計画化の要素を一掃することである。中央計画システムはすでに一九九一年の末までに大部分解体されていたが、政府による経済調整の要素は若干ながら残っていた。そうした要素のうち、もっとも重要だったのは国家発注システムである。このシステム下では、企業は生産品のうち一定量を国に納めるために生産しなければならなかった。このような中央計画化の残滓《ざんし》を一掃し、市場を経済調整の唯一のメカニズムとすることになった。

❺においては、旧ソ連の国家統制システムに代えて、自由貿易と資本の移動を認める政策が要求された。財およびサービスの輸出入に関しては、量的制限と過度の高関税が撤廃されることになった。その上、海外投資が奨励されることになり、ロシアの企業および個人は、その気になれば自由に海外に投資できることになった。ルーブルが完全な交換可能通貨（すなわち、ルーブルをもっている者は誰でも、

ロシア人であろうと外人であろうと、そのルーブルを市場レートで自由に外貨に交換できるということ）になれば、自由な貿易と投資が促進されるはずであった。

ショック療法は、ペレストロイカの経済アプローチとはあらゆる点でまったく対照的である。ペレストロイカは、ソ連社会主義経済の改革を目指し、しかもそれを漸進的な形で進めた。また、改革を管理するために国家が利用された。一方、独立ロシアのショック療法戦略は、それを描写するのに「経済改革」という用語が一般に用いられているが、決して通常の意味での改革戦略などではなかった。それは、二重の意味で革命の戦略だったのである。

ショック療法は、社会主義経済を資本主義市場経済に置き換えるという目標において革命である。しかしそれは、そのやり方においても革命であった。というのも、旧体制から新体制への交替にかかる時間をできるだけ短くし、直ちに旧体制を廃止し、間髪を入れず新体制を創設することを予定していたからである。旧体制の要素のうちで、しばらくの間生き残りを許されることになっていたものは何もない。また、旧体制の一部を用いて新体制の建設を後押しするといったことは何ら予定されなかった。

ショック療法はいかに作用すると想定されていたか

価格自由化を直ちに実施するための理論的根拠は、西側の経済学の教科書にならどれにでも書いてある経済学理論に求められた。この理論によれば、自由価格、すなわち需要と供給によって定まる価格は経済を効率化し、消費者の福利を最大化するための鍵である。市場システムにおける自由価格は一種のシグナルとして作用し、消費者が製品の価値をどのように評価するか、また、その製品を生産するために社会の稀少資源がどれだけ必要かを示す。

　ロシアにおける価格自由化は、旧国営経済の悩みの種を克服する切り札になると考えられた。悩みの種とは、効率が悪いことと、消費者のニーズが無視されることである。価格が国家の統制を脱すれば、消費者の欲する財の価格が急速に上昇し、その結果、その財を生産すれば利益が上がるので、企業は増産に応じる気になるものと考えられた。これは、価格の上昇に対する「供給反応」として知られている。買い手のつかない財は価格が下がり、その結果、その財は生産量の引き下げか、あるいはまったくの生産停止のいずれかに追い込まれる。同時に、〔原材料や労働力といった〕生産投入物の価格が自由化されれば、ほかの方法を用いて同じ生産物を生産した場合の真のコストを計算することができるようになるので、企業はもっとも安上がりな方法を選択する気になる。

　しかし、この理論によれば、自由価格はほかの二つの要素が変わらないことには機能しない。従来、中央が資源を分配していたため、企業は価格のシグナルに反応する自由を束縛されていた。したがって、市場をしかるべく機能させるためには、中央による資源の分配を完全にやめなければならない。第二に、国有企業は価格のシグナルに対して適正に反応できない可能性がある。国有企業の支配人は、企業の利益よりも自分の仕事によってもたらされる給与外給付の方に注意を傾けるかもしれない。彼らは、市場のシグナルに反応して変化のリスクを負うよりも、従来通りに物事を進めるという安易な身の処し方を良しとするかもしれない。そこで、私有化を行って、企業の支配権を私営事業家に引き渡すことが必要であると考えられた。私営事業家なら、企業の利益を最大化することを唯一の行動の動機とするはずだ、というのである。旧国有企業は、国家の補助金を受け取る術《すべ》を失うので、消費者の希望にこたえるのを嫌がったり、あるいはこたえることができなかったりすると倒産の憂き目に遭う。そして、倒産した企業に代わって、消費者の要請に従う用意のある企業が登場する。

マクロ経済の安定化政策においては、インフレ対策を講ずることが必要とされた。価格統制が解除されれば、一気にインフレが起こるということは誰の目にも明らかだった。第4章で見たように、ソ連の最後の数年間、価格が国の統制下に置かれたままだったので、ソ連国民の貨幣所得の伸びは市場に出回る消費財の伸びを上回った。その結果、消費者の貯蓄は一九九一年までに巨額なものとなった。[6] この期間、政府の財政赤字もまた、国民の手に資金を注ぎ込むポンプとなっていた。国民の手に収入が流れ込む中、いわゆる過剰流動性が発生し、そうした条件の下で価格に対する国家の統制を不用意にはずせば、物価が大幅に跳ね上がることは必定であった。

安定化計画には二つの側面があった。一つは予算の均衡であり、もう一つは金融の引き締めである。しかし、その目的は同じであった。すなわち、貨幣と信用の膨張を大幅に縮小しようとしていたのである。ロシアの財政赤字は、紙幣を印刷することで賄われていた。したがって、公共支出を削減して赤字をなくせば、通貨膨張の源を断ち切ることができると考えられた。それと同時に、中央銀行が銀行業界および企業からの圧力に抗して過剰な信用供与を拒むなら、インフレはたちまち沈静化すると見られていた。

インフレは金融政策によって克服されるべきであり、またそれは可能であるという見解は、「マネタリズム」として知られる影響力の大きい経済理論によって触発されるところが大であった。[7] ロシアにやって来た西側の最有力顧問たちは、マネタリズムの影響を強く受けていた。それら顧問の中には、ハーバード大学のジェフリー・サックス教授も含まれていた。マネタリストは、インフレを統制する唯一の方法は、金融引き締め政策にあると信じている。マネタリストはまた、そうした政策が正しく実施されれば、当該経済の生産水準に及ぶマイナスの影響は短期的かつ限定的なものにとどめられると主張している。

自由な国際貿易と投資の双方を妨げる障壁の撤廃は、ロシア経済の効率改善をねらいとしていた。自由に輸入される商品がロシア企業に対する競争圧力となり、その圧力にさらされたロシア企業はいや応なしに効率的になろうとするはずであった。(8) 資本の移動を阻んできた障壁を撤廃すれば外国からの対ロシア投資に拍車がかかり、ロシアにとって喉から手が出るほど欲しい専門的知識、テクノロジー、資金が得られると信じられていた。ルーブルを完全に交換可能な通貨にすれば、輸入業者と海外の投資家は、ロシアで稼ぐ収入をルーブルから外貨に自由に交換できると知って安心するはずであり、その結果、財と資本の双方の輸入が促進されると考えられた。

このように安定化政策を別とすれば、ショック療法の各要素はいずれもロシア経済に活を入れることを目的としており、効率を改善し、買い手の欲しがる財の生産を増やし、ロシアの消費者の満足度を高めることを目指していた。予算の削減と通貨供給の引き締めは、インフレの統制を狙いとしていた。ショック療法の一括処方箋は、ロシアがソ連から引き継いだ経済体制を近代的な資本主義市場経済に速やかに変身させ、繁栄させることを約束していた。

ロシアはいかにしてショック療法の採用に至ったか

一九八九年から九一年にかけて発達を遂げた資本主義支持連合は、資本主義を国内に導入しようと決意した。しかし、どのようにしたらそれができるのかについては、誰にも正確なところは分からなかった。それは徐々に行うべきなのだろうか。それとも、急速な転換の方が望ましいのだろうか。

漸進的アプローチの支持者は、ゴルバチョフのペレストロイカが、少なくとも経済の再建に関しては社会主義改革を目指す漸進主義的戦略だったという事実に足を引っ張られた。エリツィンとその腹心たちは、資本主義の建設を公然と語ることはしなかった。しかし、彼らは急速な改革を求め、それはゴルバチョフとの違いを浮き彫りにする重要な指標となった。第4章で見たように、一九九一年までにソ連経済は急速に収縮しようとしていた。それは、中央計画システムの解体と、共和国間の経済的なきずなの弛緩《しかん》という衝撃を受けたためである。こうした中、何らかの思い切った行動を起こさなければならないという考えが、にわかに影響力を増した。

しかし、一口に思い切った行動といっても、具体的にどうのような行動をとったらよいかという問題になると、依然として答えは用意されていなかった。この時点で、西側の経済思想が重要な役割を果たし始めた。ハーバード大学のジェフリー・サックス教授は、一九八九年、共産主義が倒された後のポーランドで新政府への助言を始めた経験がある。サックスはその数年前に、ボリビアのインフレと対外債務返済危機を解決するために一連の政策を立案したことがあった。サックスは、同様の政策をポーランドに適用した。こうして、ショック療法が誕生した。ショック療法は、一九九〇年にポーランドで実施され、国家社会主義から資本主義へ移行するための最適の道であると広く喧伝された。ＩＭＦ（国際通貨基金）は、ショック療法が東ヨーロッパの諸問題を解決するための適切な処方箋であると宣伝し始めた。同じころ、ハンガリーは漸進的な移行の戦略を試みていたが、エリツィンに近い経済学者たちに重大な衝撃を与えたのはポーランドの経験であった。

ショック療法というものは、本質的に、自由市場およびマネタリストの経済理論を、国家社会主義から資本主義体制への転換という問題に応用するということにほかならない。すでに第3章で指摘したように、一九八〇年代の末、西側の経済思想のみならず、その中でもとくに保守的な自由市場理論に魅力を感じていたソ連の経済学者は少なくなかった。したがって、エリツィンに近いロシアの経済学者たちが、ショック療法という戦略に魅了されたのはさして驚くべきことではない。

一九九一年八月のクーデター未遂後、ソ連の中央政府が弱体化の一途をたどる中、エリツィンはゴルバチョフの経済政策を批判する機会だけではなく、ロシアの新たな進路を決定するチャンスに恵まれた。一九九一年の秋、エリツィンの側近であるゲンナージー・ブルブリスが経済学者のエゴール・ガイダールをエリツィンに引き合わせた。ブルブリスとガイダールは、自由民主主義のイデオロギーに鞍替えするまでは正統派共産主義者であり、両者はその点で共通の経歴の持ち主であった。ブルブリスは、かつてマルクス・レーニン主義の講師を務めたことがあった。ガイダールは、第6章ですでに述べたように、〈コムニスト〉誌と〈プラウダ〉紙の編集者を務めた経験があった。ただし、必ずしもモスクワのもっとも著名な経済学者というわけではなかった。

ソ連のほかの有力なリベラル派経済学者（たとえば、グリゴーリー・ヤヴリンスキー）は何らかの形で連邦を維持したいと願っていたが、それに対してガイダールは、ロシアの単独行動という戦略を支持した。ガイダールはエリツィンに対し、ロシアはソ連のほかの共和国と別個に経済転換計画を立案することが可能であるし、またそうすべきであるという見解を披瀝した。この見解は、エリツィンとブルブリスの心をつかんだ。エリツィンは、若きガイダールを筆頭格の経済顧問に任じた。(9) エリツィンは一九九一年一〇月二八日にロシア人民代議員大会で有名な演説を行ったが、その起草者はガイダールであったと見られている。(10)

エリツィンはその演説の中で、重要な事柄を二点指摘した。第一にエリツィンは、ロシアは独自の経済転換の道を進むべきである主張した。この主張から読み取れるのは、エリツィンには、連邦の維持を目指して協力する意志がないということである。第二にエリツィンは、一連の経済措置の概要を明らかにした。それらの措置は、ロシアにショック療法を施すことを認めたも同然であった。エリツィンが要求していたのは、すべての価格を同年の末までに自由化すること、産業と土地の双方を私有化すること、国家支出を大幅に削減すること、金融引き締め政策を実施することなどであった。エリツィンは、こうした措置を早急に講ずる必要があると力説した[11]。

エリツィンは、これらの大胆な新政策から直ちに成果が上がると公約した。エリツィンは人民代議員大会での演説の中で、価格の即時自由化の必要性を擁護して、次のように述べた。

「一挙に市場価格に切り替えることは厳しいし、無理がある。しかし、それは必要な措置である。……およそ六ヵ月の間、生活は苦しくなるだろう。しかしその後、価格は下落し、市場に商品が出回るようになる。（一九九一年六月の大統領）選挙前に公約したように、一九九二年秋までに経済は安定する。国民の生活は次第に改善されよう」[12]

実際にガイダールがこの演説を起草したのであれば、ガイダールは、ショック療法を提唱する西側の経済学者の楽観的な見解を受け入れていたということになろう。西側のショック療法の支持者は、金融と財政の引き締めから生ずる負の影響はわずかな期間しか続かないと見ていた。

エリツィンの支持者の中には、ショック療法の作用に疑念をもつ者もいたかもしれない。しかし、すでにショック療法は、西側の経済学者と権威ある国際通貨基金（ＩＭＦ）が強く勧めるところとなっていた。資本主義について、またその建設方法について一番よく知っているのは西側の経済学者だと考えられていた。こうして、ロシア議会の代議員たちは、心に抱いていた（かもしれない）疑念を振り払ってエリツィンの経済プランを承認した。投票結果は、賛成八七六票、反対一六票という一方的なものであった。また、経済改革を大統領令によって行う権限も、圧倒的多数で承認された[13]。この投票結果から分かるのは、一九九二年から九三年にかけての議会が強硬な共産主義者と民族主義者によって支配されていたという、のちの俗説に説得力がないということである。強硬派共産主義者と民族主義者が、どうして資本主義という将来を選択し、全速で資本主義を目指すという西側から吹き込まれた計画に賛成するであろうか。

民族主義者の中には、西側列強がＩＭＦを通じてショック療法をロシアに押し付けたと不満を述べる者がいる。確かに、ＩＭＦから再三にわたって派遣された西側経済学者のチームは、ロシアにショック療法を適用することを支持した。しかし、無理強いの必要などなかったということは明らかである。ロシアのショック療法プログラムは、エリツィン自身の経済顧問エゴール・ガイダールの指導の下で企画され、当時、ほかのロシアのリベラル派経済学者からはこれといった異論は出なかったのである。最高会議議長で、のちにエリツィンの最大の政敵となったルスラン・ハズブラートフも、当初はショック療法に対して何の疑念も抱いていなかったようである。一九九一年一〇月、ＩＭＦのカムドシュ専務理事はモスクワでハズブラートフと会談し、経済政策について話し合った。経済専門家でもあるハズブラートフは、志操堅固な、相手の意見に迎合しない人物として知られていた。伝えられるところによると、そのハズブラートフは、異義申し立ての余地ある強硬な金融、財政政策を含め、カムドシュのショック療法アプローチに強い賛意を示したという[14]。ハズブラートフがその後一九九四年に語ったところによると、ショック療法の中心的要素である私有化を支持してもらうため、当初乗り気でなかったエリツィンを説き伏せなければならなかったという(15)。

ＩＭＦ側は、一九九一年の秋、ガイダール以下のロシア政府指導者と一連の会談を行ったとき、ロシア側がすでにショック療法を熱烈に支持していることを知った。一九九一年一一月初め、西側経済専門家からなるＩＭＦ訪露団との最初の会談においてガイダールは、急速な自由化、安定化、私有化を目指す計画を披露した。この会合は、綱引きの場ではなく意見の一致の場であった(16)。

その後の数ヵ月、ＩＭＦとロシア指導部との間では若干の意見の対立は見られたが、それはショック療法の実施の細目をめぐるもので、ショック療法という政策そのものをめぐるものではなかった。たとえば、ガイダールはＩＭＦの反対にもかかわらず、一九九二年一月二日の価格自由化に石油価格を含めることを拒否した。伝えられるところによると、ガイダールは、すべての価格の自由化は望ましいという点には同意したが、同時に次のように警告を発した。もし、石油価格を直ちに自由化すれば、政府は政治的圧力に押されて、トラクター用燃料および家庭暖房用石油の大幅な値上がりを相殺するために、農業および都市一般家庭に対し莫大な補助金を出すことを余儀なくされる。そして、その結果、ショック療法プログラムの安定化という目標が損なわれるであろう(17)。これが、ガイダールの警告であった。

ショック療法の実施

ショック療法プログラムの中でもっとも実施が容易だったのは、価格自由化である。当初、一九九一年の暮れを迎えるまでに行われるはずだった価格自由化は、一九九二年一月二日に延期された。その日は、ソ連の公式な解体後の最初の労働日であった。この日に先立つクリスマスのころ、ロシアの経済相アンドレイ・ネチャーエフは、西側経済専門家からなるIMF訪露団に対し、価格自由化が行われると、最初の一ヵ月で物価が二倍かそれ以上に跳ね上がるのではないかと懸念を表明した。報道によると、米国の経済学者でIMF訪露団のメンバーでもあったトーマス・ウルフは、一月の物価上昇はわずか七〇パーセントにとどまるはずだとの予想を示し、ネチャーエフを安心させた(18)。

一月二日、ロシア全土で、卸売り価格の八〇パーセント、小売価格の九〇パーセントが国家統制の対象からはずされた(19)。それに続く物価の上昇は、IMF専門家の予想をはるかに超えるものとなった。一ヵ月間に小売物価は三・五倍、生産者物価は五倍近く上昇した(20)。

一九九二年二月、ロシア政府と中央銀行は、IMFの専門家と協力して「経済政策に関する覚書」と呼ばれる政策声明を出した。この「覚書」は、ショック療法のプログラム全体を具体的に示すものであった。「覚書」においては、次のことが想定されていた。

❶残りの統制価格をほぼすべて自由化すること。
❷年末までに財政赤字ゼロを達成すること(後に、この数字はGDPの五パーセントに緩められた(21))。
❸企業に対する補助金を大幅に削減すること。
❹信用供与を引き締めること。
❺国有企業を商業化し、次いで私有化すること。
❻国家発注を撤廃すること。
❼交換可能ルーブルを維持すること。

翌月、ＩＭＦは「覚書」を承認し、その翌日、ブッシュ米大統領とコール独首相は二四〇億ドルの対露一括支援を発表した[22]。四月末、ロシアはＩＭＦ加盟を正式に認められた。今や、ロシアのショック療法の実験が進みつつあった。

経済政策が宣伝通りに成果を上げないと、決まって、政策そのものが果たして厳密に実行に移されたか否かについての議論が起こる。当該の政策の支持者は、大抵の場合、大部分の人々が受け止めている以上にうまくいっていると主張する一方で、政策が額面通りに実行されていないとの不満を述べる。一九九二年の一月以降の数年間、そうした議論がショック療法をめぐって展開された。

ショック療法は、経済理論家のペンから生み出された雛形通りに実施されたわけではない。しかし、ロシア政府は、このプログラムの基本的部分を実施に移すために断固たる努力を傾注した。一九九二年の最初の六ヵ月、プログラムはすこぶる厳密に実施された。そのため、大きな経済的、政治的圧力が生じ、のちにプログラムは手直しされた。しかし、当初目標からの逸脱が若干あったとしても、本質的にロシアの経済政策は、一九九二年から本書執筆の時期（一九九五年末）に至るまでショック療法の処方箋に準拠している[23]。

一部の商品に価格統制を再導入すべきだとの声が多数上がったにもかかわらず、そうしたことは行われなかった。逆に、時間がたつにつれて、そうした統制は次々に撤廃され、燃料が唯一の重要な例外となった。国家発注のシステムは、中央による資源分配の最後の重要な要素であったが、一九九二年に終止符が打たれた。

政府支出は、一九九二年の第一・四半期において実質四〇パーセント削減された。ある尺度によれば、この四半期、国内総生産（ＧＤＰ）比〇・九パーセントの財政黒字が達成された[24]。**グラフ8‐1**に示

グラフ８－１　ロシア政府の支出、収入、財政赤字（対GDP比）。

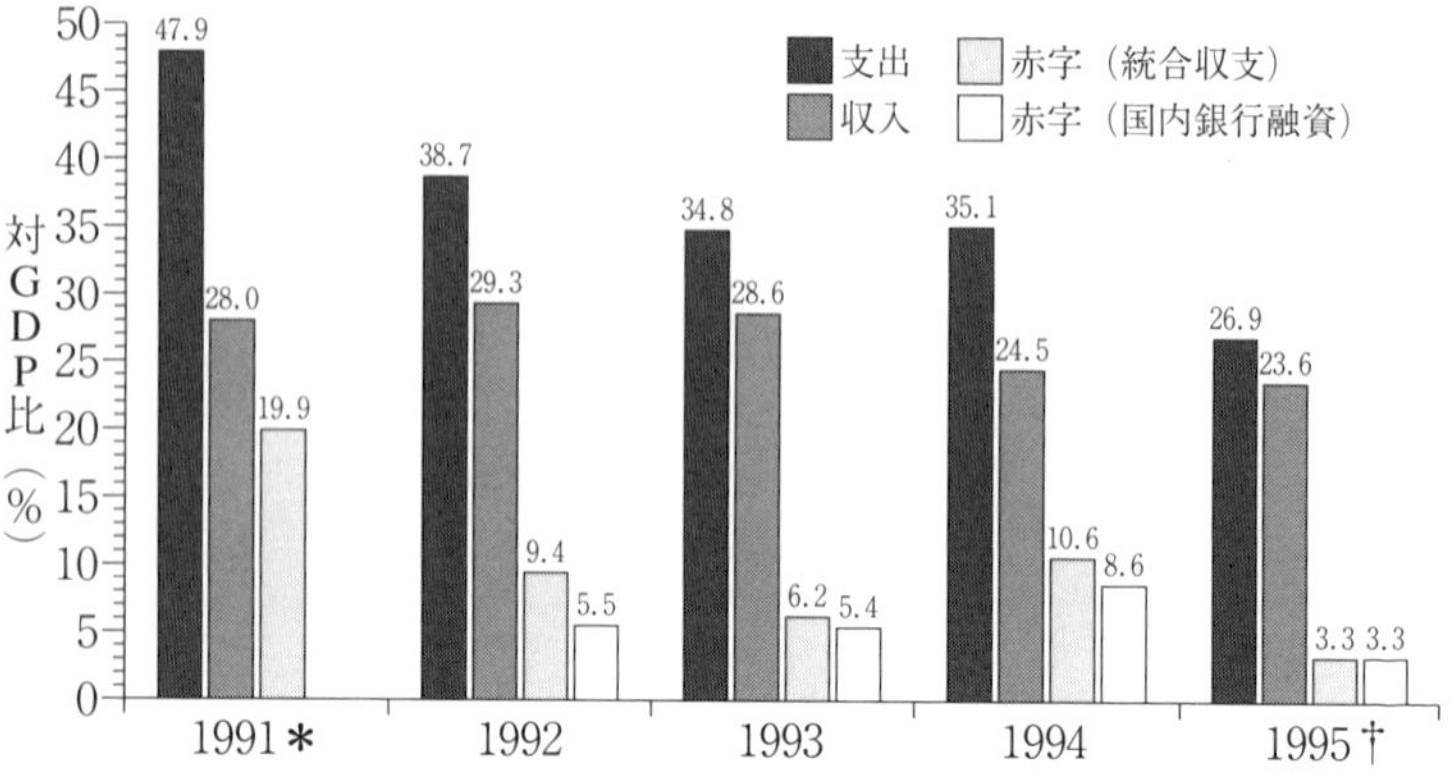

出典：参考文献一覧［88］70頁。［91］５頁、21頁。
＊推定。
†1995年上半期推定。

したように、年間を通じて見ると、一九九二年における政府支出はＧＤＰの三八・七パーセントにまで低下した。ちなみに、前年（一九九一年）のそれはＧＤＰの四七・九パーセントと見積もられている。一九九三年から九四年にかけての政府支出はＧＤＰの三五パーセント前後にとどまり、一九九五年の上半期においてはさらに低下した。一九九三年までに、ロシアのＧＤＰに占める公共支出は同年のアメリカの三四・五パーセントという数字と比べて遜色のないものとなっている(25)。

ソ連最後の数年間、税収が激減した。**グラフ８－１**が示しているように、ロシア政府は対ＧＤＰ比で税収を大きく底上げすることができなかった。一九九三年を過ぎると、税収は一九九一年の水準をも下回った。一九九一年というのは、ソ連最後の年、すなわち混迷のどん底にあった年である。その結果、政府は支出の大幅削減を達成したにもかかわらず、一九九二年の第一・四半期を過ぎると、財政赤字を完全になくすことができなかった。

財政赤字の測定は、慎重な扱いを要する作業である。幾つかの異なる数値が公表されているが、ベースとなる赤字の定義はまちまちである。統合予算(訳1)における収入と支出のフローの差を示すものであるが、この統合予算収支に基づく赤字は、ショック療法の一環としての赤字削減の実効性を判断するには最適の尺度ではない。むしろ、そういった目的にもっともふさわしい尺度は国内銀行融資をベースとする赤字である。グラフ8－1に、両方の尺度による赤字を示してある。ショック療法戦略の一環としての財政赤字の削減は、マネー・サプライの伸びの削減を狙いとしている。財政赤字の影響を通貨流通量の形で明らかにしてくれるのは、国内銀行融資をベースとする財政赤字の方である。

一九九二年と九三年の国内銀行融資をベースとする財政赤字は、グラフ8－1が示しているように、GDPの五パーセントというIMFの修正目標に非常に近いものとなっている。一九九四年、赤字はGDPの八・六パーセントにまで増加した。その大部分は、支出の増加ではなく税収の落ち込みによるものである。一九九五年の上半期、IMFの目標値は完全に達成された。このようにロシア政府は、支出の大幅削減というショック療法の計画を遵守し、IMFの定めた最初の二年間の赤字目標をおおむね達成した。ロシア政府は一九九四年に若干手綱を緩めたが、一九九五年には再び既定路線に戻った。

政府支出の大幅削減を達成するために用いられてきた手法の一つは、行政府が立法府の決めた予算を必ずしも一〇〇パーセントは執行しないとか、支出の約束を反古《ほご》にするという政策である。財務省は、確保済みの財源に使途無制限の追加収入を加えたものを上限とし、それ以上の支出はひたすら拒否する。この政策は、一九九三年一二月二一日付の大統領指令の形で成文化され、連邦政府から支払いを受ける

（訳1）　連邦予算と連邦構成主体の予算を合わせたもの。

グラフ8－2　通貨供給量と消費者物価の伸び率

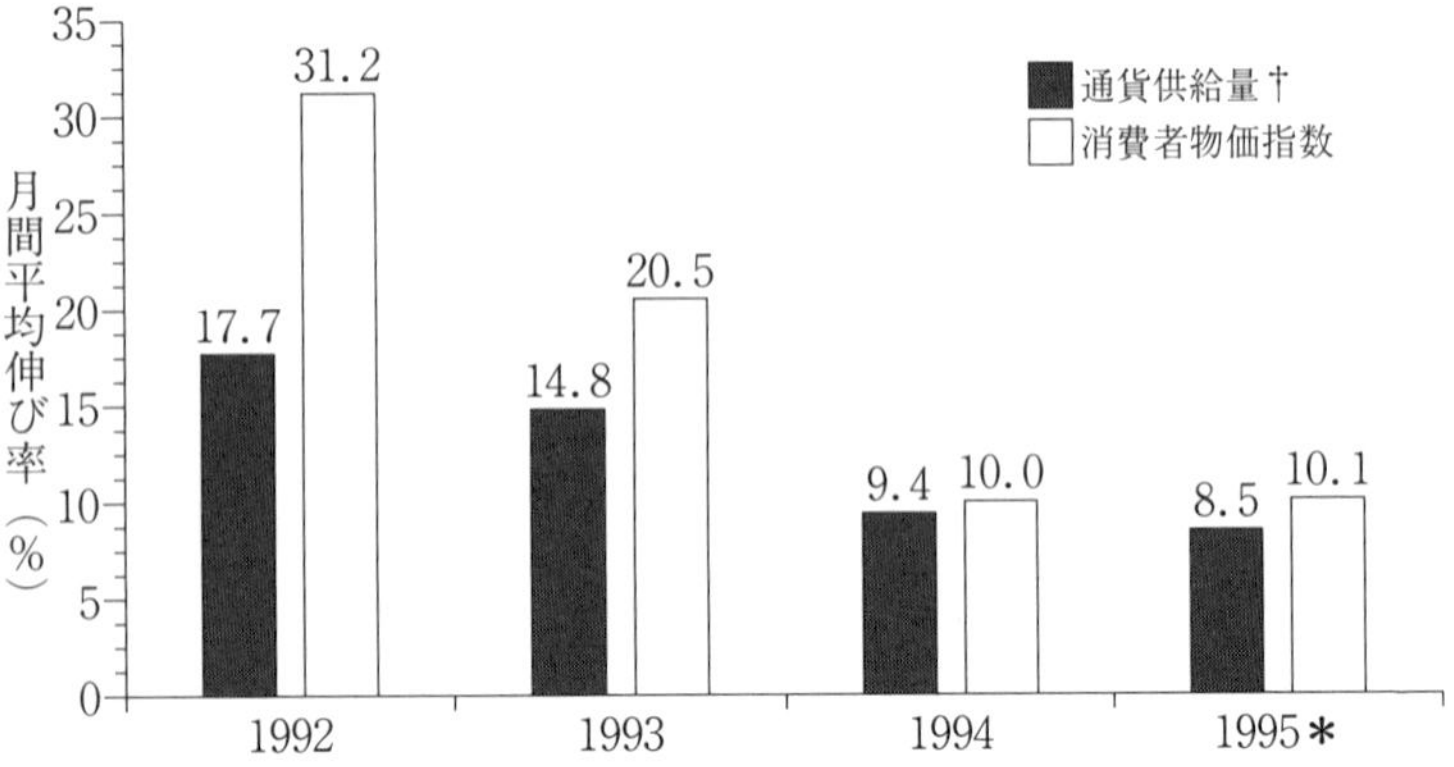

出典：参考文献一覧［89］88頁、100頁。［90］73頁、98頁。［91］8頁、26頁。
＊1995年は上半期のみ。
†ルーブル・ブロードマネー〔M3〕。

ロシアの企業やそのほかの組織にとって重大問題となった[26]。

ロシア中央銀行の金融政策は、当初きわめて厳格であった。一九九二年の最初の三ヵ月間に消費者物価は五二〇パーセント上昇したが、通貨供給量はわずか三二パーセントの増加しか許されなかった[27]。この三ヵ月で、通貨供給量の実質価値は七九パーセント低下した。この著しくタイトな金融政策の経済的結果については第9章で議論するが、こうした経済的結果が引き金となって政治的圧力が生じ、金融政策はいくぶん緩められることになった。一九九二年の下半期、通貨供給の伸びは物価の伸びを上回った。それにもかかわらず、**グラフ8－2**に示すように、一九九二年全体では、消費者物価が月間平均三一・二パーセントの上昇を示したのに対し、通貨供給量の伸びは月間平均一七・七パーセントにとどまった。**グラフ8－2**に示したように、一九九二年から九五年にかけて、毎年、通貨供給の伸びは物価の上昇を下回った[28]。これは、ロシアの急激なインフレの条件下で、金融政策がショック療法プログラムの要求通りにタイトであったことをもっとも如実に示すものである(29)。このように、安定化政策の両方の側面、すなわち財政・金融政策において、ショック療法の処方箋はかなりきっちりと守られたのである。

私有化の進み具合は予想以上に急速であった。大部分の小規模企業は、一九九二年に直ちに私有化された。一九九二年の下半期、政府は中規模企業および大企業を株式会社に改組し始めた。一九九二年の終わりから一九九三年の初めにかけて、一億四八〇〇万枚の私有化バウチャー(訳2)が国民全員に配布された。それは、新設企業の株を購入するのに使われることになっていた。しかし、公開バウチャー・オークションを通じて売られた株は、全体のおよそ一八パーセントにすぎなかった(30)。一九九四年七月一日現在、株式会社の私有化の七四パーセントは、従業員による株の買い取りによるものであった(31)。一九九四年半ばまでに、国有企業および地方当局所有企業の三分の二が何らかの方法で私有化された(32)。

ロシア企業の法律上の形態は、このように急速に国有から私有へと移行した。公式統計によると、一九九四年の末までに、非国有企業の比率は工業生産の七八・五パーセント、工業部門の雇用の六九・九パーセントを占めていた(33)。政府は依然として企業に各種補助金を提供していたが、その額は着実に減っていった。それは、一九九二年にはＧＤＰの二三・九パーセントだったのに、一九九三年には一〇・〇パーセントとなっている(34)。

ロシアは、国際貿易、投資政策という最重要分野においてショック療法の処方箋を守った。ロシアは、

(訳2)　私有化される国有企業の株式を取得するためのクーポン券で、額面は一万ルーブル(一九九三年の年初のレートで約三千円)。

一九九二年一月に輸入制度を自由化し、一時的には輸入関税の全面撤廃にまで至った。同年七月以降に関税が導入されたが、輸入割当や、輸入品に対するライセンス供与の制限が設定されることはほとんどなかった。ＩＭＦはいみじくも、ロシアの「輸入制度からほとんど完全に制限がはずされた」と述べた[35]。また、ロシア政府は海外から投資を引き寄せようと躍起になった（ただ、依然として重大な障害は残った[36]）。たとえば、複数存在するルーブルの為替レートを政府が統制するというシステムは、一九九二年七月までに、市場によって決まるレートに一本化された。そして、同年一一月までに、ルーブルに経常取引交換性が与えられた[37]。

ロシアの輸出は、ライセンス供与の制限、輸出割当、中央集権的輸出手続などの拘束を受けてきた。ショック療法は全面的な自由貿易を要求するものであったが、自由な輸出よりも自由な輸入の方にずっと大きな力点が置かれていた。いずれにせよ、輸出制限の効果は実際上、限定的であった。というのも、政府のそうした規制が厳格でなかったからである。このことがよく当てはまるのは、ロシア人による資本輸出である。資本輸出は制限されていたが、制限逃れが横行した。

本書執筆時点で、ショック療法の戦略が独立ロシアで実施されて四年になる。これは、ショック療法の作用を評価するのに充分に長い期間である。次の章でそうした評価を試みたい。

第9章　ショック療法の結果

ロシアのショック療法は、一九九二年一月に続く四年間に行われた。[訳1] この間にロシア経済の急速な転換が行われ、資本主義市場システムが導入されるはずであった。そのシステムは効率的で、技術水準が高く、消費者志向を特徴とし、繁栄を謳歌するはずであった。この期間、実際に何が起こったのであろうか。ショック療法は、その支持者が予想していたような形で作用したであろうか。この政策によって得をしたのは誰か。また、損をしたのは誰だろうか。

価格自由化は、生産の増大を促すと考えられていた。「供給反応」が期待されていたのである。一九九二年四月の国際通貨基金（ＩＭＦ）の報告書は、「価格自由化に対する供給反応の証拠」として、モスクワで小規模な街頭物売りが出現したことを挙げている。ところが、その多くは家計の足しにするために、家庭にあったものを売りに出していたのである。[1] モスクワとサンクトペテルブルクの商店の棚はまたたく間に多様な商品であふれ、そして、それは西側のメディアで好意的に紹介された。しかしこれは、生産が上向いた結果ではなかった。唯一の供給増加の源は、以前入手できなかった輸入品の流入である。市場に突然商品があふれたのは供給が増加したからではなく、価格が跳ね上がったため多くの商品が大部分の家計にとって手の届かないものとなり、消費者の購買力が大幅に低下したからである。[2]

（訳1）　ショック療法を構成する基本的政策（二六五ページ参照）は、現在でも続けられていると考えられる。

モスクワ・アルバート街で身の周りの品物を売る市民

経済産出量に関する公式データを見れば、価格自由化に続いてプラス方向の供給反応ではなく、その逆のことが起こったということが分かる。ロシアは、ショック療法が導入されて以降四年間にわたって生産の大幅低下を経験した。ちなみに、生産低下は一九九五年末現在、依然として続いている。[訳2]

グラフ9－1が示しているのは、一九九〇年から九五年にかけて、幾つかの指標においてロシアの経済活動が全般的に落ち込んでいるということである。ただ、いずれの国においても、マクロ経済のデータは慎重な取り扱いが必要である。[3] 解釈に多くの問題があるからである。しかし、そうしたデータは、経済の成長または収縮の方向と規模をなにがしか示唆してくれる。[4] ロシア経済はすでに一九九一年に収縮しつつあったが、経済の落ち込みが加速化したのは、**グラフ9－1**の数字が示すように、一九九二年一月にショック療法が始まって以降のことである。国内総生産（GD

グラフ9-1 ロシア・マクロ経済指標の低下率（％）

（a）国内総生産

年	低下率（％）
'91	-9
'92	-19
'93	-12
'94	-15
'95	-4
'91-'95	-42
'90-'95	-47

（b）工業生産

年	低下率（％）
'91	-8
'92	-18
'93	-14
'94	-21
'95	-3
'91-'95	-46
'90-'95	-50

（c）農業生産

年	低下率（％）
'91	-5
'92	-9
'93	-4
'94	-12
'95	-11
'91-'95	-32
'90-'95	-35

（d）投　資

年	低下率（％）
'91	-15
'92	-40
'93	-12
'94	-27
'95	データ未入手
'91-'95	-61
'90-'95	-67

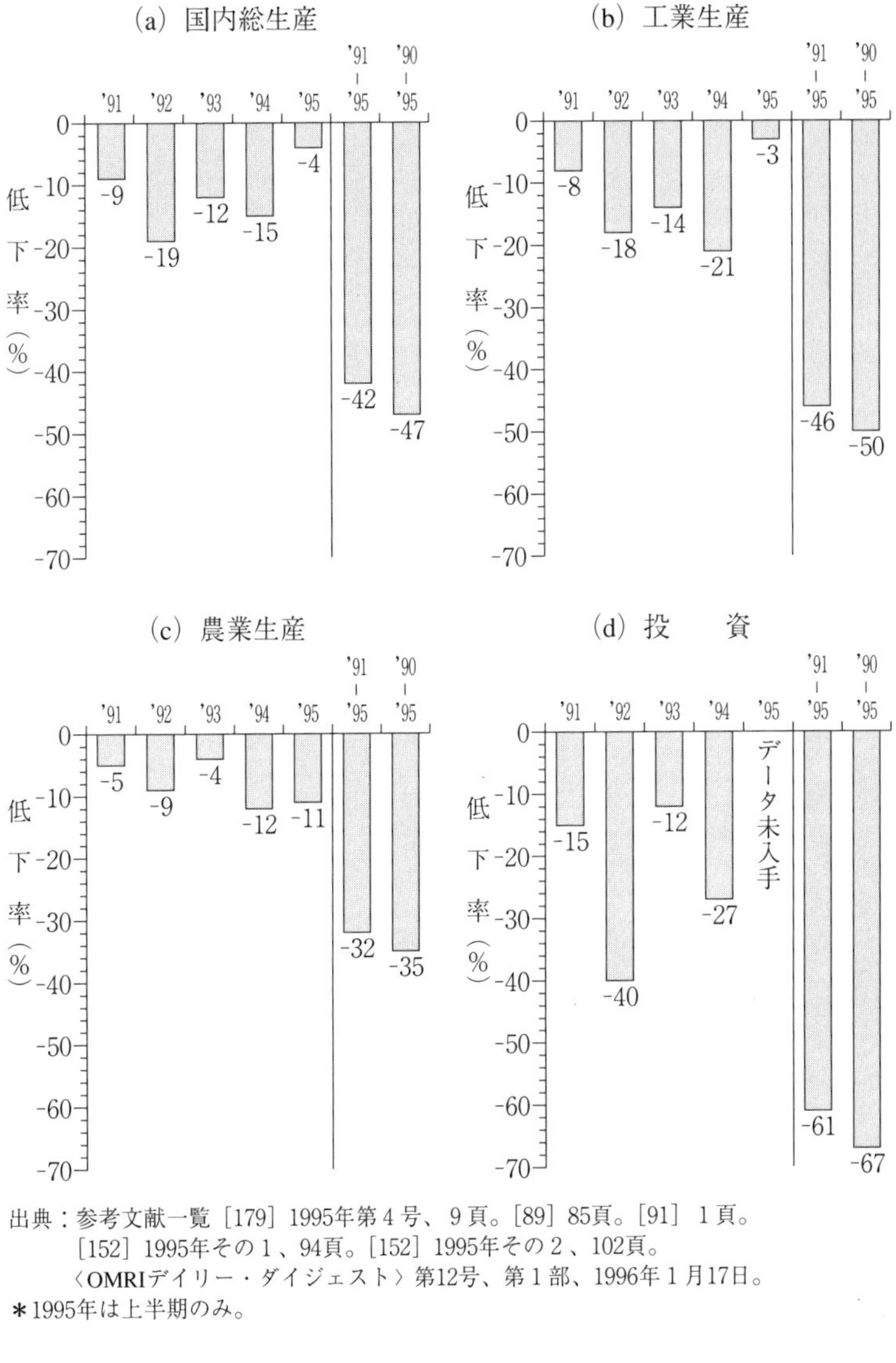

出典：参考文献一覧［179］1995年第4号、9頁。［89］85頁。［91］1頁。
　　　［152］1995年その1、94頁。［152］1995年その2、102頁。
　　　〈OMRIデイリー・ダイジェスト〉第12号、第1部、1996年1月17日。
＊1995年は上半期のみ。

表9－1　部門別実質工業総生産の増減率（単位％）

部門	1991	1992	1993	1994	1995[a]
電力	＋0.3	－4.7	－5.3	－8.8	－5.0
燃料	－6.0	－7.0	－15.0	－10.0	－0.6
鉄	－7.4	－16.4	－16.6	－17.4	＋12.0
非鉄金属	－8.7	－25.4	－18.1	－9.0	＋0.8
化学薬品	－8.3	－22.6	－19.9	－20.0	＋8.0
石油化学製品	－3.0	－19.4	－24.9	－35.0	＋13.0
機械	－10.0	－16.2	－16.6	－33.0	－4.0
木材	－9.0	－14.6	－18.7	－30.0	－7.0
建材	－2.4	－20.4	－17.6	－27.0	－6.0
軽工業	－9.0	－30.0	－23.4	－46.0	－36.0
食品加工	－9.5	－16.4	－9.2	－17.0	－9.0

出典：参考文献一覧［［91］2頁。
原註：a 1995年は上半期のみ

表9－2　製品別生産高

部門	1991	1992	1993	1994	1995[a]
天然ガス（10億立方メートル）	643.4	641.0	618.5	561.1	600.0
乗用車（千台）	1,030	963	956	799	785
鉄鋼（100万トン）	77.0	66.9	58.1	48.8	51.6
石油（100万トン）	462.3	399.3	353.5	312.7	306.8
化学肥料（100万トン）	15.0	12.3	10.0	7.5	8.9
紙（千トン）	4,765.0	3,604.0	2,882.0	2,214.0	2,775.0
植物油（千トン）	1,165	994.01	1,137	793	678
小麦粉（100万トン）	20.5	20.4	17.2	12.7	11.6
セメント（100万トン）	77.5	61.7	52.2	37.2	36.9
冷蔵庫と冷凍庫（千台）	3,710	3,184	3,485	2,626	1,764
化学繊維と糸（千トン）	529	474	349	197	220
洗濯機（千台）	5,541	4,289	3,863	2,100	1,325
綿布（100万平方メートル）	5,295	3,294	2,324	1,508	1,225
テレビ（千台）	4,439	3,672	3,975	2,161	979
トラクター（千台）	178	137	89	29	22

出典：参考文献一覧［90］66頁。［179］1994年11～12月、13～22頁。［179］1995年、第4号、13～22頁。［179］1995年、第12号、12～20頁。
原註：a 1995年は最初の11カ月に基づく推定値。

P）または工業生産を尺度とする低下率は一九九三年にはわずかに落ち着きを見せたが、その後一九九四年に再び加速化した。GDPと工業生産の落ち込みは一九九五年も続いた。ただし、低下率はかなり鈍化した。ショック療法導入後の四年間、GDPは四二パーセント低下し、工業生産は四六パーセント落ち込んだ。ちなみにアメリカでは、一九二九年から三三年にかけて経済収縮が続き、アメリカ経済は大恐慌のどん底に達し、国民総生産（GNP）は三〇パーセント低下した。[5] この尺度に従うなら、ショック療法導入以後のロシアの不況は、米国最悪の経済危機と比べて深刻度が四割増だったということになる。

グラフ9－1が示しているのは、農業生産もじわじわと低下を続けているということである。ただし、農業生産は概してGDPや工業生産ほど急速な落ち込みを見せていない。また、投資は壊滅状態に近く、一九九〇年から九四年にかけて三分の二ほど落ち込んだ。これは、ロシア工業の暗然たる将来を予想させるものとなっている。

総和的な生産データは、国民経済の状態をごく近似的に示しているにすぎない。というのも、一つの数字では経済全体の好不調を完全に把握することはできないからである。そのような総和的なデータばかり見ていると、部門ごとの、かなり異なる傾向が見えなくなってしまうことがある。したがって、個

（訳2）〈ロシア統計年鑑〉（一九九八年版、四五頁）によると、一九九五年以降の前年比GDP（パーセント）の推移は次の通り。九五・九パーセント（一九九五年）、九六・五パーセント（九六年）、一〇〇・八パーセント（九七年）。マイナス成長を続けてきた生産が、一九九七年にようやく上向きに転じたことが読み取れる。ただし、翌一九九八年の国内総生産は、夏の金融危機もあって再び下降したと見られている。

グラフ９－２　部門別実質工業総生産高（1991～95年＊）

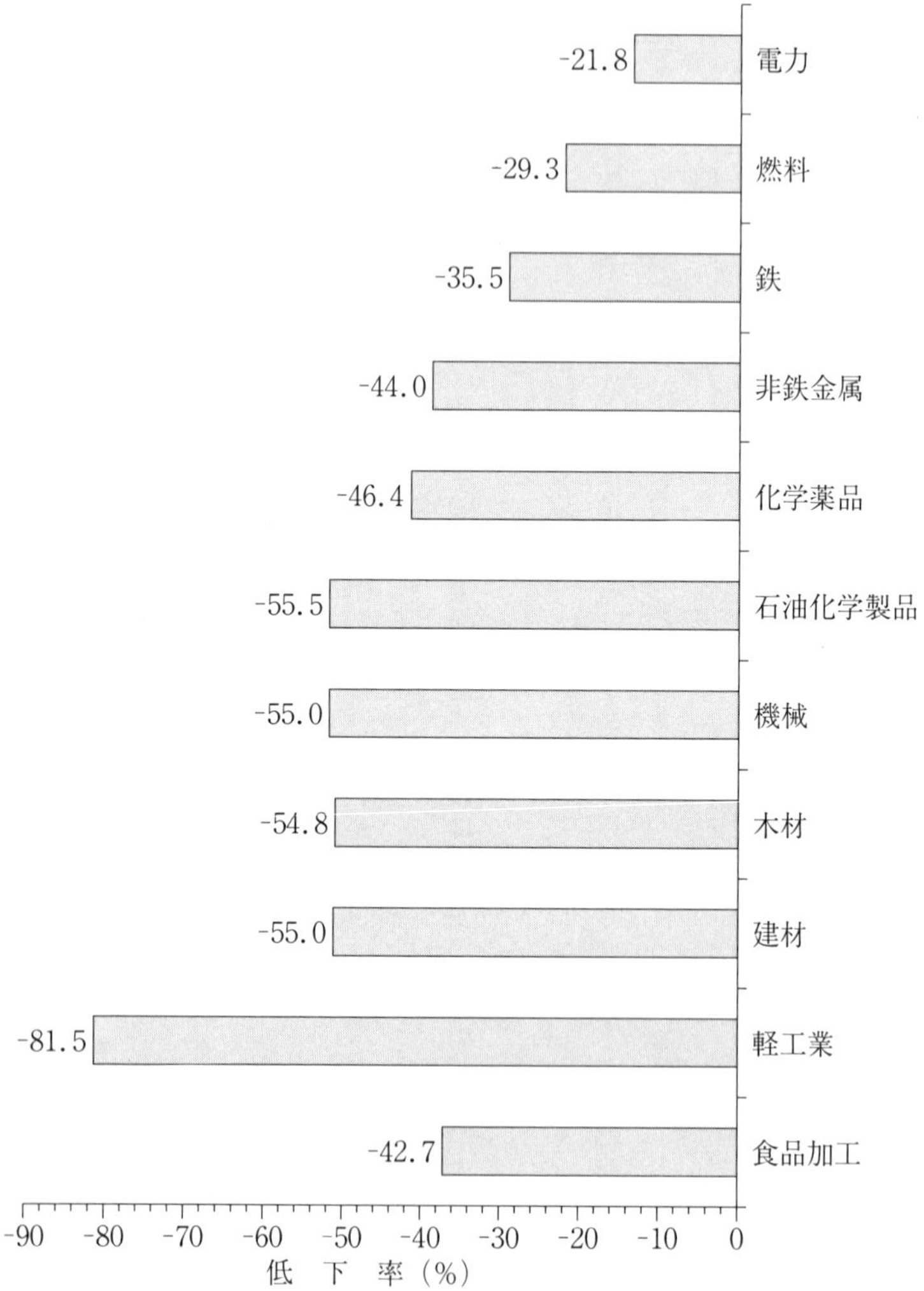

出典：参考文献一覧［91］２頁。
＊　1995年は上半期のみ。

グラフ９－３　製品別生産高の低下率（1991～95年）

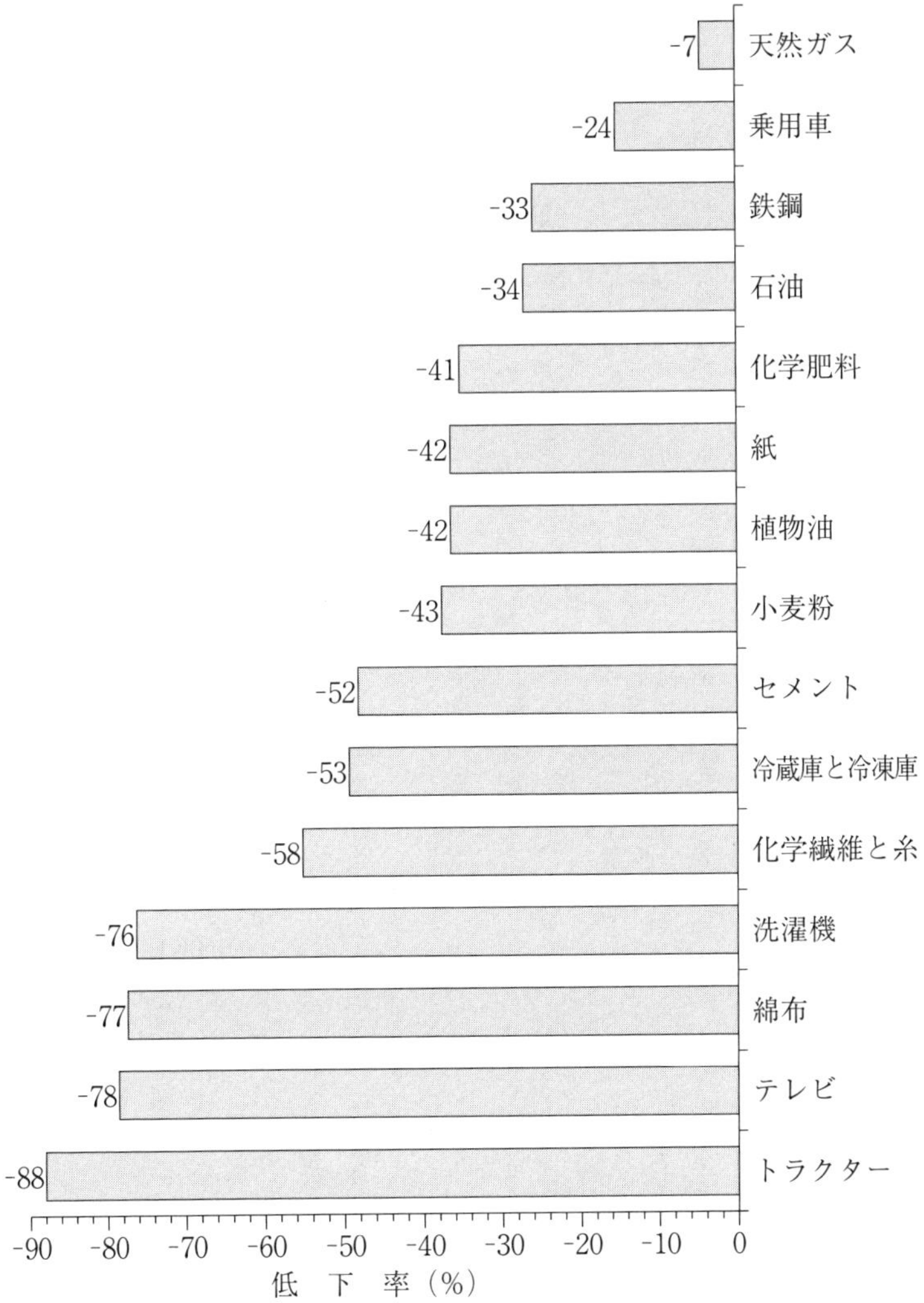

出典：表９－２を見よ。

々の経済セクターと個々の生産物の傾向を一瞥することによって総和的なデータを補足するなら、それは有益なものとなる。**表9－1**と**9－2**、**グラフ9－2**と**9－3**は、**グラフ9－1**の総和的なデータによって描き出されている深刻な経済不振が決して統計上の幻影ではないということを示している。

表9－1と**グラフ9－2**は、ロシアの工業生産のうち、一一のセクターの生産実績を示している。**グラフ9－2**が示しているように、一九九二年から九五年までのショック療法の期間、一一のセクターのいずれにおいても大幅な生産低下が見られる。[6] 電力と燃料だけは、落ち込みが三分の一以下にとどまっている。繊維、衣料、皮革製品などを含む軽工業は、一一のセクターの中では最悪の落ち込みを見せている。[7] **表9－1**が示すように、一九九五年、四つの金属および化学セクターにおいてようやく成長が始まり、燃料もほぼ落ち込みが止まった。

個々の生産物に関する手元のデータによると、主要な生産物のうち、一九九一年から九五年にかけて生産が増加したものは一つもない。[8] **グラフ9－3**は、生産財および消費財の中から抽出した品目の、物理的な生産量の低下率を百分率で示したものである。各品目は、一九九一年以降の四年間において低下率が小さかったものから順に並べてある。**グラフ9－3**において、植物油と小麦粉という消費者にとって欠かすことのできない食料品が四〇パーセント以上の落ち込みを見せていることに注意されたい。天然ガスだけは、低下率が小さくて七パーセントである。**表9－2**が示しているのは、ショック療法が始まって四年目の一九九五年に、表に掲げた品目の中で一部のもの（天然ガス、鉄鋼、化学肥料、紙、化学繊維および撚糸）がようやく生産の伸びを見せたということである。

ショック療法が引き起こしたインフレは、予想以上に急激だったのみならず、封じ込めるのはもっと難しかった。一九九一年以前、ソ連経済においては開放型インフレはほとんどなかった。ソ連の消費者

グラフ9－4　月間平均消費者物価上昇率（1991～95年）

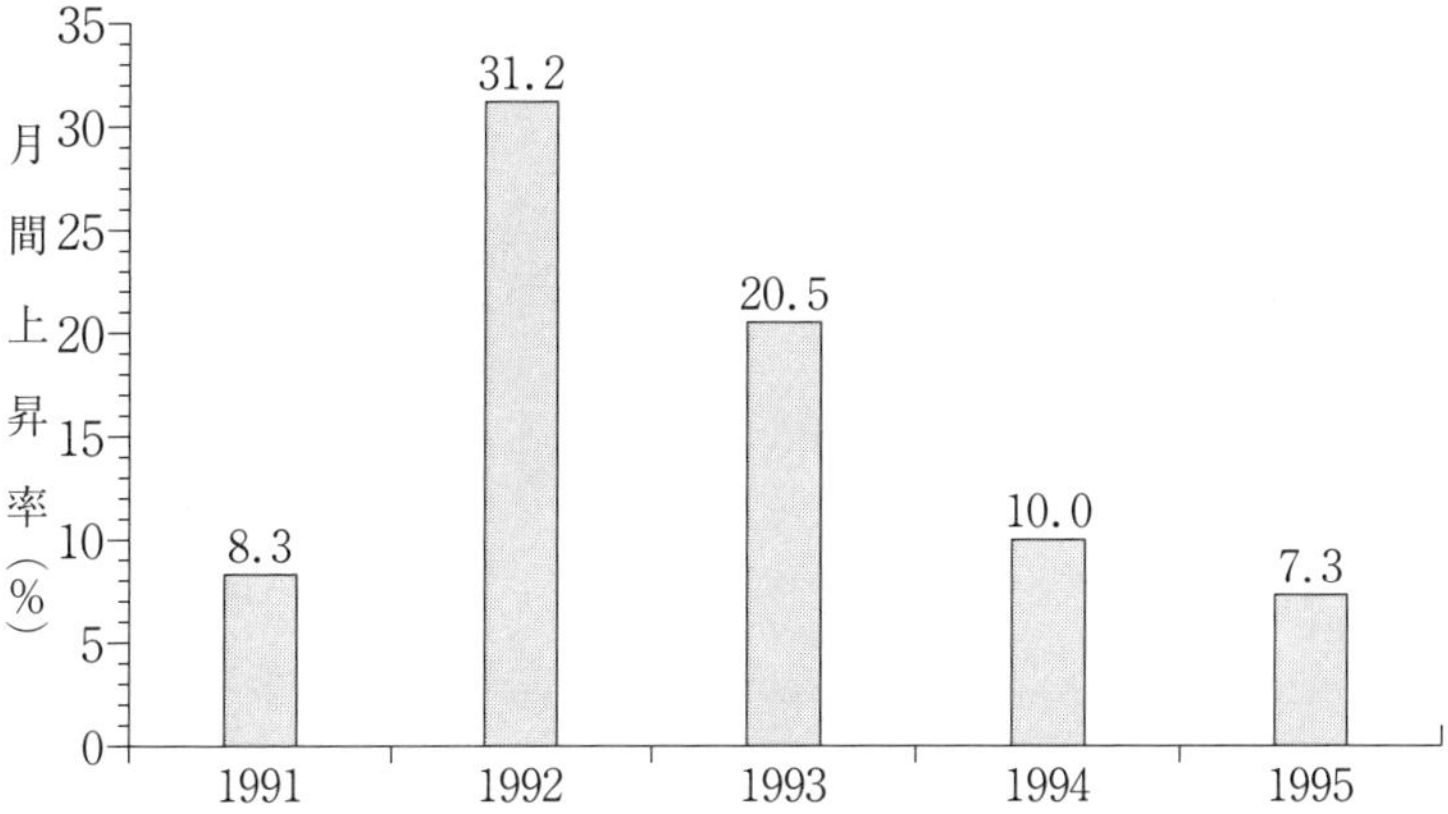

出典：参考文献一覧[152]その1、92頁。[152]その2、100頁。[179]1995年、第12号、44頁。〈OMRIデイリー・ダイジェスト〉第4号、第1部、1996年1月5日。

物価の上昇は、一九八〇年代には年率二パーセント未満、一九九〇年でも五・六パーセントであった。[9]**グラフ9－4**は、一九九〇年より後のインフレ実績を示している。[10]中央計画システムが一九九一年に解体される中、当局は消費者物価が数段階にわたって上昇するのを許した。この年、消費者物価は年間一六〇パーセント、月間平均で八・三パーセント上昇した。一九九二年、大部分の価格が自由化され、消費者物価は一九九二年の一年間で二五〇〇パーセント（月間三一・二パーセント）上昇した。インフレはそれに続く三年間、次第にスローダウンした。しかし、一九九五年の最後の三ヵ月、消費者物価の上昇率は依然として月間四・一パーセント（年間ベースで換算すれば六三パーセント）であった。[11]

消費者物価は、一九九五年の末までに、一九九一年の末と比べて一四一一倍に跳ね上がった。一九九〇年の末と比較すると三六六八倍である。一九九一年に五カペイカ（〇・〇五ルーブル）だったモスクワの地下鉄の乗車券〔全線一律で乗り換え自由〕は、

グラフ９－５　実質賃金および実質年金（1990年を100とする）

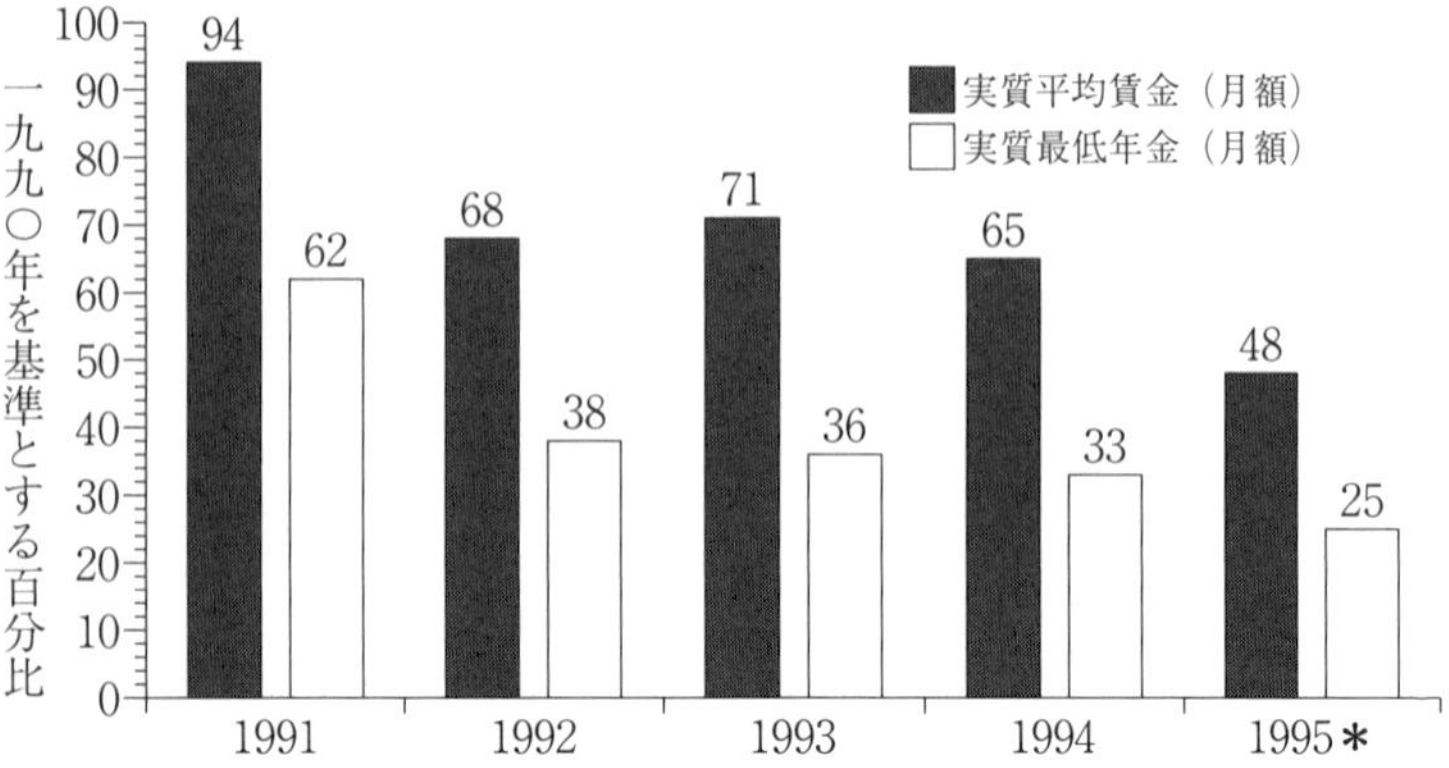

出典：参考文献一覧［89］88頁、91頁［90］73頁、78頁。［179］1995年、第４号、45頁、59頁、61頁。［179］1995年、第12号、44頁、60頁、62頁。
＊賃金については、1995年１月から10月末まで。年金は1995年１月から９月末まで。

一九九五年六月までに四〇〇ルーブルに値上がりした。モスクワの商店で一九九一年一月に一キロ二ルーブルだった牛肉が、一九九四年六月には三一八七ルーブルに跳ね上がった。(12) ロシアのインフレは、一九九二年一月を例外として、伝統的にハイパーインフレーションの目安とされている月間五〇パーセントという境界値こそ上回っていないものの、以下で論ずるように、急速なインフレが持続しているため、経済回復の希望は叶わぬ夢となっている。(訳3)

不況と急激なインフレに見舞われて、ロシアの賃金労働者と年金生活者の実質収入は大きく落ち込んだ。(13) 急激な物価上昇に見舞われる中、ロシアの労働者が受け取る賃金もルーブルで見るとやはり上昇した。ロシアの月間平均賃金・俸給は、一九九〇年の二九七ルーブルから一九九五年一〇月の五九万五千ルーブルへと上昇した。(14) ルーブルで表示された賃金が二千倍も上昇したというと聞こえはいいが、それは上昇を続ける消費者物価に追い付くには充分ではなかった。結局、実質的な（すなわち、インフレ分を差し引いた）賃金はこの期間低下した。ＧＤＰと工業生産が激減した以上、それは事実上避けられないことであった。というのは、実質生産量が低下すれば、生産者の平均実質収入も低下するからである。

グラフ９－５が示しているように、一九九二年に実質平均賃金は、一九九〇年の水準の六八パーセントにまで落ち込んだ。一九九三年にはわずかに上昇したが、その後、一九九五年までに一九九〇年水準の四八パーセントにまで低落した。(訳4) 実質賃金の実際の落ち込みは、おそらくこうした数字が示している以上に大きいものであったと思われる。なぜならば、一九九二年から九五年にかけて、国家公務員を含め、大企業そのほかの機関の従業員に対して給与の支払いが（場合によっては何ヵ月も）滞ったり、また正式な賃金の一部しか支払われなかったりといったことが次第に常態化したからである。一九九五年三月、工業、農業、建設の未払い賃金だけでも、合計でおよそ五兆三千億ルーブルに達した。これは、その月に支払うべきロシアの賃金・俸給合計の約二二パーセントに相当するものであった。(15)

年金生活者は、賃金労働者以上に大幅な実質所得の低下に見舞われた。〔法定〕最低年金額はじりじりと下降し、一九九五年には一九九〇年水準の二五パーセントにまで落ち込んだ。平均実質年金（**グラフ９－５**には示していない）も実質賃金以上に激減した。すなわち、一九九五年の最初の九ヵ月で、一

(訳3)　一九九五年以降の前年比消費者物価上昇率は、一三一・三パーセント（九五年）、一二一・八パーセント（九六年）、一一・〇パーセント（九七年）と、次第に落ち着きを取り戻しつつある（一九九八年版〈ロシア統計年鑑〉、七一八頁）。

(訳4)　前年比実質賃金（総計）は九二パーセント（一九九四年）、七二パーセント（九五年）、一〇六パーセント（九六年）、一〇五パーセント（九七年）と、九六年以降わずかながら上向きに転じたかに見える（前掲書、二一二頁）。

九九〇年の水準の四三パーセントにまで低下したのである[16]。

一九九五年の初めまでに、平均的なロシアの労働者の実質的な稼ぎは五〇パーセント以上減少した。多くの人々は、もっぱら必要不可欠な品物、主として食品を売って露命をつないだ。多くのロシアの都市住民は、週末になると郊外の土地付き小屋《ダーチャ》でジャガイモや野菜を栽培し、現金収入の激減をしのいだ。家賃や公共料金は、比較的安価なまま据え置かれた。衣類の購入は、できるだけ後回しにされた。新品の耐久消費財は、平均的なロシア人の家庭には手の届かないものとなった。

大幅な生産低下によって、大量の失業が生じたはずだと考える向きもあるかもしれない。しかし、そうしたことは起こらなかったのである。失業登録者だけを失業者としてカウントする公式の失業率は、一九九五年六月、わずか三・〇パーセントにしか達しなかった。ゴスコムスタート（ロシア政府統計局）は、もっと大きい推定値も公表した。それは、失業しているけれど登録していない者をも失業者として数える数値である。この推定値によると、失業率は一九九五年六月までに七・七パーセントに達した[17]。生産の崩壊が広範囲に及んでいることを考えると、こちらの数字も驚くほど低い。失業率七・七パーセントというのは、米国であれば緩やかな景気後退を示しているにすぎない。一九九〇年以来GDPが四七パーセント低下したのであれば、雇用もほぼ同じ程度に悪化し、失業率も三〇パーセントないし四〇パーセントに達したのではないかと考える向きもあるかもしれない。しかし、こうしたことは起こらなかったのである。

大部分のロシア人は生活水準の大幅な低下にあえいだが、広く懸念されていた大量失業には見舞われなかった。その理由はこうである。ロシアの企業の大部分は、私有化されたにもかかわらず、伝統的な資本主義企業とは異なった行動を見せている。具体的にいうと、生産物に対する需要は激減したが、企業の経営者はあまり労働者を解雇しなかったのである。というのも、伝統的な慣行は簡単には消滅しないものであり、ロシアでは労働者に対する温情主義《パターナリズム》が伝統的になっていたため、企業は労働者の解雇によるコスト削減には積極的にならなかったからである。こうして企業は、させるべき仕事もないのに労働者を解雇せず、賃金を支払い続けた。ただ、しばしば給与の遅配は起こった。

ショック療法を行った最初の年の一九九二年、販売の激減に対する対処を迫られた多くのロシアの企業は、労働者の解雇ではなく、慣用表現を借りるなら、単に「倉庫のために生産する」ことによって反応した。しばしば報道されたことではあるが、その年、工場の倉庫は売れ残った商品であふれた。国民生産勘定は、こうした外面的な報道の正しさを裏付けている。一九九二年、在庫の増加量はＧＤＰの一六パーセントという驚くべき数値に達している[18]。それとは対照的に米国では、在庫の増加量は通常、ＧＤＰの一パーセントの、そのまた何分の一かにすぎない。こうした現象は、特定の個々の生産物にきわめて劇的に現れた。たとえば、一九九二年、ロシアでは乗用車はわずか四〇万台しか売れなかったのに対し、生産台数は一〇〇万台であった。同じ年、冷蔵庫と冷凍庫は三二〇万台生産されたが、売れたのはわずか一一〇万台にすぎない[19]。

新生ロシアにおいては、すべての人が困窮したわけではない。所得が急速なインフレによって再分配される中、損をした者もあれば得をした者もあった。一九九五年五月、ロシアで行われた「ＣＢＳニュース」の世論調査によると、回答者の六六パーセントはペレストロイカ以前より暮らし向きが悪くなったと答えたが、一六パーセントの回答者は良くなったと答えた[20]。ロシアの一部新興銀行の重役クラスは、非常に裕福になった。ある学術調査によると、財力および影響力の大きいロシアのビジネス・エリート五〇傑の中には銀行経営者が二五人も入っていた[21]。また、私有化された原材料工場や自動車工場の所有権を握ることによって、あるいは不動産および住宅建設に投資することによって金持ちになった者もいる。世評では、前モスクワ市長のガヴリール・ポポフと現職のユーリー・ルシコフを含め、一部の政治家は非常に裕福になったといわれている。[22] ニューリッチに加えて、大都市では中産階級も出てきた。彼らが足がかりとしているのは、銀行や外資系企業における専門業務や管理業務、それに国内企業および外資系企業を顧客とする外国語の通訳業やコンピューター・コンサルタント業などのさまざまな専門的サービスである。

ニューリッチは基本的に、価値の大きい既存の資産を獲得し、外貨、不動産、貴金属、原材料を売買することによって己の地位を築いたと見られている。わずかな例外を除けば、ロシアの新興銀行は主として証券そのほかの資産の取引に従事しており、西側の銀行が行っているような、資本を生産活動向け投資に橋渡しするといった業務については積極的ではない。[23] **グラフ9－1**が示しているように、一九九〇年より後になると、ロシアでは生産的投資はあまり行われていない。

広く信じられていることだが、ニューリッチは巨額の金を預金するために海外に送金している。一九九二年から九四年にかけての資本逃避の推定額はまちまちで、下はロシア中央銀行の主張する五〇〇億ドルから、上は一千億ドルに及ぶという説もある。[24] 下の数字をとった場合でも、この資本逃避は、同時期の西側の直接投資と政府援助を合わせた額である一九四億ドルを上回っている。[25] 結局のところ、ショック療法は期待された資本流入よりむしろロシアからの資本流出をあおった。

生活水準の急低下にさいなまれる大多数の者と、ショック療法の下でうまくやった一部の者との間にギャップが生じ、それは拡大の一途をたどっている。**グラフ9－6**が示しているのは、一九九五年におけるロシアの世帯間の所得分配である。参考のために、米国の世帯間の所得分配も加えてある。このグ

グラフ9－6　ロシアと米国における家計貨幣所得の分配

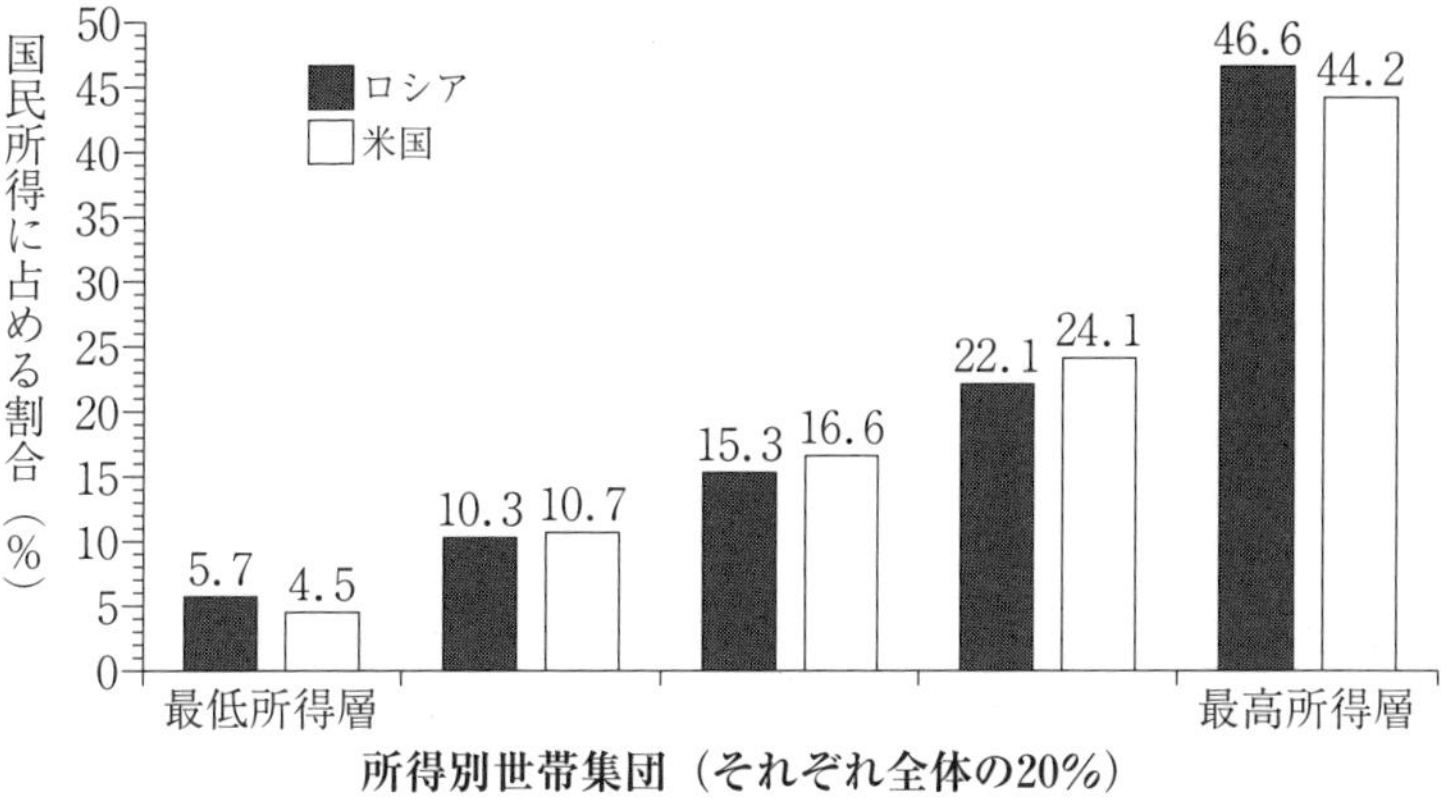

出典：参考文献一覧［179］1995年、第12号、59頁。米国国勢調査局1993年、463頁。ロシアのデータは1995年の最初の11ヵ月のもので、米国のデータは1991年のものである。

ラフは、全世帯をもっとも所得の低い方から順に五分割し、そうして得られた五つの世帯集団がそれぞれ国民所得においてどれだけのシェアを占めているかを示している。旧ソ連体制では、貨幣所得の分配は比較的平等主義的に行われてきた。資本主義市場システムの建設がわずか数年間進められた後で、ロシアの所得分配は、おおよそレーガン政権後の米国のそれに比肩するほどになった[26]。ロシアの全世帯においてもっとも裕福な二〇パーセントの世帯が国民総所得に占めるシェアは、米国のそれを上回っている。ちなみに、最下層の二〇パーセントの世帯についても同様のことがいえる。ロシアにおける中間の三つの世帯集団は、米国のそれより国民総所得に占めるシェアが小さかった。

所得の不平等を示すもう一つの尺度である「一〇分比率」は、所得の高い方から一〇パーセントの世帯の所得を合計したものが、底辺の一〇パーセントの世帯が得ている所得合計の何倍に相当するかを測るものである。第1章に引用した調査から分かるの

グラフ９－７　部門別相対賃金（経済全体の平均賃金に対する部門別平均賃金の比）

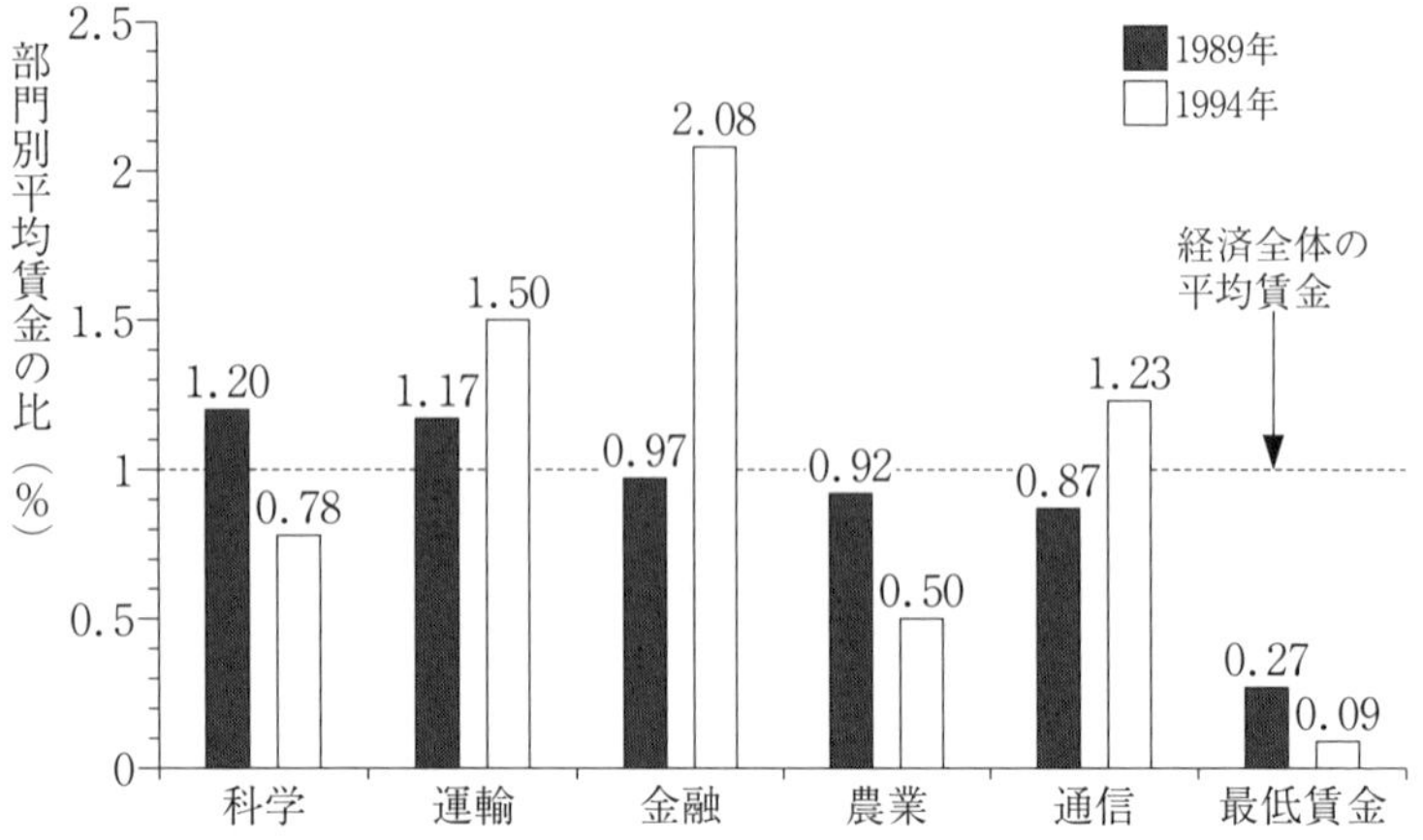

出典：参考文献一覧［91］14頁。

は、一〇分比率は一九六七年の旧ソ連においては四・五であったのに対し、一九九五年のロシアでは一三・五にもなっているということである(27)。

ショック療法が行われる中、一部の賃金労働者および俸給生活者は、相対的に見ればまだましな状態にあった。**グラフ9-7**は、一九八九年から一九九四年の時期に平均賃金がどのように変化したかを示している。このグラフで取り上げた経済部門は、経済全体の平均賃金と比較して著しい低下または上昇の見られた部門である。一九八九年時点で経済全体の平均賃金を二〇パーセント上回っていた科学者の相対的賃金は、一九九四年までに三分の一ほど低下した。一方、金融業関係の従業員の賃金は、その期間に経済全体の平均賃金の二倍以上になった。最近、ロシアの有能な若者があこがれるのは、科学者ではなくて銀行家である。科学者の俸給は低く、生活を支えることができないからである。また、農業関係の従業員の賃金はかつて平均賃金をわずかに下回る程度であったが、今では平均賃金のわずか半分にまで落ち込んだ。平均賃金に対する〔法定〕最低賃金の比率は三分の二ほど落ち込み、〇・二七から〇・〇九へと低下した。このことは、最低レベルの賃金労働者の生活水準が大幅に低下していることを示している。

平均家計所得が急落する一方、公共サービスの水準も同様の落ち込みを見せた。かつて平均的なロシア人が利用することのできた、手ごろな休暇用の行楽地や夏のキャンプ地は、金持ちのための高級保養地と化した。医療も見る見るうちに質と利便性が低下した。それは、政府の補助金が大幅に削減されたためである。そこで多くの病院や診療所は、サービスに見合った料金を取る医療に衣替えし、若手の医師は国外脱出を図った。また、公衆衛生事業も崩壊した。その結果、かつてロシアではめったに見られなかった伝染病が流行するようになった。一九九三年の夏、南ロシアでコレラが流行した。この年、ロシアでジフテリアにかかった患者は一万五二一〇人を数えた[28]。

ロシアの科学は、旧体制の下では目覚ましい成果を上げていたが、今や経済とともに逆境に置かれている。研究所は予算を削減され、維持費を稼ぎ出すためのプロジェクトを見つけてくるように言い渡される。ロシアの国際的科学者の中には、研究を行うためではなく、アメリカの高校生の家庭教師を務めるために夏休みを費やし、家計の維持を余儀なくされた者もいる[29]。また、銀行で出納係を務めるために研究職を離れる者もいた。これは、**グラフ9-7**によって示されている金銭上の誘因に対する反応である。また、外国企業の中には、米国の研究者に支払う賃金の何分の一かの賃金で一流のロシア人研究者をロシア国内で雇って働かせているところもある。いってみれば、ロシア人は研究職における独特の、安価な外国人労働者と化しているのである[30]。

ロシアの組織犯罪は、マスメディアでよく取り上げられるテーマである[31]。ソ連時代は、組織犯罪は深刻とはいっても末梢的な問題にすぎなかった。しかし現在、ロシアでは組織犯罪は重大な問題となって浮上してきた。ただ、それがどれほど強力なものであるかについては誰にもはっきりしたことは分かっていない[32]。一九九四年にエリツィン大統領に対して提出された報告書において明らかにされたところによると、大都市の民間銀行および企業の七〇パーセントないし八〇パーセントが、収入の一〇パーセントから二〇パーセントを犯罪組織に支払うことを強要されている[33]。ロシア内務省の組織犯罪担当の責任者によると、ロシアの銀行貸付の二〇パーセントは、実際のところ「マフィア」組織に対する支払いであるという[34]。

ロシアではマフィアは確かに目立つ存在であり、非常に暴力的である。火器や爆弾を使った組織犯罪型の殺人は頻繁に発生している。一九九三年には、組織犯罪型暴力に巻き込まれて殺された銀行員は一二〇人に及ぶ。この一二〇人の中には、役員一五人も含まれている。またこの年、銀行のオフィスに対する放火および爆破事件は七八〇件発生した[35]。こうした事態に、ロシア銀行協会会長のセルゲイ・エゴロフは、エリツィン大統領に宛てて書簡を送り、「社会全体と新興の銀行および企業が、組織と装備を整えたギャングの標的になっている」と訴えた[36]。一九九四年から九五年の間、少なくとも二人の国会議員が殺されているが、いずれの事件も組織犯罪がらみと信じられている[37]。注意深い人であれば、モスクワの街頭の市場《ルイノク》で買い物をするとき、スーツを着込んだいかつい「マフィア」の存在に気付くであろう。この悪漢どもは、市場を巡回して歩き、みかじめ料を集め、商品の値引きに水を差すのである。

組織犯罪集団は、価値のある資産を狙うとなると躊躇を見せることはない。モスクワでは、個人に払い下げられた、立地のよいアパートの所有権を狙われて、住民がだまされて殺されるという事件が何件か報じられている。[38] 組織犯罪集団の力は、警察がそうした集団の構成員を逮捕するとき、通常、覆面をかぶっているという事実からもうかがえる。[39] 何しろ、組織犯罪集団のボスは自分の身元を隠す必要を感じていないのに、法と秩序を守る警察の方はお礼参りを恐れているわけである。犯罪者ではなく、警察が身元を隠さなければならないとすれば、その社会の犯罪問題は深刻としかいいようがない。

　ロシアでは、組織犯罪と並ぶ社会の病弊である汚職が蔓延している。ロシアの原材料の輸出は（確たるところは分からないものの）かなりの部分が違法であり、輸出ライセンスがないのを黙認してもらうため、当局者に対して贈賄が行われていると信じられている。国境警備が生ぬるいため、ラトヴィアとの国境がざると化し、その結果、国内で非鉄金属を生産しないはずのラトヴィアが、一九九二年に二三万八千トンの非鉄金属の輸出をやってのけた。[40] 軍用機が、報酬目当てに鉱物を輸送しているところを見つかったこともあった。一九九三年にモスクワで行われた民間企業に関する学術調査で分かったことだが、八〇パーセントの企業が、事業を行うのに賄賂が必要だと述べている。[41] あるモスクワの事業家が一九九五年六月に筆者らに匿名を条件に教えてくれたところによると、賄賂をつかませれば、国有の建材卸売り業者は三〇パーセントないし四〇パーセントの値引に応じてくれるという。

　ショック療法によってロシアは姿を変えた。以前のロシアは、マルクスが想像していたのと異なる「奇形的社会主義」だったが、現在では、アダム・スミスの描いたのとは別の「奇形的資本主義」と化した。今ではロシアには、民間企業、銀行、さらには証券取引所すら存在する。しかし、その成果はというと、約束されていたような、効率の優れた、成長する、技術水準の高い新興経済とは似ても似つかぬものである。

　ロシアの統計でもっとも心配なのは、おそらく人口統計であろう。**表9－3**が示しているのは、ロシ

表9－3　ロシアの人口動態統計

年	出生数（人口千人当たり）	死亡数（人口千人当たり）	自然増（減）
1980	15.9	11.0	4.9
1985	16.6	11.3	5.3
1986	17.2	10.4	6.8
1987	17.2	10.5	6.7
1988	16.0	10.7	5.3
1989	14.6	10.7	3.9
1990	13.4	11.2	2.2
1991	12.1	11.4	0.7
1992	10.7	12.2	−1.5
1993	9.4	14.5	−5.1
1994	9.5	15.5	−6.0
1995[a]	9.5	15.0	−5.5

出典：参考文献一覧［167］1994年、43頁。［179］1995年、第12号、5頁。
原註：a 1995年は最初の10カ月。

アの人口一千人当たりの出生数、死亡数、およびその結果としての人口の自然増加数である。ある一国の出生率または死亡率の上下には、さまざまな要因が作用し得る。そうした要因の中には、人口構成が変化したとか、避妊具が簡単に手に入るようになったといった、心配する必要のない要因もある。しかし、ロシアにおいて出生率と死亡率が急変したのは、明らかに社会と経済両面の巨大な変化の結果である。

一九八〇年代の前半に上昇しつつあった出生率は、一九八八年になると低下した。次いで、ロシアの将来的な発展方向の本質が突如予断を許さないものとなった最初の年、すなわち一九八九年に出生率は一九八〇年の水準にまで低下した。出生率は一九八九年から九三年にかけてじりじりと低下し、この間、計三六パーセントの落ち込みを見せた。将来に不安を募らせるあまり、子どもをもつという責任を積極的に背負おうとする人が減ったということかもしれない。

死亡率は一九八六年にはぐっと低下したが、その後、一九九一年までに徐々に一九八五年の水準へと逆戻りしていった。ショック療法の最初の三年、すなわち一九九一年から九四年にかけて死亡率は急上昇し、三六パーセント増加した。ただし、一九九五年には小幅の低下を見せている。人口統計学者は、一九九一年から九四年にかけてロシアで著しく死亡率が上昇した原因について意見の一致を見ていない。しかし、国民の大部分が実質所得の激減に見舞われ、公衆衛生と個人負担医療に対する資金手当てが減少した時期に死亡率の急上昇が起こったのは、偶然の一致ではあるまい。こうした要因のほか、ストレスも死亡率上昇の一因となった。こうしたストレスは、ロシア国民が慣れ親しんできた世界が消失したことに起因するものである。

ロシアでは、戦後ソ連時代にかなり大きな人口の自然増が続いていたが、出生率の低下と死亡率の上昇のために、そうした人口の自然増が減殺《げんさい》された。一九九二年、人口は減少し始めた。一九九四年までに、人口の減少率は一千人当たり六・〇人〔すなわち、年間〇・六パーセント〕にまで跳ね上がった。このような人口減が起こるのは、普通、大規模な戦争、疫病、飢饉などの結果としてである。人口の減少傾向は、とくに男性の方に大きな影響を及ぼした。一九九〇年から九四年にかけて、ロシア男性の寿命は六五・五歳から五七・三歳へと縮まった。この五七・三歳という数字は、インド、エジプト、ボリビアを下回り、世界保健機構（ＷＨＯ）に報告書を提出している他のいかなる国をも下回っている。(42)

ショック療法はなぜ予期通りに作用しなかったか

ショック療法が適用されたことによって、ロシア経済が効率的な、技術水準の高い、消費者志向の、繁栄を謳歌する資本主義市場システムに転換しつつあるかというと、そのような証拠はどこにも見当たらない。ショック療法の直接の影響は、これまでのところ、生産の激減、物価の高騰、大衆の貧困化、不平等の拡大、公共サービスの低下、犯罪と汚職の横行、人口の減少といったところである。長期的に見ると、ロシアは工業力崩壊の危険にさらされ、また、工業製品の調達を輸入に頼る原料輸出国に転落する危険にさらされている。

ショック療法が、その提唱者の約束した利益をもたらさなかったのは不思議ではない。今となってみれば、ショック療法にまつわるさまざまな問題がはっきりしている。一部の分析家は、それら問題のうち多くのものを、ショック療法導入以前の段階で察知していた(43)。ショック療法の作用が分かってくるに従って、中・東欧諸国および旧ソ連では、少なからぬ文献においてショック療法に対する批判が行われた(43)。

ロシアのショック療法が期待はずれに終わった理由については、さまざまな説明が可能である。以下ではまず、ショック療法を構成する各政策の思いがけない副作用を論じ、これらの経済政策によって、一九九二年から九五年にかけてロシアを直撃した一連の経済問題がどのように引き起こされたかを示す。次いで、旧ソ連を変革する最適の方法は、その変革を急速に実施し、その際、政府に限定的な役割しか与えないことだとする見解を批判する。最後に、我々は仮説を提起する。すなわち、ショック療法を支える経済転換の基本的構想は、短期的な副作用以外にも重大な欠陥をはらんでおり、長期的に見ても、ロシアを工業化された資本主義市場システムに首尾よく転換させるには至らないという見解である。

ロシアにおけるショック療法戦略をめぐる諸問題は、煎じ詰めれば二種類からなる。第一に、ショック療法においては、ロシアがソ連時代から引き継いだ既存の社会経済システムの構造が考慮されておらず、そのため、当初期待されていたのとは非常に異なった結果がもたらされた。第二に、ショック療法の土台となる経済理論は、深刻な内部的欠陥をはらんでいる。それゆえ、ショック療法の戦略がどこの国に適用されるにしても、その効力は、既存の経済システムにかかわらず不確かなものになってしまう。第二の切り口で批判を進めるためには、経済学者の間で交わされる比較的専門的な議論を展開しなければならない。そこで以下では、第一の種類の問題、すなわちショック療法と既存の制度的枠組の相性の悪さに力点を置く。ただ、ショック療法を支える理論にまつわる諸問題にも幾分かは言及する。

ショック療法の個別的要素

本書二六五ページにおいて、ショック療法の五本柱を挙げた（価格の自由化、マクロ経済の安定化、私有化、中央統制的な資源分配の撤廃、自由な貿易と投資）。これら政策のうち、実際に予想通りの形で作用したものは一つもない。市場に資源分配の役割を与えないままに、中央による資源分配の要素を一つ残らず急いで排除したため、経済を調整するシステムが完全になくなった。その結果は経済の混沌であり、生産の低下であった。すでに第４章で指摘したように、まだ市場関係が発達を遂げていなかった一九九〇年から九一年の間に中央による資源分配を一部廃止したことが、この期間の経済収縮の主因である。一九九二年、中央による分配の要素が完全に一掃され、その結果、すでに収縮しつつあった経済はだめ押しともいえるショックに見舞われ、ダメージを受けた。企業は、経済が混迷をきわめる中、新たな供給関係およびマーケティング関係を生み出すために苦労を強いられた。

価格自由化、インフレ、消えた「供給反応」

ショック療法の目玉である価格自由化は、予想をはるかに超える、猛烈で持続的なインフレを引き起こした。国民が蓄えていた巨額の貯金と比較して商品が不足していたことに起因する、当初の爆発的な巨大インフレは二次的な作用を及ぼした。とどまるところを知らぬインフレが、ロシア経済に根付いたのである。一九九二年一月、消費者物価が三・五倍に跳ね上がり、労働者は急増する生活費を埋め合わせるために賃金引き上げを求めて集結した。物価の上昇により、新たに自由化されたルーブルの価値が外貨との比較において下落し、輸入財のルーブル建てコストが急上昇した。こうして企業は、まず価格を引き上げた後、コストが急騰していることに気付いた。労働力、それ以外の国内の投入物、輸入投入物はいずれも値上がりしていたのである。(45) コストの上昇を埋め合わせるため、企業は再び価格を引き上げた。こうしてロシアは、とどまるところを知らぬ、コスト上昇と価格上昇の悪循環に陥った。

ロシアがソ連から引き継いだ経済は高度に独占化されており、そのことがインフレに輪をかけた。ロシアの巨大企業はほとんど競争にさらされておらず、当面はライバル企業が市場に参入してくる心配はなかった。したがって、価格が突如自由化された際、ロシアの独占的企業は無制限に価格を引き上げた。

ロシアは価格自由化のマイナスの面、すなわちインフレに見舞われた。しかし、プラスの面、すなわち価格の上昇に対する供給反応は起こらなかった。価格の上昇は、生産の増大につながるとされていた。買い手のつかない商品だけは価格が下落し、生産が削減されると想定されていた。しかし、すでに見たように、事実上すべての商品の生産量が一斉に激減したのである。

ショック療法の結果、ロシア製の商品に対する需要が急激に収縮し、そのために経済全体を通じて生産が低下した。ケインズ以来周知のことだが、総需要の三本柱は「消費需要」、「投資需要」（主として、工場および設備を対象とする企業支出）、「政府支出」である[46]。総需要の三本柱は、いずれもショック療法が直接的、間接的な原因となって見る見る衰えた。

ロシアでは伝統的に、国民産出量の半分近くが消費財の形で家計向けに売られてきた[47]。一九九二年一月に突如価格が自由化され、この年、平均実質賃金は二八パーセント減少した[48]。大部分の家庭で買う余裕があったのは、絶対的な必需品だけだった。その結果、消費需要は急落した[49]。

価格自由化に起因する急速なインフレによって、投資環境が劣悪なものとなった。このことも、活発な供給反応を妨げる方向に働いた。手元に資金をもっていた個人や組織は、急速なインフレに突き動かされた。見る見る価値が目減りしていくルーブルを、実質的価値を保ってくれそうな資産（とくに、外貨、不動産、鉱物）に交換していったのである。投資資金をもっている人々がこうした資産に資金を注ぎ込んだので、資産価格は急騰した。その結果、投機によって――すなわち、比較的急速に値を上げているものでありさえすれば何でも買っておいて、しばらく時間を置いてから転売することによって――非常に大きな利益が得られる可能性が出てきた。こうしたことのできる立場にあった人々は、またたく間に財産を増やした。それとは対照的に、通常の財とサービスの生産にいくら投資しても、そのような巨額の見返りを直ちに得ることはできなかった。ロシアの投資家は利潤動機には反応したが、だからといって、多額の生産的投資を行うことはなかった。新規プラントの建設とか新規機械の購入といった生産的投資は、外貨や鉱物に対する投機に比べると、うまみのない投資に見えた。

このように、価格自由化によって引き起こされた急速なインフレの結果、総需要の最初の二要素、すなわち「消費需要」と「投資需要」が落ち込んだ。このため、民間部門の支出の減少を相殺するのに充分な「政府支出」の伸びがない限り、深刻な経済不振に直撃されることは必至であった。

マクロ経済の安定化

ショック療法にはインフレ対策の要素が含まれており、政府支出の増大を抑え、逆に引き下げることが必要とされた。ショック療法プログラムの一環として、政府支出の思い切った削減が行われることになっていた。すでに第8章で見たように、現実に政府支出は一九九二年に大幅に削減された。総需要の三本柱がすべて激減したのであるから、それに続いて不況が起こったのは当然であった。ショック療法による金融政策の引き締めも同じ方向に作用した。というのは、プラントや機械に投資したいと考える企業が、そのための資金を調達するのが困難になったからである(50)。

さらに悪いことに、ショック療法の一環としての金融、財政の引き締め政策は、インフレを直ちに食い止めるという所期の目的を達成することができなかった。こうした政策は、長期的にはインフレを鎮める傾向にあるが、一九九二年のロシアにおけるインフレのように猛然と昂進するインフレとなると、金融引き締め政策のような切れ味の鈍い手段では歯が立たない。このことは、とくにインフレがコスト上昇と価格上昇の悪循環の傾向を帯びていて、しかも経済の収縮をともなっている場合に当てはまる(51)。一九九二年の第一・四半期において、金融（および財政）を強く引き締める政策がとられたことからインフレは鈍化した。しかしそれは、ロシアの産業をひどく締め付けた結果である(52)。

グラフ8－2が示しているように、一九九二年（とくにこの年の初め）、物価の上昇は通貨流通量の伸びをはるかに上回った。企業の運転資本は一九九二年の夏までに大幅な物価上昇に直撃されて、経営を続けるのに必要な量にはるかに足りなくなった。これは取りも直さず、企業が労働者に賃金を支払うための資金や、労働力以外の投入物の代金を支払うための資金が底をついたということである。しかも中央銀行が金融政策を引き締めたので、企業は必要な資金の調達を阻まれた。こうして、生産が先細りになる恐れが出てきた。

広く信じられていることだが、ゲオルギー・マチューシキン中央銀行総裁が退陣に追い込まれたのは、主として、当時、死に物狂いになった企業支配人から政治的圧力がかかったためである。一九九二年七月半ば、マチューシキンは更迭され、後任にヴィクトル・ゲラシチェンコが任命された。ロシアの産業界の資金要求に対しては、ゲラシチェンコの方が好意的であった。(53) この更迭劇に続いて金融政策が緩和された。

ショック療法の下での数年間、金融、財政政策が引き締めと緩和を繰り返すのにともなって、インフレ率も上下動を繰り返した。すでに見たように、インフレは一九九二年から九五年にかけて下向き傾向にあったが、一九九五年末現在、依然として克服されていない。ロシア政府がもっと頑強な態度を守っていれば、インフレはそうした政策によって食い止められていたであろうという主張がよくなされるが、それは真実でもあり、また、誤解を招きかねない言い方でもある。仮にロシア政府が充分に長い期間、たとえば二年間、経済の急激な衰弱にお構いなしに超緊縮政策を厳格に実行していたら、インフレは確かに止まっていたかもしれない。しかし、その政府が現実の政府であって、いやしくも市民とその経済的窮状に意を用いる政府であれば、そうした犠牲にはとても耐えられなかったであろう。

ショック療法の一環としての、公共支出および金融政策の引き締めは、ロシア経済に深刻な長期的損失をもたらしている。ロシアの産業近代化は焦眉の急の問題であるのに、融資の不足と金利の高さが最大の障害となって進捗が見られない。多くのロシアの企業は、国内外の市場で成功を収める可能性を秘めている。ただし、生産物の品質およびマーケティングの効率を向上させるのに必要な資金が調達できればの話である。ところが、金融の引き締めのため、そうした向上を達成することは不可能でないとしても困難なものとなっている[54]。

政府支出の削減もまた、長期的な「経済的厚生」にダメージを与えている。ロシアは輸送、通信、電力などの各システムの拡充を必要としているが、これら分野の国家支出は削減された。科学に対する支援が大幅に削減された結果、ロシアの将来の技術力が侵食されている。教育費および医療費の削減は、それら分野の人件費の削減と相まって、ロシアの労働力の質が低下する原因となっている。

私有化の諸問題

ロシア政府は、ロシアの企業の大部分を私有化するのに成功した。しかし経済は、当初期待されていたのと違って、私有化政策の恩恵を被ることはなかった。大企業の私有化にはどうしても数年かかるが、その間大企業は、経済的に合理的な行動をとるための動機を欠いたままであった。国有大企業は経済の相当部分を占めていたが、ひと度ショック療法が宣言されると、そうした国有企業は私的所有者の手に渡ることが分かった。しかし、誰の手に渡るのかは分からなかったため、当該企業は将来に向けて投資する意欲が湧かなかった。何しろ、誰が投資の成果を手にするのか分からなかったのである。労働者は別だったが、彼らの影響力は高が知れていた。投資激減の背景には、以上のような事情も潜んでいた。

急速な私有化を行えば必ず企業が市場のシグナルに反応するようになるかというと、それは必ずしもはっきりしない。恐らく、急速な私有化より、企業を改造する政策の方が賢明であったろう[55]。多くの工業化した資本主義国では、産業の相当部分は国有である。カナダ、フランス、ドイツの業績好調な多数の国有企業において、政府の任命する経営者たちは、これまでいたって効率的に市場のシグナルに反応してきた。

産業を私的所有者に引き渡したからといって、必ずその機能が効率的になるというものではない。経済機構の効率を決める要因はさまざまである。ショック療法の提唱者は、所有形態の相対的重要性を誇張していた。ロシアの環境において、経済的成功が企業の所有形態にどの程度左右されるかをテーマとする綿密な研究がある。その研究の結論によると、企業の所有形態は企業活動を取り巻く外部環境に比べると重要度がずっと低いという[56]。もちろん、国有のままでもロシア企業を、市場のシグナルに対して効果的に反応させることは容易だったはずだなどと言っているのではない。しかし、国有企業を私有化したからといってこの問題は解決されない。というのは、合理的な企業行動を妨げている最大の障害は企業の経済的環境であって、その所有形態ではないからである。

ロシア社会は、急速な私有化政策によって多大の損失を被った。ロシアには、大規模国有企業を買い取れるような、既存の合法的富裕階級は存在していなかった。そうした環境の下では、ロシアの経済的富を性急に個人の手中に引き渡そうとするなら、旧エリートの中で有利な立場に立っている者たちの手にそうした富が渡ることは必定であった。なぜなら彼らは、私有化の決定を下す人々との間に然るべきコネをもっているからである[57]。こうしたプロセスがあっただけに、ロシアの新たな資産所有構造は国民の側からすると合法性を欠いているように見えた。

私有化にショック療法のほかの要素を組み合わせたものが、組織犯罪と汚職の急速な増大の主たる原因となっている。新たに私有化された国有資産を、立場に恵まれていたおかげで支配下に収めることのできた社会集団としては、旧エリートのほかに犯罪組織がある。いわゆる「マフィア」がもっていたのは、多大の投資資金だけではない。彼らは、違法な手段を通じて企業を支配下に置くため、力ずくの戦術を行使するだけの能力ももっていた。価格の自由化によって、国民の大部分は貧しくなった。私有化以前、価値の高い経済資産の管理を任されていた国有企業従業員も貧困化した側に含まれていた。それら従業員のうち比較的正直な連中も、賄賂を受け取らないことには生活が成り立たないことを悟った。国家支出の徹底的な削減によって法と秩序の力が弱まる中、彼らは価格自由化のせいで生活を維持するのに必要な最低限の賃金を失った。彼らも、賄賂の誘いに弱くなる一方である。上述のような政策の組み合わせによって組織犯罪と汚職が助長され、それがロシアの生活においてかくも大きな役割を果たすようになったのは驚くべきことではない。

自由な貿易と投資のインパクトの限界

比較的自由な貿易という新政策の下で、西側の大企業が優れた資金力とマーケティング能力を用いて参入してくるに従って、大都市では国産品はたちまち外国製品によって駆逐された[58]。西側企業を参入させることによって、ロシアの産業に生産効率の引き上げに向けて努力する意欲をもたせることは可能だったかもしれないが、ロシア市場の特殊な性質のためにそうした効果は限定的なものとなった。どっと流入してくる外国製品の主たる買い手は、ニューリッチと新興中産階級であった。彼らは外国製品を好み、大部分の輸入品に付けられている高額な価格に不服を唱えることはなかった。大多数のロシア人はごく限定された購買力しか保てず、若干の輸入食料品やちょっとした贅沢品を買うことはできても、基本的には割安な国内製品に頼らざるを得なかった。したがって、新たに入ってくる輸入品は当初の期待を裏切って、競争圧力にはならず、大して製品の向上や価格の抑制を後押しすることができなかった。

ロシアの産業の大部分は、まだ西側の製品と同じ土俵で競争するだけの力をもっていない。この問題を考慮するなら、国の門戸を開いて割合に自由な輸入を受け入れることは賢明な政策ではない。米国、ドイツ、日本など今日の有力工業国は、かつて優勢な外国の競争相手に直面したとき、そうした政策はとらなかった。それらの国はいずれも、当初は国内産業を育成するためにさまざまな形で貿易を保護し、やがてそうした支援なしでも思い通りに競争できるようになって、ようやく自由化に移行したのである[59]。

ロシアは国際投資を歓迎すると宣言したが、多額の投資を引き寄せることはできなかった。石油やそのほかの原材料への投資や、西側製の消費財の販売を促進するための投資が若干行われているのを別とすれば、投資の目処《めど》はほとんど立っていない[60]。外国の投資家の直面する、法制上・手続き上の障害が依然として解決されておらず、そのことが投資を妨げる一因となっている。それは、疑いのないことである。しかし、仮にこうした問題が解決されたとしても、ショック療法の結果生じた条件に妨げられている以上、ロシアは望ましいタイプの国際投資を引き付ける場にはなり得なかった。急速なインフレ、生産の低下、実質所得の落ち込み、犯罪と汚職の増大のゆえに、経済的にも政治的にも投資環境が非常に不安定になっている。外国の投資家は、こうした状況にあえいでいる国に対して多額の長期的な投資を行うことはない。こうした状況下で彼らの関心の的となるのは、すぐに利益を回収できる投資だけである。ところが、ロシアが必要としているのは経済の長期的発展への投資なのである。

急速な転換と無干渉アプローチ

ショック療法は、二六五ページに掲げた五つの政策を束ねただけのものではない。ショック療法には、経済転換をきわめて急速に実施するだけでなく、国家にこのプロセスの管理をさせないという処方箋も含まれている。急速な転換を良しとする論拠は三点挙げられた。

❶旧システムと新システムの混合物は機能しない。
❷歴史に照らしてみると、漸進的な転換はうまくいかない。
❸急速な転換は、旧システムへの回帰を防ぐのに必要である。

しかし、これらの論拠はいずれも説得力に欠ける。

確かに、資本主義市場システムへの移行を漸進的に進めるということになれば、旧システムと新システムの混合物からなるシステムは、多少なりとも長期にわたって存続することになろう。しかし、混合経済システムは機能しないどころか、逆に現実生活の経済ではごく普通のことである。ある種の経済関係だけが純粋な形で突出している経済体制などというものは、現実には存在しない。現代の資本主義体制は、ほかの経済体制の主要な要素を内部に取り込んでいる。西ヨーロッパおよび北米では、資本主義企業以外の主体が、利潤以外の目的のために多くの経済活動を営んでいる。そうした経済活動の中には、政府および地方自治体、非営利組織（病院、学校、研究所、宗教団体）、家庭の活動が含まれる。かつてソ連と似た経済システムを抱えていた中国にも、今や市場志向の私的セクターが存在する。このセクターの規模は、計画化の枠内にとどめ置かれた国家所有セクターのそれとほぼ匹敵する。そして、中国のこの混合システムは、いかなる問題を抱えているにせよ、過去一五年間、主要な国家経済の中ではもっとも急速な成長を遂げてきたのである。

歴史は、漸進的な経済移行が実際にうまくいくことを示している。資本主義は、最初イギリスで数世紀にわたる期間、非常にゆっくりと発達していった。その後、〔ほかの国における〕資本主義への移行には、それほど時間がかからなくなった。しかしそれでも、韓国やインドネシアなど二〇世紀においても資本主義への移行は数十年かかった。国家社会主義のような、高度に中央集権的なタイプの体制は、その創設を急速に推進することが可能である。ただその場合でも、それは犠牲の多い移行方法ではある。ところが、資本主義市場システムは比較的分権化されていて、内部に独立的な政策決定主体と行動主体を多数抱えており、発達を遂げるのにどうしてもかなり長い期間を必要とする。

ソ連の旧エリートが再集結するの予防し、そのプロセスを食い止めるために急速な転換が必要であるという説があるが、その説を支えている前提、すなわち党・国家エリートが資本主義建設に反対しているという前提は間違っている。旧エリートの大部分は、実際には資本主義を支持していたのである。皮肉なことに、資本主義への移行が危殆《きたい》に瀕しているのは、ショック療法が多大の犠牲をともなって失敗を重ねてきたからである。

経済転換に対する、ショック療法のレッセフェール的なアプローチは非現実的である。歴史家の中には、英国の資本主義は国家の支援がほとんどないまま発達を遂げたと信じている者もあるが、それすら議論の余地がある。しかし、のちの〔英国以外での〕資本主義への転換が、国家権力からの大きな支援をともなっていたことは疑いのないところである。米国では、連邦政府および州政府が一九世紀初めから半ばにかけて、資本主義の発達を促すために重要な役割を果たした。政府は補助金を出して運河や鉄道を建設し、労働者に教育を施し、製造業者を優勢な外国の競争相手から守った。(61)

しかし、当時の国家の役割は、一九世紀末および二〇世紀に発達を遂げて成果を上げた市場システムのケースと比較すると相対的に限定的であった。日本において、そしてのちに韓国において、政府は非常に積極的な役割を果たした。すなわち、技術水準の高い産業を興し、補助金を供与し、投資を誘導し、労働者の教育水準を引き上げた。韓国では、政府は資本の国外流出を防ぎ、国内への再投資を確保した。(62)

積極介入型の政府がこれまで行ってきたのは、市場を誘導・調整し、融資を基幹セクターに振り向け、重要な産業に補助金を提供し、斜陽産業の改造を強行し、一部基幹産業に公的所有制を適用することなどである。こうした手法は、今日では市場経済の発達を妨げるどころか、逆にそのプロセスを成功させるために必要不可欠のものとなっているように見える。英国では、資本主義が発達するのに数世紀という長い時間がかかった。ロシアに英国と同じだけの間待つ用意があるとしても、各先進工業国の強力な資本主義経済を競争相手としている以上、ロシア経済を指導する積極介入型の政府なしには資本主義的工業経済を達成することはとても不可能である。

ショック療法の基本的な欠陥

ショック療法の考案者は、資本主義体制がたどった発展のプロセスを充分に理解していないことを露呈した[63]。彼らはまた、転換の出発点となる、ロシアの既存の経済体制がいかなる特徴をもっているかについてはあまり注意を払わなかった[64]。したがって、彼らがその活動に際して掲げていた移行に関する構想は、これまで考察した個々の問題以外にも根本的な欠陥を免れなかった。こうした欠陥がある以上、たとえショック療法の引き起こした深刻な短期的問題が克服されるとしても、この戦略によって、ロシアに効率的かつ機能的な資本主義システムを建設するという長期的目標が達成できるかどうかは不確かである。

資本主義への移行に関するショック療法の基本的構想とは、ロシア経済の既存の生産主体を対象とし、それら主体を私有化し国家の統制と支援から解放することによって、正常に機能する資本主義企業に脱皮させるというものであった。しかし、生産企業の類の経済組織は孤立した主体ではない。それらの主体は、ある特定の社会経済体制の内部で発展を遂げ、機能するのである。比較的短い期間にロシアの巨大国有企業が容易に正常な資本主義企業に変身し得るという見解は、個々の生産単位と全体としての経済体制の相互依存関係を無視するものである。

ほんのわずかな例外を別にすれば、ロシアの企業は徹頭徹尾ソ連国家社会主義の内部で建設されてきた。[65] そして、ソ連国家社会主義体制の内部で機能するのにふさわしい構造や伝統を身に付けつつ発展を遂げた。ソ連体制およびその内部の企業がもつ特徴に妨げられて、これら企業を正常な資本主義企業に転換させるというショック療法の戦略は困難なものとなっている。

第一に、国家社会主義体制は著しく中央集権化された体制であり、その内部では中央（モスクワ）がソ連全土にわたって、企業の産出物、投入物、生産工程を事細かく決めていたのである。こうした調整システムを念頭に置くなら、巨大企業を建設し、各主要製品の供給源を一つか二つだけ確保しておくことは理にかなっている。典型的な企業、とくに生産財を生産する企業は西側の企業よりもはるかに規模が大きかった。こうした企業が市場の環境の下で活動したら、巨大な独占力を獲得することになる。[66]

第二に、こうしたシステムは、高度な垂直的統合に支えられていた。各企業は、毎年毎年同一の、そしてたいていは唯一の供給源から、決められただけの投入物を受け取るのであった。ある意味では、個々の企業は本当に独立した事業主体ではなかった。その点は資本主義下の企業と異なっている。ソ連の企業は、資本主義企業の傘下に置かれた子会社に似ていた。ただ、ソ連企業が中央の計画立案者から与えられていた自主性は、資本主義下の典型的な子会社が親会社から与えられている自主性ほど大きくなかった。ソ連には、実際には企業はたった一つしかなかったといっても過言ではない。それは、〔生産主体が」相互に結合した、統合的な巨大生産機構だったのである。

第三に、このシステムの下で発展した「企業城下町」の様式は、資本主義市場システムにおいて見られるものとは様相が異なっていた。多くのロシアの都市では、単独または二、三の企業が支配的な立場にある。その都市の筆頭格の企業は、雇用のみならず、その都市に対して社会福祉事業の大部分を担っているのである。

第四に、大企業の最高経営者は、かなりの程度、当該企業の従業員を家父長的な姿勢で保護していた。往々にして、企業城下町の住民もそうした保護の対象となった。企業経営者は、給料を安く抑えるとか、余剰労働者を解雇するとか、工場の移転を提案するとかによって出世したのではない。ソ連の支配人たちは、業績向上を求める上からの指令と従業員の利益を守る必要性とを両立させなければならなかった。

第五に、このシステムは、ある企業からほかの企業へ財とサービスを直接分配することによって作動していた。したがって、システム内部の金融部門は発達が甚だ遅れており、一般的に積極性を欠いていた。融資は、活動が計画されると自動的に行われ、生産を方向付けする上で何ら独立した役割を果たしていなかった。

ショック療法の移行戦略は長期的に成功する見込みに乏しい。その理由は、以上の国家社会主義の特徴によってある程度説明がつく。企業を転換して主体性のある私的事業単位に変身させる計画に重大な問題が生じているが、その原因は、国家社会主義の残した独占的経済機構にある。競争市場ではなくて独占市場を特徴とするシステムの中では、コストの最小化、消費者の欲求に対する機敏な反応、新技術の急速な導入など、所期の競争市場の利点は実現しそうもない。大企業を私有化しても、それら企業は公的な独占企業から私的な独占企業になるだけである。経済的集中を支えているのが、主として独占的なプラントやコンビナートであって、複数の子会社で構成されている企業ではないため、既存の生産単位をつくり直し、それらの単位に競争力をつける簡単な方法がない。

企業を割安な融資や国家の補助金から切り離すことによって期待されていたのは、効率の悪い企業や、買い手のつかない製品をつくる企業が市場の力によって淘汰され、逆に消費者の欲求にうまくこたえた企業に報酬がもたらされるという状況である。しかしそれは、ソ連経済から引き継がれた垂直的な系列と企業城下町的構造に阻まれて、効率を引き上げるための手段として機能しなかった。効率の悪いどこかの企業が倒産すると、それはほかの多数の企業に――それら企業の効率のよしあしとは関係なく――累を及ぼす。なぜならば、後者は前者を供給源または販路として頼りにしているからである(67)。そして、倒産した企業の道連れとなって、その企業に雇用、税収、公共福祉事業を頼っている企業城下町も倒れるというわけである。

この経済構造を考慮すると、市場に倒産を決めさせる仕組みは適切なものではない。融資と補助金の流れについていうと、たとえ一部が削減されても、流れそのものを確保しようとする圧力は根強く、それにあらがうのは甚だ困難である。国家は、直接補助金を与えたり、低利の融資を供与するなどして、企業を立ちいかせるしか選択肢はない。このことが示唆しているのは、私有化プログラムで想定されているのと違って、企業を自立的な主体に転換させることが不可能であるということであり、また金融、財政政策の引き締めはインフレを制御する手段としては効果的でないということである。

上で見たように、企業経営者が家父長的役割を果たしていたため、一九九二年の需要激減に対する反応は予想外のものとなった。資本主義の企業経営者ならば労働力を大幅に削減したであろうが、ロシアの支配人たちは積極的な解雇は行わず、それどころか、需要に照らして適正と判断される水準を超えて生産を維持した。もし、新しいタイプの経営者が着任したら、その私有化企業の職場では〔労使間の〕鋭い対立が避けられまい。そうした経営者は労働力を徹底的に削減し、労働のペースを資本主義の標準に引き上げようとするからである。昔ながらの温情主義的な労使関係に染まっているロシアの労働者は、職場での扱われ方が激変すれば、恐らくそれに対して経済回復を妨げるような形で反抗するであろう。

経済が落ち込む中、企業経営者は自分の企業を健全化するための方法を模索している。軍事用の装備にせよ、かつての貿易相手国向けの輸出品にせよ、もはや需要のなくなった製品の生産を任されている多くの企業は知恵を絞って、優れた新製品のアイデアを温めている。また、長期的な需要の見通しが立つ財を生産しつつも、やはり資本設備を改善し、販売能力を身に付けることを必要としている企業もある。しかしである。そういったことをすべて実行しようとすれば多額の資本が必要となるのだが、ロシアの未熟な金融制度ではそうした資本を賄うことは不可能である(68)。トラクター工場にとって将来の展望がいかに明るくても、また、光学機器プラントが軍民転換に乗り出したくても、企業を改造するための資本はほとんど工面できないのである。

ショック療法を支える、資本主義への移行に関する構想は、ロシアがソ連国家社会主義から引き継いだ経済システムと両立しない。この移行はゼロから出発するのではなく、既存のシステムから出発するのである。おそらく、国家社会主義を出発点として資本主義市場体制を建設する唯一の効果的な方法は、資本主義の発達過程の原型をまねることであろう。そもそも資本主義は、既存の経済体制の周辺および間隙で発達してきた。ヨーロッパにおける資本主義的経済活動は、封建領主の大規模な領地を資本主義企業に転換することによって始まったわけではない。封建制の遺物である、農民および手工業者の生産活動により、社会にとって必要な基本的な財の供給が続けられた。その間に資本主義の形態は徐々に発達を遂げ、時を経るに従って先行する諸形態を押しのけていったのである。

このプロセスをまねることはロシア経済の現況に適しているのだが、そうするためには、大企業を政府の手中に残し、中央から統制を加え、価格も低く抑えることが必要になる。その一方で、市場志向の非国有新興企業の形成を促進することも必要となる。このようなアプローチは、「二重セクター戦略」と呼べるかもしれない。というのは、国家セクターを私的市場セクターに転換するよりもむしろ、旧来の国家セクターと並行する形で、新たな私的市場セクターを発展させることに目標が置かれるからである。国家の生産する投入物の価格を低く抑え、また、企業に割安の融資を提供することによって、消費財を生産する企業を新設するための好条件が整うであろう[69]。これは、中国が一九七〇年代の末以来、追求し続けて成果を上げている戦略である。

比較的自由に貿易と投資を行う政策をとっていることを別にすれば、中国は経済を市場システムに転換する努力の中で、ショック療法の眼目となっている政策を一つとして実施に移すことはなかった。要するに、実質的に私有化は行われなかったのである。企業は、国の所有および統制の下に置かれたままである。そして、価格が突如自由化されるということもなかった。国有企業は統制価格で販売を続けた。中央計画化は、国家セクターを対象として維持された。中国では、国家支出を大幅削減するのではなく、運輸、通信、電力など、基本的な経済インフラストラクチャーを改善するために政府がさまざまなレベルで資金を注ぎ込んだ。金融政策を引き締めるのではなく、事業の拡大と近代化のためにふんだんに融資が行われた。国家は、数十年かけて市場経済を徐々に発展させることに努めてきた。そして、国家はこのプロセスを積極的に方向づけしてきた。

中国で一九七〇年代の終わりに始まった市場経済の発展は、新たに国家セクターの外において起こった。中国は非国有企業の設立を促進する一方で、そういった企業の発展を支える安定した経済環境を整えた。非国家セクターは、一九七八年から九〇年にかけて、年平均一七・六パーセントという驚異的な成長率を示した(70)。一九九四年までに、中国の工業生産の半分以上が非国家セクターで行われるようになった(71)。

ロシアと非常に異なった発展モデルを用いた中国は、よいことづくめというわけではない。中国では、自然環境の悪化、周期的に続く中程度のインフレ、所得格差の拡大といった問題が生じている。伝えられるところによると、政治的なコネに恵まれている家庭が広く怨嗟《えんさ》の的になっているという。それらの家庭は、そうしたコネを利用しつつ、企業活動を通じて金持ちになるからである。また、政治の領域では、民主主義や人権尊重といった方向を目指す動きは見られない。

しかし、ロシアのショック療法へのアプローチとは対照的に、中国モデルは非常に急速な経済成長を達成した。大部分の家庭の生活水準も向上を続けている(72)。多くのロシア人は、同胞が後発の格下のパートナーだった中国に出掛けていって、レストランやナイトクラブで職探しをするという記事を読んで悔しい思いにかられる。中露の、市場システム建設戦略の最大の違いは次の点にある。すなわち、中国の指導者が立案した戦略においては、既存の経済システムの特徴に綿密な注意が払われており、漸進的な、国家管理型の経済移行の有利さが認識されていたのである(73)。

中国の戦略が経済的成功を収めているにもかかわらず、ソ連が崩壊したとき、ロシアが同様の戦略をとらなかったのは驚くべきことではない。漸進的な、国家管理型のアプローチは、エリツィンの顧問の間で主流になっていたネオリベラル的な考え方と対立するものであったからである。中国の戦略は、共産党の支配を続けることとセットであるように見えた。ところが、ロシアはすでに共産党の支配を廃止していたのである。しかし、第10章で見るように、ショック療法によって生み出された経済的諸問題に迫られて、ロシアの有力者の中には、ショック療法とまったく異なる中国型アプローチがロシアにとって有益な教訓を含んでいないかどうかを直ちに考察し始めた者もいた。

ショック療法がロシアのさまざまな社会集団に与えた衝撃は、一様ではなかった。金持ちになったのはごくひと握りの人々だけであった。経済的立場がいくらかましになった人々は、それより若干多かった。そして、大多数の人々は暮らし向きが悪くなった。当初、資本主義支持連合を構成していた諸集団にとってすら、ショック療法の影響は一様ではなかった。旧党・国家エリートのうち、金持ちになった者もいれば、インフレに直撃されて、国からもらう俸給が見る見る減っていくのを目の当たりにする者もいた。原材料部門および金属加工部門の企業支配人の中には、価値の高い企業の所有権を握った者もいた。ほかの部門の経営者たちは、自分の企業をつぶさないように必死になった。知識人階級は、新たに手に入れた知的自由を享受したが、知識人の多くは生活水準の低下にあえぎ、社会の極端な商業化から疎外された。

ショック療法が、その提唱者の約束通りに全体的な経済的利益をもたらすものであったなら――すなわち、経済全体の犠牲が軽微《けいび》であるか、あるいは少なくとも犠牲を強いられる期間が短時日のうちに終わり、それに引き続いてすぐに経済の拡大と効率の改善が現実のものとなっていたら――ショック療法の衝撃によって不平等が拡大したとしても、それほど大きな社会的不安は起こらなかったであろう。経済全体が進歩し大多数の人々の生活水準が向上するなら、金持ちと貧乏人の格差の拡大は、それほど大きな不安的要因にはならないものである。しかし、幸運な少数派と不運な多数派の間でギャップが拡大し、そこに経済全体の急速な落ち込みが重なれば政治的不安は必至である。

ショック療法によって莫大な犠牲を強いられたため、ロシアにおける資本主義への移行のプロセスが全体的に駄目になる危険が生じている。運命の皮肉がいや応なく目につく。勝利を収めた資本主義支持連合は、一九九一年末には堂々と権力の座に就いた。資本主義支持連合は己の敵をことごとく葬り去った。資本主義支持連合は、西側から強力な支持を得ていた。ロシアは七五年近く前に資本主義から逸脱したのだが、今や資本主義に復帰するのを遮るものは存在しないように見えた。ところが、その前途に経済政策が立ちはだかった。経済政策の欠陥があまりにも重大だったため、実施からわずか一二ヵ月で政治の潮流が根底から変化し始めたのである。やがて、長らく反共的ジョークの総本山であったモスクワで、新しいタイプのジョークが流行するようになった。それは、次のようなものである。

「共産主義が七〇年かけてできなかったのに、資本主義がわずか一年でなし遂げたことは何か？」

答えはこうである。

「資本主義のおかげで共産主義の見映えがよくなった」

このジョークが多くの一般のロシア人にとって苦い真実となっているということは、取りも直さず、ロシアの将来の方向がひどく不確かなものとなっているということである。

第10章　ロシアの政治的展開

ロシアは独立国家として登場して半年たったころから今日に至るまで、激しい政治的闘争の場となっている。闘争に拍車がかかったのは、ロシアに資本主義を建設することを決めたことからさまざまな間接的、直接的影響が生じたためであり、また、とくに資本主義建設を目的としてショック療法が採用されたためである。ソ連崩壊、とくにそのプロセスにおける党・国家エリートの役割をどう解釈すべきかについては、すでに第二部で示した。この解釈は、一九九一年以来のロシア政治の推移を説明するための一助となる。この章では、そうした観点から以下のロシアの重要な出来事を検証する。

❶いわゆる中道野党の出現と、それに対するエリツィン政権の反応。
❷野党内部の勢力バランスが、中道勢力から共産主義勢力へ次第にシフトしたこと。
❸ロシアにおける権威主義的体制への傾斜。

おそらく、この数年間でもっとも注目を引く出来事は、権力を狙う本格的な挑戦者として共産党が再登場したということであろう。本章の締めくくりでは、今後ロシアにおける経済、政治的展開がどのような推移をたどる可能性があるかについて考察する。

中道野党

第三部の序ですでに述べたように、ロシアのショック療法の計画は、当初、大きな反対には直面しなかった。一九九一年一一月、ロシア人民代議員大会は圧倒的な賛成票でエリツィンの経済戦略を承認し、それを履行するための特別権限をエリツィンに与えた。しかし、ガイダール副首相とその一派、すなわち西側志向のリベラル派経済学者が価格自由化と国家支出および融資の大幅削減を目指す具体的な計画を立案し始めたとき、一部の当局者は不安を抱き始めた。一九九一年一二月、ルツコイ副大統領は、若くて経験の浅いガイダールとそのチームを手厳しく批判し、「ピンクのパンツと黄色い長靴を履いた子ども」と揶揄した(1)。

一九九二年一月二日に価格が自由化されたとき、ロシア人は物価の急騰と、それにともなう購買力の急低下に愕然となった。二週間後、ハズブラートフ議会〔最高会議〕議長は、「無統制、無規制の無政府的価格高騰」を取り上げて政府を批判し、それに加えて次のように述べた。すなわち、改革手法は思慮分別が足りず、まったく現実味を欠いている、と。しかし、この時点ではハズブラートフの批判は、ショック療法の枠をあえて越えようとするものではなかった。ハズブラートフが不服としたのは、政府が真の価格自由化を達成するのに失敗したという点である(2)。

初期の段階でこうした批判が出たにもかかわらず、ショック療法は一九九二年の最初の三ヵ月、一応温かく見守られた(3)。しかし、四月には、ロシアの企業支配人の多くはショック療法が産業に及ぼす長期的な影響について心配し始めた。六月には、「市民同盟」と呼ばれる新組織がアルカージー・ヴォリスキーの指導の下で結成された(4)。ヴォリスキーは、多くの企業支配人と緊密な連絡をとっていた。「市民同盟」は、経済政策に関する企業支配人の懸念を代弁する組織として知られるようになった。また、「市民同盟」は、政府の政策に反対する新たな「中道野党」においてもっとも影響力のある組織となった。中道という名称の由来は、「中道野党」の位置が二つの勢力の中間にあったことによる。二つの勢力の一方はショック療法の支持者であり、他方は、傍流的存在に成り下がった共産主義勢力および民族主義野党であった。

中道野党は、資本主義市場体制の建設という目標に反対していたのではない。彼らは、そういった目標に達する手段としてのショック療法に異を唱えていたのである。その論拠として、ショック療法によってロシアの産業が破壊され、国民が貧困化するとの主張がなされた。中道野党は、ショック療法に代わって漸進的戦略を求めていた。そういった戦略をとれば、経済の安定、移行プロセスに対する指導、国民の生活水準の保護などの面で、国家は強力な役割を果たし続けることになる。

「市民同盟」の経済学者は、ショック療法の代案として、多くの点で中国の戦略に似た一連の経済プランを立案した(5)。彼らが要求した項目としては以下のものがある。工業生産の急落を反転させるため、国家発注を再導入すること。国が大企業の自己改造に手を貸し、それら企業に競争力をもたせること。急速な自由化ではなく漸進的な自由化を行い、その際、企業経営者・労働者所有への転換に力点を置くこと。年金生活者および低賃金労働者に対する国の支援を強化すること。インフレを食い止めるため、金融政策を引き締めるよりもむしろ賃金と価格を統制すること(6)。

一九九二年の間、中道派は、ロシア国内および西側で大いにメディアの注目をひいた。この年ロシアでは、急速にインフレが進み、生産が減少し、また大部分の人々にとって実質所得が低下する中、中道勢力の姿勢を支持する勢力が議会において拡大していった。一九九二年一二月、人民代議員大会の重要な会議が開催される日までに、中道勢力は、人民代議員大会において全議員の約四〇パーセントの支持を得ていると公称する、強力な一団となっていた。共産主義および民族主義の立場に対する支持も増加し、その支持者は合わせて全議員のおよそ三〇パーセントに達していた。一方、ショック療法の支持者は、全議員の約二〇パーセントに縮小した(7)。一九九二年の末までに、議会〔最高会議〕議長のハズブラートフは中道的立場に移行した。中道派と共産主義・民族主義勢力は、双方合わせて議会で大多数を占めていた。ハズブラートフはこの二大野党ブロックを利用してエリツィンに圧力をかけ、中道派の提案する線に沿って政府の経済政策を変化させようとした。

中道野党の勃興は、かつて一枚岩だった資本主義支持連合に亀裂が生じたことを反映するものであった。党・国家エリートの大部分は、資本主義の建設を支持してはいたが、最適の建設方法についてまったく確信がもてないでいた。ショック療法によってロシアの産業界に甚大な損害が生じ始めると、かつて結束していた連合の主要部分、とくに工業の低落に並々ならぬ憂慮を深めた企業支配人が異議を唱えるようになったのである。ただし、彼らが問題にしたのは、資本主義という目標ではなく資本主義建設のために採用された方法であった。

中道野党の登場によって示される党・国家エリートの亀裂には、イデオロギー上の要因も働いていた。クルバーグが一九九一年六月に行ったモスクワのエリートのイデオロギー調査についてはすでに第6章で伝えたが、それによると、モスクワのエリートの四分の三以上が資本主義を支持していたことが明らかになっている。しかし、クルバーグは同時に、資本主義を支持する多数派が二つの集団に分かれていることを発見し、それぞれを「西欧化主義者」と「穏健改革派」と命名した。前者が支持していたのは、資本主義をきわめて急速に建設することと、西側の特殊な制度をそっくりそのまままねることであった。

後者は、資本主義のシステムを望みつつも、資本主義への移行のスピードについては慎重さを表明しており、資本主義への移行を計画するにあたってはロシアの歴史の具体的な特徴に幾分配慮する必要があると考えていた。(8) クルバーグは、調査サンプルの中で西欧化主義者は資本主義支持連合のわずか四分の一にすぎず、残りの四分の三は穏健改革派であるということを明らかにした。エリツィン政権において主流派となっていたのは、資本主義を支持するエリートのうち、イデオロギー上の少数派であったので、急速な変化を推進する政策が甚大な経済的損失をもたらし始めた以上、〔政権側と中道野党との間に〕亀裂が生じたのは驚くべきことではない。(9)

中道野党に対するエリツィン大統領の反応

中道野党の成長に対するエリツィン大統領の反応には、幾つかの側面があった。第一に、エリツィンとガイダールは、中道派の新たな提案とその支持者を非難した。中道派は、ソ連時代に回帰するための隠れ蓑と評された。西側のメディアは、すぐさまこの見解に飛びついた。西側メディアは中道派を、共産党や民族主義者などの野党勢力と同一視して、それら勢力が旧ソ連体制を復活させるために協力していると解釈した。これは、中道の立場をひどく見誤った見解である。「市民同盟」の綱領は、私有化と市場化の継続を支持していた。彼らは、ロシアが来るべき体制として資本主義を選択することに反対していたのではない。中道派がエリツィンおよびガイダールと意見を異にしていたのは、手段をめぐってであり、目的をめぐってではなかった。

エリツィンは中道派の考え方を非難する一方で、一九九二年から九四年にかけて、一連の企業経営者と中道派の政治家を政府入りさせた。エリツィンは一九九二年六月初め、「市民同盟」の周辺で受けのよい元企業経営者三名を政府の要職に据えた。すなわち、クラスノダールの大手計測機器工場の支配人だったシュメイコを第一副首相に、チェルノムイルジンとヒジャを副首相に任命した。一九九二年七月、エリツィンは中央銀行総裁にゲラシチェンコを任命した。ゲラシチェンコは、中道派によるショック療法批判に同調していると見られていた。同年一二月、議会からの圧力が強くなる中、エリツィンはガイダール首相代行を解任し、後任にチェルノムイルジンを任命した。

チェルノムイルジンの首相任命は、中道勢力を主流派とする人民代議員大会によって、圧倒的多数で承認された。学究的経済学者ではなく、企業経営者、次いでソ連ガス産業相を務めてきたチェルノムイルジンの経歴は中道派を満足させた。チェルノムイルジンは、市場経済に対する支持を表明した。ただし、次のように条件を付けた。

「国民を貧困化させてはならない。……産業を完全に破壊してしまったのでは、いかなる改革もうまくいかない。……われわれは……生産に深甚な注意を払うべきである」(10)

チェルノムイルジンがつけた付帯条件は、中道派がそれまで強調してきた命題にほかならなかった。一九九三年九月、エリツィンと議会の対立が一〇月の武力衝突にエスカレートしていく中、ガイダールが経済担当第一副首相として政府に復帰した。しかし、一九九三年一二月の議会選挙で野党勢力が勝利した直後の一九九四年一月、エリツィンはふたたび政府人事に手を加え、中道的立場に与《くみ》すると見られる元企業経営者を閣内に入れた。ガイダールはふたたび政府を離れた。財務相のボリス・フョードロフも同時に辞任した。フョードロフは、ショック療法の指示に厳格に従うことを支持する有力人物であった(11)。元ソ連冶金工業相のソスコヴェツが、第一副首相に任命された。ショック療法の支持者で最高ポストに残留した有力者は、どうやら、私有化の企画立案の責任者であるチュバイス副首相だけのようであった。

一九九二年一二月以来首相を務めてきたチェルノムイルジンは、一九九四年一月、大いに力をつけて浮上してきたように見えた。チェルノムイルジンは、一月二〇日に演説を行った。広く発表された演説は、政策の急転換の兆候であるらしかった。チェルノムイルジンは、「市場ロマンチシズムの期間は終わった」と声明した。また、チェルノムイルジンは、「ロシアは過去に逆戻りすることはない」し、「市場経済から逸脱することもない」と述べつつ、「西側経済が機械的にロシアの土壌に移植されたが、それは百害あって一利なしだった」との判断を下した。チェルノムイルジンは積極行動策をとって、生産と生活水準の急低下と闘うと公約した[12]。

その数年間、確かに政府の政策は一部変化した。外交政策の領域では、エリツィンの発言ぶりはナショナリスト的な色彩が色濃くなった。これは、一九九三年の議会選挙で民族主義者が躍進したのを受けてのことである。エリツィンは、NATOの東方拡大計画に対して批判を強めた。エリツィンは、西側の政治的要求に対して唯々諾々《いいだくだく》と従うのを嫌がるようになった。

第8章で述べたように、一九九二年半ば以降、政府の経済政策に小幅の調整が施された[13]。しかし、大がかりな人事異動が行われ、新政策が喧伝されたにもかかわらず、一九九二年から九五年にかけて、ショック療法を大幅に軌道修正するような動きは見られなかった。チェルノムイルジンが一九九二年一二月に首相に就任してからも、また、一九九四年一月に同首相の影響力拡大が鮮明になってからも、ショック療法が著しく修正されるとか、まして放棄されるといったことはなかった。金融、財政いずれの政策においても、大きな修正は見込まれなかった。公共投資や企業への支援の拡大といったことも行われなかった。賃金・価格統制も導入されなかった。政府は、企業に対して負債の多くを相変わらず精算せずにいた。労働者や年金生活者の救済を目的として、社会保護プログラムの拡充に着手するといったこともなかった。そして、ショック療法を批判しているように見えたチェルノムイルジンの劇的な演説にもかかわらず、一九九四年には私有化のスピードが鈍化することはなく、逆に中規模企業と大企業の大部分が私有化された。ガイダールとフョードロフは、一九九四年の末には次のように結論づけていた。すなわち、かつて資本主義への経済転換を阻む不倶戴天《ふぐたいてん》の敵のように思えたチェルノムイルジンも案外悪くない、と。

なぜ、ロシア政府はショック療法に固執したのか

エリツィンは政府〔内閣〕改造人事を行ったにもかかわらず、なぜショック療法をそのまま続けたのか。エリツィンが実権を握っていたから、という説明も成り立つかもしれない。旧憲法下の議会は、一九九二年から九三年にかけて大きな潜在的権力をもっていたが、その一方でエリツィンも、経済面での政策決定権をどうにか維持していた。[14] 一九九三年一〇月に議会が解散されて以降、一二月に新憲法の採択と新議会の選挙が行われるまでの数ヵ月間、エリツィンの支配は磐石であった。そして、後で説明するように、新憲法が採択されると大統領府は実権をほぼすべてほしいままにした。

したがって、経済政策の変化を求める一般大衆の圧力に対してエリツィンは、内閣をまったく表面的に改造し、言葉遣いをわずかに修正し、その一方でチェルノムイルジンに経済政策を実質的に変更させないという形で対応したということかもしれない。これは、部分的な説明にはなっているかもしれないが、ショック療法がさまざまな問題を引き起こし、募る不人気の原因となっていたにもかかわらず、エ

リツィンがなぜショック療法を貫きたいと考えたのかという疑問に対してはまだ充分な答えとはなっていない。

第二の解釈では、エリツィンが経済政策を続行した理由は、実行可能な代わりの政策がなかったからだと説明されている。サックス〔ハーバード大学の経済学者〕とかオスルンド〔スウェーデンのソ連・ロシア研究者〕のように、ショック療法の提唱者の中には、ショック療法は非常にうまくいったと自画自賛する者もあるが、ほかの論者は、ショック療法が多くの問題を引き起こしたことを認めた。ただ彼らは、代替案が実施されていたら、それはショック療法以上に悪いものになったであろうと主張している。かくして、現実的な新内閣は政治を任された以上、ショック療法を続行する以外の選択肢はなかったということになる。

しかし、中道派に属する批判者は次のように主張した。すなわち、ショック療法に代わって漸進的移行の政策を実施することは可能であるし、その場合の社会的損失はもっと小さいもので済む。そうした代替案は、中国で採用され大いに成果を上げている。もっとも、同様の政策をロシアで実施した場合、うまくいくかどうか確実なことは分からないが⑮。内閣改造が行われ、新政策が公約されたにもかかわらず、そういった公約が何ら実行に移されなかったということは、取りも直さずチェルノムイルジン率いる政府が実際にそうした変化を望まなかったか、あるいはエリツィンによって変化を阻まれたかのいずれかである。

エリツィンは経済面で自前の確たる見解をもっていたようには見えないが、もともと、資本主義への急速な移行という戦略を早々に採用したことによって追い風を受け、権力に到達した経緯がある。ショック療法は、その副作用によってロシア国民の大部分を苦しめ、またロシア産業の将来を危険に陥れているが、それにもかかわらず、国民の中のある集団はショック療法によって多大の恩恵に浴した。ひと握りの、しかし影響力の大きいこの集団は、ショック療法の政策を続けることに強い関心を寄せている。銀行家は、ショック療法によって形成された環境の中で、投機を通じて財産を増やした[16]。原材料の輸出業者も同様であった。ショック療法によってつくり出された環境の中で、合法的あるいは非合法的に事業を営む者たちはいずれも、ロシアが国家管理型の漸進的経済発展コースにシフトしたら、将来自分が金持ちになるための条件が消失するのではないかと不安感に苛《さいな》まれている。その上、西側の主要国、とくに米国はエリツィンがショック療法のアプローチをしっかり遵守している限りは、ほとんどあらゆる行き過ぎを黙認する構えをとってきた。

したがって、ショック療法がさまざまな問題を引き起こしたにもかかわらず、エリツィンがその放棄を拒んだのは驚くべきことではない。ショック療法を放棄することは、エリツィンの中心的支持者であるロシアのニューリッチと西側主要国を遠ざけることになるからである[17]。しかし、中道連合と結び付いている企業経営者たちは、政府の政策に公然と反対していたにもかかわらず、なぜ政府入りし、その座にとどまったのか。

中道派からの挑戦は、ショック療法に対する企業支配人の反対を拠り所としていた。ところが、企業支配人は時を経るに従って次第に分裂していく様相を見せた。一九九二年の一年間、中道派の指導者が企業支配人の大がかりな集会を招集すると、出席者の間ではショック療法反対で意見がまとまるどころではなく、足並みは必ず乱れた[18]。第9章で述べたように、ショック療法はすべての企業支配人に一様に影響を与えたわけではない。ロシアの産業の中でも、石油・ガス、鉱物、金属部門は短期的にはショック療法によって損害を被ったが、それでも将来性は有望であった。また、前途の暗い分野においても、企業経営者にとって急速な私有化はやはり魅力的であった。一九九三年、九四年と私有化が進み、企業支配人は、外部からの接収が稀であること、そして、むしろ元からの経営者が産業界の新たな独立した主体となりつつあることに気づくようになった。それにつれて、多くの企業支配人はショック療法に反対する勢いを失おうとしているようであった[19]。

エリツィンは産業家を政府に取り込むに際して、巧みな戦略を用いた。つまり、ロシアの産業のうち、ショック療法の下でもそれほど業績の悪くない分野から人選したのである。ロシアの産業の大部分はひどく衰退したが、その中でも幾つかのセクターは衰退の度合いが軽かった[20]。チェルノムイルジンの足場である天然ガスの生産高は、一九九一年から九五年にかけてわずか七パーセント減少しただけであり[21]、チェルノムイルジンの家族は、天然ガス独占企業「ガスプロム」の私有化により大いに裕福になったという評判である[22]。ソスコヴェツ第一副首相は冶金業界の出身であった。冶金業界の一部は、割安で高品質の鉄鋼を外国の市場で売りさばくことができるので比較的業績がよかった[23]。

中道野党が影響力を保っていたのは、一般有権者から広範な支持を得ていたからではない。それはかねてからずっと、主たる政治基盤を、（大企業の経営者層という形での）制度化された強力な立場に置いていたおかげである。一九九三年一二月および一九九五年一二月の選挙で判明したのは、中道派が選挙にすこぶる弱いということである（このことについては以下で論ずる）。エリツィンは、政府の役職という旨味と権力を餌にすれば、中道派の一部有力人物を取り込むことが容易であることを見抜いた。ヴォリスキーですら、結局は政府に取り込まれた[24]。

野党勢力のシフト

ロシアの政界では、非常に多くの政党、運動、連合が誕生した。それら組織の政治的立場は多岐にわたっており、そこには、想像できる限りのありとあらゆる主張が含まれていた。しかし、ロシアの政治団体の大部分は零細で、その多くは結成されたかと思う間もなく消えていった。

一九九二年に、政治の主流三派が形成された。一つはエリツィンおよびガイダールの支持者であり、マスメディアにおいて「急進改革派」とか「民主派」と称される一派である。上述の中道派は、第二の主要な集団である。第三の主要な集団は、共産主義勢力と民族主義勢力の連合であった。

当初、中道派は野党勢力の中で最強であるように見えた。共産主義者は旧体制の数々の失敗によって信用を失っていると広く信じられており、こうした勢力に政治的未来があると考える分析家はほとんどいなかった。共産主義勢力のデモに参加するのは、主としてソ連終焉に憤る年配の人々であった。共産主義勢力の弱体化には、かつて一枚岩だったソ連共産党が分裂したことも影響していた。ロシアでは、ソ連共産党のロシア党組織は禁止されていた。さまざまな政党が、社会主義という政治的看板を継ぐために覇を競った[25]。幾つかの民族主義政党も活発になった。ただ、民族主義政党も共産党系の政党と同様に、政治的には傍流的な存在と見られていた[26]。

共産主義勢力と民族主義政党は伝統的に敵同士であったが、一九九二年、両陣営の多数の個人および集団がデモを共催するようになり、同盟が成立した。両勢力はさまざまな違いを抱えていたにもかかわらず、エリツィン政権の西側寄りの政策や、ショック療法の衝撃によるロシアの産業基盤の崩壊、そして超大国としての地位の喪失に反対するという点で一致していた[27]。この連合の組織形態は時を経るにしたがって姿を変えたが、敵陣営からは「赤茶連合」[訳1]との異名を奉られた。

一九九三年二月、ロシアにおいて旧共産党に対する活動禁止措置がとかれると、旧共産党はロシア連邦共産党の名の下に復活を遂げた。ジュガーノフ率いる同党はたちまち左翼の中で支配的組織となり、ソ連共産党のロシア党組織に属していたメンバーで、共産主義政党に入党したいと考えていた人々の大部分の忠誠を引き寄せた。一九九三年、ロシア連邦共産党は民族主義者との同盟から離れ、伝統的な左翼的立場に移行していった。すなわち、同党は、穏健なロシア愛国主義的要求と社会主義的な要求をないまぜにした要求を掲げるようになった[28]。ロシア連邦共産党は、やがてロシア全土に数十万人に及ぶ党員を確保し、ロシアにおける最大の、しかも他党と比べて圧倒的に大きな政党として浮上した。

ショック療法が始まって一年のうちに、中道派は野党勢力の中で指導的役割を担うようになった。この間、共産党系の勢力と民族主義者は明らかに格下であった。しかし、ショック療法がさらにもう一年続くうちに、野党勢力の二つの主要部分が逆転した。中道派は有権者の中に、多くの分析家が考えていたほど大きな大衆基盤をもっていなかったということらしい。経済の急速な衰退が数年間続くうちに、国民は次第に、野党勢力のうち急進的な陣営を次第に好意的に見るようになったようである。一九九三年一二月一二日に独立ロシアの初の議会選挙が行われたとき、中道派は復活した共産主義勢力と民族主義者によって押しのけられた。二年後の一九九五年一二月一七日、中道派はさらに後退した。一方、共産党系勢力は議会において支配的な政治勢力となった。

一九九五年の選挙では、非常にたくさんの政党が候補者を立てた。しかし、いずれの選挙においても、

（訳1）　赤は言うまでもなく共産主義の象徴、茶色は民族主義を表す。

主要な政党は五つに分類できる。第一は政府系政党で、エリツィン政権のショック療法的経済政策と西側志向の外交政策を支持する政党である。一九九三年の選挙でこの立場に立っていた主要な政党は、ガイダール率いる「ロシアの選択」だけである。一九九五年の選挙では第二の政府系政党、チェルノムイルジン首相率いる「わが家はロシア」も登場した。一九九三年の選挙では、「ロシア民主党」と「女性党」が中道的綱領を掲げていた。一九九五年の選挙までに、「ロシア人共同体会議」がもっとも前評判の高い中道政党として姿を現した。

第三の立場は、政府系政党と中道政党の中間にある。この立場に立っていたのは、両方の選挙におけるヤヴリンスキーとその支持者である。ヤヴリンスキーの政党「ヤブロコ」は政府の政策のさまざまな側面を批判したが、はっきりとした代案の提示に関しては中道派よりも慎重であった[29]。第四は、共産主義勢力である。ロシア連邦共産党は最大の共産主義政党であったが、いずれの選挙においても同党との間で緊密な同盟を組んだ政党があった。農業党や「人民に権力を」がそれである。一般的に農業党は、農村における共産党の別働隊と見なされている。また、一九九五年に「人民に権力を」を結成したのは共産党に近い有名人たちで、その中にはルイシコフ元ソ連首相も含まれていた。第五は「自由民主党」である。内実とほど遠い名称を掲げるジリノフスキーの自由民主党は選挙民に対し、超民族主義的、反西側的立場を支持するよう訴えた。

「ドゥーマ」と呼ばれる新議会下院は四五〇議席からなるが、一九九三年、九五年のいずれの選挙においても、そのうち半数は比例代表制で選出された[30]。残り半分（二二五議席）は一人区で選出された。一人区には、党の公認候補も無所属候補も出馬できる。**グラフ10－1**が示しているのは、上記五集団の二回の選挙における闘いぶりである。（a）は〔比例区における〕政党の得票率、（b）は全四五〇議席

グラフ10－1　下院選挙結果（1993年12月および95年12月）

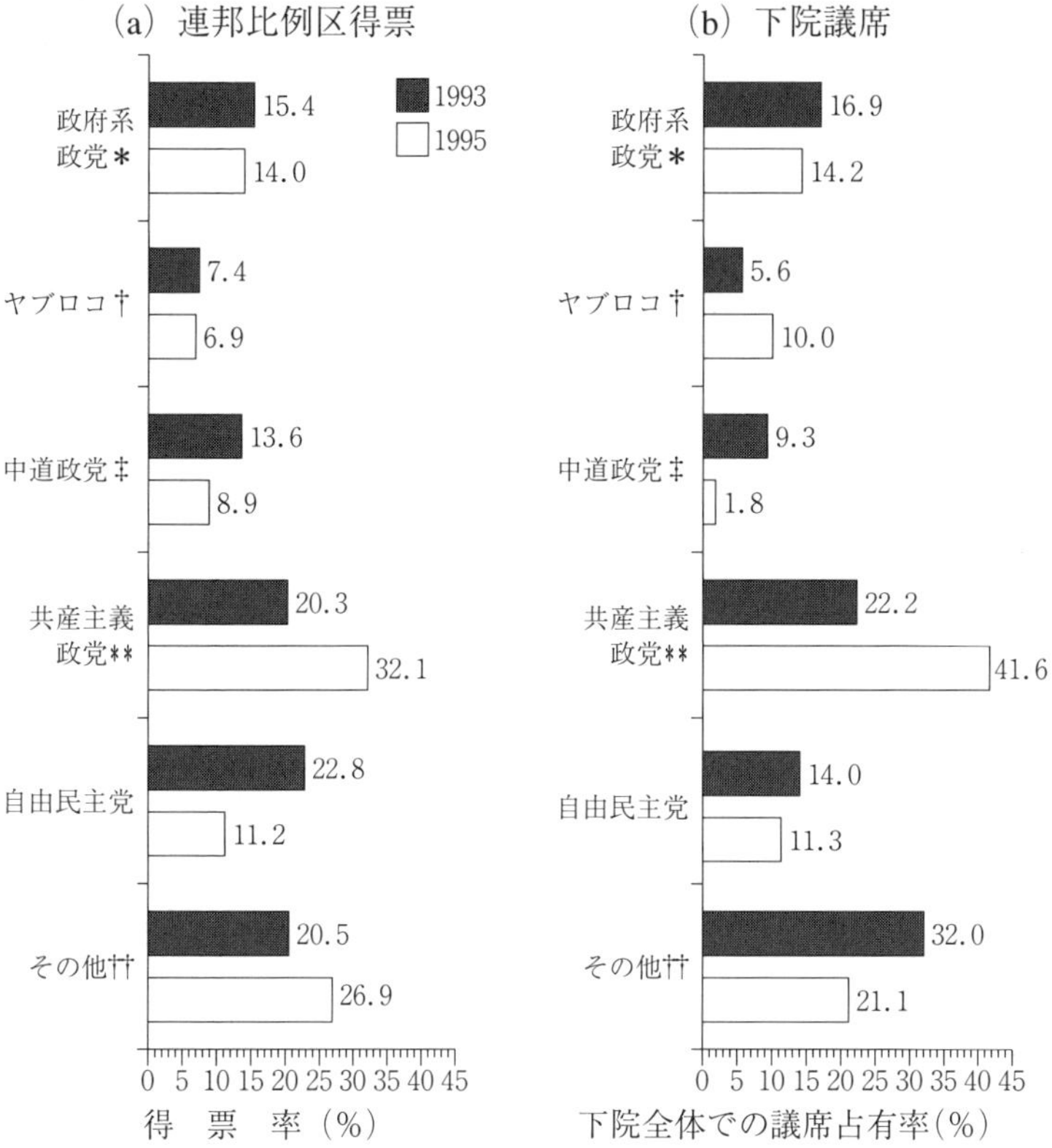

出典：中央選挙管理委員会（1995年については、1995年12月29日付暫定最終報告による）。

＊1993年については「ロシアの選択」。1995年については、「わが家はロシア」と「ロシアの民主的選択」

†1993年についてはヤヴリンスキー＝ボルディレフ＝ルキン・ブロック。1995年はヤブロコ。

‡1993年については民主党と「ロシアの女性」。1995年は「ロシア人共同体会議」と「ロシアの女性」。

＊＊1993年についてはロシア連邦共産党と農業党。1995年は共産党、農業党、「勤労ロシア」、「人民に権力を」。

††連邦比例区については「その他の政党」。下院の議席については、「その他の政党」と無所属議員の合計。

のうち各政党が獲得した議席の比率を示している[31]。

一九九三年の選挙前、メディアはガイダール率いる「ロシアの選択」の勝利を予測していた。しかし同党は、〔比例区で〕わずか一五・四パーセントしか得票できず、獲得議席も全議席の一六・九パーセントにとどまった。予想外の勝利を収めたのは、超民族主義者のジリノフスキーの率いる自由民主党は、予想を覆して〔比例区で〕二二・八パーセントの票を得た。ジリノフスキーは、恐しく好戦的な声明を次々に行って選挙戦を盛り上げ、そのおかげで各政党の中で最大の得票率を得た[32]。ロシア連邦共産党および同党と同盟関係にある農業党も健闘し、〔比例区で〕それぞれ一二・四パーセント、七・九パーセントの票を獲得、両者合わせて得票率二〇・三パーセントに達した。中道政党は予想されたほどの成績を上げられず、比例区の得票率はたかだか一三・六パーセント、下院《ドゥーマ》全体の議席占有率も九・三パーセントにとどまった。ヤヴリンスキーの「ヤブロコ」は、コンパクトながらまずまずの支持票を集めた[33]。

新下院は野党が大勢を占めた。しかし、野党の中ではすでに共産主義政党と民族主義政党が最大の勢力となり、中道派は明らかに力を失っていた。しかし、野党の合従連衡《がっしょうれんこう》は複雑で、流動的であった。ジリノフスキーの大仰な言辞にもかかわらず、自由民主党は予算案に関して政府を支持することがよくあった。また、ジリノフスキーは議会において、一九九四年一二月にエリツィンが始めたチェチェン軍事進攻の数少ない支持者の一人であった。

一九九五年、エリツィン大統領はチェルノムイルジン首相に対し、新たな政府系政党「わが家はロシア」を結成するよう指示した。こうして、一九九五年一二月の選挙において、ロシアの有権者の前に、選択の対象となる二つの主要な政府系政党、すなわちガイダール率いる「ロシアの選択」とチェルノムイルジンの新党が出現したわけである。[34] 選挙が近づく中、エリツィンの人気は経済の落ち込みとチェチェン戦争によってダメージを受け、メディアは今回、スココフ率いる中道新党「ロシア人共同体会議」が大いに票を伸ばすものと予想した。「ロシア人共同体会議」は、しばしば将来の大統領候補に擬せられる人望厚いレベジ将軍の参加を得た。

一九九五年一二月の選挙戦で、「わが家はロシア」はテレビのコマーシャルに惜し気もなく資金を投入した。ジリノフスキーは今度も鬼面人を驚かすような発言を重ねた。メディアは、中道派の「ロシア人共同体会議」が躍進するとの予測を繰り返した。共産党はあまり資金を使わず、主として組織の大きさを頼みとして所信を伝えた。ふたを開けてみると、共産党が大勝した。同党だけで比例区の得票率二二・三パーセント、全議席の三四・九パーセントを占めた。**グラフ10－1**に示すように、共産党と緊密な同盟関係にある農業党および「勤労ロシア」や、もっと急進的な共産主義グループを合わせると、共産主義系勢力は比例区の得票で三分の一近くに達し、全議席のうち四〇パーセント強を獲得した。選挙後、下院《ドゥーマ》の正式の会派が結成されたとき、院内会派としてのロシア連邦共産党に、同党と同盟関係にある二会派、すなわち農業党および「人民に権力を」の各会派を合わせると議席は二二一となり、四五〇議席の過半数に五議席足りないだけとなった。[35]

一九九五年の選挙では、比例区の足切りライン（得票率五パーセント）を超えたのは以下の四党だけであった。すなわち、ロシア連邦共産党（二二・三パーセント）、自由民主党（一一・二パーセント）、「わが家はロシア」（一〇・一パーセント）、ヤブロコ（六・九パーセント）である。ガイダールの「ロシアの民主的選択」は、比例区で三・九パーセントしか獲得できなかった。中道政党で、五パーセントの壁を超えることができた党はなかった。

改選後の下院において中道政党は全議席の二パーセントにも達することができず、事実上姿を消した。**グラフ10－1**で示すように、政府系の二党を合わせた比例区得票率および議席数は、一九九三年に「ロシアの選択」が単独で獲得したものよりも少ない。ジリノフスキーの自由民主党は一部の期待に反して姿を消すことはなかったが、比例区の得票率は一九九三年と比べて大きく落ち込んだ。チェチェンに関してエリツィンを厳しく批判していたヤヴリンスキーの党は、選挙前よりもいくぶん党勢を拡大した。しかし、ロシアの政界において最大の勢力となったのは共産主義勢力で、一九九六年六月に予定されていた大統領選挙を目指すのに絶好の位置につけた。

ショック療法が四年続いた間に、かつて一枚岩だったロシアのエリート層は分裂をきたし、ロシアの住民の大部分は生活水準の低下にあえぐようになった。こうした事態に加えて、第9章で描いたようなショック療法の副作用が重なった。その結果、わずか五年前には、選挙民から断固拒否された共産主義勢力がかなりの票を引き寄せるに至ったのである。

権威主義的統治への傾斜

ソ連最後の数年間に新たな民主主義的制度が創設されたことは、ソ連体制の崩壊に重大な役割を果たした。一九九一年八月のクーデターは、選挙で選ばれたロシアの大統領エリツィンと、同じく選挙で選ばれたロシア議会の指導者たちによって打倒された。大統領や議会といった民主主義制度のおかげで、クーデターに対抗した者は政治的正統性を得た。ホワイトハウス（議会ビル）の防衛は、新体制による旧体制打倒のシンボルとなった。新体制は、権威主義的体制に対する民主主義の勝利を宣言した。

クレムリン（右手下はレーニン廟）

わずか二年あまり後の一九九三年九月、二年前と同じメンバーからなる同じ議会が行政府から解散を命じられた。しかし、今度解散を命じたのはエリツィン大統領であった。翌一〇月、戦車がホワイトハウスを砲撃し、それに引き続いて、議会の解散に抵抗した議員が逮捕された。またもや、ホワイトハウスに対する急襲は政治の発展方向の変化を象徴するものとなった。しかしそれは、今回、権威主義的統治への逆戻りを象徴するものであった。

一九九二年から九五年にかけてのロシアの政治は、多少ジグザグはあったにせよ、国政レベルと地方レベルの双方において民主主義的制度の役割が収縮し、政治権力がクレムリンに移動するというコースをたどった。ちなみに、クレムリンは伝統的に、帝政ロシアおよび共産主義時代のソ連のいずれにおいても中央集権化された権力の所在地であった。民主主義的制度の役割の縮小とクレムリンへの権力の移動というプロセスは、一九九二年に始まった。それは、ショック療法の副作用に刺激されて、かつて一枚岩だったロシアのエリート層が分裂し、手強《てごわ》い野党運動が成長を遂げた直後のことである。

一九九二年の半ばには、ロシア議会はショック療法の副作用に関する一般大衆の関心の高まりを反映するようになっていた。ちなみに、このように民意を反映することは、民主主義体制において、選挙によって選ばれた立法府が果たすべきとされている役割である。しかしロシア議会は、以前からエリツィン大統領に対し、限定的ながら「大統領令による統治権」を与えていた。エリツィンは、それを利用してショック療法を実行に移した。エリツィンは、一九九一年、ロシアの全選挙民の投票によって大統領に選ばれたおかげで大いに正統性を得た(36)。しかし、議会も憲法によって少なからぬ権限を与えられていた。議会の母体となる人民代議員大会は、憲法上、多くの点で国権の最高機関の役割を果たしていた。人民代議員大会は、憲法改正の権限や大統領府を廃止する権限すらもっていたのである。それらの権限と比べるとやや遜色があるが、「大統領令による統治権」を撤廃する権限もあった。「大統領令による統治権」は、一九九一年一一月に人民代議員大会が大統領に対し、限定的に付与した権限であった。

一九九二年の下半期、議会と大統領の、主として経済政策をめぐる紛争が次第に先鋭化していった。エリツィンは、議会自体が経済改革を遮る障害となっていると非難し始めた。エリツィンは、大統領と人民代議員大会のうちいずれが優位に立つべきかを決めるために、国民投票を行うという案を提案した。両者の闘争は、一九九二年一二月の人民代議員大会で緊迫化した。エリツィンの特別権限の期限が切れることになっていただけに、闘争の勝敗の影響は大だった。しかし、政府の重要ポストの人事権を大統領から議会に移そうとする法案が一票差で敗れた後、妥協が成立した。人民代議員大会は、エリツィンが当面大統領令を発する権限を保つことを認めた。また、エリツィンが求めていた憲法問題に関する国民投票は、一九九三年四月に設定された。その代わり、エリツィンは首相をガイダールからチェルノムイルジンに替えることに同意した。

内閣改造後、経済政策に何の変更もなく、ロシアの産業は相変わらず後退を続け、大統領と議会の関係はふたたび悪化した。一九九三年三月、エリツィンは突如「大統領特別統治」を宣言した。それは、議会解散を示唆している模様であった。しかしエリツィンは、広範な批判を浴びた上に軍が大統領と議会の対立においてどういった出方を示すかをはっきり読み取ることができなかったので、すぐに「特別統治」を撤回した。エリツィンの行動に反応する形で、同月に臨時人民代議員大会が開催された。人民代議員大会はエリツィンの権限を一部剥奪し、大統領弾劾に必要な票〔全代議員の三分の二〕にあと七二票というところまで迫った。ちなみに、代議員の数は一千人強である。弾劾決議が不発に終わった後、有力な民族主義代議員であるバブーリンが議場の外で、「人民代議員大会はまさに『自殺を遂げた』」と発言した。この判断は、六ヵ月後に正しかったことが判明した[37]。

一九九三年三月以後、エリツィンと議会の関係はいっそう悪化した。両者は外交政策、憲法問題、経済政策を含め、多数の争点をめぐって対立した。議会はある委員会で、英国型の議院内閣制に基づく新憲法草案を用意しようとしていた。それに対し、エリツィンとその支持者は強力な大統領を頂く共和国を支持した。議会の多数派は政策の変更を望んでおり、政治において主役を演じるという、憲法で定められた議会の権利を守ろうと躍起になった。一方、エリツィンは、議会の独断を我慢のならないものと見なした。

エリツィンが当初、憲法問題を対象にして行おうとしていた一九九三年四月の国民投票は、大統領と議会の間での「人気コンテスト」にすり替わった。投票用紙には次のような四つの質問が記載してあり、投票者の回答を求めていた。

❶大統領に「信頼」を置いているか。

❷政府の「社会経済政策を是認するか」。

❸大統領選挙を前倒しにすることを望むか。

❹議会選挙を前倒しにすることを望むか。

エリツィンは国民投票によって、議会との間に抱えている問題を解決できると確信しているようであった。

エリツィンは、国民投票に勝てるとの自信をもっていた。エリツィンは、メディアを左右する大きな権力を握っていた。エリツィンはそれを億面もなく利用し、「イエス、イエス、ノー、イエス」の投票をするよう宣伝した。「イエス、イエス、ノー、イエス」という合言葉は、テレビやラジオの放送中にひっきりなしに流されるようになった。エリツィンは、次のように国民を説得しようとした。すなわち、経済の変革と結び付けられている苦難は、実は議会が大統領の計画を邪魔立てしているせいであり、もし手詰まり状態が打開されるなら改革はうまくいく、と。世論調査が示していた通り、エリツィンの人気は次第に低落しつつあったが、それでも当時のエリツィンは、まだかなりの人気を保っていた。そうした人気は、エリツィンがソ連共産党を相手に闘争を指導し、一九九一年八月のクーデターに抵抗したという事実に由来するものであった。足並みがひどく乱れて始末に負えない議会は、一般大衆の間ではるかに人気が低かった。

表10－1が示しているのは国民投票の結果である。上記四問においては、いずれも「イエス」の回答

表10－1　1993年4月25日実施の国民投票の結果（数字は％）

問い	イエス	ノー	無効
1．大統領に対する信頼	58.7	39.2	2.1
2．大統領/政府の社会経済	53.0	44.6	2.4
3．大統領選挙の前倒し	49.5	47.1	3.4
4．議会選挙の前倒し	67.2	30.1	2.7

出典：参考文献一覧［169］428頁。

が多数を占めた。しかし、必要な投票率が得られなかったため、第三問と第四問のいずれに関しても投票結果は拘束力のあるものとはならなかった。大統領側は、四問のうち三問で勝利した。第三問（大統領選挙の前倒し）だけは大統領の負けとなった。

エリツィンは投票結果を勝利と称したが、それはエリツィンが言うほど明白なものではなかった。第一問と第二問に関しては、エリツィンはモスクワとサンクトペテルブルクで強力な支持を得たものの、そのほかの地域ではエリツィンに対する支持ははるかに弱かった。ちなみに、新体制の受益者の大部分はモスクワとサンクトペテルブルクに住んでいる。エリツィンは第一問と第二問のいずれについても、ロシアの地域の半分以上で敗北している[38]。この国民投票は、国民が大統領およびその経済政策の評価において大きく分裂しているということを示すものであった。

おそらく、エリツィンは国民投票の結果に意を強くして、手詰まり状況に終止符を打つため断固たる行動を起こすことができると考えたに違いない。もっとも、憲法の規定によれば、エリツィンは議会を解散するとか、自分の支配下に置くといったことを許されていなかった。慣行となっている八月の休暇のシーズンが終わりを告げると、エリツィンは行動を起こした。一九九三年九月二日、エリツィンはルツコイ副大統領の一時職務停止を決めた。エリツィンの任命した委員会によってルツコイは汚職の嫌疑をかけられ、それが職務停止の口実となった(39)。九月一八日、エリツィンはガイダールを経済担当の第一副首相に任命した。そして、九月二一日、エリツィンは議会の解散を発表し、新議会の選出と新憲法の承認を目的とする選挙と国民投票を一二月一二日に実施すると述べた。

これ以降の大統領と議会の対立の経緯については、ほかの専門家が手際よく述べているのでここでは深入りしない(40)。両者の対立は、一九九三年一〇月四日、ホワイトハウス（議会ビル）に対する戦車の砲撃をもって終わった。それに引き続いて、ホワイトハウスに立てこもっていた代議員たちが逮捕された。エリツィンは、勝利したのである。

エリツィンがこうした行動に出るための法律上あるいは憲法上の根拠はなかったいう点で大方の見方は一致しているが、エリツィンは自分の行動を擁護した。エリツィンが述べるところによると、それは手詰まり状況を打開し、ロシアにおけるボリシェヴィズム勢力の生き残りを打倒し根絶する唯一の方法であった。米国クリントン政権を含む西側政府はエリツィンを支持した。その際、ロシア議会は旧ソ連体制の断末魔のあえぎを体現するものであり、一方エリツィンは、民主主義と経済改革を体現しているとの説明がなされた。

一九九二年から九三年にかけて議会で中道勢力が支配的であったことからすると、このような解釈を証拠づけることは難しい。「赤茶連合」〔三三七ページの訳註参照〕は、代議員のうち紛れもなく少数の支持しか得ていなかった。エリツィンに対する議会の抵抗は、旧体制の復活を望んでいたために起こったのではない。議会は、ショック療法の副作用をめぐって国民の多くが不満を募らせているのを反映していたのである。一九九二年から九三年にかけて、野党の中で最大の勢力が望んでいたのはショック療法とは別の、漸進的な方法による資本主義市場体制の建設であった。彼らは、そういった方向に政策を転換させるためエリツィンに圧力をかけようとしていた。エリツィンは自分の政策に対する批判を一掃するため憲法を犯し、ロシアに初めて誕生した純粋に民主主義的な議会を粉砕した。エリツィンに対する議会の批判は、四月の国民投票が示しているように、国民の相当部分の見解を反映するものであった(41)。

エリツィンは議会解散以降の数ヵ月間、ロシアのほぼ絶対的な権力を握っていた。エリツィンは憲法裁判所の機能を一時停止させ、大統領府を連邦レベルにおける唯一の政治権力の源泉とした。エリツィンは、地方レベルの立法機関を一時活動停止処分に付した。それら立法機関の多くは、ロシア議会の解散に反対した経緯があった。エリツィンは、反抗的な態度をとっていた州行政長官らを解任し、その後任に「イエスマン」を据えた。エリツィンは「ロシア労働組合連盟」の指導者であるクロチコフを解任し、同連盟に対し、取り潰しの憂き目に遭いたくなかったら政治に介入するな、と警告を発した。エリツィンは、一八の共産主義および民族主義組織を禁止し、一五の新聞を発刊停止処分に付した(42)。

このような雰囲気、すなわち大統領がほぼ全面的な権力を握っているという印象が醸し出される中、エリツィンは、広範な議論、討論、妥協のプロセスを通じてロシアの新憲法を立案しようとする従来の努力を放擲《ほうてき》した。それに代わって、エリツィンのひと握りの側近がロシアの新憲法の草案を起草した。一般人は、このプロセスには加えてもらえなかった。憲法草案の採否は、一九九三年一二月の国民投票で決められることになった。

エリツィンが以前要求していたのは、フランスまたは米国型の、強力な大統領を頂く民主主義共和国の創設を規定する憲法であった。しかし、新たな憲法草案は、それとはまったく違ったものであった。新憲法草案によって創設された大統領制においては、議会は非常にひ弱で、主として諮問機関的な役割を果たすだけであった。この大統領制は、いかなる民主主義国の体制にも似ていなかった。新議会の下院は「ドゥーマ」と名付けられたが、それは、革命前に帝政の下で創設された非力な同名の機関を思わせるものであった。

新憲法は大統領に、法的拘束力のある大統領令を発する権限を付与していた。ただし、その大統領令が、憲法や立法機関によって承認された法律に反しないという条件つきではあったが[43]。しかし、新立法府（連邦議会）は後に、いかなる法律を採択するのも容易ではないことを思い知ることになる。民主主義的立法機関の通常の手続きでは、法案の採択には上下両院それぞれにおいて出席者の過半数の賛成が必要とされるが、ロシアの場合はそうでなく、上下両院それぞれ全メンバーの過半数の賛成が必要であった。この変則的な方式は、法律の採択を難しくするという効果をもっており、その結果、大統領令が発せられる余地が大きくなった。

同様に、大統領の拒否権を覆すのに必要な票数も、出席者の三分の二ではなく全議員の三分の二であった。このため、ほぼ全員の意見がまとまらない限り、大統領の拒否権を覆すことは事実上不可能となった。新議会に与えられた唯一の重要な権限は予算の採択である。新憲法においてとくに異色なのは次の条項である。すなわち、下院が政府〔内閣〕不信任案を二度採択した場合、大統領は政府を辞職させることなく、下院を解散することができると定めた条項である。

このように、エリツィンは人民代議員大会を打倒したのであるが、その帰結は、新憲法草案に具体化されている通り、民主主義的な特徴の少ない権威主義的大統領制の成立であった。エリツィンの定めたルールの下では、新憲法の成立要件は、一九九三年一二月の国民投票で有権者の少なくとも五〇パーセントが投票すること、そして投票者の過半数の賛成票によって承認されること、であった。賛成票が不足するか投票率が下がるかすれば、新憲法は流産となっていたであろう。

一九九三年一二月二五日、政府は、投票率五四・八パーセント、賛成票が投票総数の五八・四パーセントで憲法が承認されたと発表した[44]。しかし、選挙結果が操作された形跡は濃厚である。選挙当日以降、開票が進むに従って、中央選挙管理委員会は公式有権者数を繰り返し引き下げたのである[45]。ロシアでは、投票率は五〇パーセントを下回っていたと広く信じられている。

大部分の野党は、中道系も共産主義系も、新憲法草案を非民主主義的であると非難していた。少なからぬ穏健な批評家と、一部の古参のエリツィン支持者すら懸念を表明していた。皮肉なことに、有力野党の中で、唯一、国民投票に際して新憲法を承認すべきと訴えていた党がある。それは、ジリノフスキーの自由民主党であった。ジリノフスキーは、独裁的な大統領制を全面的に支持していた。最後には、自分が大統領になるつもりだからである。

一九九三年一二月の選挙に先立つ数ヵ月間、エリツィンが権力を独占していたこと、そして政府がマスメディアを支配していたことを考慮するなら、野党があれほど圧倒的な勝利を収めることができたことは注目に値する。四月の国民投票と一二月の議会選挙の間に、エリツィンとガイダールの政策に対する一般大衆の支持は大幅に弱まっていたと見られる。しかし、新憲法下では、国民が政策を拒否したところで大した影響は生じなかった。新議会は、政府の政策を変更させるだけの力をもっていなかったのである。

このことは、エリツィンが一九九四年一二月、チェチェンの（ロシアからの）独立要求を武力で押さえ付けることを決めたときに明らかになった。チェチェンがロシアから分離独立するのをそのまま放置しても構わないと考えるロシア人は少なかったが、独立を掲げたこの共和国に対してエリツィンが軍事行動を起こしたとき、国民の支持はほとんど得られなかった[46]。このことは議会に反映された。議会では、中道派および共産党系の議員、多数の民族主義議員、さらにはかつてエリツィンの中核的支持者だった勢力がチェチェン軍事進攻への反対を表明した。ガイダール元首相がチェチェン軍事進攻を鋭く糾弾し、エリツィンと袂を分かったことは注目の的となった[47]。しかし、議会野党が事態を左右することはほとんどなかった。それとは対照的に、エリツィンがかつて一九九一年一一月にチェチェンに非常事態を宣言したとき、旧議会の野党はエリツィンに圧力をかけて、その宣言を直ちに撤回させたものだ[48]。

チェチェンで軍事力を行使するというエリツィンの決定は、議会のみならず、チェルノムイルジンとその内閣をも迂回するものであった。エリツィンは、大統領配下の組織である安全保障会議を通じて決定を下したのである。安全保障会議では、いわゆる「武力省庁の閣僚」（すなわち、内務相、対外諜報庁長官、国防相）が大きな影響力を振るっていると考えられている[49]。安全保障会議を、新「政治局」になぞらえる向きもある。安全保障会議は秘密会議を開催して、ロシアの命運を左右する重要な決定を下しているからである。チェチェン戦争が長引き、多数の人命が失われ、チェチェンの主要都市が破壊される中、エリツィンの支持率は世論調査では一ケタ台に落ち込んだ[50]。エリツィンが、一般国民の前に姿を現すことは少なくなる一方であった[51]。

ロシアの独立以来、大統領配下の機関は着実に力をつけていった。一般に伝えられているところでは、元KGBスタッフのコルジャコフ大統領警護隊長[訳2]は、大統領の側近の中でももっとも影響力の強い人物の一人になったという[52]。一九九四年一二月二日、大統領警護隊の一部隊がモスト財閥[訳3]の本部を襲撃し、モスト側の警護チームの責任者に不意打ちを浴びせた。モスト・グループの傘下にある非政府系テレビ放送網〔NTV〕は、それまでエリツィン政権を批判する風刺ショーを放映していた。ロシアのメディア関係者はこの襲撃を、政府批判を行う者に対する脅しと見なした[53]。

ロシアではなぜ民主主義が後退したのか

ロシアにおいて政治が権威主義的な方向へ傾斜しがちな理由を、ロシアの過去からの慣性によって説明する向きもあろう。ロシアでは、数千年にわたって独裁が行われてきた。君臨したのは、最初は皇帝《ツァーリ》で、次は共産党であった。しかし、ロシア国民は、一九八五年から九一年にかけてこの遺産を拒否しているように見えた。独立ロシアは一九九二年、未熟ながら、一見したところ健全で有望な民主主義的制度をともなって誕生した。歴史を引き合いに出すだけでは説明としては不充分である。というのは、歴史というものは継続性だけで成り立っているわけではないからである。今日の民主主義工業国のうち、フランスやドイツなど一部の国は、過去に、長きにわたる権威主義的伝統をもっていた。具体的に、いかなる圧力がロシアを一九八五年以前の政治的伝統に回帰させたのかという点を説明する必要がある。

西側では、資本主義と民主主義の結び付きは分かち難いものと一般に信じられている。実際、そのような結び付きを示す論拠もある。歴史的には、近代の議会制民主主義は、ヨーロッパで近代的資本主義とともに発展した。また、次のように指摘することもできる。すなわち、資本主義を支える私有財産制および「自由民の労働」という制度と、自由選挙および個人の公民権からなる政治体制は、長い間、西

(訳2)　一九九六年夏の大統領選挙の過程で解任され、エリツィンと袂を分かった。その後、エリツィン政権の内幕を描いた『ボリス・エリツィン――日没から夜明けまで』を出版。現在、トゥーラ一人区選出下院議員。

(訳3)　ロシアの有力金融産業グループの一つ。グループの中核に、純資産でロシア国内一四位にランクされる「モスト銀行」を据え、またテレビ局（NTV）、日刊紙（セヴォードニャ）なども傘下に置き、大きな政治的影響力を振るってきた。しかし、このところ、外部からの政治的圧力により金融部門とメディア部門の分離を強いられるなど、その影響力には翳りが見える。

ヨーロッパ、北米、そのほかの地域で相乗効果を上げてきた[54]。しかし、この結び付きは絶対的なものではない。資本主義は、権威主義的政府を頂く一部の国、たとえばシンガポール、韓国、ブラジル、チリでも繁栄を謳歌してきた。現代のロシアは、資本主義と民主主義がうまくかみ合っていないケースであるように見える。

ソ連およびロシアで民主化が始まったのは一九八〇年代のことであるが、それは資本主義の発展に由来するものではなく、ゴルバチョフの社会主義改革計画に端を発するものであった。ソ連では、一九八九年から九一年にかけて不完全とはいえ、紛れもなく民主主義的な諸制度が発達を遂げた。ゴルバチョフ派は、ソ連型社会主義が民主主義を欠いており、こうした要素が欠如しているために社会主義が本来の潜在力を発揮できずにいるのだと見ていた。ゴルバチョフ派が民主化を追求したのは、それ自体を目的としてではなく、社会主義を建設する手段としてであった。そうした手段を用いれば、長年にわたって多くの人々を社会主義の大義に引き付けてきた公約の実現が可能になると考えたのである。その公約とは、政治のみならず経済においても国民が主権を行使できるような社会を実現することであった。

ゴルバチョフの敗北とエリツィンの権力掌握は、社会主義の改革から資本主義の建設への転換を示すものであった。これにより、経済上の目標は一変した。今や、狙いは国有資産の私有化と、個人の福祉に対する集団的責任の放棄に置かれた。事業を支える資産は、公的所有から裕福な新興資本家階級の所有へ急速に移されることになった。エリツィンは、権力の座を目指している間は民主主義を支持していた。しかし、エリツィンがひと度権力を握ると、民主主義は次第に、資本主義の建設というエリツィンの中心的課題、とくにショック療法という手法によって資本主義を建設しようとする努力と衝突するようになった。

一九九二年以来、こうした衝突は鮮明になる一方であった。一九九〇年から九三年にかけてのロシア議会は、大統領の権力に匹敵する制度上の権力を与えられており、ショック療法によってダメージを被った多様な社会集団の反応を代弁していたのであるが、その後、急速な資本主義建設のプロセスを阻む障害物となった。そこで、エリツィンは議会を一蹴した。国民の力の表出を許すような機関はいかなるものであれ、指導部が成就しようとしている経済転換にとって邪魔なものとなった。民主主義を実現すれば、国民の大多数は自分たちの貧困化のプロセスを食い止めるための潜在的力をもつことになる。民主主義体制は、成熟した確立済みの資本主義とは両立するであろうが、ロシアのようなもともと国家社会主義社会だった国で資本主義の建設を急速に進める場合には厄介な問題となる。

こうした事情を踏まえれば、エリツィンが西側資本主義の制度のみならず民主主義の制度をもロシアにおいて複製したいと、おそらくは純粋に願っているにもかかわらず、ロシアの新体制において、民主主義的要素を次第に制限せざるを得なくなってきた理由が理解できよう。ロシアの一部の知識人は公然とこの問題を議論しており、いわゆる「ピノチェト方式」に支持を与えている。それは、資本主義への急速な移行を強行するために、無制限の権威主義的な国家権力を利用するということを意味している(55)。ロシアの現在の発展方向を見ると、この国の民主主義の将来を期待する気持ちにはなれない。

ロシアはどこに向かっているのか

ある国、あるいはある地域における将来の社会発展の方向を予測することはリスクの大きい作業である。必ず、予測のつかないことが起こるからである。にもかかわらず、ソ連とロシアで生起したプロセスについてここで示した分析から、ロシアの将来の発展方向について、なにがしかヒントを読み取ることができよう。一九九五年末現在では、およそ向こう一〇年の間にロシアが向かい得る方向は五つあるように見える。

ロシアは国内の工業力を破壊されるに任せ、国民の大部分に苦痛を与えているが、それにもかかわらず現在の進路を保つかもしれない。これまで論じたように、現在の進路を論理的に突き詰めると、ロシアは基本的に、原材料の生産国兼輸出国に転落し、工業製品を輸入に頼ることになる。ロシアが第三世界化することになれば、ソ連から継承した社会経済構造に適合しない経済機構が生まれることになる。こうした経済機構においては、ひと握りの人々に莫大な富がもたらされることになる。そうした富に与《あずか》ることのできるのは、原材料部門の企業の社主および役員であり、また同部門に融資、販売促進、そのほかのサービスを提供する部門の企業の社主および役員である。外国の工業製品を輸入する企業で働く者も、稼ぎに恵まれるであろう。

そのようなシステムにおいては、層の厚い知識人階級は必要とされない。科学者や文化人、技術者や専門家も、大勢いる必要はなくなる。また、こうしたシステムは、高給取りの産業労働者層を支えることはできない。ロシアの現在の人口減は、こうしたシステムの限定的な労働力需要に見合う形になろう。このシステムの中でありつけるのはサービス業の勤め口であるが、これも不足しており、人口のかなりの部分は結局職探しの競争に敗れて失業することになろう。おそらく、多数の人々が移民となることを余儀なくされよう。

このシナリオでは、ロシア国家は非民主的、権威主義的方向で発展を続けるとの予想が立てられよう。自由選挙が行われ、かつ何らかの真の権力をともなった立法府が成立するならば、こうした発展の道は遮られることになろう。しかし、ショック療法、すなわち「ネオリベラル」の道が続くなら、ロシアがこの数年間経験してきた比較的オープンな民主主義に代わって不正選挙が行われたり、あるいは選挙が正式に廃止される可能性もなきにしもあらずである。こうしたプロセスを統括するために、ロシア版ピノチェトが実際に必要とされるかもしれない。

上記の第一の発展コースに代わる三つのコースは、いずれも経済において国家がもっと積極的な役割を果たすことを必要とする。三つのコースとは、「ネオファシズム的発展方向」「国家資本主義的な発展方向」「社会主義的な発展方向」である。ネオファシズムの道は、ジリノフスキーのような超民族主義者の権力到達につながるであろう。そうした事態の発展を可能にする社会的基盤は、貧困化し失意のどん底に置かれた住民層に現存する。人々は生活上欠かせぬものを突如としてすべて失い、茫然自失の状態にある。慣れ親しんだものがすべて消えてなくなり、正しいと信じてきたすべてのものは、信用に値しないという烙印を押された。ロシア人は超大国の地位を失い、西側のお荷物に成り下がった。こうしたプロセスは、自己嫌悪をはじめとする心理的な反応を引き起こす。こうした現象は、一九九二年のロシアにおいて非常に目立った。当時、誰もが外国のものであれば何でも崇拝し、ロシアのものはすべて蔑視した。しかし、自己嫌悪は怒りとスケープゴート探しに転化しがちである。ロシアでは伝統的なスケープゴートは、まずユダヤ人とフリーメーソンであり、次いで西側である。一九九三年と九五年の選挙でジリノフスキーがかなりの票を獲得したのは、こうした反応の現れである。ジリノフスキーは、外国からの影響を断罪した。また、ロシアはインド洋に面した不凍港を必要としていると主張した。法外な発言で世界共同体を嘲弄《ちょうろう》すればするほど、ロシアにおけるジリノフスキーの人気は高まる一方であるように見受けられた。

ネオファシストが権力に到達するとすれば、それは選挙を通じてか、あるいは軍の一部によるクーデターを通じてであろう。軍のかなりの部分は、一九九三年の選挙でジリノフスキーに投票した模様である。[56] ネオファシストのアピールは政治的、文化的なもので、明確な経済プログラムを欠いている。ネオファシストが権力の座に就くようなことがあれば、ロシアの国境を広げ、少なくともベラルーシ、ウクライナ、カザフスタンなど、ロシア系住民が高度に集中している地域をロシア領に編入しようとするであろう。また、経済をふたたび軍需生産一辺倒にするために資金を注入するであろう。そうした政策が実施されれば、一九三〇年代のナチス・ドイツと同様、経済の後退を食い止めて逆転させることができるかもしれない。ネオファシストは、おそらく新興の企業所有者に富を握らせたまま、産業に対して強力な国家統制を導入することはほぼ疑いのないところである。そして、ネオファシストはロシアを、反体制派と少数民族を弾圧する強制労働収容所の支配下に置くであろう。ネオファシストは己の権力を発揮し、鬱積する不満を世界の舞台で吐き出そうとするので、新たに世界戦争が勃発する危険が非常に現実味を帯びるであろう。

ネオファシスト的方向に代わるものとしては、ショック療法を中止して中道派の掲げる将来像へシフトする道がある。そこでは、国家が経済転換を強力に指導、支援することによって資本主義に至ることが想定されている。このような国家資本主義的発展方向の支持基盤は、資本主義的発展を良しとしながらも、ロシアを原材料輸出国ではなく、技術水準の高い工業国にすることを望む社会集団の中に見いだされる。公有企業、私有企業のいずれにおいても、企業支配人の多くは今でもそうしたコースを支持するかもしれない。充分な規模と富を獲得し、ロシアの将来を検討するだけの余裕のできた新興民間銀行の一部も、今やこうしたコースを支持するかもしれない。というのも、メキシコかコロンビアの銀行家になるよりも、日本かドイツの銀行家になる方が魅力的だからである。(57) ネオファシズムの脅威を理解している穏健派将校の一部も、指揮下の部隊とともに、強力なロシアを再建するための最適の方法としてこの方向を支持するかもしれない。強力なロシアというのは、軍事力を整備するための強力な産業基盤を擁し、社会において軍が再び尊敬の的となるロシアのことである。

こうした道を支持する主要中道政党は、過去、有権者の受けがあまりよくなかった。彼らが権力に到達するとすれば、多分それは選挙を通じてのことになるだろうが、その場合、おそらくもっと人気のある穏健民族主義者を同盟相手として連立を組む形をとるであろう。あるいは、次のようなケースでも、ショック療法から国家資本主義的アプローチへのシフトが起こるかもしれない。すなわち、エリツィンが在職中に亡くなって（エリツィンの健康問題は周知の事実である）、エリート集団間における政治的な取引と駆け引きのプロセスを経て、国家資本主義的アプローチに忠実な新政府が成立するケースも考えられる。(訳4) こうした場合、憲法上、エリツィン大統領に事故があったときの後継者に指定されている、抜け目のないチェルノムイルジン首相が政策の転換を取り仕切るという事態も予想されよう。ただ、チェルノムイルジンは、そうした任に就くにはあまりにもショック療法との関係が強すぎるかもしれない。(訳5)

（訳4）　エリツィン大統領は一九九九年一二月三一日、任期を半年残して突然辞任した。これにともなってプーチン首相が大統領代行に就任した。

（訳5）　チェルノムイルジンは九八年三月、首相のポストから解任された。その後、九九年一二月の下院選挙にヤマロネネツ選挙区から出馬、当選を果たした。しかし、チェルノムイルジンをスポンサーに仰ぐ政党「わが家はロシア」は、連邦比例区の得票において足切りライン（五パーセント）に遠く及ばなかった。

チェスに興じる年金生活者

また、穏健派将校の軍事クーデターが新たな国家資本主義体制の成立につながるとの予想を立てることも可能であろう。

たとえそうした政治体制が成立しようとも、その統治は、おそらく現在の憲法体制に似た穏健な権威主義的システムを通じて行われることになろう。こうしたアプローチの主要支持基盤となるのは、企業支配人、銀行家、将校などのエリート集団である。それら集団は、秩序とか強力な国家よりも民主主義に高い価値を置くとは思えない。また、ロシアに資本主義を確立することにこだわるなら、それは取りも直さず、普通の人々の犠牲（大規模な解雇、工場の閉鎖、低賃金）が続くということになるので、そのことからしても過剰な民主主義は不都合なものとして扱われよう。

このような国家資本主義体制は、おそらく西側との間で、現在よりは疎遠であってもやはり友好的な関係を追求するであろう。西側の諸大国は、ひとしきり批判と不満を繰り返すであろうが、結局そのような新生ロシアを受け入れるしか選択肢はないであろう。

第四の可能性は、社会主義的な発展方向への回帰である。数年前は、そうした見通しは思いもよらないもののように見えた。あらゆる種類の社会主義がソ連の経験とペレストロイカの失敗によってまったく信用を失ったために、社会主義が政治の将来目標に据えられることはしばらくの間ないと見られていた。しかし、ショック療法が数年間続いた結果、この状況は変化している可能性がある。

一部の中・東欧諸国においては、ショック療法に対する国民の反発に押されて、旧共産党が選挙で勝利を収め政権の座に戻った。こうした現象は、リトアニアでは一九九二年、ポーランドで九三年、ハンガリーで九四年に見られた。同様の力学によって、ロシア連邦共産党も息を吹き返した。上述の通り、共産党は緊密な同盟関係にある諸政党と合わせて、一九九五年の下院《ドゥーマ》選挙で四〇パーセント以上の議席を獲得した。共産党の指導者であるジュガーノフは、一九九六年六月に設定されている大統領選挙で有力候補と見なされている。(訳6)

社会主義を信奉していると公言してはばからない諸政党が連合して権力の座に返り咲くとするなら、その基盤となるのは、ショック療法に直撃された、工業、農業双方の労働者および年金生活者である。年配の人々の多くは、社会主義に郷愁を感じている。彼らは社会主義時代にはあまり社会主義を快く思っていなかったが、今はひどく懐かしい思いに駆られている。あらゆる社会層のうち、旧体制の公式の

(訳6)　実際のところ、ジュガーノフは一九九六年のロシア大統領選挙に立候補した。ジュガーノフは一次投票において得票率三二パーセントで二位につけ、決戦投票に臨んだが、現職のエリツィンに敗れた。ジュガーノフは、その後もロシア連邦共産党中央執行委員会議長（党首）の任にあり、西暦二〇〇〇年の大統領選挙にも再び立候補した。

社会主義イデオロギーをいまだに信じている人々は、社会主義的な発展方向を支持するであろう。軍は、ソ連社会においてもっとも徹底的に社会主義イデオロギーを教え込まれた集団であり、またその性格上、市場あるいは私有財産制のいずれにもあまり親和力をもたない集団である。そうした軍の一部は、社会主義の復古を支持する可能性がある。共産主義者が、選挙を通じてロシアの権力を握る可能性もある。あるいは、ネオファシスト・グループによる権力掌握の企てが失敗に終わるとか、予定されている選挙が中止されるなどの事態が口火となって、共産主義者の政権復帰のプロセスに火がつくこともあり得よう。

共産主義者による政権復帰が何を意味するかについては、予測が難しい。ロシア連邦共産党の指導者の、公刊された綱領や公式声明を額面通りに受け止めるなら、共産党は現在企てられている資本主義復活の動きを食い止め、民主主義的社会主義体制を建設する道に復帰しようとしていることになる。それは取りも直さず、主として公的所有および経済計画と市場の組み合わせを基盤として、経済的に効率的で、かつ民主主義的統治形態と両立する経済システムを改めて建設するということになる[58]。

しかし、権力に返り咲いたとしても、共産主義者がそれに引き続いて必ず資本主義的発展を放棄するとか、民主主義的社会主義の建設を再び企てるとかいうことにはならないであろう。ポーランドやハンガリーでは、旧共産党系の政党が権力の座に返り咲いたからといって、経済戦略においてそのようなラジカルなシフトは起こらなかった[59]。確かに、ロシア連邦共産党の一部指導者は、ポーランドやハンガリーの旧共産党系政党の、そうした穏健な前例にそっくりそのまま倣《なら》うことはしないと主張している[60]。しかし、そうした主張のうちもっとも過激なものですら、ロシアの政治的ムードが一九九二年から今日に至るまでと同様に無気力かつシニカルであるなら、たいして重要性を帯びることはあるまい。人々は共産党に票を投ずるかもしれないが、見たところ大部分のロシア人は政治に積極的にかかわるつもりはないようである。

かつてロシアで企てられたゴルバチョフ主導の民主主義的社会主義の建設が結局失敗に終わったのは、本来ソ連の労働者がそうした計画を進めるための基盤となるべきだったのに、実際には積極的に関与しようとせず、また権限を手にすることもできず、結局、事の帰趨《きすう》がエリートの利益によって左右されたからである。たとえ、共産党率いる政府がロシアで政権の座に就いて民主主義的社会主義の建設に乗り出しても、多数の一般人を積極的な政治活動に引き込めないなら、そうした目標を達成することはできないであろう。(61) 自己の資産を守ろうとするロシアのエリートからの圧力は抗し難いものとなろう。とくに、ニューリッチの多くとロシア連邦共産党がソ連時代から人的なつながりもっていることを考慮するならばなおさらである。また、西側の工業国と、それら諸国が支配する国際金融機関は疑いなく、ロシアの共産主義政権に圧力をかけ、資本主義の道から逸脱させないようにするであろう。その結果は、活性化した基盤が得られないとすれば、国家資本主義の道と大差のないものとなろう。ただし、中道派が政権に就いている場合よりも、労働者および年金生活者に対する保護は手厚いものとなるであろうが。ロシアの主要左翼政党の指導部内には、民主主義的社会主義というよりも、民族主義的かつ国家統制主義的な立場にあって、究極的にはそうした発展方向を歓迎する可能性のある勢力がある。

ロシアの共産党政権に対する西側の反応は、そうした政権が実際にとるコースに左右されるだろう。共産党政権が資本主義への移行を逆行させようとするなら、西側からの反応は大いに敵対的なものとなろう。そして、新たな冷戦が起こる可能性がなきにしもあらずである。一方、国家資本主義的な発展の道を進むなら、共産党政権は、おそらく、結局は西側によって受け入れられることになるだろう。

ロシアではペレストロイカ以前の安定したソ連時代に対する強い郷愁があるが[62]、過去への回帰が可能とは思えない。いささかなりとも影響力をもった指導者で、そういった方向に向かうことを要求する者はいない。共産主義組織の中でも、もっとも影響力の大きい各組織はそういった方向を拒否している。旧体制のエリートの大部分はこの前、旧体制を守るのに積極的ではなかった。旧体制終焉後の現在、エリートが旧体制復活を求める理由はさらに少なくなっている。旧体制に似たものが将来ロシアに成立する可能性があるとすれば、それはネオファシストの政権奪取を通じてであろう。ネオファシスト政権は、旧ソ連体制の政治的特徴をともなう体制を生み出すであろう。しかし、その場合でも、中央集権的経済の特徴はともなわないであろう。

ロシアの将来に関する第五の可能性としては、ロシア国家と社会が次第に崩壊するというシナリオが考えられる。ロシアの国土は広大で多様である。そのうち一部の地域には、主として非ロシア系住民が居住している。この多様な社会はソ連時代、国家社会主義体制によってまとめられ、経済および政治の相互依存ネットワークの中で結合していた。しかし、そうしたシステムは今はもうない。

効果的な資本主義市場体制によって、大規模な多民族国家をまとめることも可能である。というのは、市場によって生み出される経済的相互関係を通じて国を束ねることができるからである。しかし、地域の独立を要求する圧力はそれでなくても顕著になっている。効果的な資本主義システムを建設するという企てが失敗を続けるなら、おそらく非ロシア系住民の地域のみならずロシア系住民の人口が支配的な地域においてすら、独立要求の圧力はますます増大するであろう。これは、ロシア国家が崩壊し、多数の小国が乱立する結果につながりかねない。万一そうなった場合、それら諸国の経済的、政治的発展コースはまちまちのものとなろう。旧式の帝国は、現代の世界には生き残れなかった。資本主義にせよ社会主義にせよ効果的なシステムを構築できなければ、ロシアは将来、分裂と解体の憂き目に遭うことになろう。

ロシアがいずれの道をたどるにせよ、近い将来この国で資本主義と民主主義が両立することはなさそうである。ショック療法を継続するにしても、国家資本主義の道を選ぶにしても、大衆が政治活動に積極的に参加する見込みはなさそうである。民主ロシアへの前進が再開されるとすれば、それはロシアが資本主義を離れ、純粋な民主主義改革を初めてロシアの生活に導入した社会主義改革計画に立ち戻る場合に限られているように思える。

第11章　社会主義の将来に対する教訓

数世紀前、資本主義が勃興し、世界の支配的な社会経済システムとなって以来、資本主義に対する全面的な異議申し立てはもっぱら社会主義の側からなされてきた。資本主義は、リベラルなキリスト教哲学者、原理主義的イスラム思想家、無政府主義者、さらには近代テクノロジーに反対する人々などからも批判を浴びてきた。しかし、資本主義に代わる現代の社会経済体制を明確かつ包括的に提案したのは、社会主義の立場に立つ批判者だけであった。

社会主義は、一九世紀初め、ヨーロッパの知識人および労働者階級出身の活動家の中から生まれ、世界規模の運動へと成長を遂げた。社会主義が魅力的だったのは、第一に、人類の生産力の急速な発展という、資本主義がもっとも成果を上げているまさにその分野で資本主義を凌駕するシステムを想定していたからである。第二に、社会主義は不平等、安全の欠如、搾取などに終止符を打つと約束していた。社会主義の立場に立つ批判者は、資本主義はそういった負の現象を克服できないとの見方をしていた。協力、社会的公正、民主主義などの諸原則に基づいて経済的に効率のよい社会体制を築くという構想に刺激され、何百万何千万もの人々が民族や人種を越えて社会主義を支持し、その実現のために協力した。社会主義は単なる改良ではなく、人類の発達の新たな段階と想定されていた。社会主義によって約束されていたのは、すべての人々に物質的快適さをもたらすということだけではない。普通の人々が社会の主人公として登場することも約束されていたのである。

ロシア革命が起こり、それにともなってソ連体制が成立したのを契機として、そうした新社会の建設が初めて大規模な形で企てられた。ソ連体制は、公有企業、経済計画化、利用のための生産など、社会主義の概念と長らく結び付けられてきた幾つかの中心的制度に立脚していた。しかし、先に見てきたように、結果的に成立した社会体制は、社会主義者が描いていた将来像とほとんど似ていなかった。ソ連体制の特徴は、社会主義の将来像の原型とは正反対であった。その特徴とは、ひと握りの特権的エリートの支配する抑圧的国家、高度に中央集権化された政治・経済システム、国民生活に対する厳格な統制、資本主義企業と大差ない権威主義的な労使関係などである。ゴルバチョフ率いる共産党改革派は、抑圧的で非社会主義的な特徴を取り除いて体制を改革しようとしたが、彼らの約束した民主主義的社会主義への転換は起こらなかった。それどころか、体制はたちまちその終焉を迎え、目下、世界資本主義への復帰を目指して努力が続けられている。

ソ連体制が社会主義社会の概念の原型から明らかに逸脱していたという事実にもかかわらず、その七五年にわたる経験から、世界の社会主義の未来にとって重要な教訓を学ぶことができる。しかし、いかなる教訓を引き出すかは、ソ連の経験をどのように解釈するかによって左右される。とくに重要なのは、ソ連が終焉を迎えるに至ったプロセスをどう解釈するかである。本書の中心的な主張は、西側の学術研究および一般向けメディアで支配的となっているソ連終焉の解釈が、実は説得力を欠いている、ということである。私たちは、それに代わる説明を提示した。それは、私たちの確信するところ歴史の記録に裏付けられており、ソ連の終焉があれほどあっけなかった理由を明らかにしている点で強みがある。この論争に関係するのは過去だけではない。ソ連終焉の支配的解釈は、社会主義の将来に対する一連の教訓を提示しているが、私たちの解釈はそれとはまったく別の教訓を示唆している。

以下で、私たちはまず、社会主義がソ連の終焉によって完全に葬り去られたという一般的見解を考察する。私たちは、この結論の土台となっているソ連終焉の解釈には誤りがあると考えている。次いで、ソ連の経験から学ぶべき、社会主義の将来にとっての主要な教訓（と私たちの考えるもの）を考察する。その中には、ソ連体制の終焉の実態から読みとれる教訓も含まれる。

社会主義は葬り去られたのか

多くの分析家は、ソ連体制の突然の終焉によって、社会主義が経済面で存立不可能なシステムであることが最終的に証明されたと結論付けた。この結論は、ソ連の内部矛盾をソ連終焉の原因として指摘する有力な解釈からごく自然に導き出される。この見解によると、「ソ連経済の実績はじわじわと悪化し、ついに一九八〇年代の末、『崩壊』ないし『解体』に至った。そのためソ連国民は、ソ連経済に代わって、歴史によって有効性を証明されている唯一の経済体制、すなわち資本主義を受け入れるしかなかった。したがって、世界は、平等と協力に基づく実現不可能なユートピアのことなぞは放念すべきである」。この見解によれば、ソ連の終焉によって、現代世界において資本主義に代わる平等主義的な体制を樹立するなどという考えには、およそ現実味のないことが証明されたということになる。

規制なき自由市場経済を擁護する西側の専門家たちは、ソ連終焉によって次のことが証明されたと解釈した。すなわち、ソ連型社会主義は現実には資本主義の代わりにはならないし、その上、経済に対するいかなる形態の国家介入も、経済の破滅に至る道となることが明らかになった、というのである。勢いづいたこれら専門家は、国家が市場の活動を規制すること、また国家が公共サービスを用意し、公共福祉計画を進めることに攻撃を加えている。それらはいずれも、規制なき自由市場資本主義のダイナミズムを脅かす「社会主義の脅威」とされた。

資本主義経済において国家が積極的に介入者としての役割を果たすことを伝統的に支持してきた勢力、すなわち労働組合、中道政党および社会民主主義政党、貧民救済組織、環境運動などは、自由市場の擁護者を向こうに回して闘いを続けてきた。しかし、規制なき市場を支持する勢力はこの闘いにおいて、ソ連の終焉のおかげで立場を強める傾向にあった。経済に対する国家介入の危険がソ連終焉によって証明されたという見解が広く普及したため、国家の介入を擁護する人々はまったくの守勢に立たされた。また、ソ連体制の終焉によって、底辺の人々が「共産主義」に引き付けられる恐れが取り除かれてからは、西側の有産階級は福祉計画に対する寛容さを失う傾向が出てきたように見える。

しかし、ソ連の終焉によって社会主義が経済面で存立不可能な体制であることが証明されたとする結論は、ソ連経済が崩壊した原因をその内部矛盾に求める見解に立脚している。ところが、その見解は論破可能である。第4章で述べたように、データの示すところでは、ソ連経済が収縮し始めたのはソ連社会主義の中心的制度の解体過程が一九九〇年から九一年にかけて本格化した後のことである。一九七五年から一九八九年の間、ソ連経済の実績は確かに芳しくなかったが、その間生産は低下したわけではない。それどころか、この期間の最後に至るまで、生産はゆっくりと成長を続けたのである。経済の収縮(および前の章で論じたそのほかの要素)は、一九九〇年から九一年にかけての中央計画化の廃止と、いずれ国有資産を私有化するという予告を契機として始まった。ソ連の計画経済は「崩壊」したのではない。それは、政治的手段を通じて解体されたのである。

「社会主義は葬り去られた」とする見解で、少し毛色の違うのがある。それは、次のように主張している。すなわち、ソ連の終焉は、社会主義がまったく存立不可能な体制であることを証明したのではなく、社会主義が経済実績において資本主義に劣り、したがって資本主義に代わる有効な代案とはなり得ないということを示しているのである、と。しかし、そうした結論は、当該の歴史から都合のよい部分を拾い上げて解釈する方法に依拠している。ごく簡単に手に入るデータによれば、ソ連型国家社会主義は数多くの欠陥にもかかわらず、一九二八年から一九七〇年代の半ばに至るまでの五〇年近くにわたって、急速な経済成長をもたらしたのである。すでに見てきたように、ソ連体制が達成した工業化は世界の歴史の中でももっとも急速な工業化の一つであった。ソ連体制はまた、工業化達成後の数十年間も、非常に急速な経済成長を達成し続けた。それは、米国の成長スピードを上回っていた。確かにソ連の経済実績は、一九七五年以降、もっとも重要な指標において有力資本主義国の経済のそれを下回っていた。しかし、だからと言って、資本主義が一般的に社会主義よりも優れているということにはならない。それは、一九二八年から七五年にかけてソ連の成長実績が米国のそれを上回っているからといって、社会主義の方が優れていることを証明することにはならないのと同様である。

ソ連の成長記録を書き換えようとする努力に拍車がかかっているのは、恐らく、「社会主義は葬り去られた」という結論を支える説得力ある根拠が歴史の記録に見いだせないからであろう（これについては第2章を参照）。「社会主義は葬り去られた」という説に真の説得力をもたせるためには、ソ連体制が姿を消しただけでは不充分である。数十年間に及ぶ急速なソ連の成長もまた、抹消する必要がある。

「社会主義は葬り去られた」とする説にはもう一つ別のバージョンがある。それを支えているのは次の主張である。すなわち、ソ連経済は改革不可能であり、したがって、停滞に陥った後、そのままそこから脱却することができなかったという主張である。経済を再び勢いよく前進させるためには、ソ連国家社会主義の徹底的な変革が必要だったのは明らかである。ペレストロイカの最初の三年間、すなわち一九八五年から八七年にかけて、ソ連経済において大きな変革は実際には何も行われなかった。国有企業法は、経済再建を目指す最初の本格的な企てであるが、施行されたのは一九八八年一月一日のことである。

第4章で示したように、国有企業法が導入されてからの二年間、深刻な経済問題が発生した。数十年にわたる事細かな統制から国有企業を解放したところ、国民の貨幣所得が急増した。それによって、深刻な品薄状態が出現した。消費者需要が生産をはるかに上回ったからである。歳入を確保するための国の実力は、経済の変革によって著しく侵食された。財政赤字が生じ、それは増加の一途をたどった。抑制されているとはいえ、インフレ圧力が高まった。こうした深刻な問題にもかかわらず、総生産量および総消費量は増大を続けた。ただし、その伸び率は低かったが。

一九八八年、経済再建を目指すゴルバチョフの努力がきっかけとなって噴き出した経済問題は、政策に深刻な欠点があったことを示している。六〇年前から続いている経済体制を根本的に変革しようとしても、そうした努力がスムーズに行かないことは予測のつくことであった。しかし、ゴルバチョフの政策に修正が施されていたら、指導部の目指していた民主主義的社会主義という目標は達成されたであろうか。それについては、歴史の記録から判断を下すことはできない。すぐにほかの事態が割り込んできたからである。一九九〇年の六月までに、エリツィン率いるロシア共和国が主権を宣言し、それに続いて九月に五〇〇日計画が発表された。ソ連経済の中央調整メカニズムの解体が進行した。そして、前途に国有企業が私有化される展望が開けた。それを見た資本主義支持連合は、社会主義改革者の企てを脇に押しやることを目標に据えた。ソ連国家社会主義を根本的に変革し、民主主義的社会主義を構築するという企ては、現実にはわずか二年半しか続かなかった。それはあまりにも短い期間であり、したがって、「仮に経済改革の続行を可能にする政治的環境が整っていたとしたら、そうした経済改革は成功しただろうか」という問いに答えを出すことは難しい[1]。

一九九一年以後、ロシア経済を資本主義経済に転換するための努力にいかなる経験がともなったかを考えてみていただきたい。第9章で見たように、こうした努力にともなって四年間にわたって生産が激減し、大部分の人々の生活水準が急低下し、きわめて急速なインフレが起こった。したがって、ショック療法の形をとって具体化した、資本主義への移行計画を支える一連の政策に対して、好意的な結論を出すことは難しい。しかし、だからといって、「適切な政策を採用したとしてもロシアにおける資本主義への移行は不可能である」と証明されたわけではない。以前と同じ手段か、あるいは別の手法の組み合わせによってロシアに資本主義を建設する努力を続けるか、それとも経済変革の新たな方向を見いだすかは、政治的要因によって決まる。それは、ゴルバチョフの試みた民主主義的社会主義への転換の場合と同じことである。

結局のところ、一部の人々は、ソ連体制がうまく行くはずのない体制だった以上、民主主義的社会主義を建設するというソ連の努力は最初から失敗するに決まっていた、と考えているわけである。そういった主張が、ソ連の終焉から得られる教訓に照らしてどの程度正しいのかを見極めることは難しい。なぜなら、そういった民主主義的社会主義の体制を建設しようとする試みは、その開始から間もなくさえぎられたからである。民主主義的社会主義の潜在的な有効性を、最近の歴史の出来事を通じて見極めることは不可能である。しかし、ソ連の終焉を分析すれば、民主主義的社会主義がどのような形を取り得るのかという問いかけに関して、いくらか教訓が得られるかもしれない。たとえソ連体制の存立可能性についての問いかけに対して答えが出なくても。

ソ連の経験の教訓

ソ連体制は、相互に関係する三つの欠点を抱えていた。第一に、労働者の国家であるとの自任とは裏腹に、ソ連体制は特権エリートによって支配されていた。第二に、国家はエリートによる支配の挺子《てこ》となっており、権威主義的であった。国民には市民の権利および自由は与えられていなかった。第三に、政治的制度も経済的制度も著しく中央集権化されており、階層構造をなしていた。重要な決定は、すべて中央でひと握りの最高当局者が下した。一般国民は、最高当局者の命令をただ単に実行するだけとされていた。

ソ連経済を長年にわたって悩ませてきた多くの諸問題は、主として、上記のソ連体制の特徴に由来するものであった。二億人以上の人口を擁する国でありながら、経済関係の政策決定が文字通り体制の中枢に集中していたため、政策決定は弾力性と効率を欠くものとなっていた。そして、そのことは資源の無駄遣いの原因となった。企業は、顧客の要求や好みを無視しがちであった。なぜならば、消費者はこの体制の中で何の力ももっていなかったからである。企業支配人は主として、ヒエラルキー内部で上位に立つ者を満足させることに腐心しなければならなかった。労働奨励策は、限定的な効果しか上げられなかった。なぜなら、労働者には失業の心配もなかったし、階層的生産システムに利害関係をもっているという実感がなかったからである。最高指導部から、技術革新のスピードを上げるよう要請されていたにもかかわらず、階層構造的システムに由来する小心翼翼とした姿勢と守旧的傾向に妨げられて、技術革新を促す環境が整わなかった。これまで自然環境の悪化が恐るべき経過をたどってきたのも、国民に権限が与えられていなかったせいである。国民は、自然環境への影響を配慮してもらうよう圧力をかける手段をもっていなかったのである。消費者、生産者、コミュニティのメンバーとしての国民が、生産と分配に関する政策決定に与《あずか》ろうとしても、ソ連体制には全体的にそれを橋渡ししてくれる機関がなかった。ソ連体制は経済計画化の外観は備えていたが、こうした肝腎の実体を欠いていたのである。

こうした欠点にもかかわらず、ソ連経済が数十年にわたって、非常に急速な発展をもたらすのに成功したことはすでに見た通りである。しかしである。ソ連経済は最後の最後までなにがしかの経済成長を続けたが、最後の一五年間、ソ連の経済システムは経済実績の深刻な悪化に悩まされた。第2章で論じたように、こうした悪化の最重要原因は、ソ連の経済システムに特徴的な、高度に中央集権化された計画形態と階層的な労働管理の仕組みが、時を経るにつれて有効性を失ったことにある。

ソ連体制が最期を迎えたのは、経済が機能しなくなったからではなくて、ソ連経済を資本主義経済に転換することに熱心な政治連合が勃興し、権力を得たからである。前ページで引用したソ連体制の三つの特徴――特権エリートによる支配、権威主義的国家、システムの中央集権化と階層構造――こそ、資本主義支持連合の興隆と成功の究極的な原因にほかならない。党・国家エリートは、資本主義によってもたらされる個人的な特権が規模、確実性いずれにおいてもソ連体制下での特権を上回るとの結論に達し、ソ連体制の解体に乗り出した。ソ連体制の抑圧的性格ゆえに、多くの市民、とくに知識人はソ連経済に嫌気がさしていた。職業柄、国家社会主義の抑圧によって最大の被害を受けていたのは知識人であった。知識人は、ソ連に資本主義を導入する計画において、党・国家エリートのきわめて大切な同盟相手となった。中央集権的、階層的なソ連体制に慣れた一般市民は、ノンポリ化し積極性を失っていた。そうでなかったら、一般市民は社会を民主化すべきだとする訴えかけに反応していたかもしれない。こうしたわけで、資本主義支持連合は、結局、目立った抵抗に直面しなかった。

ソ連の経験をこのように解釈したからといって、社会主義が存立する可能性のない体制であるとか、資本主義に劣っているとかと言っているわけではない。ソ連の経験から得られる真の教訓は、「ソ連版社会主義の諸問題を克服しようとするなら、社会主義は将来いかなる形態をとるべきか」という問題にかかわっている。その問題に答えるために私たちは、ソ連体制が長年にわたって抱えてきた経済的弱さ、一九七五年以降の深刻な停滞、ソ連体制の終焉の実情などの教訓を生かすことができる。

上で検証したソ連体制の主要な三つの欠陥から、三つの重要な教訓が引き出される。第一に、社会主義体制が機能するためには、市民としての個人の自由を尊重する国家の存在が必要である。第二に、中央集権化および階層構造に代わる制度を設けなければならない。第三に、社会主義は、特権的で支配的なエリートの発達を予防する制度を備えなければならない。

社会主義が民主主義的な体制でなければならないという認識においては、今や、衆目は一致している。国民が国家に対して主権をもっていなかったら、社会主義が要求するように国民が経済において主権者になるなどということは不可能である。上記三目標のうち、ゴルバチョフがペレストロイカの期間に大幅な進歩を遂げたのは、この点においてだけである。ゴルバチョフは、究極的には、政党および候補者がそれぞれ相互に競争する自由選挙システムを通じて民主主義国家を達成しようとした。また、法的保障と、独立した司法府からのバックアップによって個人の権利を確保しようとした。こうしたソ連の新しい政治制度は、資本主義民主主義国において見られるものと似たものであった。しかし、資本主義民主主義国においても政治制度はかなりまちまちである。厳密な意味で、いかなるタイプの民主主義制度が、民主主義的社会主義体制にもっともふさわしいかを前もって正確に知ることはできない。しかし、歴史から明らかなのは、国民全体を代表していると自任する政党であっても、単一政党が支配を行うならそれは民主主義の道具にならないということである。[2] 独裁的な国家において権力の奪取を目指す際には、規律ある「民主集中制」の政党は有効かもしれないが、たとえそうであっても、その結果成立する単一政党支配を母体として、長期的に存立可能な社会主義形態が生まれることはない。そのことは、歴史によって証明されている。

分権化された、非階層的社会主義経済を建設するにはいかなる方法が最適であるかという問題は、議論の余地のある問題である。西側の社会主義者の間では、これに関して、大まかに言って二つの考え方がある。分権化された非階層的制度を社会主義の枠組みに組み込む最適の方法は、競争的市場に最大の役割を配することだと考える者もいる。彼らは、競争的市場システムが機能するのは資本主義の枠組みにおいてだけだとする説を否定している。彼らが論じるところによると、社会主義の側からの資本主義批判が本当に問題としているのは、市場関係かそれとも中央計画化といった特定の経済制度ではなく、むしろ価値体系であるという。そして、真に重要なのは、経済上の公正さ、連帯、民主主義といった社会主義の中核的価値が新体制の中に組み込まれることだ、というのである。[3] こうした価値は、資本主義体制の下では実現不可能である。というのも、資本主義体制下では所得および富の格差が著しいし、また個人主義的倫理観が普及しており、巨大な富をもつ政治権力が純粋な民主主義に脅威を与えているからである。しかし、市場社会主義を通じてであれば、社会主義的価値は達成可能であるというのが彼らの考え方である。

市場社会主義という概念は、少なくとも一九三〇年代にまでさかのぼる。このアプローチは、ソ連の終焉がきっかけになって再び注目を浴びるようになった。[4] 現世代の市場社会主義者が提案しているシステムは、営利企業が相互に市場で競争するけれども、企業の所有権は伝統的な資本主義形態と異なっているシステムである。企業の所有権は政府機関や当該企業の従業員に与えられるか、あるいは一般大衆に分配されるかもしれない(5)。その狙いは、株式を国民の間で比較的平等に分配することに置かれる。いずれのタイプにおいても、通常の企業は生き残りのために政府補助金に頼るのではなく、顧客集めの競争に成功することを迫られるようになると想定されている。

市場社会主義者は、次のように論じている。そういったシステムが成立すれば、資本主義市場体制と同様の効率と技術の進歩が達成され、同時に、資本主義体制の問題点も取り除かれる。資本主義型の企業私有を排除することによって、労働者の搾取も排除されよう。同時に、資本主義に特徴的な資産および所得の著しい格差の主たる原因も取り除かれよう。

しかし、市場社会主義者は規制なき市場システムを支持しているのではなく、国家が効果的な形で市場に介入することが必要であると見ている。彼らは、自由市場理論家の主張を拒否する。自由市場理論家は、規制なき市場を通じてすべての資源を分配すれば社会の福利は最大化すると主張している。市場社会主義の下では、国家は市場のもたらす不平等を縮小するために所得の再分配を行い、市場活動を通じて充分な所得を得られない人々に対して社会的セーフティネットを用意する(6)。国家は市場の独占、自然環境の悪化、危険な仕事および生産物の出現を防止するため市場活動を調整する。国家は財政、金融政策を通じて、失業やインフレの増大を防ぐ。一部のタイプの市場社会主義では、国家は投資および長期経済発展パターンの誘導においてなにがしかの役割を果たすとされている。国家の市場介入に反対する富裕な資本家階級がないので、そうした介入は成果が上がるし、その効力も長続きするとされている。

ソ連型の過度の中央集権的階層的関係はさまざまな問題を生み出してきたが、市場社会主義がその解決法になると見ることは可能である。市場社会主義は中央集権化に代わって分権化をもたらし、経済決定は中央の計画立案者ではなくて、競い合う多数の企業経営者によってなされるようになる。ごく一般的なタイプの市場社会主義の場合、国家社会主義と資本主義の双方に特徴的な企業内の階層的労使関係は、労働者の自主管理に取って代わられることになろう(7)。

第二の考え方において支持されているのは、民主主義的計画化ないし直接参加型計画化として知られるアプローチである(8)。市場社会主義に代わるこのアプローチにおいては、ソ連型の中央集権化された階層的計画形態は、分権化された直接参加型の計画形態に置き換えられることになる。それぞれの経済決定は、その決定がどの範囲に及ぶかに合わせて、できるだけ末端の水準でなされる。地方の計画機関が、経済計画の立案において重要な役割を果たす。中央の計画機関に任されるのは、経済活動のうちどうしても中央での調整を必要とする部分だけとなる(9)。すべての計画機関は民主的に構成され、そこに送り込まれる代表は、経済決定によって影響を受ける当該地域から選ばれる。

ソ連体制を特徴づける階層的計画形態と違って、民主主義的計画化の場合、経済計画の立案・実施および経済活動に関連して生じる利害対立の調整は、交渉と妥協に基づいて行われる。計画機関の内部では、こうした交渉と妥協のプロセスは各地域代表相互の働きかけに適用される。中央および地方の計画機関同士の関係も、交渉と妥協に基づくものとなる。企業は、決定を行う際、企業の行動によって影響を受けるすべての集団に対して発言権を与えるような仕組みを備えることになる。企業内の基本的な決定権限は労働者に与えられるが、役員会には従業員代表と並んで顧客および地域コミュニティの代表も出席する。

民主主義的計画化の提唱者たちに言わせると、このアプローチをとれば、景気変動、失業、不平等、環境破壊の傾向など、競争市場から生じる諸問題が避けられるという。彼らはまた、次のように強調している。すなわち、住民が計画化システムに積極的に参加することにより一般人が権力を獲得し、その結果、経済・社会発展に対する住民の統制という社会主義の理想像が模範的な形で具現化される、と。

すでに見たように、ソ連経済を変革しようとするゴルバチョフの計画はこれら両方のアプローチの要素を含んでいた。確かに、大規模かつ相互依存的な経済システムが、公的規制と市場要因という二つの要素をいささかもともなわずに充分に満足のいく形で機能するとはとても思えない。将来の民主主義的社会主義は、両方の制度を組み込まなければならないであろう。厄介なのは、分権化された非階層的社会主義形態を達成するために、この二つの異なる制度的手段をどうやって結び付けるかという問題である。

社会主義システムに必要な第三の条件は、特権的で支配的なエリートを生み出す傾向があってはならないということである。中央集権的で階層的な計画化をやめ、民主主義国家を成立させれば、ソ連体制を支配していたタイプの寡頭的政治エリートは排除されよう。しかし、民主主義国家が成立しても、それだけでは別の種類の特権エリートが勃興してその体制を支配する可能性は排除されない。

資本主義の下では、生産手段を所有している階級が大きな経済的権力を握る。その経済的権力は政治的権力に転化するので、資本主義は経済エリートによって支配されるシステムとなる。民主主義的社会主義の下では生産手段の私的所有が排除されるので、エリートによる支配を根源から断つことができるであろう。国家機関と企業従業員を組み合わせて資本の所有権をもたせれば、独立した所有者階級は出現しないであろう。このような、市民の間接的な資本所有を可能にする市場社会主義体制には、通常、ひと握りの私的所有者がその手中に資本の所有権を蓄えるのを防ぐ規定が備えられるであろう。

民主主義的国家体制を備え、民主主義的計画化と市場要因の組み合わせを内蔵する社会主義体制であれば、エリートによる支配を避けることができるのであろうか。確信をもって「しかり」と予言することはできない。ソ連の経験から学ぶべき重要な教訓は次のようなものである。すなわち、社会主義体制の諸制度に乗じて徐々に特権と権力を蓄積していく集団が存在するなら、その中から支配エリートが発生する可能性があるということである。何しろソ連では、ひと握りの理想主義に燃える革命家集団が特権的支配エリートを生み出したのである。

民主主義的社会主義の下で、新支配エリートの供給源になる可能性があるものは二つある。市場は、どうしても所得および資産において著しい格差を生み出す。市場システムにおいて最大級の報酬を稼ぎ出す特別の才能および素質に恵まれている人々は、国家経済の中で高い地位に上っていく傾向にある。彼らは自覚的な経済エリートとして登場し、究極的には体制を支配するに至るかもしれない。そして、いずれかの時点で、事業資金の元手となる資産を個人的に蓄積しようとして、その障害になるものを除去しようとするかもしれない。

民主主義的計画化のメカニズムには、民主主義的社会主義の下での強力な特権的エリートのもとになりかねないものがもう一つある。直接参加型の計画立案と経営役員会の務めを立派に果たすだけの特別の技能や意欲は、すべての人に平等に与えられているわけではない。それを得意とし、楽しみとする者もいれば、あまり技能や意欲をもっておらず、そういった活動に不向きの者もいる。経営者および計画立案者からなる階級が発達を遂げ、経営・計画役員会を支配するようになるかもしれない。そして、制度上の立場を確保する方法を見つけ、その立場を利用して特権および権力を蓄積するなら、彼らは国家社会主義のエリートにも似た政治エリートへと進化する傾向が出てくるかもしれない。

いかなる制度も、大規模で相互依存的な社会において特権的支配階級が成長するのを防ぐ絶対的な保障にはなり得ない。所有権と所得を広く拡散させることが、民主主義的社会主義体制において特権支配階級の成長を防ぐための最大の安全装置となるように思われる。その際国民に、経営と計画立案のプロセスに喜んで参加する意欲が広く行き渡ることも必要である。究極的には、国民の間に平等主義および参加という価値観がしっかりと発達する場合にのみ、新エリートが台頭し、ついには一般大衆に対する新たなエリート支配を確立する事態を防ぐことができる。しかしこの点、民主主義的社会主義は資本主義および国家社会主義よりもずっと優位に立っている。というのは、資本主義と国家社会主義の下では、基本的制度が特権エリートによる支配を保障しているからである。

依然として多くの疑問が残る。民主主義的社会主義は経済的に存立可能なのであろうか。それはまた、ソ連国家社会主義に欠陥があることが判明している領域においてどのように機能するのであろうか。民主主義的社会主義の下では、資源の利用は効率的に行われるのであろうか。消費者の要求と不足は手際よく満たされるであろうか。効果的な労働奨励策は用意されるであろうか。新しい製品と製法の開発は迅速に推進されるのであろうか。環境破壊は防止されるであろうか。集団的政策決定のプロセスは、個人の自由と両立するであろうか。民主主義的社会主義は、これらの、またそのほかの面で、資本主義というライバル体制と互角に張り合い優位に立つことができるであろうか。

これらの問いは、社会主義の将来にとって非常に重要である。私たちの確信するところ、民主主義的社会主義は充分な潜在力をもっており、欠陥を抱えて消滅したソ連版社会主義の諸問題を克服することが可能であろう。したがって、この体制の潜在力に関する上記の問いに対しては、肯定的な答えを出すことができると思う。しかし、こういった見解を擁護するべく議論を進めるなら、それはソ連の経験から得られる教訓の範囲を越えてしまう。本書の本来の焦点は、あくまでもソ連の経験に置かれているのである。

ソ連の経験が示しているのは、国家所有と計画経済に立脚する体制は存立可能であり、この体制下では、一定の期間、偏っているとはいえ経済的進歩が可能であるということである。しかし、ソ連の経験の最重要の教訓はネガティブな教訓である。私たちは、社会主義体制の諸側面のうち、避けるべき側面は何かを学んだ。それら側面は、社会主義の本来の理想を侵すだけでなく、最後には体制の経済的機能と政治的有効性を損なうのを助長するからである。私たちは今、社会主義体制を建設する試みが企てられた一九一七年の時点よりも多くのことを知っている。しかし、私たちには依然として、民主主義的社会主義の模範となる歴史上の先例がないままである。

しかしである。資本主義は過去二世紀の間に大幅に変化を遂げたが、そもそも資本主義の代わりになるものを模索する意欲が盛り上がったころの条件はこれまで基本的に変化していない。かつて資本主義工業国において何百万何千万の人々に議論の余地なき物質的な改善をもたらしたプロセスは、この数十年ほどの間に逆行に転じたように見える。大部分の資本主義工業国では、このところ、ひと握りの人々は急速に富を増やしているが、大部分の人々は多少なりとも次のような現象にさいなまれている。それは、所得の減少と雇用不安の拡大、社会的セーフティネットの消失、都市型の貧困と暴力の発生、公共サービスの低下、拝金主義的生活の拡大、環境危機の悪化である。旧国家社会主義諸国で新たに生まれた資本主義は、もっと悪い状況に置かれている。それら諸国の状況は、多くの点で、かつて第三世界諸国と呼ばれたアフリカ、アジア、ラテンアメリカの国々と五十歩百歩である。まさにこうした状況に押されて、民主主義的社会主義体制を誕生させようとする努力が新たになされることになろう。こうした状況が続く限り、歴史上、範とすべき民主主義的社会主義の成功例がないからといって、今後、社会主義体制の建設を試みる意欲がなくなるなどといったことはありそうもない。それは、先行する歴史上のモデルがないからといって、一九一七年の最初の試みを企てる気持ちが萎《な》えることがなかったのと同じことである。

　国家社会主義の終焉を、資本主義に対する社会主義の挑戦の終わりと解釈するのは尚早である。ソ連体制は、資本主義に代わって、平等主義的で協力の精神にあふれた大規模な体制を建設しようとする初めての試みにすぎない。非常に不利な条件の下で建設された、この体制がなにがしかの成果と大小さまざまな欠陥を生み出した後、終焉を迎えたのは驚くべきことではない。失敗に終わったのは、歪曲されたタイプの社会主義であって、本来の社会主義ではない。何しろ、資本主義が初めて出現したのは、一四世紀イタリア北部の都市国家においてであった。後になって振り返って見ると、それは時期尚早であった。初めて登場したこの資本主義は、生き残ることはなかった。数世紀を経て、ようやく新しい資本主義がヨーロッパのほかの地域にしっかりと根を下ろした[10]。社会主義の建設というソ連の経験（およびその終焉）のもっとも重要な教訓は、資本主義に対する社会主義の挑戦は終わりに近づくどころか、まだ、始まったばかりなのだということである。

謝辞

本書の出版計画を進めるに際して、多くの方々にさまざまなご支援を仰いだ。取材先を惜しみなくご教示くださったり、インタビュー設定の労をとって下さった方々は以下の通りである。

リュドミーラ・ブラフカ、アレクサンドル・ブズガリン、スチーヴン・F・コーエン、ジョン・ヘルマー、タチヤナ・コリャーギナ、ニコライ・コズロフ、バーナード・ラウン、ロバート・J・マッキンタイヤ、スタニスラフ・メニシコフ、アナトーリー・ミリュコフ、ヴラジーミル・パンチェーヒン、ジョン・シモンズ、ヴラジーミル・スチャリョフ、アルバート・トゥーセイン、リン・タージン、リュドミラ・ヴァルタザロヴァ。

未公刊のデータ、論文、そのほかの重要な情報を提供して下さったのは次の方々である。

ゲンナージー・アシン、ヴラジーミル・ギンパルソン、セルゲイ・グリゴーリエフ、グリゴーリー・コトフスキー、オリガ・クルィシタノフスカヤ、クリス・レイン、デーヴィッド・レイン、ヴァディム・ラダエフ、マクシム・シュヴァロフ、スチーヴン・ホワイト。

原稿の一部、または全部について有益なコメントを下さったのは以下の方々である。

カレン・ファイファー、ロナルド・サニー、ウィリアム・トーブマン、トーマス・ワイスコプフ、それに版元であるラウトリッジ社の匿名の社外閲読者お二方。

調査および原稿執筆をそのほかの形でご支援下さったのは、カレン・グラウバート、デーヴィッド・ホッチキス、メリリー・マードン、ロバート・ロトスティーン、エリザヴェータ・ヴォズネセンスカヤである。

いうまでもなく、何か瑕疵《かし》があるとすれば、それはすべて筆者ら自身の責任である。マサチューセッツ大学学部研究助成金プログラムおよび社会・行動科学学部の学部長および同大学院の研究科長には金銭面でのご支援につきご配慮をたまわった。

訳者あとがき

最初に、本書の主著者ともいうべきD・M・コッツについて一言述べておきたい。コッツは一九四三年生まれ。ソ連、ロシアの経済史を専門とするマサチューセッツ大学アムハースト校の教授である。最近はロシア関係の論文を精力的に著しているが、もともとは、アメリカの銀行に関する研究で本格的な研究活動のスタートを切った経済学者である。カリフォルニア大学バークレー校提出の博士論文（一九七五年）は、八二年に『巨大企業と銀行支配』（文眞堂刊）のタイトルで邦訳が出版されている。

さて、『上からの革命――ソ連体制の終焉』について。一九九七年に出版された本書は、ロシア研究者のみならず、政治学一般に興味をもつ人々にも少なからぬ知的刺激を与えたようで、アメリカ内外の新聞や専門誌の書評欄において（多くの場合は好意的に）取り上げられた。著者の打ち出した斬新な仮説を要約すると、以下の通りである。

ゴルバチョフの改革（ペレストロイカ）の過程で、ソ連経済が自由化されるに従って、党・国家エリート（ノーメンクラトゥーラ）のうち才覚のある者が党や国家の組織および資金を利用して続々と事業家へと変身していった。こうした状況を目の当たりにした党・国家エリートは、既存の体制（国家社会主義）を改革するよりも、むしろ体制を資本主義に転換した方が自己の利益にかなっていることに気付いた。資本主義の下であれば、生産手段を管理するだけではなく、所有することも許され、その結果、特権と権力の拡大と世襲が可能になるからである。こうして、党・国家エリートは、非エリート出身の事業家や言論の自由を求める知識人との間に利害の一致を見いだし、ここに「資本主義支持連合」が形成された。エリツィンを支え、ソ連の国家社会主義体制を打倒したのは、この「資本主義支持連合」だったのである――。

非常に興味深い説明である。このような見方を紹介しているという点だけをとっても、本書は充分に一読に値する。しかし、本書の真の価値は、むしろ、そうした説明を使って現代ロシアの不可解な政治現象の謎解きに成功しているという点にあるように思われる。

著者は、一九九一年のロシア革命（ソ連体制の終焉）がなぜ無血革命だったのか、と問いかける。本書の仮説を利用すれば、この謎を解くことは可能である。著者に言わせれば、支配エリート自身が「上からの革命」を起こしたのであれば、革命に抵抗する勢力が無力だったのも不思議ではない、ということになる。

また、民主主義の旗手だったはずのエリツィンが、時を経るに従って権威主義的な統治に傾斜していったのはなぜか。著者はこの疑問も、要旨も、次のように解明してみせる。「資本主義支持連合」を支持基盤として権力の座に就いたエリツィンは、「連合」の主力である新興事業家（すなわち資本家）に逆らうことはできない。そして、それら資本家が一般大衆の利益に目もくれず、ショック療法を通じて資本主義の建設と自己の蓄財に向けて邁進している以上、エリツィンもそれに従わざるを得ない。そうであるからこそ、エリツィン政権は民主主義を掲げながら、民主主義とはほど遠い政治スタイル、すなわち権威主義的統治へと傾斜するのである。

ロシアの大統領を権威主義に傾斜させる構造的原因は、エリツィン退陣後も基本的には変化を被っていないように見える。だとすれば、西暦二〇〇〇年の大統領選挙で選出される新大統領も、エリツィンと同様の政治スタイルに陥る可能性にさらされていると言えよう。今後のロシアの政治動向を予測するためにも、本書は大いに役立つと思われる。

訳書の作成にあたって、次のお三方に大変お世話になった。この場を借りて深く御礼申し上げる次第である。

マサチューセッツ在住のポール・ソローケンご夫妻には、著者（コッツ）との連絡役を引き受けていただいた。

齋藤哲昭氏（丸紅株式会社勤務）には写真をご提供いただいた。本文に掲載した風景写真のうち提供者を示していないものと、表紙を飾っている写真は、いずれも齋藤氏の作品である。

また、田畑伸一郎北海道大学スラブ研究センター教授から一部の経済用語について訳語をご教示いただいた。訳文が専門家の批判に耐えるものとなっているとすれば、それは田畑教授に負うところが大である。しかし、何か瑕疵があるとすれば、すべて訳者の責任であることは言うまでもない。

最後に、本書の出版に快く応じて下さった「株式会社新評論」のご好意を多としたい。再三にわたり翻訳作業を滞らせてしまい、編集担当者の武市一幸氏にはやきもきさせたことと思う。仕事の遅い訳者に面倒見よく付き合って下さったことに厚く感謝申し上げる次第である。

二〇〇〇年三月三日

角田安正

第11章　社会主義の将来に対する教訓

（1）　参考までにいうと、米国のニューディール政策による社会改革を推進した人々は1933年にその活動を開始したのだが、米国資本主義の再建を完了するのにおよそ15年の歳月を必要としたのである。

（2）　単一政党制が民主主義と相容れないということは明白であるように思われるかもしれないが、過去、多くのマルクス主義者は、単一政党は労働者階級という多数派の要求や願いを反映することができると主張していたのである。

（3）　[198]　1頁。

（4）　ランゲ[119]　は、市場社会主義の初期の先駆者である。戦後期、市場社会主義に関する厖大な文献が世に送り出されている。それは、部分的には、ユーゴスラビアが市場社会主義モデルの一部特徴を採用したことに対する反応である。例を挙げると、ウォード[194]　とホルヴァト[82]。ノーヴ([148][151])はソ連の経済計画化の抱える問題に基づいて市場社会主義の見方を開陳しているが、これはとくに影響力が大きい。ソ連の終焉に対する反応として、市場社会主義のうねりが新たに盛り上がった。その中には、[12][198][177][166]　などがある。

（5）　ロウマー([166])の広く議論を呼んでいる案では、オープンエンド型投資信託会社が企業を所有し、投資信託会社の株を市民が保有するとされている。株は、金銭取引および相続の対象からはずされる。各市民は、投資信託会社の株を購入するためにだけ使われる特別クーポン券を受け取る。市民の受け取るクーポン券の枚数は一律である。

（6）　しかし、報酬がかなり不平等になることは許容しなければならない。というのは、市場システムの身上である経済の効率と、テクノロジーの進歩を支えるインセンティブを確保しなければならないからである。

（7）　市場社会主義の支持者がみな、労働者による企業管理に賛成しているわけではない。ロウマー([166])のように、最高経営者による伝統的な管理を支持する者もいる。

（8）　[41][42][2][3][4]。民主主義的な計画社会主義ながら、幾分毛色の違った概念として[114]　も参照のこと。

（9）　[41]　第9章。

（10）　[47]　(157頁～161頁)および[157]　(289頁～354頁)を参照。ドップによると、1338年、フィレンツェには織物業工房が200軒あり、3万人の賃金労働者が布を織るために雇われていた（157頁）。しかし、この比較的発達した資本主義は究極的には生き残れなかった。

部は、大手の銀行が政府に対して「もっと積極的な経済政策を実施するよう」圧力をかけていると述べた（モスビジネス銀行の副会長アナトーリー・ミリュコフとのインタビュー、1995年6月16日）。

(58)　ロシア連邦共産党の公表した綱領（1995年1月22日付）は、ロシアに民主主義的社会主義を建設するよう、比較的急進的な要求を掲げている。経済の腐敗を食い止めることに焦点を当てていた当初期間がすぎて、共産党は「公共の利益に反して取り上げられた」資産を公有へ戻すこと、「生産手段の社会的な所有形態を支配的な」ものとすること、「科学的な計画化と管理に基づいて」経済を運営することを要求している。共産党は勤労者に対し、「ソヴィエト〔社会主義政権下の議会〕、労働組合、労働者の自主管理、そのほかの人民の直接権力機関を通じて、国政の運営にもっと積極的に、幅広く参加する」よう訴えかけている。共産党が目標として掲げているのは、「人間による人間の搾取から解放された無階級社会」である。共産党は、そういった社会では「個人の自由な発展が全員の自由な発展の前提となっている」と主張している。共産党はまた、ソ連邦に参加する用意のある旧ソ連邦構成共和国との間で、平和裡に旧ソ連邦を復活させることを依然として支持している旨を宣言している。しかし、この綱領が、共産党主導の政府が実現した場合の政策といかなる関係をもち得るのか予見することは難しい。

(59)　ポーランドとハンガリーの旧共産党系政党は、選挙公約とは裏腹に、経済政策においては大きな変化を示していない。政権の座にあったとき、ポーランドの旧共産党系勢力〔民主左翼同盟〕はショック療法を継続したほどである。

(60)　ロシア連邦共産党中央委員会のユーリー・ヴォロニン社会経済発展委員長は、ポーランドおよびハンガリーの旧共産党勢力の穏健な——ネオリベラル的ですらある—政策を拒絶し、次のように述べた。「我々はその道をたどらない。我々は新しいメカニズムを使って、社会主義的方向での改革を推進し、世界市場への健全な入り口を確保する」（インタビュー、1995年6月14日）。

(61)　もう一つの障害は、権威主義的なトップダウンの手法の歴史である。ロシア連邦共産党は、母体であるソ連共産党からそれを引き継いでいるかもしれない。民主主義的社会主義の建設を成功させるためには、このような党運営の伝統ときっぱり訣別しなければならない。ところが、ソ連共産党はゴルバチョフの下で、そうした訣別を断行することができなかったのである。

(62)　仮に、ソ連の指導者ブレジネフが墓の中からよみがえって大統領選挙に立候補したら、大勝を収めるであろうと考えるロシア人もいる。

うち、エリツィンが大統領として再選するに値すると答えた者はわずか９％にすぎなかった（ＡＰ通信、1995年４月28日配信、ワシントン発）。

(51)　チェチェン戦争が始まると、エリツィンは入院した。伝えられるところでは、鼻の手術をするためだったが、それは緊急を要するものではなかったという。エリツィンは、入院先に数週間引きこもった。

(52)　〈ニューヨーク・タイムズ〉(1994年12月24日、４頁)。元連邦検事総長のアレクセイ・カザンニク（1989年にソ連最高会議でエリツィンに議席を譲った人物)は次のように述べた。「誰もが知っていることだが、怪しげな決定を下してほしい、あるいは違法な大統領令に署名してほしいと思ったら、コルジャコフ将軍の所へ行けばよい」。コルジャコフからの反対にあったため、世界銀行によって支援された、ロシアの石油輸出割当の自由化計画は立ち消えになった（ＡＰ通信、1994年12月23日配信、モスクワ発)。

(53)　〈ニューヨーク・タイムズ〉1994年12月20日、Ａ14頁。

(54)　しかし、西側においても資本主義経済と民主主義国家の間に対立がある。資本主義の経済的不平等は、純粋な民主主義の基礎となるべき市民の政治的平等に反している。そして、資本主義経済の下では、選挙の洗礼を浴びていない大企業の首脳が、民意を代弁する民主主義政治機関〔議会など〕に左右されることなく、重要な決定を下して国民に影響を及ぼすことができる。現代の資本主義においては、資本主義と民主主義の対立は先鋭化する可能性があると論ずる者もいる（[24])。

(55)　ピノチェト将軍が1973年に起こしたチリの軍事クーデターを指す。ピノチェトは、選挙で選ばれた社会主義アジェンデ政権を打倒し、保守的なシカゴ大学経済学部のマネタリスト信奉者が立案した経済プログラムを強行した。ピノチェトは、大規模な暴力と弾圧によってクーデターを断行した。アジェンデ政権の支持者は、軍によって何万人も殺された。ピノチェト方式を支持するロシア人が、チリで起こったような無慈悲な抑圧と暴力を唱導しているのか、あるいは、ロシアに資本主義の制度を急いで設けることを目指す穏健な権威主義を唱導しているのかははっきりしない。

(56)　新聞報道によると、ジリノフスキーは戦略ロケット軍で72％、モスクワ軍管区で46％、空軍で40％、カンテミロフ師団で74％の票を得た。カンテミロフ師団というのは、エリツィンがホワイトハウス砲撃のときに使った部隊である（〈モスクワ・タイムズ〉1993年12月18日、２頁)。

(57)　有力新興銀行の一つである「メナテップ銀行」のミハイル・ホドルコフスキー頭取は1995年のスピーチで、国が経済の指導において、とくに投資の奨励の点で、もっと大きな役割を果たすべきであると述べたと伝えられている（〈フィナンシャル・タイムズ〉の元特派員、ジョン・ロイドとのインタビュー、1995年６月12日)。同年６月、「モスビジネス銀行」の最高幹側についたとき、民主主義的正統性で優位に立っているというエリツィンの言い分は根拠が薄弱となった。

(37)　ウィアに対してなされた発言。

(38)　[195] 56頁。

(39)　汚職取り締り大統領委員会は、国家資金数百万ドルをスイスの銀行の口座に預けたとしてルツコイを告発した（〈ニューヨーク・タイムズ〉1993年8月19日、A15頁)。モスクワ検察局はその後、この告発を根拠なしとして却下した。検察局は、この告発はニセの文書に基づいて捏造《ねつぞう》されたものと結論づけた（〈ＯＭＲＩデイリー・ダイジェスト〉1995年12月14日、第242号、第1部)。

(40)　たとえば[196] を参照。

(41)　この議会は、西側のメディアから常々「ソ連時代の議会」と称された。しかし、この議会は、エリツィンの大統領ポストがソ連時代のポストでないのと同様、ソ連時代の機関ではなかった。この議会は1選挙区当たりの有権者数を均一にし、各選挙区で複数の候補者が競争した末に選ばれたロシアの初めての議会であった。

(42)　[196] 62頁。

(43)　ここで描かれている新ロシア憲法の特徴は、レーヴィ[122][123] による。レーヴィは、モスクワを根拠地とする弁護士。

(44)　〈ロシア通報《ヴェスチ》〉1993年12月25日、1頁。

(45)　〈ニューヨーク・タイムズ〉の報ずるところでは、中央選挙管理委員会の報告する有権者総数は、選挙後の数日の間に、1億700万人から1億630万人へ、さらに1億528万4,000人へと減っていった（〈ニューヨーク・タイムズ〉1993年12月15日、A18頁)。

(46)　〈ニューヨーク・タイムズ〉の報道によると、〈イズヴェスチヤ〉の世論調査は、チェチェン軍事進攻がほとんど支持されていないことを明らかにしている（1994年12月24日、4頁)。

(47)　ガイダールは、〔チェチェンにおける〕軍事行動を批判した後、エリツィンに電話を取り次いでもらうこともできないとこぼした（〈ニューヨーク・タイムズ〉1994年12月16日、A16頁)。

(48)　[40] 68頁。

(49)　〈ニューヨーク・タイムズ〉(1994年12月10日、4頁)によると、チェチェンの蜂起に終止符を打つため「国家が用いることのできるあらゆる手段」を行使することを承認するエリツィンの大統領令は、国家安全保障会議の決定を成文化したものであるという。

(50)　〈ＵＳニュース・アンド・ワールド・レポート〉誌の委託で、1995年4月にロシアで1,035人を対象とした全国規模の世論調査が行われた。回答者の

(26)　当初、影響力が最大だったのはセルゲイ・バブーリンの「ロシア全国民同盟」と、それよりもっと過激な「ロシア国民会議」(いわゆるソボール派)〔党首はステルリゴフ〕である。

(27)　同盟を組んだ両者は、社会主義と国際主義《インターナショナリズム》については意見が対立していた。言うまでもなく、共産主義者は社会主義を支持したが、民族主義者の多くは支持していなかった。国際主義については、多くの共産主義者は依然としてこれを信奉していた。おそらく、強いロシア国家を求める呼びかけが、両者を結び付ける最重要テーマであったろう。

(28)「社会主義勤労者党」の指導者リュドミラ・ヴァルタザロヴァによると、ロシア連邦共産党は内部に、国家統制主義・愛国主義勢力、正統派共産主義勢力、民主主義的社会主義勢力の三つの派閥を抱えているという（ヴァルタザロヴァとのインタビュー、1995年6月13日)。

(29)　ヤヴリンスキーは、エリツィン政権のさまざまな政策を批判した。しかし、ヤヴリンスキーのグループは強い西側志向を維持しており、経済政策に関しては政府との間で小さな違いしかもっていないように見えた。1994年12月にチェチェン戦争が始まると、ヤヴリンスキーは政府批判をますます先鋭化させた。

(30)　比例区で議席を得るためには、政党は少なくとも全投票数の5％を集めなければならない。

(31)　比例区で得票率5％の足切りラインを超えた党は、得票率に応じて下院《ドゥーマ》の議席を比例配分され、それに従って、候補者リストの上位に登載された者が当選する。政党はまた、225の1人区でも当選者を出せばその議席を得る。

(32)　ジリノフスキーが国営テレビによって大々的に報道されたことから、エリツィンはジリノフスキーに共産党の票を吸収させ、野党を分裂させ、弱めることを狙っているのではないかとの推測が一部分析家の中に出てきた。

(33)〈ニューヨーク・タイムズ〉(1993年12月26日、18頁)に掲載された中央選挙管理委員会の最終結果。

(34)「民主的選択」の党首ガイダールはチェチェン戦争を鋭く批判したが、ほかの問題に関しては政府を強力に支持していた。

(35)　下院《ドゥーマ》広報部報告、1996年2月。

(36)　エリツィンはロシア全体の有権者によって選ばれた唯一の人物であるのに対し、議会の代議員は、個々の選挙区で選ばれたにすぎないということがよく言われた。しかし、厳密にいうとそれは真実ではない。エリツィンは、二人の候補者からなるチーム、つまり、エリツィンを大統領候補、人気の高い軍人ルツコイを副大統領候補とするチームの一人として大統領に選ばれたのである。ルツコイがエリツィンの政策に反対して議会指導部の

の支持の一部は、ショック療法に対する確固とした反対に基づくものではなく、主として、企業支配人を新興資本家階級に加えるべきであるとする考えに基づくものであったのかもしれない。

(20)　要職に就いているロシアの経済学者アナトーリー・ミリュコフは、ロシアの産業のうち10%がショック療法の期間、首尾よく競争できる輸出市場を見つけることによって「比較的健闘してきた」と推定している。ミリュコフは、1992年から93年にかけて最高会議の専門分析部長を務め、「モスビジネス銀行」の副会長になった（インタビューは1994年6月15日）。

(21)　グラフ9－3を参照のこと。

(22)　チェルノムイルジン首相は、「ガスプロムに対し大がかりな出資をしている」と伝えられている（〈ニューヨーク・タイムズ〉1995年9月9日、3頁）。チェルノムイルジンはガスプロムの創設者である。ガスプロムの社長であるレム・ヴャヒレフは「チェルノムイルジンの子分」である（〈ワシントン・ポスト〉1995年12月3日、A1頁）。ガスプロムは世界の天然ガス埋蔵量の20%ないし35%を保有し、ロシアのガス全体の94%を生産している（*Russian Petroleum Investor Market Intelligence Report*, 1995）。ガスプロムの埋蔵量の価値は、4,000億ドルないし9,000億ドルと見積もられている（〈ワシントン・ポスト〉同上）。チェルノムイルジンの保有するガスプロムの株がわずか数%だとしても、チェルノムイルジンは世界有数の金持ちである。

(23)　ロシア鉄鋼業界の看板企業である「マグニトゴルスク冶金工場」は、冷却圧延機や電気炉を建設するために何億ドルもの外資を（ドイツから）獲得するのに成功した。1994年6月現在、マグニトゴルスク冶金工場の労働者の生活水準は、1980年代のロシア工業労働者のそれに似ており、同時期の他分野の工業労働者の生活水準を大きく上回っている（マグニトゴルスクの企業経営者および労働者とのインタビュー、1994年6月）。

(24)　産業家出身の閣僚の方が、実際には、リベラルな経済専門家よりもショック療法の履行において効果を上げてきたと主張する者もある。経済学者で元ソ連副首相のアバルキンは「実際のところ、チェルノムイルジンの方がフョードロフよりも厳格なマネタリストだった」と述べた（インタビュー、1995年6月14日）。ガイダールとフョードロフは、その発言ぶりは厳しいが、実際には工業および農業からの資金融資を求める圧力にしばしば屈したのに対し、チェルノムイルジンは産業を支援する必要があると口では言いつつ、補助金の要求にはかたくなに抵抗したといわれている。

(25)　当初、最大の二つの政党は、レーニン主義を標榜する「ロシア共産主義労働者党」〔党首はヴィクトル・アンピーロフ〕と、改革主義的な綱領とペレストロイカ末期のソ連共産党に似たスローガンを掲げる「社会主義勤労者党」〔設立発起人の一人にロイ・メドヴェーデフが名を連ねる〕である。

ーク・タイムズ〉同上)。

(13) 1992年7月以降、ゲラシチェンコは金融政策を、1992年前半の過度の引き締め政策と比べて幾分緩めた。しかし、第8章で示したように、金融政策は依然として比較的タイトであった。財政政策も次第に緩められたが、それでもそれはＩＭＦの目標に近いものであった。

(14) 例外は私有化である。それは議会の協力なしには完成することができない。私有化がおおむね完成したのは、議会が解散されてからのことである。

(15) これに関連する多くの点で、ロシアは中国と異なっている。中道派による中国モデルの要求を批判する人々は、次のように指摘している。ロシアには国家と経済を指導する強力な政党はもはや存在せず、国民の多くは農村ではなく都市に住んでおり、新興産業に充当すべき非常に安価な農村労働力も大量に供給されているわけではない、と。ロシアが中国モデルの方向に進むことを支持する人々は、こうした違いにもかかわらず、ロシアの条件に合わせて仕立てられた漸進的変革はうまくいくと主張している。

(16) ガイダールは多数の有力銀行家から金銭的、政治的支援を集めてきた。そういった支援者の一人がオレーグ・ボイコである。ボイコは金融持ち株会社「オルビ」の最高経営責任者で、「ナショナル・クレジット銀行」の頭取である。ボイコはガイダールの中心的な支援者で、ガイダールの率いる政党「ロシアの民主的選択」の副議長を務め、最高財務担当者でもあった。ボイコはのちに、ガイダールがエリツィンのチェチェン進攻（1994年12月）を非難したとき、ガイダールと袂を分かった（〈コンメルサント・デイリー〉(1995年9月14日)掲載のボイコのインタビュー。ロシアの政治学者ゲンナージー・アシンとのインタビュー、1995年6月7日)。

(17) 1995年、リベラル派経済学者で大統領の座を狙うヤヴリンスキーは、「エリツィン政権の政策のおかげで金持ちになりつつあるひと握りのビジネス・エリートに対して降伏」したとして、エリツィン政権を批判した（〈ニューヨーク・タイムズ〉特集ページ、1995年9月14日、A27頁)。

(18) [186]。

(19) エリツィンが1992年6月、元企業支配人のヴラジーミル・シュメイコを第一副首相に任命した直後、シュメイコは次のように発言した。「所有者の階級が必要とされており、……今や、生産に関心をもつ者は誰でもこの階級の中で高い地位に就く権利がある」(〈モスクワ・ニュース〉1992年第24号、6月15日～22日、6頁。[70] 315頁から再引用)。ガイダールのプログラムに対する産業家からの反対は、一部、ガイダールがロシアの新興資本家階級が企業支配人を大部分排除するつもりでいるという（おそらく根拠のある)懸念から生じたのかもしれない。「市民同盟」は資本主義建設に向けてまったく別の戦略を要求していたが、「市民同盟」に対する企業支配人

価格自由化の長所を悟らせようと頑張ったが、うまくいかなかった。

第10章　ロシアの政治的展開

（1）〈フィナンシャル・タイムズ〉1991年12月19日、1頁。
（2）〈ニューヨーク・タイムズ〉1992年1月14日、A3頁。
（3）1992年2月、ルツコイは政府の経済プログラムに対する批判をエスカレートさせ、2月8日から9日の急進的民族主義者の大会で糾弾演説を行った（[70] 314頁～315頁）。しかし、ルツコイの攻撃は、当時、孤立していた民族主義勢力と共産主義勢力の外部ではほとんど支持を得られなかった。
（4）ヴォリスキーは元ソ連共産党の高官で、1991年エリツィン支持者の一人となった。ヴォリスキーの経歴については第6章で論じた。当初、「市民同盟」を構成していたのは三つの政党である。すなわち、ヴォリスキーの率いる全露同盟「革新」、ニコライ・トラフキンの率いる「ロシア民主党」、ルツコイ副大統領とV・ラピツキーの率いる「自由ロシア国民党」である（[70] 314頁）。
（5）ヴォリスキーを含む「市民同盟」の一部指導者たちは、「中国モデル」の優越性を積極的に喧伝していた。彼らは、中国の経済戦略をロシアにおいて民主主義的政治制度の枠組みの中で実施することは可能だろうと主張していた。
（6）「市民同盟」の経済プログラムに関する議論については[51] を参照のこと。この経済プログラムの各種バージョンは、いずれも正式に市民同盟によって採用されたことはない。しかしそれらは、1992年の経済政策をめぐる議論において重要な役割を果たした。
（7）[196] 14頁。
（8）穏健改革派は「急速な変化の実現可能性をそれほど楽観視しておらず、改革の立案においてソ連の文脈の特殊性に注意を払うべきであると主張した」（[112] 943頁）
（9）クルバーグ（[112]）は、これが主たる原因となって議会と大統領が対立すようになったと主張している。
（10）〈ニューヨーク・タイムズ〉1992年12月15日、A16頁。
（11）フョードロフは、ゲラシチェンコ中央銀行総裁を解任することによってショック療法を順守する姿勢を示すように要求し、この要求が入れられなければ辞任すると威嚇した。しかしエリツィンは、逆にフョードロフの辞任を受け入れた。
（12）〈モスクワ・タイムズ〉1994年1月21日、1頁および〈ニューヨーク・タイムズ〉1994年1月22日、4頁。西側の経済顧問、オスルンドは、「今や、ロシアは実際に、根本的な改革のコースを放棄した」と述べた（〈ニューヨ

者もある。ロシアの当局者ピョートル・アヴェン対外経済関係相は、こうした見解をオウム返しに唱え、「経済学から見て特殊な国というものは存在しない。経済学が科学であって、それ自体の法則をもっているのであれば、すべての国とすべての経済安定化計画は同一となる」(〈独立新聞〉1992年2月27日、5頁。[62] 106頁から再引用)と述べたことがある。

(65) この点、ソ連体制はほかのワルシャワ条約諸国の社会主義体制と異なっていた。これら諸国の一部では、第2次世界大戦後、ソ連の支援を受けた各共産党が政権を握ったとき、すでに経済が工業化していたのである。

(66) ある研究では、ソ連機械工業の生産高の80%は独占企業によるものであったと推定されている([205] 66頁)。ゴススナブ(国家供給委員会)がはじき出した推定値によると、1991年、機械製作、冶金、化学、木材、建設といった各部門において生産された7,664点の製品のうち、77%、すなわち5,884点は独占品であった([62] 13頁)。

(67) この問題は[120] で研究されている。

(68) 上述したように、新興民間銀行が主として従事しているのは生産に対する融資ではなく、投機活動である。生産活動に融資しようと努める少数の銀行は、旧国家銀行制度の末裔である一部の銀行にせよ、工業企業によって設立、管理されている銀行にせよ、大きな影響を及ぼすほどの財源を欠いている。

(69) このような二重セクター路線は、次のような重要な仮定に基づいている。国家社会主義の下で設立された巨大企業の運営が有効なものとなり得るのは、当面の間、その企業が国家の支援を仰ぎ、国家管理の下に置かれる場合だけである。国家の補助金支給と管理の継続から生じる非効率がいかなるものであれ、それは、企業を国家の支援と管理から解き放つことから起こる崩壊よりは害が少ないと考えられる。

(70) [19]。

(71) 多くの外部の専門家が考えているように、中国が資本主義体制に向かって進んでいるのか、それとも市場社会主義の形態をつくり出そうとしているのかははっきりしない。中国の非国有企業の大部分は、伝統的な資本主義企業ではなく、村や町、あるいは従業員集団が所有している。

(72) 1980年から93年にかけて、中国のＧＤＰは年率9.6%で成長した。この成長率は、この期間では世界最高である([204] 164頁~165頁。これと同じ成長率は、ボツワナも達成している)。中国経済の非国有セクターが国家セクターよりも成長がはるかに速く、多くの問題が大規模国有企業を直撃しているとはいえ、国家セクターでも一定の改善が見られた。1980年から89年にかけて、国有企業における労働者一人当たりの生産高は52%増大した。

(73) 1970年代と1980年代において、西側の専門家は中国側に対し、私有化と興味をもっていない。米国と日本の自動車メーカーが生産する自動車ですら売れ残りが出るのに、どうしてロシアで車の生産を続ける必要があろうか」と述べた（〈ニューヨーク・タイムズ〉1992年7月23日、A10頁）。

(55)　この見方を詳しく論じたものとして、[6]（第1章、第5章）と[19]がある。

(56)　[199]。

(57)　大企業の正式な私有化は、従業員による買収という形をとることがもっとも多かったが、通常私有化が行われると、実際上の所有権および管理権は、従業員集団ではなく経営陣に引き渡された。しかも、ソ連の中央経済省庁の元当局者が多数、価値の高まった、新たに私有化された企業に最高幹部として収まった。

(58)　これはある程度、ロシアの消費者が、長い間手にすることのできなかった西側の商品に魅了された結果でもある。しかし、それは部分的には、国内の農業生産者およびメーカーのマーケティング能力と資金力の弱さのせいでもあった。

(59)　19世紀、米国は英国とドイツの上等な商品、とくに未熟ながら重要な国内工業製品と直接競合する商品に高関税を課した。米国の最初の主要な資本主義工業である繊維産業は、数十年にわたって関税という高い壁に守られて発達を遂げてきたのである。

(60)　1992年から94年にかけてのロシアに対する直接外国投資は39億ドルに達した（[48] 148頁）。それは、ロシアの国民一人当たり、年間およそ9ドルに相当する。

(61)　モリスが示していることだが、19世紀、英国に遅れて発展を遂げた多くの諸国では、国が資本主義経済の発展のために重要な役割を果たした。モリスは、資本主義の初期の発展段階において、取引所の提供、運輸、教育、詐欺からの保護、公衆衛生において、また農村地域では、農村の間接的物的資本への投資および改良技術の移転支援などにおいて、中央政府および地方自治体が果たした役割を特筆している（[141] 11頁）。モリスの研究で取り上げられている国は、オランダ、ドイツ、オーストラリア、カナダ、ニュージーランドである。

(62)　韓国政府の、高度に介入者的な役割について述べているものとしては[6]がある。

(63)　現代の西側経済学で主流となっている抽象度の高い理論は、ある経済体制からほかの経済体制への移行を特徴づける制度上の変化や発展の複雑なプロセスを理解する助けにならない。

(64)　西側の顧問の中には、旧ソ連経済をよく知らず、ソ連時代から受け継がれた経済体制の特徴は移行の戦略を構築するのにそぐわないと信じていた不況の原因となる政策を進言するのか不審に思われるかもしれない。その疑問に対する答えは、ショック療法の考案者であるマネタリストの奉ずる基本的な考え方にある。マネタリストの考え方というのは、ケインズ革命以前の時代からある古典的な西側経済思想をもとにしたものである。これは、総需要は問題ではなく、セー法則の言うように「供給はそれ自体の需要を創出する」という見方である。この教義によれば、民間セクターによる財とサービスの生産は、必ず生産物を売りさばくのに充分な所得と需要を生み出す。マネタリストの信奉する考えによれば、政府支出の資金を手当てするために必要とされる税と借入金は、民間の支出を同じ量だけ減らすので、政府支出は長い目で見れば需要に影響を与えない。また、金融政策は、長い目で見れば価格に影響を及ぼすだけであり、実質的な生産には影響を及ぼさないと信じられている。

こういった考え方に支えられているため、マネタリストの立場にある経済学者は、インフレに終止符を打つために金融、財政政策を非常に強く引き締めるように進言する一方で、それと同時に、価格自由化によって生産が刺激されると主張することができるのである。しかしそれは、ケインズが60年前に説得力をもって論じたように、近代経済の現実に則してない。実際には、需要が低下すると生産も低下する。また、政府支出は、民間の消費あるいは投資とまったく同じように総需要に影響を与える。このような、1930年代に多大な犠牲を払って得られた教訓を、経済学を専門とする多くの人々は1980年代までに忘れてしまったのである。

(51) 経済が活況を呈しているときは、金融・財政政策の引き締めは、インフレを抑制するための効果的な手段となる。そういった条件の下では、金融・財政の引き締め政策は、過剰な総需要を抑え、それを経済の生産能力に沿わせることができる。しかし、そういった場合ですら、好景気が景気後退に転ずる危険がある。

(52) ロシアの月間インフレ率は、1992年の前半、多少なりとも着実に低下した。7月には月間11%に、8月には9%に収まった。しかし、8月のインフレ率は年率に換算すると181%である。インフレを抑止するためには、引き締め政策ははるかに長い間続けなければならなかったであろう。

(53) ゲラシチェンコは、ソ連時代、中央銀行の総裁であった。ゲラシチェンコの父親は、スターリンの下で中央銀行の経営に携わっていた。

(54) たとえば、自動車企業のヴァス社(ヴォルガ自動車工場)は、ラーダ〔1000cc台の小型車で、ロシア国内では「ジグリ」のブランドで販売されている〕を国際市場に売り込むことにいくらか成功した。しかし、金融政策の引き締めにより、ラーダを世界標準に引き上げるのに必要な資金の調達を阻まれた。ヴァス社の幹部は、苦々しく「ＩＭＦは、ロシアの自動車生産には

(39)　〈モスクワ・タイムズ〉(1994年6月4日、2頁)は、覆面をした内務省警察が自動小銃を持って、米国人所有の「ラジソン・スラヴャンスカヤ」ホテルのロビーで犯罪組織の親玉とされる連中を逮捕する場面の写真を掲載した。

(40)　〈モスクワ・ニューズ・ウィークリー〉1992年第50号、9頁。

(41)　ヴァジム・ラダエフとのインタビュー（1995年6月13日)。ラダエフは、モスクワの「経済学研究所」の経済社会学・労働経済学セクションを担当する部長で、モスクワの企業277社を抽出してこの調査を行った。

(42)　〈ニューヨーク・タイムズ〉1995年8月2日、A1頁。女性は、影響の受け方が少なかった。女性の寿命は、1994年には71.1歳であった（〈ＯＭＲＩデイリー・リポート〉1995年8月23日、第1部)。

(43)　教条的なところの少ない西側の経済学者は、ショック療法の基礎となっている理論が旧ソ連および中・東欧諸国の直面している制度上の実態にそぐわないということを理解していた。そういった学者で、当初からショック療法の実施に反対していた者は数多くいる。一例は、ガルブレイス([59])である。しかし、そうした警告は無視された。

(44)　たとえば、[7][62][137][108][197][143] を参照のこと。ショック療法の導入後、ロシアは経済不況に陥ったが、それにもかかわらず、依然としてこの戦略を擁護する者は多い。おそらく、一番の好例はオスルンド([11])であろう。オスルンドは、ショック療法にまつわる諸問題は、その成果に比べれば大したことはないと主張している。

(45)　コスト圧力は、経済収縮の効果によりますます深刻なものとなった。企業が経済収縮の時期に生産を削減すると、工場の減価償却とか経営陣の俸給など固定費用の存在が、生産物一単位当たりの平均コストを引き上げてしまう。この問題は、どこでも景気が下向きの間は企業を悩ます。しかしロシアでは、生産が低下しているにもかかわらず、労働者を一時帰休させるのを嫌うため、労働者の賃金は生産にともなう固定コストになってしまうのである。

(46)　純輸出は、総需要の第4の要素である。しかし、ロシアのような大きな国の場合、純輸出は通常、ほかの3要素と比較するとごくわずかである。

(47)　1989年から91年にかけて、家計消費が国内総生産（ＧＤＰ)に占める割合は44.4%から46.7%の間であった（[89] 91頁)。

(48)　グラフ9－5から。

(49)　ニューリッチは価格自由化によって儲け、自由に使えるお金をふんだんにもっていたが、それで国産の消費財を買うことはしなかった。彼らは、その金を外国製品の購入に回した。

(50)　経済学を専門としない人は、プロの経済学者ともあろう者が、なぜ経済の奨学金が支給される。過去の入賞者の中からノーベル賞受賞者も出ている〕の準備をするため、授業料を支払って、ロシアの一線級の分子生物学者、蛋白質生理学者、生化学者の指導の下、ロシアのプーシキノ市〔モスクワ州〕で一夏を過ごした。普通だったら、門下の大学院生ですら、運がよくないとそのような指導は受けられない。

(30) 1992年5月、ベル研究所は、大型研究所の一つである「総合物理学研究所」のロシア人物理学者2名（波と非直線光学の有力専門家）に報酬を支払って調査研究を委託した。2人は、月額5000ルーブルを受け取った。これは、当時の交換レートで換算すると11ドルにすぎない。同じ月、コーニング社がロシアの各研究所から科学者と技術者を115人雇った。サン・マイクロシステムズ社は、ロシアのコンピューター科学者を多数雇った（〈ニューヨーク・タイムズ〉1993年1月11日、D1頁、D2頁）。

(31) ［75］を参照のこと。

(32) 1991年以降の組織犯罪の増大がショック療法という経済転換戦略と関係していたということを以下で論ずる。

(33) 〈ニューヨーク・タイムズ〉1994年1月30日、1頁。

(34) 〈ボストン・グローブ〉1994年5月9日。ロシア人は「マフィア」という用語を組織犯罪集団の意味で使う。

(35) 〈ボストン・グローブ〉1994年5月9日、1頁、6頁。

(36) 〈ニューヨーク・タイムズ〉1993年8月16日、A6頁。

(37) 〈フーズフー〉紙の社主で下院議員のアンドレイ・アイジェルジスは、同紙が組織犯罪にかかわる人物266人の名前を報道した後、自宅で射殺された（〈ニューヨーク・タイムズ〉1994年4月28日、A7頁）。事業家でもあるセルゲイ・スコロチキン下院議員は、1995年2月1日に誘拐され、殺された。スコロチキン議員は、それに先立つ事件である男を射殺している。同議員は、射殺した人物をマフィアの手先だとしていた（〈ニューヨーク・タイムズ〉1995年2月3日、A11頁）。

(38) モスクワのアパートは、私有化にともなって、たいていは居住者に払い下げられた。立地のよいアパートに住んでいた人々の中には、立地の悪いアパートに引っ越す代わりにたっぷりと謝礼を受け取るという取引をもちかけられた者もいる。新しい住居への引っ越しの面倒も見てもらえる条件付きであった。しかし、これらの人々は新しい住まいに入居することはなかった。モスクワ警察の発表によると、1994年の最初の3ヵ月で、この手のアパート詐欺で32名に及ぶモスクワ市民の殺人が確認され、1,750人が行方不明となったという。ある警察当局者は、アパートの登記登録を担当する市の役人が賄賂を受け取り、殺人をともなう詐欺に知らぬ顔を決め込んでいる旨を示唆した（〈モスクワ・タイムズ〉1994年6月4日、1頁）。

団に移転したからである。

(14)　[89] 91頁。[179] 第12号、60頁。

(15)　[179] 第４号、57頁～58頁および[91]15頁から算出。

(16)　平均実質年金は、[179]（第４号61頁および第12号62頁）と、先に引用したグラフ９－５の資料源から算出した。1992年から93年にかけての実質平均年金を算出するためのデータは入手できなかった。

(17)　[91] 11頁。

(18)　[179] 第４号11頁。

(19)　[85] 27頁。

(20)　ＡＰ通信の報道（1995年５月10日配信)。残る18％は、境遇に変化はないと回答した。

(21)　この調査は〈独立新聞〉の委託で世論調査会社「ウォクス・ポプリ〔民の声〕」と「エコノミック・ニュース・エージェンシー」が行ったのもので、〈ビジネスワールド・ウィークリー〉(1994年８月９日)に掲載された。このリストの上位５傑のうち、４人は銀行家であった。

(22)　２人の市長の金もうけぶりについては、〈ウォールストリート・ジャーナル〉(1994年２月13日、Ａ１頁、Ａ７頁)で報じられている。

(23)　幾つか例外がある。モスビジネス銀行は、資産の過半部分を生産的な融資に振り向けているとしている。ロシアの一部の銀行は、工業企業が設立したものである。母体企業に対する融資が最大の目的である。このタイプの銀行ですら、たいていは利益の大部分を資産の投機によって得ている。不況と急速なインフレの条件下では、生産企業に貸付を行うことによって利益を上げることは難しい。

(24)　インターポル〔国際刑事警察機構〕のモスクワ事務所長ユーリー・メリニコフは、1994年末現在で、ロシアからの資本逃避を800億ドルと推定している（〈ＯＭＲＩデイリー・ダイジェスト〉第１部122号、1995年６月23日)。

(25)　1992年から94年にかけての３年間で、ロシアへの総直接外国投資は39億ドルであった。政府無償援助および借款（債務の繰り延べは含まない)は、トータルで155億ドルであった（[48] 148頁)。

(26)　米国における所得分配は、1970年代半ばから1990年代初めにかけてますます不平等になっている。今日、米国は所得分配の不平等という点で、ほかの先進資本主義工業国を圧倒している。

(27)　旧ソ連については[130]（57頁)、ロシアについては[179] 第12号58頁。

(28)　〈ニューヨーク・タイムズ〉(1994年10月２日、９頁)。

(29)　〈ニューヨーク・タイムズ〉(1995年７月25日、Ａ４頁)。ニュージャージーおよびロングアイランドの高校生が、「ウェスティングハウス科学コンテスト」〔米国の高校生を対象とした年１回のコンテストで、入賞者には高額

インフレ分を差し引いた)価値の変化率を有意な形で推定することは難しい。なぜならば、価格上昇率が製品ごとに驚くほどまちまちで、そのため実質成長率の推移が、どのタイプの物価指数を適用するか、基準年をどこに設定するかによって変わってしまうからである。1992年1月の1ヵ月間でインフレが突如爆発的に進んだため、経済変数の「実質的」価値の測定にとって著しく厄介な問題が生じた。

(5) 国民総生産(GNP)は、米国の経済学者が最近まで用いていた経済総生産量の尺度である。最近は、GNPとは若干の違いがある尺度、つまり国内総生産(GDP)が使われている。

(6) グラフ9－2は、起算年の1991年から最終年の1995年にかけての減少を示している。この期間には、1992年から1995年に至るショック療法の期間が含まれている。

(7) 他の工業部門と共通する問題については以下で議論するが、そうした共通の問題に加えて、繊維産業は継続的な綿花不足に直面している。綿花はかつて、現在独立国となっているウズベキスタンから供給されていた。

(8) ロシア経済の一部専門家は、伝えられている大幅な落ち込みは、主として(あるいはすべて)、軍産複合体の生産低下を表しているのではないかと述べている。データが示すように、生産の低下が普遍的であることからして、こうした考え方は間違いである。

(9) [87] 58頁。一部の専門家が論ずるところによると、価格統制によって、公式インフレ統計が実態より小さくなってしまうという影響が生じたという。

(10) グラフ9－4に用いられている消費者物価指数のベースになっているのは、1991年は小売り物価指数、1992年は混成消費者物価指数(hybrid consumer price index)、それ以降は拡大消費者物価指数(expanded consumer price index)である。全期間を通じて使える単一の消費者物価指数は入手できない。大部分の専門家はグラフ9－4に示した一連の数値を用いている。これらの物価指数に関する議論については[102]を参照。とくに断りのない限り、本書で引用している1ヵ月当たりインフレ率は、月初めから月末にかけての伸びを指しており、年間のインフレ率は年初から年末にかけてのインフレを指している。

(11) 生産者物価の上昇は、消費者物価の上昇よりも急速であったように見える。ただし、ロシアの生産者物価指数は重大な欠陥をもっている([102])。

(12) カナディアン・プレス・サービス社、モスクワ事務局のファイル。

(13) インフレそのものは、実質所得を目減りさせるというよりも、それを再分配する。しかし、賃金労働者および年金生活者は、全体として損をしている。というのも、インフレによって、彼らの実質購買力がほかの社会集

魅力的である。急速なインフレが進んでいる間は、金利はあまり判断材料にならない。なぜならば、いかなる時点にせよ、実質金利を計算するためには将来の金利を知らなければならないのに、金利は急速なインフレの条件の下では甚だ不確かなものとなるからである。
(30)　[90] 56頁。この見積もりの時期は、明らかに1994年の半ばである。
(31)　[90] 128頁。
(32)　[90] 56頁、128頁。
(33)　[179] 第4号、41頁。しかし、これらの新たに私有化された企業の株主は、基本的にはその企業の従業員および経営者であって、一部の熱狂的な私有化支持者の予想した外部の投資家ではなかった。。
(34)　[90] 130頁。これ以降のデータは未入手。ここに挙げた補助金の数字には、中央銀行からの貸出と、政府からの直接の補助金および貸付が含まれている。
(35)　[89] 40頁。
(36)　潜在的な海外投資家は、法律や規則が曖昧で矛盾しており、しかも法律と契約の履行が不充分であることから生じる障害に直面していた。
(37)　[89] 35頁。

第9章　ショック療法の結果

(1)　[88] 10頁。
(2)　インフレそのものは、国民全体の購買力を低下させない。この問題については後で論ずる。
(3)　ショック療法の支持者はしばしば、公式統計ではロシア経済の落ち込みが過大評価されていると主張する。データには、二つの大きな問題がある。第一に、企業は当局に対し、生産高を低めに申告するかもしれない。それは、税（あるいは、違法な生産に対する告発）を逃れるためである。これが原因となって、いかなる年にせよ、その年の生産高は実際よりも少なく算定されてしまうかもしれない。しかしそれは、長い目で見ればバイアスにならないはずである。第二に、国家統計委員会が、民間セクターの伸びを過小評価しているとの批判がある。もしこれが本当なら、生産高の水準と成長率の両方ともが過小に見積もられることにつながりかねない。というのも、民間の活動はトータルの経済活動の一部として成長してきているからである。しかし、国家統計委員会を擁護する論者は、同委員会は1993年以来、民間の経済活動を正確に見積もるために真剣な努力を重ねてきたと主張している。ちなみに、1993年というのは、民間経済活動が経済全体の生産においてかなりの割合を占めるようになった年である。
(4)　ロシアではインフレが急速であるため、経済変数の「実質的」（すなわち、て知られる赤字尺度によるものである。国内銀行融資を尺度にして測ると、黒字はＧＤＰの2.3％であった（[89] 93頁）。

(25) [49] 274頁、372頁。

(26) [90] 18頁。

(27) [89] 88頁、100頁。

(28) ロシアでは、外国の通貨が交換手段として広く使われている。ロシアで流通している外貨を通貨供給量の中に含めても、この分析には大きな影響は生じない。やはりインフレは、グラフ８－２に示した数値に非常に近い差で通貨供給量の伸びを上回っている。

(29) 非常に急速なインフレに悩まされている経済において、金融政策の引き締めの度合いを見極めることは単純な事柄ではない。そうした状況下で適切な指標となるのは、通貨供給量の伸びと物価上昇の相対的な比率である。中央銀行が、物価の上昇と同じか、それを上回るスピードでマネー・サプライが増大するのを許すなら、それは取りも直さず実質マネー・サプライが増大しているということであるが、その場合は、中央銀行が物価水準の上昇を完全に許容するか、あるいは許容してなお余りがあるわけだから、金融政策が緩められていることが読み取れる。もし、マネー・サプライの伸びが物価上昇よりも緩慢であるなら、中央銀行はインフレの余地を与えていないわけで、金融政策が引き締められていることが読み取れる。後者の場合、当該経済の支出単位を合計してみると、一定水準の実質的な産出物を購入するための貨幣手段が減少することになる。そのことは、物価水準を抑制する方向でインパクトを与える。

安定した経済の場合、金利に注目することは、金融政策がどれほどタイトであったかの見極めの一助となるであろう。しかし、ハイパーインフレに直撃されている経済においては、金融政策の引き締めの度合いについて、金利に基づいて何らかの結論を導くことは難しい。たとえば、1992年の１年間、銀行が国有企業向け貸付に設定した金利は年率32％から95％へと段階的に上昇していった。こういった数字を挙げれば、非常に高い金利のような印象が生じる。というのも、安定した経済の下では、それは非常にタイトな金融政策を意味するからである。しかし、1992年を通じてのインフレ率は2,509％であった。これが意味しているのは、実質的な金利（インフレ分を差し引いて修正をほどこした金利）は、実際にはマイナスだったということである。マイナス金利は、通常、金融政策の大幅緩和を意味する。1993年、銀行の貸付金利は204％にまで上昇した。しかし、インフレは840％であったので、実質金利はやはりマイナスであった。正常な生産活動に資金手当てをするために融資を受けることを考えているロシア人にとっては、こうした金利は途方もなく高いが、一方、投機家にとってそれはすこぶる

にヴィクトル・チェルノムイルジンがあてられた。しかし、ガイダールは政権内部に重要人物として留まり、1993年夏、エリツィンと議会の紛争が激化するに従って影響力を増した。ガイダールは同系統の経済学者ボリス・フョードロフとともに、1994年、最終的にエリツィン政権から去った。

(10)　この説を唱える者は二人いる。一人は、〈フィナンシャル・タイムズ〉のモスクワ特派員ジョン・ロイド（1994年1月18日のインタビュー）。もう一人は、元モスクワ駐在国際通貨基金〔ＩＭＦ〕代表であるジョン・フォグリッゾ（1995年6月13日のインタビュー）。

(11)　〈ニューヨーク・タイムズ〉1991年10月29日、Ａ1頁、Ａ12頁。[28] 1頁～6頁。

(12)　[28] 2頁。

(13)　[28] 1頁。

(14)　ここで述べたＩＭＦ当局者とロシア政府指導者らとの会談の模様は、フォグリッゾとのインタビュー（1995年6月13日）による。在モスクワＩＭＦ初代代表のフォグリッゾは、1991年10月から1995年春まで勤務し、この会談に参加している。

(15)　ハズブラートフとのインタビュー（1994年6月17日）。

(16)　フォグリッゾとのインタビュー（1995年6月13日）。

(17)　フォグリッゾとのインタビュー（1995年6月13日）。ＩＭＦと、ＩＭＦがモスクワに送り込んだ西側の経済学者は、ロシアにショック療法を無理強いする必要はなかったが、ショック療法の基盤となる考え方はやはり西側経済学の思想に由来するものである。

(18)　フォグリッゾとのインタビュー（1995年6月13日）。

(19)　価格自由化の対象外に置かれた財には、幾つかの基本的な必需品（たとえば、パン、ミルク、ベビーフード、アパートの家賃、電気料金）や、一部の基幹的生産財（燃料、貴金属など）がある。しかし、これらの財の価格は、およそ3倍ないし5倍値上がりした（[88] 9頁）。

(20)　[89] 88頁。

(21)　1992年7月、ＩＭＦは財政赤字を同年末までにＧＤＰの5％に引き下げるという修正目標に同意した（〈ニューヨーク・タイムズ〉1992年7月6日、Ａ7頁）。

(22)　〈ニューヨーク・タイムズ〉1992年4月3日、Ａ7頁。その一括支援は、すべてが実際にロシアに届いたわけではない。

(23)　当初、目標からの逸脱でもっとも重要なのは、ロシア側が燃料価格を世界市場の水準に引き上げることを拒否したことと、金融、財政政策の、ＩＭＦの目標値に合致する度合いが時の経過とともに変動したことである。

(24)　ここで挙げたＧＤＰ比0.9％の黒字は、現金ベースでの統合予算収支とし

する人々は、奈落の幅が広いのであれば、飛び越えるよりも最初に橋を架ける方が、たとえ時間がかかるにせよ賢明なのではないかと指摘した。

(4) 265頁に掲げた五つの政策には、次の項目も加えられるかもしれない。普遍的な社会保護システム（雇用の保障、一般年金、児童養護に対する補助金、無料医療、割安な保養など）を廃止し、それをもっとも恵まれない人々に焦点を絞った限定的な社会的セーフティネットに切り替えること。ショック療法戦略のこの項目は、国民に対して重大な影響を及ぼした。しかし、それは265頁に掲げた五つの項目と比較すると、ショック療法の経済的論理の中心的問題ではない。

(5) ロシア政府が自由に使える安定化資金をふんだんにもっていたなら、そうした資金を使ってルーブルの市場価値の変動を制限することはショック療法と両立していたであろう。しかし、そうした資金は国際社会からは提供されなかった。

(6) 1985年から91年にかけてのペレストロイカ時代を通じて、ソ連国民は主として現金〔タンス預金〕か貯蓄銀行〔ズベルカッサ〕の預金という形で、推定5,510億ルーブルを蓄えていた。これは、1991年の国民総支出の62％に相当するものであった（[87] 55頁）。

(7) マネタリスト理論の構築に最大の貢献があったのは、シカゴ大学名誉教授のミルトン・フリードマンである。マネタリスト理論は、1970年代に西側経済学者の間で影響力をもつようになり、現在に至っている。インフレおよびその統制に関する最大の対抗理論は、ケインジアンのアプローチである。ケインジアン的なアプローチでは、過度の通貨膨張はインフレの一要因にすぎないと見ており、したがって、金融の引き締めはインフレ抑制策の一手法にすぎないと見ている。ケインジアンの見解では、金融の引き締めは、状況次第でインフレを抑制するのに望ましい手段になることもあれば、そうでないこともあるということになる。

(8) 長期的に見るなら、自由貿易が行われれば、ロシアが「比較優位」に沿う形で生産を行うようになるだろうとの期待もあった。つまり、ロシアは相対的にもっとも生産を得意とする財の生産に特化し、ほかの国が比較優位に立っている財は輸入するということである。西側の伝統的な国際貿易理論〔比較生産費説〕によれば、このプロセスは国際貿易に携わるすべての国に利益をもたらす。

(9) 11月7日、エリツィンはガイダールを経済改革担当の副首相に任命した。ガイダールはショック療法の最初の1年、エリツィン政権の経済政策立案の最高責任者であった。ガイダールは、1992年3月2日に第一副首相に、同年6月15日には首相代行になった（それまでは、エリツィン大統領自身が首相を兼ねていた）。ガイダールは1992年12月14日に解任され、その後任

(87)　私たちの見るところ、資本主義支持連合の政治的思惑がソ連崩壊を招いた主要因であったが、東ヨーロッパおよび旧ソ連においては、考察対象の時期においてそのほかの遠心的な要因も作用した。近代の大規模な国民国家が安定するためには、国民国家を束ねることのできる何らかの経済体制の存在が必要であるように思われる。資本主義も社会主義も、こうした機能を果たす力をもっていることが判明している。東ヨーロッパとソ連で国家社会主義が解体する一方、資本主義市場システムが直ちに発展を遂げることができずにいる中、凝結力のある経済体制が成立していないために国民国家の地域的分裂の傾向が強まった。

第三部　ソ連終焉の影響

（1）　現在のロシアの正式な名称は「ロシア連邦」であるが、煩雑さを避けるために「ロシア」とする。

（2）　具体的にいうと、経済改革の領域における大統領令は自動的に法律となった。ただし、議会が7日以内に、大統領令の拒否を投票で決めた場合は別である。この場合、大統領と議会の交渉が必要とされた。のちに大統領と議会の対立の焦点となるこの「大統領令による特別統治権限」は、13ヵ月の予定で、すなわち、1992年12月1日までの期限で大統領に付与された（[169] 216頁）。

（3）　第6章、とくにグラフ6－1を参照。このグラフは、1991年6月にモスクワのエリートから抽出したサンプルのうち、大多数が資本主義を支持していることを示している。

（4）「ショック療法」と「ネオリベラリズム」は、幾分違った意味があると解釈されることがあるが、本書ではこの二つの用語を互換的に使う。

第8章　ショック療法

（1）「財政政策」（fiscal policy）という用語は、国庫を意味する古語「fisc」から派生した。「財政政策」は、近代経済では政府が支出および徴税政策を立案し、経済成長率やインフレを調整することを指す。これは、金融政策とは別物である。金融政策は、中央銀行による通貨、信用、金利の操作をいう。金融政策においても、経済の成長とインフレに影響を与えることが目的とされる。

（2）　ある領域においては、移行に要する時間が長くなることは可とされている。たとえば、私有化は価格自由化よりも長い時間がかかるはずである。しかし、すべては同時に着手されることになっている。

（3）　ことわざにまつわる問題は、それぞれのことわざにはたいていの場合、反対の教訓を与えることわざがあるという点にある。ショック療法に反対前のことだと考えている（[139] 176頁～177頁）。

(72)〈ニューヨーク・タイムズ〉1991年8月20日、A13頁。資本主義にはっきりと反対しているにもかかわらず、この声明はすこぶる慎重で、実際には「社会主義」という用語に言及することはなかった。

(73)〈ニューヨーク・タイムズ〉1991年8月20日、A12頁、A13頁。

(74) 当初の報道では、エリツィンがクーデターを断固拒否する演説を行ったときに乗っていた車両を装甲トラックとしていた。しかし、のちの報道では、劇的な効果を上げるために装甲トラックは戦車にすり替えられた。〈ニューヨーク・タイムズ〉(1991年8月20日、A1頁)を、その後の報道と比較されたい。

(75) しかし、エリツィンは当時、社会主義改革の支持者と同様、労働者も奮い立たせることができなかった。ゼネストは起こらなかった。ロシアの労働者は、この時点でも基本的には傍観者のままであった。

(76)〈ニューヨーク・タイムズ〉1991年8月20日、A10頁。1989年から1991年にかけてモスクワで行われたそのほかのデモと同様、デモ参加者の数はのちの報道では水増しされた。

(77)〈ニューヨーク・タイムズ〉1991年8月22日、A14頁。

(78) [139] 181頁。

(79) ロシア商品取引所会頭、コンスタンチン・ボロヴォイ〔1995年の選挙で下院議員に当選〕とのインタビュー（1994年1月12日）。米国のソ連専門家マーシャル・ゴールドマンによると、「驚くほど大勢の新興事業家」がホワイトハウスの外に集まった群衆の中にいたという（[62] 27頁）。

(80)〈ニューヨーク・タイムズ〉1991年8月23日、A1頁、A12頁。

(81) これには幾分の皮肉がある。つまり、クーデターを謀ったのはソ連の国家当局者であって、党当局者ではなかったからである。エリツィンは、1991年11月6日、共産党の一時停止措置を永久禁止に切り替えた（[169] 419頁）。

(82) [69] 446頁。

(83) 1991年12月1日の国民投票において、ウクライナの有権者のほぼ90％が独立を承認した（〈ニューヨーク・タイムズ〉1991年12月3日、A1頁）。ソ連第二の人口を擁し、ソ連の穀物の多くを産出しているウクライナ抜きでは、ソ連は存続不可能であった。

(84)〈ニューヨーク・タイムズ〉1991年9月18日、A1頁。

(85) ところが、新体制の下では知識人の境遇は芳しくなかった。その新体制というのは、ほかならぬ多数の知識人が導入のために骨を折ったのであるが。これについては第9章で論ずる。

(86) [60] 1028頁～1031頁。

合いははるかに低い。西ウクライナの一部は、かつてポーランド領だったことがある。

(58)　〈ニューヨーク・タイムズ〉(1991年8月30日、A1頁、A11頁)。

(59)　[69] 299頁。

(60)　[69] 332頁。

(61)　質問の言い回しは次のようなものであった。「個人の権利が出身民族にかかわらず完全に保障されている主権共和国からなる新たな連邦としてのソ連の存続を支持しますか」([69] 348頁。[181] 150頁)。「民主ロシア」は、モスクワおよびレニングラードでこの国民投票に反対する活動を積極的に行い、そのため、この両都市で「イエス」と回答した者はそれぞれ50.0%、50.5%にとどまった([27] 152頁)。

(62)　[99] 400頁。「イエス」の回答は、ウクライナで70.2%、ロシアで71.3%、ベロルシアで82.7%、アゼルバイジャンおよび中央アジアの各共和国で90%以上であった。

(63)　[139] 186頁。

(64)　ロシア以外でも、一部の共和国の指導部に同じことが当てはまる。とくに、バルト三国とグルジアについてはそうである。この両共和国では、民族運動は独立だけではなく、資本主義経済をも求めていた。

(65)　サロヴェル([183])は、この時期のゴルバチョフの「右傾化」について興味深い分析を行っている。

(66)　[139] 173頁。

(67)　〈プラウダ〉1991年3月1日、2頁。

(68)　「9プラス1」とは、新連邦条約の交渉を行う用意のある9共和国の指導者に、ゴルバチョフ・ソ連大統領を加えたものである。残る6共和国(バルト三国、アルメニア、グルジア、モルダヴィア)はこれに加わっていなかった。

(69)　[80] 531頁。この合意書は、参加しなかった共和国についても、連邦から離脱する権利を暗に認めていた。

(70)　新党綱領案を党中央委員会総会に提出する際、ゴルバチョフは守旧派をなだめようとして「党は労働者の利益を代弁し、保護すべきである」と述べ、代表者たちに向かって「我々は社会生活のために社会主義構造を固守してきたし、今も固守している」と請け合った。しかし、ゴルバチョフは舌の根も乾かないうちに、ペレストロイカをかいくぐって生き残った伝統的な共産主義の見解を放棄した。たとえば、ゴルバチョフは、新綱領案において共産主義がほとんど言及されていないことを認めて、共産主義という目標が近い将来現実に達成可能であるという見方を否定した([65])。

(71)　しかし、一部の分析家は、彼らがクーデターを議論し始めたのは数ヵ月

(41) 1989年、カザフ共和国の人口に占めるロシア人の割合は38%であったのに対し、カザフ人は40%であった。ラトヴィアではロシア人は34%、ラトヴィア人52%であった。

(42) [126] 271頁。

(43) [81] 第1章、[181]、[61]。

(44) [181] 第3章。

(45) しかも、ロシア共和国はそれ自体、連邦形態をとっており、エスニシティーの違いで区切られた16の「自治共和国」を抱えていた。サニー([181])は、ソ連国家が連邦形態をとっていることは、実際、民族問題に関するボリシェヴィキの初期の考え方を犯すものであると論じている。ボリシェヴィキの考え方によればこうである。すなわち、少数民族は国家から脱退する権利をもつべきであるが、国家の一部として残ることを選ぶ民族のために、社会主義国家そのものは連邦的性格よりも単一国家の性格をもつべきである。

(46) エストニアとラトヴィアですら、1917年以前は独立国ではなかった。

(47) 1897年の時点で、のちにベロルシア・ソヴィエト共和国の首都となるミンスクで、ベロルシア語をしゃべる人は人口のわずか9%にすぎなかった。人口の大部分は、イーディッシュ語をしゃべっていた。その隣のリトアニアでは、当時、ヴィリニュスの人口40%がユダヤ人で、31%がポーランド人であった([181] 31頁、36頁)。

(48) [181] 40頁、43頁。

(49) 多くのアルメニア人は、ソ連当局がアルメニア人のナゴルノ・カラバフ要求に与《くみ》しなかったことに憤慨した。

(50) 主権要求の意味は、国家権力のかなりの部分を共和国レベルに譲り渡してもらう一方で、共和国はソ連の一員として残るということである。

(51) バルト諸国に加えて、1990年3月、アルメニア、グルジア、モルダヴィアで共和国議会の選挙が行われた結果、独立志向の勢力が多数派を占める議会が成立した([139] 157頁)。

(52) ソ連最高会議は、1990年4月、共和国が連邦を脱退するのに有権者の3分の2の投票を必要とする法律を通した([139] 157頁、235頁の註36)。ゴルバチョフは、共和国の議会の投票だけでは不充分であると主張した。

(53) 当時、独立に傾いていたそのほかの共和国、すなわちアルメニア、グルジア、モルダヴィアの人口は、合計してもソ連全体の人口の4.6%であった。

(54) ルイシコフ元ソ連首相とのインタビュー(1992年10月27日)。

(55) [27] 145頁。

(56) [69] 274頁~276頁。

(57) 東ウクライナは非常にロシア化しているのに対し、西部のロシア化の度

回し次第で違いが出てくるが、当時、資本主義が大部分の人々によって支持されていたことを明らかにするような、ロシア住民全体を対象とする調査があったとは報じられていない。
(31)　[158] 88頁～90頁、120頁、139頁。
(32)　一般大衆が、エリツィンがロシアを究極的にどこに導くのかを理解していたなら、1991年6月の選挙では違った投票をしていたかもしれない。選挙から18ヵ月後、すなわち1992年12月に行われたロシアの有権者のサンプル調査によると、大統領選挙でもともとエリツィンに票を投じた人のうち、再びエリツィンに投票するという人はわずか半分であることが分かった。1992年12月までに、ロシア人はすでに12ヵ月にわたって資本主義への移行期を体験していた。その調査によると、エリツィンへの支持を断念した人々の特徴の一つは、個人の富の蓄積を可能にする体制に反対しているという点にある（[202] 294頁～295頁）。
(33)　[202] 290頁。
(34)　[168] 291頁。
(35)　[69] 190頁。
(36)　プロコピエフスクのストライキ指導者は、次のように述べた。「我々の主たる問題は、石炭の適正な卸売り価格が設定されていないという点にある。したがって、利益のうち『獅子の分け前』〔最良の部分〕を国に引き渡している」のであり、そのため、炭坑労働者は「生きていくのがやっとという生存レベルにとどめ置かれる」結果となっている、と。同指導者は、さらに言葉を継いで言った。「我々が、国の機関の頭越しに石炭に対するしかるべき卸売り価格を設定できるようになれば、真の独立について話を始めることが可能になろう」（〈カナディアン・トリビューン〉紙、1989年9月4日、12頁）。
(37)　ソ連政府は数日後、この管轄権の移行に同意した（[69] 360頁～361頁）。
(38)　[168] 311頁、[56] 101～108頁、[31] 第7章。炭坑労働者の指導者たちの多くとエリツィンとの間で同盟が結ばれたにもかかわらず、炭鉱労働者がすべてエリツィン支持者だったというわけではない。1991年5月、ケメロヴォの炭鉱労働者は「エリツィンとゴルバチョフは同じ穴の狢《むじな》」というスローガンを掲げて集会を開いた（[191] 203頁～204頁）。1991年6月のロシア大統領選挙で、エリツィンのクズバスにおける得票はトゥレーエフの得票を下回った。トゥレーエフは州議会の議長で、自身炭鉱労働者であった（[31] 167頁、[202] 290頁）。
(39)　[31] 163頁、[69] 361頁。
(40)　この節の分析は、ソ連の民族問題に関するロナルド・サニーの画期的な見解によって大きな影響を受けた（[181]）。

(20) ［69］354頁。

(21) 国民の直接投票によって選ばれるロシア共和国の大統領制を創設するという計画は、1990年6月、ロシア共和国議会の全会派から支持を得たのを発端にして浮上し、当初は異論を呼ぶこともなかった。この計画は、1991年3月初めの国民投票でロシア共和国の有権者のほぼ70%によって承認された（［202］285頁、287頁）。

(22) ［191］192頁。

(23) ［202］288頁。1991年3月のロシア議会の会議は、重大な性質のものであった。このときルツコイが議会で率いていたのは、反エリツィンの会派「ロシア共産主義者」から離脱し、親エリツィン陣営に加わったグループである（［191］189頁）。

(24) 1991年4月には、「民主ロシア」はロシア全土で130万人の党員を擁していると豪語した（［191］191頁）。

(25) ［27］152頁、［202］288頁～290頁。

(26) ルイシコフとのインタビュー（1992年10月27日）。エリツィンの選挙対策本部長で、おそらくエリツィンの側近中の側近にして最重要の戦略家であるブルブリスは、テレビに出演し、ソ連の有名なコメンテーターであるヴラジーミル・ポズネルのインタビューを受けた。ルイシコフによると、ブルブリスはポズネルから、エリツィンは本当に資本主義を支持しているのかと問われたとき、直接返答するのを避けたという。

(27) エリツィンは、企ての全容を見せないよう慎重な態度をとった、歴史上初の革命家ではない。フィデル・カストロは、最初、キューバ国民に対して民族主義的、改革主義的革命を約束した。革命家は、計画の実施を通じて初めて大衆からの支持を獲得し、それによって計画を貫徹し成功を収めるということがよくあった。エリツィンが、ロシアでそれに成功したかどうかについては第三部で検討する。

(28) ソ連第二の都市レニングラードは、1991年6月にサンクトペテルブルクと改称された。

(29) この世論調査では、モスクワとサンクトペテルブルク（旧レニングラード）の住民のサンプルが人口不相応に多く抽出されていた。各種選挙結果は、この2都市の住民がロシアのほかの地域よりもはるかに自由市場と私有化を支持しているということを一貫して示している。また、ロシアのアジア部も調査対象から除かれている。この地域では、住民は一般的に物の見方が守旧的であった。

(30) ホワイト（［201］249頁～250頁）は、1991年4月の世論調査を引用している。それによると、ロシア共和国に「むき出しの資本主義」がふさわしいと考える人はわずか3%であった。世論調査に対する回答は、質問の言いのために空席をつくるという手立てが講じられた。エリツィンに席を譲ったのは、オムスク国立大学で法律学を講じていたアレクセイ・カザンニクである。人民代議員大会の議長を務めていたゴルバチョフは、この交代を承認するために急いで投票の手はずを整え、かくしてエリツィンは最高会議のメンバーに加えられた（[69] 182頁～183頁）。
（7）　ソ連の新議会と同様に、ロシアの手直しされた議会も二つの組織で構成されていた。すなわち、「人民代議員大会」と「最高会議」と呼ばれる常設立法機関である。煩雑さを避けるため、通常は「議会」という訳語をあてる。ただし、二つの組織を区別しなければならない場合は別である。
（8）　[69] 244頁～246頁。
（9）　[27] 143頁～144頁。
（10）　1991年初め、「民主ロシア」はソ連の解体を公然と要求することになる。民主ロシアはエリツィンに対し、ソ連存続に関する国民投票（1991年）で「ノー」の票を集めるため運動を起こすよう説得しようとした（が、徒労に終わった）（[27] 151頁～152頁）。
（11）　ブルードヌィの推定によると、1990年３月に選出されたロシア共和国の代議員のうち、「民主ロシア」系の代議員はせいぜい30％だった（[27] 145頁）。民主ロシア系の候補者の獲得した議席は、全体の20％以上とする推定もある（[202] 285頁）。民主ロシアは正式な政党ではないので、党員のリストも整っておらず、議会の代議員のうち何人が民主ロシア系なのか正確に見極めるのは難しい。
（12）　[27] 146頁。
（13）　[69] 232頁～233頁。のちには、このときのデモ参加者の人数を30万人強とする説も出ている（[80] 518頁）。
（14）　[139] 152頁。
（15）　[169] 6頁。
（16）　[27] 146頁。
（17）　[69] 343頁～344頁。これに先立つ数ヵ月の間に、ゴルバチョフは急速な市場化を主張する側近たちとの同盟を離れ、ゆっくりとした改革と連邦維持のための強硬な措置を支持する勢力の方にすり寄ったように見える。
（18）　召集が予定されていたのは、ロシア人民代議員大会である。人民代議員大会は、最高会議の議長を更迭する権限をもっていた。
（19）　[69] 351頁～352頁。「民主ロシア」は、ロシア全土の各市でエリツィン支持のデモを実施した。しかし、モスクワとレニングラード以外での民主ロシアの勢力が限定的なものであることは、デモに動員された人の数から明らかである。デモ参加者は、ヤロスラヴリとヴォルゴグラードでおよそ１万人、トゥーラで6,000人、スモレンスクで1,500人であった（[27] 151頁）。

本主義支持連合の支持者であったと考えるべきではない。彼らのうち、資本主義体制の建設に賛成した者はほとんどいなかったからである。

第7章　権力を目指す闘争

（1）　エリツィンの党最高指導部辞任をめぐる出来事については、いくらか議論がある。エリツィンは、1987年10月の党中央委員会総会の閉会間際に予定外の演説を行い、物議をかもした。エリツィンがその演説の中でペレストロイカの進め方を批判し、党ナンバー2のリガチョフをやり玉に挙げたという点で衆目は一致している。翌月、エリツィンは党指導部から解任された。この出来事に関して、二つの問題が議論の対象となっている。第一は、ペレストロイカの実施に関してエリツィンの不満は何だったのかという問題である。エリツィンは変化のペースが遅すぎると文句をつけたのだ、と当時伝えられた（[69] 75頁～76頁、79頁）。その後の数年間、エリツィンは改革のペースが遅いと繰り返し指摘した。しかし、最近出版された本の中でジョナサン・スティールは、1987年10月の中央委員会総会でエリツィンは「改革のスローダウンを要求した」としている（[180] 237頁）。[206]（144～147頁）に掲載されたエリツィン演説の公式テキストを読むと、いずれの解釈も可能である。第二は、エリツィンが自発的に辞任したのか、意志に反して解任されたのかという問題である。エリツィンが10月の党中央委員会総会の一ヵ月前、モスクワ市党第一書記の職を辞任すると申し出ていたことは間違いない。そして、エリツィンは、10月の中央委員会総会で政治局からの辞任を申し出た。しかし、エリツィンは、中央委員会総会でも、また演説後のモスクワ党委員会でも厳しく非難された。一般的には、エリツィンは解任されたと受け止められている。

（2）　ここで、「ソ連の」ではなくて「ロシアの」という単語を使ったのは、エリツィンが明らかにロシアの政治家であり、そのイメージおよび人気ぶりが、ロシア以外のソ連とロシアとでは大きく異なっていたからである。

（3）　[69] 31頁～32頁。のちに、エリツィンが独立ロシアの大統領になったとき、エリツィンに批判的な人々はこれらの初期の演説を引き合いに出して、エリツィンの有名な贅沢好きや、汚職に対する寛容な態度を浮き彫りにした。

（4）　第10章で論じるが、民主主義者としてのエリツィンは、独立ロシアの大統領として2年間を過ごしてからひどく信用を失った。

（5）　1990年3月のロシア共和国議会の選挙運動に際して、エリツィンは次のように述べた。「我々は、ロシアおよびそのほかの共和国の独立性を高めなければならない」（[69] 245頁）。

（6）　新規に選出された最高会議の代議員のうち1名が辞任して、エリツィン

(47)　シラーエフの情報は以下に拠る。[111] 593頁。〈ニューヨーク・タイムズ〉(1994年８月25日、14頁)。[132] 303頁註６。

(48)　ヴォリスキーの情報は、[111] 147頁と、タス通信の報道（1989年１月28日配信)を引用している[188] 51頁による。

(49)　〈フィナンシャル・タイムズ〉のモスクワ特派員であるジョン・ロイドとのインタビュー（1994年１月18日)。

(50)　[128] 828頁、註13。

(51)　[69] 426頁。ヴォリスキーは、独立ロシアにおいて重要な政治的人物となった。中道政治勢力を束ねる、市民同盟の創始者の一人に名を連ねた。

(52)　ヴラジーミル・ファミンスキーとのインタビュー（1992年10月26日)。ファミンスキーはモスクワの「経済学研究所」の部長で、〈経済の諸問題〉誌の編集長を務めていた。ファミンスキーはガイダールの弟子で、1980年代を通じてガイダールの見解が変化するのを目の当たりにしていた。

(53)　ガイダールの変貌に関するここでの記述は、〈フィナンシャル・タイムズ〉のモスクワ特派員ジョン・ロイドとのインタビュー（1994年１月18日)による。

(54)　たとえば、工業都市マグニトゴルスクでは、1991年の間に党最高当局者の大部分は、マグニトゴルスクの基幹産業である鉄鋼関係の仕事か市当局のポストに鞍替えした。鉄鋼関係担当の党最高責任者であったＡ・Ｉ・スタリコフは、自分の管理下にあった企業の支配人になった（元マグニトゴルスク党書記のアレクサンドル・サヴィツキーとのインタビュー、1994年６月７日)。広く報じられているところでは、このパターンはロシア全土で繰り返されている。

(55)　〈デロヴィエ・リュージ〉(1994年５月、88頁)。しかし、ルイシコフはのちにこの職を辞し、政界に復帰した。

(56)　犯罪組織の力はペレストロイカ時代に拡大したが、それはまだ限定的なものであった。いわゆるマフィアは、ソ連体制の終焉において重大な役割を果たしたようには見えない。しかし、体制がひと度終わりを迎えると、マフィアの経済面での役割は大幅に拡大し、旧ソ連諸国における重要な勢力となった。その理由については第９章で論ずる。

(57)　資本主義支持連合を支える４個の集団は、相互に重なる部分がある。知識人および経済学者のうち、最高クラスの人々は党・国家エリートの一部分を構成していた。最重要の民間事業家は、エリート層出身である。しかし、資本主義支持連合が、こうした４個の支持集団をもっていたと見ることは有益である。

(58)　資本主義支持連合の指導者であるエリツィンは、一般の労働者からも大きな支持を得た。しかし、一般の労働者を、上記の４集団と同じ意味で資ネスワールド・ウィークリー〉(1994年8月8日)。ガスプロムは、かつてソ連の国有天然ガス独占企業であった。1992年から〔98年まで〕ロシアの首相を務めたチェルノムイルジンは、以前このガスプロムの支配人であった。

(30) ゲンナージー・アシンとのインタビュー(1994年1月20日)。アシンはロシアの政治学者で、ロシアのエリートを研究している。ソ連のもう一つの最大手自動車企業「カマス」も、当時の総支配人のコントロールの下に私有化された([109])。

(31) パーヴェル・Mとのインタビュー(1991年8月7日)。パーヴェル・Mは、ヴラジーミル・Sの最高顧問であった。

(32) 〈ウォールストリート・ジャーナル〉(1993年3月1日、A9頁)。

(33) クルィシタノフスカヤとのインタビュー(1994年6月15日)。

(34) 「ラシカ・データベース社」(モスクワ)。

(35) [15] 28頁〜30頁。

(36) 〈ビジネスワールド・ウィークリー〉(1994年6月27日、5頁)。

(37) クルィシタノフスカヤとのインタビュー(1994年6月15日) および〈ビジネスワールドウィークリー〉(1994年8月8日)。

(38) ロシア版〈リーダーズ・ダイジェスト〉の第1号は、「米国のホームレスに関する10の神話」を特集記事として組んでいた。この記事は、米国がホームレスという深刻な問題を抱えているという印象を払拭しようとするものであった。

(39) ルキヤノフとのインタビュー(1994年1月15日)。

(40) 筆者(ウィア)は、両人と懇意にしている。

(41) [111] 752頁。

(42) 〈デロヴィエ・リュージ〔事業家〕〉誌、1994年5月、88頁。

(43) こうした傾向に反する唯一の重大な例外がある。これまでのところ、ソ連軍から身を起こした資本家というのは報じられていない。もっとも、ソ連軍およびロシア軍における大がかりな汚職事件は伝えられているが。旧エリート層の中で、社会主義の信念を深く教え込まれたという点では軍の右に出る者は恐らくあるまい。軍人生活の本質からして、資本主義の金銭的魅力に引き付けられるような人間はもともと軍を敬遠する傾向にあった。

(44) [131]。

(45) [109] 表9。私たちが党・国家エリートと称するものを、クルィシタノフスカヤは「ノーメンクラトゥーラ」と呼んでいる。クルィシタノフスカヤのソ連ノーメンクラトゥーラの概念は、私たちの党・国家エリートの概念と一致しているように見える。

(46) [111] 56頁および[78] 248頁。

構成は無作為に選ばれたものではないので、調査結果において「モスクワのエリート層内部における実際の意見分布が正しく反映されていない」ことをクルバーグは認めている（950頁、註6）。

(14) 民主主義的社会主義の立場に立つ人々は、「ペレストロイカ時代の思想とゴルバチョフの政治、社会哲学を支持していた」（[112] 944頁）。

(15) クルバーグは、次のように述べている（[112] 945頁)。「民族主義者と共産主義者の立場は驚くほど似通っており」、双方とも「ペレストロイカ時代、国は得るものは何もなく、経済と軍事が同時に損なわれただけであった」と信じている（945頁）。

(16) [93]（289頁～291頁）は、国有企業および省庁が、1989年から91年にかけて私有企業に進化する過程を興味深く説明している。

(17) [8] 28頁～30頁。

(18) [14] 82頁～83頁。

(19) [160] 8頁、表5。企業のうち残る6％については、かつて従業員（ホワイトカラー)、労働者、農場員だった者、あるいはまったく常勤の経験のない者が経営者となっていた。

(20) クルィシタノフスカヤ（[110])の用いている「サモロードク」というロシア語は、文字通りに訳すと「天然鉱」という意味だが、ここでは比喩的に、天賦の才に恵まれた人を指すのに使われている。

(21) ビリュコフとのインタビュー（1994年1月17日）。

(22) ミロネンコとのインタビュー（1992年10月23日）。

(23) [110]。

(24) ここに述べた、メナテップ銀行の発展に関する情報は、ホドルコフスキーとのインタビュー（1994年6月14日)から得たものである。

(25) ジルソツ銀行は、ただ単にメナテップ銀行の開業を手伝っただけではない。ジルソツ銀行のモスクワ支店は、のちにロシアの最大手民間銀行の一つであるモスビジネス銀行にそっくりそのまま衣替えした（[107])。

(26) クルィシタノフスカヤとのインタビュー（1994年6月15日）。

(27) セドレネク、ポタペンコ、フィニスト銀行に関する情報源は、〈ウォールストリート・ジャーナル〉（1992年1月9日A6頁)。シチェルバコフに関する情報は、モスクワの「ラシカ・データベース社」による。シチェルバコフは、元コムソモール中央委員会当局者のアレクサンドル・イヴァノフと同様、「青年事業家同盟」の役員会メンバーでもある。ロシアの新興民間銀行やそのほかの企業の上層部には、元コムソモール専従職員が至る所に見受けられる。

(28) エーデリマンに関する情報は、1994年のインタビューによる。

(29) クルィシタノフスカヤとのインタビュー（1994年6月15日)および〈ビジ

でいたが、社会主義国家が消えてなくなるのを目の当たりにしたいと望んでいたわけではない」(〈ニューヨーク・タイムズ〉1991年8月26日、A13頁)。アレクサンドル・サヴィツキーは、鉄鋼都市マグニトゴルスクの党委員会第一書記であった。マグニトゴルスクは、ソ連が工業と都市建設において達成した成果のシンボルであった。社会主義の信奉者であったサヴィツキーは、1991年にソ連体制が崩壊したとき鬱病に陥り、数ヵ月間にわたって入院した(サヴィツキーとのインタビュー、1994年6月7日)。サヴィツキーによると、チェリャービンスク州の党第一書記は、そのころ「ストレスのために死んだ」と言う。

(12) クルバーグ[112]。グラフ6－1で「資本主義者」という名称を冠せられたイデオロギーは、クルバーグが「西欧化支持者」および「穏健改革派」と称する二つのカテゴリーを合わせたものである。クルバーグは、西欧化支持者は西側社会の慣行と制度がほとんど普遍的な適応性をもっていると考えている、と評している。この集団に属する者は、「市場と私有財産制には、ソ連の経済危機を解決するための力があると信じている」ことを明らかにした。彼らは「手厳しい社会主義批判」と「社会主義の成果と有効性を否定する傾向」で際立っていた(941頁)。穏健改革派も、「将来の発展モデルとして西側の制度、とくに経済上の制度の重要性を強調した」。穏健改革派は、「改革社会主義を我慢ならないとする点で西欧化支持者と共通していた」(942頁)。穏健改革派は、資本主義への漸進的シフトを支持し、こうした移行を行うにあたってソ連の特殊性にもっと注意を向けるべきだと主張しており、その点で西欧化支持者と違っていた。クルバーグと意見交換したとき、西欧化支持者と穏健改革派のいずれも、「企業の私有と市場に基づく体制(すなわち、私たちのいう資本主義)をもって社会主義に置き換えることを支持する者」というカテゴリーに相当するのではないかと問いかけたところ、クルバーグの同意が得られた。西欧化支持者は被験者の19.2%で、穏健改革派は57.5%であった(941頁)。

(13) 標本は、中ないし上のレベルの階層から抽出した73人で構成されていた。その中には、軍の将校、企業支配人、共産党モスクワ州党委員会の当局者、外交官、経済学者、知識人、ジャーナリスト、非政府系政党の指導者が含まれていた。したがってそれは、私たちの党・国家エリートの定義と完全に一致しているわけではない。というのは、私たちが知識人と見なす人々が含まれていることが明らかだからである。しかし、ここで調査対象となっている知識人は「学術関係部局の責任者あるいは事業計画の企画者」であり、したがって、私たちのいう知識人と党・国家エリートのボーダーライン上にあるということが読み取れる([112] 950頁、註11)。この標本のうち、63%は元または現職の共産党員であった(930頁)。しかし、標本の想録（[127]）の書評では、リガチョフを「頑固なまでに正直である」と評している。リガチョフは、一般にはペレストロイカの敵として、また、大がかりな変革を施さないまま旧国家社会主義体制を維持することを支持する人物として描かれていた。リガチョフを、時代遅れのスターリン主義者と特徴付ける者すらあった。リガチョフの回想録およびＳ．コーエンによる洞察力あふれる序文を読むと、そうした主張に固執することは難しい（[127]）。[182] も参照のこと。リガチョフは、ペレストロイカの原型ともいうべき思想を支持していたように見えるが、体制全体が不安定化し、社会主義が資本主義によって打破される危険があると憂慮し、改革の行われるスピードに反対するようになったのである。リガチョフはその点では正しかった。リガチョフは、1991年の事態の方向性には不満であったが、同年８月のクーデターには何の支持も与えなかった。

（５）［57］表１－６。1993年には、米国の最高経営責任者の平均給与は377万２千ドルであったのに対し、平均的な工場労働者の稼ぎは２万5317ドルで、両者の比率は149対１であった。

（６）コロチッチの見積もりは、[188] 58頁（〈ワシントン・ポスト〉1989年１月31日の記事を引用）で報告されている。

（７）こうした給与の比較において、ソ連エリートの給与外給付が考慮されていない。しかしそれは、ソ連のエリートと西側のエリートの経済的立場の違いを相殺するに足るほどの規模ではない。

（８）[84] 276頁～277頁。

（９）[84] 277頁、276頁。しかしハフは、革命は起こりそうもないという結論を下した。現実には、それは間違っていた。

（10）党・国家エリートの一部構成員が資本主義支持へ転じたのは、ただ単に物的な私欲を意識したからではなく、ほかの理由があってのことだったかもしれない。西側の資本主義が一般的に1975年以降、経済実績において優位に立ち、しかもソ連国家社会主義が1975年以降の15年間、自己改革に失敗したのを見て、党・国家エリートの一部構成員は、資本主義経済は社会主義経済よりはるかに勝っていると結論付けたのかもしれない。しかし、ソ連国家・党エリートのメンバー大部分の物質的状況を考えると、資本主義支持にシフトした人々のかなりの部分が、二つの体制の公正無私な比較に基づいていたということはありそうもないことである。

（11）ゴルバチョフの筆頭格の軍事顧問アフロメーエフ元帥は、1991年８月25日に自殺を遂げた。このころ、ソ連と社会主義の特徴が急速に消えてなくなろうとしていることが明らかになった。アフロメーエフと面識のあった元米国統合参謀本部議長のクロウ提督は、元帥自殺の報を聞いて次のように述べた。「アフロメーエフは共産主義のどぎつい特徴を薄めることを望ん分野の学者、エンジニア、作家、芸術家、医師。エンブリーはこれらの職業に加えて、企業およびコルホーズなど農場の支配人を知識人の一部に含めている。

(21)　こうした実状を明らかにしたのは、当時、最高会議副議長だったルキヤノフである。1989年6月26日のタス通信報道（[188] 329頁から再引用)。

(22)　[188] 348頁および[84] 269頁～271頁。

(23)　〈ソ連共産党中央委員会通報〉1989年第3号、138頁。

(24)　〈コムニスト〉1988年第1号、6頁。

(25)　ディ＝レーオ[43] 436頁。ディ＝レーオは、次のように述べている。「逆説的なのは、こういったことをもたらしたのが敗北した党の書記長（ゴルバチョフ)だという事実である」(436頁～437頁)。

(26)　[127] 109頁、110頁。

(27)　[127] 110頁。

(28)　〈プラウダ〉1990年7月6日。

(29)　1977年制定のソ連憲法の第6条は、次のような文言を含んでいる。「ソ連共産党はソ連社会を指導し、嚮導する勢力であり、ソ連社会の政治体制、国家機関と社会組織の中核である。ソ連共産党は人民のために存在し、人民に奉仕する」

(30)　[69] 232頁～234頁、249頁～250頁。

(31)　[69] 249頁～250頁。国民投票ではなく議会内部での選挙で最初の大統領を選ぶという決定は、不安定と混乱の時期に国論を分裂させるような国政選挙を避けるために必要であるという理由で正当化された。

(32)　[117] 37頁、註22。

(33)　[118] 54頁、表F。

(34)　[30] 29頁から再引用。

(35)　第7章で論じる世論調査データを参照のこと。

(36)　この点の議論については、[139] 87頁～88頁を参照されたい。

第6章　党・国家エリートと親資本主義連合

(1)　ザスラフスカヤとのインタビュー（1992年10月19日)。

(2)　このように著者に述べたのは、ソ連当局者ニコライ・Lである。ニコライは数年来、キューバとエチオピアを含む世界のさまざまな紛争地点で勤務した経験があった。1991年7月、ニコライは共産党傘下の教育組織「ズナーニエ」に勤務していた。数年後、ニコライはエリツィン政権の大統領府高官として勤務した。ニコライの妻は民間銀行に勤めていた。

(3)　ルイシコフとのインタビュー（1992年10月27日)。

(4)　〈ニューヨーク・タイムズ・ブックレヴュー〉に掲載されたリガチョフ回

(51)　1989年9月には、およそ400の独立した協同組合および商業銀行が営業していた。1991年9月には、その数は1,535に上った（[107]）。

第5章　民主化

(1)　[64] 18頁。
(2)　[64] 18頁。
(3)　[64] 22頁。
(4)　[200] 3頁。
(5)　[200] 3頁。
(6)　[165] 426頁。
(7)　1989年1月26日のモスクワ放送の報道。[188] 48頁から再引用。
(8)　[142] 485頁～486頁。
(9)　[200] 18頁、24頁、註177。
(10)　たとえば、重要な第19回党協議会（1988年6月）の代表選出過程は、上からの選出という慣例に則って行われた。すなわち、選出を行ったのは、地方《クライ》および州レベルの党委員会であり、規模の小さい連邦構成共和国の場合は共和国党中央委員会である（[190]）。2年後、第28回党大会（1990年7月）には専従党員が送り込まれた。専従党員は、代表の40%以上を占めた。この党大会の代表の49%以上は、1970年以前の入党者であった（[30] 26頁）。
(11)　[200] 5頁。
(12)　[200] 6頁。
(13)　共産党と共産党支配下の労働組合は、それぞれ社会団体の代表100名を選出する権利があった（[139] 113頁）。
(14)　〈プラウダ〉1988年11月29日、1頁。
(15)　[188] 123頁。
(16)　科学アカデミーから選出された代表で急進的な変革を支持する有名人としては、たとえば、アカデミー会員のロアルド・サグデーエフ、経済学者のニコライ・シメリョフ、パーヴェル・ブニチがいた（[188] 213頁）。
(17)　[69] 169頁～170頁。
(18)　[84] 257頁、260頁。
(19)　[84] 263頁。この調査の対象は、①モスクワおよびレニングラード、②ロシアの、面積の大きい方から数えて6番目までの州、③同じく16番目までの自治共和国である。「知識人」というカテゴリーに含まれるのは、教育、学術、医療、法律、報道に従事している者である。
(20)　エンブリー[54] 1,069頁、表1。ここで引用した数字においては、エンブリーのリストのうち、次の職業だけが知識人として扱われている。大学教授、教師、ジャーナリスト、弁護士、裁判官、自然科学者、そのほかの

月９日、於ワシントンＤＣ）。

(36) ［205］７頁、14頁、15頁、44頁、62頁。

(37) 〈ニューヨーク・タイムズ〉1990年９月18日、Ａ６頁。

(38) 〈ニューヨーク・タイムズ〉1990年10月17日、Ａ１頁。「大統領案」の正式名称は、「国民経済の安定化および市場経済への移行のための基本的指針」。

(39) 〈ニューヨーク・タイムズ〉1990年10月17日、Ａ８頁。

(40) ［146］。

(41) ある西側の専門家は、次のように発言している。「1990年の１年間に、中央集権的供給システム（ゴススナブ）はゆっくりと解体していった。企業は『直接のコンタクト』を通じて自活することを迫られた」（［168］302頁）。

(42) ソ連ではペレストロイカよりもずっと早い段階で、非公式の私有化が数多く起こっていた模様である。企業支配人たちは国家当局の力の減退に乗じて、非公式に自分の企業を私有化したのである。同様に、1980年代後半、正式の認可を得ないまま営業を開始した民間金融機関もある。たとえば、第６章で紹介するメナテップ銀行のケースを参照されたい。

(43) 1988年から90年にかけて、共産党の党機関が経済管理という従来の役割から撤退したことにより、混沌はますます深刻化した。これについては第５章で論じる。

(44) ［87］49頁。

(45) ロシアにおいて社会主義経済制度の完全な解体が起こったのは、1992年の独立後のことである。

(46) ［87］78頁。ここに挙げた数値は、ルーブル建て公定レートで計算してある。

(47) 1991年には、先進資本主義国からの輸入も落ち込んだ。それは、ソ連の輸入減少分全体の21％を占めていた（［87］78頁）。

(48) ［205］66頁。

(49) 私たちは、1990～91年の経済収縮を加速化させた具体的な内部的要因を考察してきた。しかし、こうした大部分の具体的な原因の背後には、差し迫りつつある一般的な問題があった。それは、ソ連国家の指導部および国家そのものの権力と権威の急速な低下である。経済制度が崩壊し、国有企業の将来の所有権が不確実であり、連邦構成共和国、さらには共和国内の地域〔州など〕の自立性の高まりなどは、いずれもゴルバチョフおよびソ連中央政府の権威の低下を示すものであった。第７章で私たちは、ソ連国家、そしてついにはソ連経済およびゴルバチョフの経済改革の努力を蝕む方向に働いた政治的プロセスを検証する。

(50) ［97］29頁。

モスクワの「経済学研究所」の部長で、〈経済の諸問題〉の編集長であった。ファミンスキーは1980年代にシャターリンと知り合い、シャターリンの見解の進化を目の当たりにした。

(24)　西側のソ連専門家によると、1989年の秋までにシャターリンは「まぎれもなく、ソ連経済が、資本主義セクター優位の混合市場経済に漸進的に転換することを支持するようになっていた」([38] 126頁)。シャターリンはインタビューに答えて、「保守党のサッチャーと関係する……英国の進歩」を賞賛した(〈文学新聞〉1989年10月11日。[38] 126頁)。

(25)　[1] 61頁、62頁。アバルキンのこの論文のオリジナル版は、1989年にロシアで発表された。

(26)　1989年の時点で、ソ連の経済実績は15年近くにわたって西側資本主義の後塵を拝していた。こうした経験の積み重ねもあって、ソ連の政策論争に参加していた一部の者は、資本主義がいかなるタイプの社会主義にもまさっているとの考えを抱くに至ったのかもしれない。

(27)　〈ニューヨーク・タイムズ〉1989年11月17日、A16頁。

(28)　〈ニューヨーク・タイムズ〉1990年2月14日、A2頁。

(29)　〈ニューヨーク・タイムズ〉1990年3月16日、A6頁。ゴルバチョフは、経済改革の領域においてペレストロイカをどこまで急進化させるべきか、その正確な許容範囲については態度があいまいで、「我々は、正真正銘の国内市場の創設に取りかからなければならない」と、述べるにとどまった。

(30)　〈ニューヨーク・タイムズ〉1990年5月14日、A1頁、A8頁。

(31)　こうした発言は、工業地域であるウラルでの演説の中でなされた(〈ニューヨーク・タイムズ〉1990年5月14日、1頁)。

(32)　〈ニューヨーク・タイムズ〉1990年5月23日、A1頁。

(33)　〈ニューヨーク・タイムズ〉1990年5月14日、A8頁。

(34)　タス通信が配信し、〈ニューヨーク・タイムズ〉(1990年7月3日、A10頁)に転載されたゴルバチョフ演説のテキストから。

(35)　ロシアの経済学者スタニスラフ・メニシコフは著者らとの懇談で、500日計画が考案されたのは、実際にはもっと前のことだったと述べた。メニシコフの説明によると、ヤヴリンスキーはすでに数ヵ月前に、実質的に同じ提案を作成済みであったという。ヤヴリンスキーは当時、アバルキン副首相の下で働いていた。アバルキンの支持を得られなかったため、ヤヴリンスキーはエリツィンの下に走り、その承認を得た。ゴルバチョフとエリツィンが、1990年8月、新経済戦略を策定するためのチームを指名したが、そのときでき上がった計画は、ヤヴリンスキーが先に立案した計画と実質的に同じものであった。ただ、400日という時間設定が500日に延ばされていたという点だけが異なっていたという(メニシコフとの懇談、1995年1

(10) これは、売れ残った消費財のストックが年々大きく変化しないのであれば、優れた概算方法である。

(11) グラフ4－2のデータにおいては、おそらく家計所得と入手可能な消費財とのギャップの増大が過小評価されている。証明可能なことだが、1988年から89年にかけて実際に起こったように、商店の消費財ストックが減り始めると、実質個人消費支出の伸びのために入手可能な消費財の量の増加がいくらか誇張される。

(12) 実質平均賃金は、1980年から87年にかけて年率1.4％の緩やかな伸びを見せていたが、1987年から89年にかけて、突然、年間の伸び率で7.5％上昇した。国有企業の賃金外報酬の伸びはもっと急速だった。[87] 56頁、62頁を参照のこと。

(13) 国内総生産（ＧＤＰ）は、とくにソ連を対象とするとき、ＧＮＰと非常によく似た総生産の尺度となる。この二つの尺度の違いは、国外での国民の稼ぎと国内の外国人の稼ぎをどう扱うかにかかわっている。

(14) 1985年から88年にかけての国家支出は、1981年から85年と比べて伸びが緩慢であった。赤字の増大は歳入サイドの問題によるものであった（[146]）。

(15) ソ連の財政赤字は国債の売却ではなく、流通する通貨を増やすという方法で穴埋めされた。1987年から89年にかけてのマネーサプライ（Ｍ１）は、年率14.8％の伸びを見せた（[87] 70頁）。

(16) [87] 58頁。

(17) 1988年から89年にかけての小売り在庫は、販売量との比較において、少なくとも1950年以来、最低の水準に達した（[176] 99頁）。

(18) ある調査によると、1989年初め、ソ連の家庭の90％が自宅で物資の備蓄を行っていた。その１年前に備蓄を行っていたのは、25％にすぎなかった（[176] 99頁）。

(19) [87] 49頁。

(20) この記事は、ラリーサ・ポプコヴァの名前で書かれた（[156]）。

(21) ソ連の私有化の支持者が行ったこの議論は、往々にして、すこぶる単純化されている。それは、19世紀の小規模事業の資本主義を判断基準としているらしかった。本当に、企業を私有する者だけがその企業を効率よく経営し、消費者の望む高品質の製品を生産できるとするなら、米国、西ヨーロッパ、日本の各経済を支配している巨大企業が市場で成功していることが大きな謎になってしまう。何しろ、そういった巨大企業は、通常、大株主ではなく、雇われ経営者によって経営されているからである。

(22) オスルンド[10] 343頁～344頁。

(23) ファミンスキーとのインタビュー（1992年10月26日）。ファミンスキーはバルキンが果たした重要な役割については第4章で述べる。
(25)　ルイシコフとのインタビュー（1992年10月27日）。
(26)　サヴィツキーとのインタビュー（於マグニトゴルスク、1994年6月7日）。

第4章　経済改革

（1）　消費の伸びが総生産（ＧＮＰまたはＮＭＰ）の成長を上回り始めたということは、総投資の成長が急低下したということを意味している。これについては以下で論ずる。
（2）　[146]。
（3）　[87] 52頁。ソ連の公式統計に基づく総固定投資（不変価格）は、1975年から85年にかけては年率3.4％であったのに対し、1985年から87年にかけて年率7.0％の勢いで上昇した。
（4）　国有企業法の正式名は「国有企業（合同）に関する法律」。本書では、略した言い方を使う。
（5）　[173]。一部のセクターは卸売り取引から除外され、中央での分配対象として残されることになった。たとえば、電気、原油、ガス、鉱石、一部の特殊装置などである。
（6）　[173]。経営者を選出する企業従業員の権利は1990年に廃止された。
（7）　1994年1月17日、ソ連の経済学者で元副首相のアバルキンは、著者のインタビューにこたえて次のように述べた。国有企業法は「進歩的な法律であった」が、その機能は、同時に税法が成立しなかったために妨げられた。アバルキンに言わせると、超過利潤税を含め、企業と国民の両方を対象とする新税が必要だった。1989年に副首相に就任してからアバルキンは、同年11月、新税法を通過させた。しかし、時すでに遅く、新税法は効力を発揮しなかったとアバルキンは述べた。
（8）　ソ連の各地域の配給に関するある研究によると、1989年の末までに、砂糖はソ連全国の97％で、バターは62％で、牛肉は40％近くで配給の対象となっていた。[146] を参照のこと。
（9）　引用した数値は、国際通貨基金の出した公式ソ連データである（[87] 49頁）。この数値は、家計の消費だけを対象としており、公共消費が除外されているという点で、表4－1、グラフ4－1に示したソ連の公式消費データとわずかに違いがある。1989年の消費水準は上方に押し上げられた。というのも、ソ連指導部が1988年半ば、軍需生産を削減しその分を〔消費に〕還流させることによって、また消費財の輸入を増やすことによって消費財を手に入れやすくすることを決めたからである。1989年、消費財の輸入は80億ルーブルないし90億ルーブルだけ増大した。これは、前年の総消費水準のおよそ2％に相当するものであった（[174]。[87] 57頁）。

になっている。西側で知識人の支持を得るための主たる手段となっているのは、こうした体制のもたらす効果であって、ソ連体制において用いられていた露骨な検閲や圧力ではない。

(12) ニーナ・アンドレーエヴァ「原則を放棄することはできない」(〈ソヴェツカヤ・ロシア〉1988年3月13日、3頁)。

(13) グラスノスチの対象は、1989年から90年にかけて政治から法律へと移った。1989年7月、「反ソ的な扇動およびプロパガンダ」の禁止は刑法典から削除され、1990年には、「新聞・雑誌およびその他の報道機関に関する法律」によって検閲の廃止が宣言された([139] 99頁)。

(14) セリューニン「根源」(〈ノーヴィ・ミール〉1988年第5号)。この論文は[185] に英語で採録されている。

(15) [180] 41頁~42頁。

(16) ザスラフスカヤとのインタビュー(1992年10月19日)。

(17) [201] 232頁。

(18) 報道機関に関する新法が1990年8月1日に施行されて以降、それまで正式には国家および党の傘下に置かれていた有力な新聞および雑誌がそうした従属関係から脱却し、独立協同組合に姿を変えた([139] 99頁~100頁)。

(19) ソ連のマスメディアがすべて、ソ連の新たな模範として、西側の民主主義的資本主義を支持する「リベラル」の方向へ走ったわけではない。一部のマスメディアは、別の方向、つまりロシア民族主義の方向へ向かった。

(20) 1960年から85年にかけて、学術・研究分野の平均賃金は相対的に低下した。1960年には工業労働者の平均賃金より23%多かったのに、1985年には逆に4%下回るところにまで落ち込んだのである([145] 431頁)。対象を広げて高学歴の勤労者について見てみても、1960年から85年にかけて、その賃金は肉体労働者との比較において低下した([139] 31頁)。モスクワ大学のある教授は、相対的賃金のこうした低下傾向は、この間、大学教授にも影響を及ぼしたと述べた(ブズガリンとのインタビュー、1994年6月)。

(21) これは、ソ連の友人が著者(ウィア)に述べたコメントである。

(22) 米国および英国の保守系シンクタンクは、ソ連の経済学者およびそのほかの知識人の思考に積極的に影響を与えようと努めた。一例を挙げると、米国の「ヘリテージ財団」および英国の「経済問題研究所」である。これらの研究所は、西側の自由市場擁護者とソ連の知識人が一同に会するべく会議を開催したり、ソ連の経済学者の短期受け入れを行ったりした。いずれにしても、大部分のソ連の経済学者は進んで自由市場の見解を受け入れたので、それほど無理に彼らを急き立てる必要はなかった。

(23) [13] 1087頁~1098頁。

(24) アバルキンの見解と、ペレストロイカ後期の経済政策の決定においてア

(90)　[64] 23頁、69頁、72頁。

第二部　ペレストロイカとソ連体制の終焉

(1)　独立ロシアは旧ソ連と違って、国民投票によって選ばれた大統領をいただいていた。しかし、1991年以降、多くの点で民主主義に対する束縛は募る一方であった。このことについては第10章で論じる。

第3章　グラスノスチと知識人

(1)　「知識人」という用語のこうした定義は、伝統的なソ連の用法と違っている。ソ連でいう「知識人」はずっと意味が広く、高水準の正規の教育を受けたホワイトカラーをすべて含んでいる。

(2)　[69] 11頁～12頁、27頁。

(3)　[79] 502頁。

(4)　[26] 162頁。

(5)　グラスノスチの下で、ソ連全土に「非公式団体」が出現した。1987年の末までに推定3万の団体が、1989年までに6万以上の団体が結成された。中には環境問題、あるいはスポーツ、あるいは音楽など、単一のテーマに取り組む疑似的な政治集団もあった（[139] 102頁）。

(6)　[125] 第5章、第6章を参照のこと。

(7)　過激なロシア民族主義思想は、ペレストロイカに先立って、知識人のみならず党・国家官僚の間でも非公式の支持を引き付けていた（[21] 25頁）。

(8)　[127] 95頁～97頁。

(9)　ヤコヴレフは、当初、社会主義の改革を支持していたが、1990年から91年にかけて自説を劇的に転換させた。1990年の党大会で、ヤコヴレフはある代表団に対し、「私は選択をした。私は共同出資の資本を擁護する」と述べた（[37] 168頁）。1991年の夏、ヤコヴレフはゴルバチョフの最高顧問の職を辞し、公然とマルクス主義および社会主義と訣別した。「なぜ、私はマルクス主義に見切りをつけるのか」と題するインタビュー（〈ソヴェツカヤ・ロシア〉1991年8月3日、1頁。〈カレント・ダイジェスト・オヴ・ソヴィエト・プレス〉第43巻、1991年、第31号、11頁から引用）を見よ。

(10)　[127] 96頁～97頁。コロチッチは著者との懇談（1994年12月3日）において、リガチョフの説明が正しいことを確認した。

(11)　いずれの社会体制においても、知識人から支持を得るため何らかの手段が講じられている。西側の民主主義的資本主義も例外ではない。しかし、西側で知識人に社会体制を後押しさせるために用いられる手段は、もっと巧妙である。西側の社会は、適度に体制的な言動を見せる人の方が、奨学金、自著の出版、大学のポスト、名声などの点で恩恵に浴しやすい仕組み

～57頁）を参照されたい。
(70)　［76］258頁～273頁。
(71)　［139］60頁～61頁。
(72)　リガチョフ（［127］第１章）の、直接の見聞に基づく記述を参照のこと。
(73)　ゴルバチョフによって党内ナンバー２のポストに指名されたリガチョフは、のちの党協議会でそういった趣旨のことを述べている（〈プラウダ〉1988年７月２日。ハフ［84］248頁から再引用）。リガチョフは、ゴルバチョフが地域の党指導者の圧倒的な支持を得ていると強調することによって、政治局の先輩であるグロムイコ外相を説得し、ゴルバチョフ指名の演説を行わせることができたと述べている（［127］72頁～75頁）。
(74)　一部専門家の印象とは対照的に、リガチョフは旧体制の改革に反対していたわけではない。しかし、リガチョフはゆっくり慎重に進むことを支持し、改革の目的は社会主義を資本主義に置き換えることではなく、社会主義の刷新と強化にあるとの見解を首尾一貫して保っていた。リガチョフの回想録に寄せたＳ．コーエンの序文（［127］xii頁～xxxvi頁）およびサロヴェル［182］を参照のこと。
(75)　［76］261頁。
(76)「内部事情に詳しい人々によると、ヤコヴレフは1985年の夏以来、ゴルバチョフの内外政策の立案者であったということである」（［83］34頁）。
(77)　［127］95頁～96頁。
(78)　［139］42頁。
(79)　ソ連経済政策の緻密な研究者であった故ヒューイットは、1985年に次のように書いている。「ゴルバチョフが少なくともこの80年代においてというソ連経済に急進的な改革を導入する意図をまったくもち合わせていないということはきわめて明らかである」（［77］16頁）。
(80)　［76］288頁から再引用。
(81)　とくに、1987年６月25日の党中央委員会向けゴルバチョフ報告（［63］）およびゴルバチョフの著書『ペレストロイカ』（［64］、原書は1987年11月刊）を参照のこと。
(82)　［63］４頁、36頁、37頁。［64］４～５頁。
(83)　［64］27頁、32頁、37頁。
(84)　［63］39頁。
(85)　［64］20頁、76頁。
(86)　［63］41頁。
(87)　［63］７頁、［64］18頁。
(88)　［63］42頁、43頁。［64］71頁～72頁、76頁。
(89)　［63］９頁、41頁。

の成長の測定が1980年との比較において初めて可能になるという事実を考慮に入れている。

(58)　計画上の投資額もこの時期、大きく減らされた（[76] 52頁）。

(59)　1976年から80年にかけての第10次5ヵ年計画は、バイバコフ・ゴスプラン議長の次の言葉とともに開始された。「1976年の目標には、すべての労働の効率と質の改善という考え方が浸透している」(〈プラウダ〉1975年12月3日。[172] 50頁から再引用)。

(60)　効率と品質の向上を達成するための効果的なほかの手段が同時に講じられていたなら、成長目標をいくぶん引き下げることは適切な政策だったかもしれない。しかし、そうした措置なしで、計画上の成長目標を引き下げたために事態はますます悪化した。

(61)　1975年、鉄道の平均利用密度は、レール1キロメートル当たり2,340万トンであった。それとは対照的に、米国の鉄道の輸送量は1キロメートル当たり470万トンであった（[103] 174頁～175頁)。

(62)　こうした問題の細かい説明については[103] を参照されたい。

(63)　グスタフソン[68]。グスタフソンは、この投資が失敗した原因を計画立案者たちがあまりにも近視眼的だったことに求めている。

(64)　長期成長におけるこうしたパターンのデータについては、ゴードンら([66] 41頁～47頁)を参照されたい。

(65)　「社会蓄積構造分析」として知られている長期経済成長パターンのこうした解釈は、コッツ他[106] の中で説明されている。同書の各論文では、資本主義諸国の歴史のさまざまな時期において、長い急成長の期間が停滞に取って代わられ、かつて急成長を促進した特定の制度構成がそうした働きを失うメカニズムが説明されている。

(66)　ソ連の計画化が目指していたもう一つの目標は、強力な軍隊を建設するため経済基盤を創設することにあった。計画システムは、この目標を達成するのに非常にうまくできていた。

(67)　ヒューイット（[76] 85頁～86頁)は同様の主張をしている。工業化達成後の経済は、消費財に対する需要の点だけではなく、生産財の多様性が求められるという点でも複雑さを増すことが避けられない。

(68)　1980年台初めの時点で、ソ連の有力社会学者でゴルバチョフの元顧問タチヤナ・ザスラフスカヤは、「大部分の経営者の意見では、人々を管理することはますます難しくなりつつある」と主張した（[207] 49頁)。1975年以降、労働生産性が急落したのは、部分的には労働規律の緩みを反映しているのかもしれない。ただ、ほかの多くの要素、とくに投資率と技術の進歩も労働生産性に影響を与えた。

(69)　いくぶん似たところのある分析としては、ザスラフスカヤ（[207] 49頁ーチは、ソ連経済に適用する場合はとくにそうなのだが、概念上および実践上の重大な問題を抱えており、そのためにソ連経済におけるＴＦＰの成長パターンの見積もりは、条件の設定次第で大きなバラツキが生じる結果となっている。このことから示唆される結論は、ＴＦＰの見積もりはソ連の長期的な技術上の進歩を判断するための信頼できる基盤にならないということである。[44] 63頁、[67] 365頁、[153] 1,778頁、[203] を参照。

(49) コントロヴィッチが用いた尺度には、次のものが含まれていた。①技術革新、発明、合理化の件数および経済的効果、②機械製作関係の省庁の生産物に占める新製品の割合、③新開発の機械および装置の雛形の数（[104] 220頁～233頁）。一部の指標によれば、技術革新のスローダウンは1960年代の終わりに始まった。

(50) [73] 37頁。

(51) ソ連の停滞の原因については、ヒューイット[76] 51頁～78頁、レヴィン[121] 155頁～168頁、オウファ[153] 1,814頁～1,819頁、ピッツァーとバウコル[155] 74頁～80頁、シュロウダー[172] 47頁～67頁で論じられている。列挙されている原因は、すべて経済成長の鈍化の説明に向けられている。技術革新の鈍化の原因は、実はもっとつかみどころのないものであることが分かっている。コントロヴィッチ[104] を参照のこと。

(52) オウファ[153] 1,788頁～1,789頁。オウファ（[153]）が引用しているデータによると、ソ連の軍事費は1950～60年に減少し、その後、1960～80年には徐々に増加した。しかし、1960年以降、ＧＮＰ比で軍事費がわずかに増加したからといって、ＧＮＰに占める投資および研究開発費の割合が減少するということはなかった。投資も研究開発費も、1960～80年の間、わずかに増加した（[153] 1,788頁）。

(53) ゴルバチョフ時代、ソ連指導部は軍事費を削減しようと決意していた。軍事費が削減されていれば、それはソ連経済の発展のいかなる段階においても助けになったであろう。しかし、軍事費が、1975年に始まった停滞において一定の役割を果たしたという証拠を見つけるのは難しい。

(54) [25] 第４章。

(55) しかし、1980年代の半ば、石油価格が下落し、そのことはソ連がのちに直面する問題を生み出す一因となった。

(56) [121] 156頁～157頁を参照のこと。

(57) ソ連の慣例では、５ヵ年計画の時期区分は、初年度の年頭から５年目の年の終わりまでを指すが、私たちは西側の習慣に従って、５ヵ年計画の１年目の前年から始まる期間を５ヵ年計画の期間とする。上の例に従えば、５ヵ年計画の期間は1981年から85年の間ではなく、1980年から85年の間ということになる。こうした方式は、５ヵ年計画最初の年、すなわち1981年頁。[178] 848頁)。

(41)　日本のGNPの長期趨勢成長率は、1954年から84年の間に半減した([50] 532頁～533頁)。

(42)　ピッツァーとバウコル([155])は、ソ連における農業以外の産業部門の産出量に関するデータを組み立てた。この概念は資本主義経済を対象として、政府用役を除く商業部門の産出量の成長を測定するために広く用いられている。ピッツァーらは、この概念をソ連経済に適用した。生産する財およびサービスの代価を受け取る、農業以外のあらゆる主体の産出量が測定の対象とされる。ただし、主として国家補助金によって運営されている主体(いわゆる「予算組織」)は測定の対象から除かれている。[155] 49頁を参照のこと。

(43)　[95] 55頁～56頁。

(44)　この成長実績の推移から、1971年から75年にかけて、成長が緩やかにスローダウンしていることが分かる。しかし、その間の成長は比較的着実であり、米国の成長率をかなり上回っていた。

(45)　工業化と都市化がとことんまで進むと、労働力の伸びは急低下または停止に至る。生産量の急速な成長がさらにその後続くか否かは、資本財の利用を増やし、もっと高度なテクノロジーを導入し、労働力の質を向上させることにかかっている。それらは、いずれも労働時間当たりの生産量の増大となって姿を現す。

(46)　西側のソ連経済専門家は、ソ連の成長鈍化の始まりを1975年とする点で全員一致しているというわけではない。1928年から85年にかけて(戦間期は別として)、徐々に、そしてコンスタントに鈍化が続いていたと強調する者もいる。しかし、多くの専門家は急激な落ち込みの分岐点を1975年としてきた。それら専門家の中には、ヒューイット[76]、シュロウダー[172]、ピッツァーおよびバウコル[155] がいる。

(47)　技術の進歩は、既存の製品の生産量を増大させる新たな生産方法を導入するというだけのことではない。技術の進歩は、時間がたつにつれて製品の改良および新製品の導入にかかわってくる重要な質的側面ももっている。この理由から、1970年代におけるソ連の技術革新の鈍化は、成長鈍化の単なる一原因というよりは、むしろ悪化する経済実績のもう一つの側面として取り扱うに値する。

(48)　西側の経済専門家の中には、「全生産要素生産性」(TFP)として知られる総和的尺度で技術の進歩を測定しようと努めている者もある(ちなみにTFPとは、労働、資本財、天然資源といった投入物の組み合わせ一単位当たりの、財およびサービスの生産量を指す)。これは、TFPの増加は技術上の進歩の効果を示しているという考え方である。しかし、このアプロ

Ａ見積もりの正しさを立証したが、ＣＩＡの比較データの一部には批判を向けた。ミラー委員会は、ソ連の対米ＧＮＰ比率の見積もりは、ソ連のＧＮＰの相対的規模を過大評価するものであったかもしれないと結論づけた。ミラー委員会は、ＣＩＡがこうした比較につきもののバイアスの主たる原因を認識していたこと、また、そうしたバイアスを数量化することが不可能であることを指摘した。しかし、ミラー委員会は、ＣＩＡ報告書に盛り込まれている付帯条件にもかかわらず、ＣＩＡの見積もり結果を公表することは得策ではなかったのではないかと示唆した。［138］39〜41頁を参照。

(32)　［138］39頁。

(33)　［16］239頁。

(34)　［５］（［16］294頁から再引用）。

(35)　〈ニューヨーク・タイムズ〉1995年２月１日、18頁。

(36)　［22］521頁。ボレツキーの批判に対するＣＩＡのコメント（［154］）と、それに対するボレツキーの反論（［23］）をも参照のこと。ＣＩＡはソ連経済に関する各種断片的データを利用して、ＧＮＰ成長の見積もりを組み立てた。ボレツキーは西ドイツおよび米国の経済の同じ産業、同じセクターに関する断片的データを利用し、ＣＩＡ方式にならってＧＮＰの見積もりを組み立てた。ボレツキーは、ＧＮＰ成長の過小評価の原因は、ＣＩＡのはじき出した一連の物量見積もりにおいて製品の改良が考慮に入れられなかったことと、ＣＩＡがデータ収集の対象とした製品群の成長が、それ以外の製品群よりも緩慢だったという事実にあると断定した。

(37)　たとえば、現代風で能率のよいワシントンの地下鉄網では、ソ連製の敷設機を使って敷設されたロングレールが使われている。また、米国の軍需企業が、アルミの連続鋳造法をソ連から買い付けた例がある（［76］33頁）。

(38)　1960年代、ソ連の投資プロジェクトの平均工期は７年ないし８年であった。これは、西側工業国の工期の２倍以上である（［76］89頁）。

(39)　バーリナー（［18］）は、ソ連工業の技術革新が緩慢で不均等であるという問題を徹底的に追求している。急速な技術革新が進んでいるのは、主として国防および宇宙のような分野においてである。こうした分野は、最高当局者から多大の関心と資源を与えられ、最先端技術を使って生産を行うよう要求されていた。しかし、大部分のソ連企業の支配人にしてみれば、新製品や新たな生産手法を導入すれば、それにともなって混乱や問題が生じ、計画目標の達成が妨げられかねなかった。それでいて、技術革新に成功しても企業に対する報酬は限定的なものとなりがちであった。

(40)　一人当たりのカロリー摂取量は、1980年までに西側工業国に近いものとなっていた。しかし、摂取カロリーの半分以上を占めるのはジャガイモであって、肉および生の果物の占める割合は相対的に小さかった（［145］470

へと低下した（[153] 1792頁）。

(22)　1981年の時点で、9600万人のソ連市民が中等教育修了者であり、２千万人が大学卒業者であった（[144] 1981年、27頁）。

(23)　1980年現在で、ソ連では人口１万人当たりの医師数は37.4人、病院のベッド数は125床であった。米国では医師数18.2人、ベッド数58.5床であった（[144] 1981年、88頁。[178] 1985年、844頁）。

(24)　ソ連経済に関する1987年の調査論文は、ソ連経済に関する西側推定値が「信頼できる一連の経済データ」であるという点で「研究者同士の意見は一致している」と述べた（[153] 1,775頁）。

(25)　これはいうまでもなく、合理性を欠いた結論である。ソ連体制の終焉の背景には一連の弱点があったわけだが、だからと言って、ソ連の終焉を根拠にして、過去の実績のうち特定部分が以前に推定されていたより劣っていたと推論することは不可能である。ソ連の終焉に対するこのような反応は、合理性を欠いているとはいえ、ソ連の過去の成果の見積もりを下方修正する主張がなされた場合、それを信じてしまう心理的傾向を生み出した。

(26)　ハニンのソ連公式統計批判はよく引用されるが、その原典は[101] に掲載されている。英語の読める読者は、ハニンの著作を[72] で読むことができる。

(27)　ハニンは1928年から40年にかけてのソ連のＮＭＰを、年率3.2％と見積もった。ちなみに、公式統計では14.9％となっている。しかし、戦後期については両者の差ははるかに小さくなっている。ハニンは、1950年代のソ連のＮＭＰ成長がいたって着実で（年率7.2％）、1960年から75年にかけてのそれは３％ないし4.5％という穏当な値域に収まっていると推定した（[95] 46頁）。

(28)　[138] 38頁。いわば、ソ連の経済実績の見積もりをもっとも低くできるのは誰かをめぐって、ある種の競争が行われた。この競争の本命は、ソ連の研究者ヴィクトル・ベールキンであった。ベールキンは、1990年に「アメリカン・エンタープライズ・インスティチュート」の主催で行われた会議で、ソ連のＧＮＰを米国の14％とした。これは、国民一人当たりで見ると、ほぼメキシコ並である（[16] 312頁）。ソ連の過去の経済実績を下方修正しようと躍起になる雰囲気は、西側の有力なソ連経済評論家オスルンドの論文の題名「ソ連の国民所得はどれほど小さいのか」（[９]）を見るとよく把握できる。

(29)　この研究は、米国下院の「情報に関する常設特別委員会」によって委託されたものである。

(30)　[138] 34頁。

(31)　ミラー委員会は、ソ連のルーブル建てＧＮＰおよびＧＮＰ成長率のＣＩ

を、1960年から75年のＧＮＰ成長は1982年の物価をベースとしている。1928年から40年にかけての米国の成長率は、基準年がソ連のそれよりも早い時点に置かれているため、恐らくソ連のそれと比較して高めに算定されていると思われる。

(11) ソ連の急速な成長は、物価上昇をほとんどをともなうことなく達成された。ソ連の公式統計によると、小売り物価の上昇は1940年から86年の間、年0.9％であった（[67] 388頁）。もっと現実味のある推定値となると、年率１％ないし２％といったところになろうが、それでも、このインフレ率は西側と比較すると非常に低い。

(12) ベッカー[16] 309頁。ベッカーは、ＣＩＡの一連のデータから得られる米国のＧＮＰに対するソ連のＧＮＰ比の推定値を調査している。1975年を対象とするＣＩＡの各推定値のうち、大部分のものは58％から62％の間に収まっていた。

(13) 1970年、ソ連の総投資はＣＩＡの推定値に基づくと、ＧＮＰの28.2％であった。一方、米国では、ＧＮＰの14.5％であった（[94] 67頁。[49] 232頁）。

(14) 1980年、15歳から64歳の年齢層で就業率は86.6％であったのに対し、米国では66.5％、ＯＥＣＤ加盟ヨーロッパ諸国では70.9％であった（[153]1783頁）。このように就業率を高く保つと、その直接の結果として得られるのは、成長のスピードアップというよりも、むしろ国民一人当たり生産量の水準の向上である。しかしそのおかげで、やがて消費の見送りという意味での高い投資率にともなう犠牲が少なくなり、生産の急成長が促進される。

(15) ソ連の教育費は1928年から1950年の間に、1950年の不変価格で６倍以上増加した（[17] 85頁）。1926年には、15歳以上の年齢層で、第７学年より上の学歴のある者はわずか６％にすぎなかった。この数字は、1959年までに39％にまで上昇した（[67] 360頁）。

(16) ソ連の消費成長の数字は、1982年の固定価格（established prices）に基づくもので、「合同経済委員会」（[95] 89頁～91頁）で報告されている。米国の数字は、1982年の価格（[49] 1988年、250頁、283頁）をベースとしている。

(17) オウファ[153] 1790頁。しかしオウファは、「これはきわめて低い水準を出発点としているをいうことを念頭に置くべきである」と警告している。

(18) [144] 1972年（1922年～1972年）、373頁。1986年、446頁。

(19) [44] 67～72頁。

(20) ソ連の都市人口は1922年にはわずか16％であったが、1980年には63％へと増大した（[144] 1981年、７頁、1982年（1922年～1982年）、９頁）。

(21) 就業人口における農業従事者の割合は、1926年の71％から1980年の26％

に工業化を遂げた強力な諸国との激しい競争にさらされている。この問題によって、多くの国では工業化のスタートを切ることが困難となっている。
（6）［150］280〜286頁。
（7）ソ連のＮＭＰ成長率の公式データが誇張されていると考えられているのは、二つの理由による。第一に、公式統計において物価の上昇が過小評価されている可能性があるからである。物価の上昇が過小評価されているのであれば、「実質」経済成長は誇張されていることになる。第二の要因は、実質成長の推移を組み立てるのに用いられる物価指数の基準年をどの年にすえるのかという問題と関係している。算定される実質成長率は、基準年を早くするか、遅くするかによって影響を受ける。基準年を早く設定すれば、その結果得られる推定成長率が高くなるのは通常は間違いのないことである。この効果は、急速に成長し、大規模な構造的変化を被りつつある経済においてはすこぶる明瞭なものになり得る。基準年をどこの時点に設定すれば正しいと言うための、客観的根拠は存在しない。長期成長実績は、すべてこの問題に直面している。ソ連の公式データは、非常に早い時点を基準年としている。その結果、長期成長率は高めに算定されることになる。
（8）西側のＧＮＰの概念を用いてソ連国家社会主義と西側資本主義の経済成長を比較するなら、資本主義に有利なバイアスがかかるといえよう。ソ連でＮＭＰが用いられるのは、ソ連の計画立案者が財に比べてサービスに低い優先順位しか与えていないという事情を反映している。ＧＮＰに基づいて二つの体制を比較すると、西側資本主義における優先順位が反映されることになる。西側資本主義においては、サービスと財の区別はされない。同様にして、ＮＭＰを用いて二つの体制を比較するなら、ソ連体制に有利なバイアスがかかることになる。経済の成果に関して異なった価値観と優先順位をもっている二つの体制の経済成長率を比較するための、客観的でバイアスのかかっていない方法は存在しない。
（9）ソ連のＧＮＰに関するＣＩＡの推定値は、「情報理事会」が毎年発行する「経済統計便覧」に掲載されている（［44］）。この数値は、「合同経済委員会」（［94］［95］）で捕捉するのがもっとも手軽である。ＣＩＡ推定値の信憑性の問題については後述する。
（10）単一の基準年を用いて長期間の実質ＧＮＰを測定するとゆがみが生じるので、それを最小化するため、グラフ２－１を作成するに際して、ＧＮＰ用の基準年の物価指数は、期間ごとにまちまちのものを用いた。ソ連については、1928年から50年のＧＮＰは1937年の要素費用を、1950年から60年のＧＮＰは1970年の要素費用を、1960年から75年のＧＮＰは1982年の要素費用をベースとしている。米国については、1928年から50年にかけてのＧＮＰ成長は1929年の物価を、1950年から60年のＧＮＰ成長は1972年の物価

(65) ある研究によると、ブレジネフ時代、共産党高官は92.6%、政府高官の100%が高等教育の学歴をもっていた（[110]）。
(66) ソ連エリートの学歴の詳細は、[55] 第2章を参照のこと。クルィシタノフスカヤ（[110]）によると、ブレジネフ時代、党高官の72.3%、および政府高官の80.7%は、工業、エンジニアリング、農業、軍事技術のいずれかの学歴があった。
(67) 資本主義以前のさまざまな体制の中には、支配集団の構成員としての地位が、肩書きと財産の両方の世襲を通じて受け継がれる体制もあった。たとえば、封建領主の息子は領主権と領地を両方とも相続した。資本主義の下では、資本家階級の一員としての立場は、もっぱら財産の相続を通じて受け継がれる。無論、だからと言って、資本主義の下で社会的に上昇する可能性が排除されるわけではない。事業の成功あるいは専門技術の練磨を通じて社会の底辺から身を起こし、資本家階級入りする者もあるからである。
(68) そういったことをする者がいないわけではなかったが、事が露見し罰せられる危険が高かった。
(69) [147][134][55] を参照のこと。
(70) [134] 159頁。
(71) ある研究によると、1970年代の終わり、閣僚および国家委員会議長の70%、国有大企業の支配人の50%以上は、労働者または農民として就職した経歴の持ち主であったという（[134] 158頁）。
(72) 私たちが、ソ連の党・国家エリートを「階級」ではなく「エリート」とか「集団」と呼ぶのはまさにこうした理由による。支配集団の一員としての地位を子孫に伝えるために、個人の財産所有権や保障された権力を共通した形でもっていれば、それは社会的な接着剤になる。しかし、ソ連の党・国家エリートはそれを欠いているために、伝統的な資産所有支配階級ではなくて、緩やかな形の社会集団であるように見える。

第2章　成長と停滞、ペレストロイカの起源

(1) たとえば、1930年代初め、マグニトゴルスクの巨大鉄鋼プラントは、ウラル山脈南端の、当時ほとんど人の住んでいなかった土地に、未開発の鉄鉱石の山に隣接して建設された。
(2) [150] 220頁。
(3) [67] 12頁。
(4) [113] 345頁。
(5) [113] 247頁。後発工業諸国は、開発済みの技術をよそから借用する機会に恵まれるなど、一定の有利さを享受している。一方、後発工業国は、先

つ居住性に優れている。

(55) 例外もあった。高い収入と特権は、一部の非エリート、すなわち傑出したスポーツ選手、科学者、作家、芸術家にも与えられた。

(56) ここでは、個々の企業をその従業員に所有、管理させ、その際、企業間の関係を市場にゆだねるというシステムは、考察の対象としない。こうした方式の可能性については第11章で論じる。

(57) ティクティン([187])はそういった立場に立っている。ダニエルズ([37] 175頁)はソ連の経験を綿密に説明し、その中で、ソ連体制とマルクス本来の思想との間に何ら真の関係はないとしている。ダニエルズはソ連指導部を、「マルクス主義の旗印を剽窃して掲げている」として非難した。ジョン・ミラー([139] 8頁)はソ連体制を、帝政時代以来の、近代化を推進しようとする専制の伝統によってつくり上げられたものと見ている。

(58) ソ連体制に批判的な、西側の多くの社会主義者はそれを、資本主義でも社会主義でもない、階級社会の新形態と見るようになった。この見解をたくみに表現したものとして、スウィージー([184])がある。こうした見解を初期に述べたものとしては、ジラス([46])。ソ連体制を新しい階級社会と見る見解のうち、一部のタイプのものはある点では本書の見方とそれほど違いがあるわけではない。しかし私たちは、ソ連体制の支配エリートである党・国家エリートが伝統的な意味での支配階級であるとは考えない。この問題はノーヴが論じている([147] 615～638頁)。

(59) ソ連共産党の党員数は、1989年に最大の1950万人に達した(〈ソ連共産党中央委員会通報〉1989年第3号、138頁)。

(60) これら組織においては、構成員が一部重複していた。党中央委員会は、ほかの機関のメンバーを含んでいた。

(61) 今述べたカテゴリーのうち、若干名は中央委員会のメンバーであった。

(62) ファーマー([55] 84頁)は、ソ連支配エリートの規模について、各種推定値を引用している。その中には、スターリンが1937年に示した数値も含まれる。スターリンは、ソ連の最高ランクの指導者を3千人ないし4千人、中堅指導者を3万人ないし4万人、党下級幹部を10万人ないし15万人とした。ファーマーは各種推定値を概観したあと、戦後期における支配エリートはおよそ10万人であったとの結論を出している(85頁)。ジンバリストら([208] 258頁)は、ソ連の支配エリートは10万人以下との結論を出している。

(63) それとは対照的に、資本主義体制下での資本家階級は、通常、全世帯数の1%ないし2%である。ちなみに資本家とは、生計を立てるのに充分な収入を生み出す資産をもっている者のことである。ソ連の党・国家エリートは、いかにもエリート集団であって、階級ではなかった。

(64) [92] 77頁。[124] 200頁。

代半ばの失業率を2％以下と推定している。

(47) 都市住民は通常、所得の5％から10％を家賃にあてていた。

(48) 1974年、労働者は最高会議代議員の18.1％、農民は17.6％を占めていた（[86] 364頁）。

(49) データの示すところによると、1930年代、ソ連における給与所得の分配はきわめて不平等であったが、1956年に始まった賃金改革以後、それははるかに平等になった（[129] 222頁以下）。ある調査によると、賃金格差（上から10％目の賃金が下から10％目の賃金と比べて何倍か）は1946年に7.2倍だったのに対し、1967年には2.8倍にまで縮まった（ラプキナとリマシェフスカヤ[159] の調査。[193] 26頁から再引用）。

(50) [130] 57頁。

(51) このデータは、ヴィノカーおよびオウファ（[193]）の表10による。ヴィノカーおよびオウファが用いた元のデータは、よく引用されるソーヤーの研究に基づいている（[170] 17頁）。ソ連と西側諸国の「10分比率」は、両方とも一世帯当たりの税込み所得をベースとするものである。ノルウェーの「10分比率」は6.7とされており、それは、ヴィノカーとオウファの列挙する資本主義諸国の税込み所得をベースとする「10分比率」の中では最小の数値であるが、ソ連の「10分比率」より49％高い。

(52) ソ連における賃金・俸給の分配だけを西側諸国のそれと比較するなら、ソ連はやはり平等である。しかし、総家計所得をベースとするとその平等性はそれほど劇的なものではない。1970年代初め、ソ連では上から10％目の賃金が下から10％目の賃金と比べて何倍だったかというと、およそ3.2倍であった。それに対して、米国では4.5倍、フランスでは3.8倍、日本では3.7倍であった。しかも、ソ連の所得上位10％のうち、20％以上が熟練労働者であった。しかし、英国およびオランダの賃金10分比率はいずれも2.8で、ソ連のそれより低かった（[193] 8頁および表5。ソ連のデータには公的セクターの賃金しか含まれていない）。

(53) 一部専門家の伝えるところによると、ブレジネフ時代に、封建制にきわめてよく似た社会関係がウズベキスタンの一部農業地域において発生し、そこには大邸宅、お抱えの警察や刑務所が備えられていたという。ジョン・ミラー（[139] 33頁参照）。

(54) 西側では「ダーチャ」という言葉に豪奢なイメージを込めて使うことが一般的であるが、それとは違って、ダーチャというロシア語が意味するのは、せいぜいのところ、平均的な収入を得ている家族が余暇に建てるごく小さな山小屋程度のささやかな田舎家のことである。都市住民は何らかのダーチャをもっており、夏の週末はそこで過ごす。しかし、党・国家エリートの最高メンバーに与えられている国のダーチャは、つくりが大きくか部に浸透していった。権威主義的政治形態を取っているところではどこでもそうなのだが、最高指導者は権力を長期にわたって保持しようとするなら、一般大衆の関心にいくらか注意を払わなければならなかった。

(36)　[33] 55頁。

(37)　S・コーエン[33] 95頁。スターリンの恐怖政治に関する主要な著書としては、メドヴェーデフ[135] とコンクェスト[35]。

(38)　[33] 52頁。

(39)　こうした変化を象徴するのは、フルシチョフが1964年、「誤り」を公式に激しく非難されつつ政敵によって追放された後、回想録を執筆するためにダーチャに引っ込んだという事実である。

(40)　のちに、公式には次のような主張がなされるようになった。ソ連当局の認識する三つの階級（勤労者、農民、労働者）の区別がそれほど重要でなくなるにつれ、ソ連国家は労働者の国家というよりも全人民の国家になった。

(41)　西側のソ連専門家の中には、別の理由からこの体制を社会主義体制と見なす者もあった。それら専門家は、社会主義は国家所有と中央経済計画化に立脚したシステムを意味しているにすぎないと解釈した。これは、社会主義を擁護してきた論者の著作に見られるものと比較すると、「社会主義」という用語を広義に解釈している。社会主義者はこれまでずっと、社会の経済的、政治的発展に対する人民の主権を社会主義の重要な構成要素と見なしてきた。

(42)　二つの体制の違いにもかかわらず、一部の分析家は、ソ連体制は国家資本主義と呼ばれる資本主義の一形態であると論じてきた。他に先駆けてこういった主張をした者の中にクリフがいる（[32]）。この伝統に沿ったもう一つの主要な著作は、ベッテルハイムのそれである（[20]）。

(43)　D．レイン([116])は、幾分似たところのあるソ連体制解釈を示している。

(44)　これには、退職後年金、障害者給付、奨学金、そのほかの同様の不労所得は含まれていない。しかし、それらはいずれも資産の所有から発生するものではなかった。ソ連体制における唯一の合法的な資産所得は、個人所有住宅の空きスペースの賃貸料である。

(45)　しかし、ソ連の計画システムにおいては資源をめぐる官僚の競争があった。それは、重大な問題を引き起こした。

(46)　ソ連・中央アジアの諸共和国の一部地域では、戦後のある時期に失業が増大した。それは、出生率があまりにも高く、経済発展がそれに追いつかなかったからである。ソ連のほかの地域では、ほとんど失業はなかった。例外としては、ほかの仕事に移る途中のひと握りの労働者であった。ヒューイット（[76] 39頁、42頁)は、ソ連は「工業化経済の望み得る最高水準にほぼ近い完全雇用」を達成したと述べている。ヒューイットは、1980年

強制的農業集団化と急速な工業化からなるラジカルな計画に着手した時点で、「社会、経済変革に関するボリシェヴィキの主流の考え方を放棄した」([33] 61頁)。

(24) 集団農場の農民は、自留地で栽培する生産物の販売を許されていた。また、しばしば、ある種の小規模私企業も許されていた。しかし、それらは経済の中で大した役割は担っていなかった。

(25) ゴスプランは、戦後期の年次計画においては、およそ、2,000件の広範な生産カテゴリーについて物財バランスを計算した。

(26) この説明は、実体を高度に単純化したものである。特定の産業セクターを担当する省庁に加えて、セクターの枠を越える省および国家委員会も多数あった。一例を挙げると、財務省、内務省、外国貿易省、国家価格委員会、国家労働・賃金委員会、国家科学技術委員会などである。計画のプロセスは地域の次元も含んでおり、計画機関は共和国やそれ以下のレベルにも置かれていた。その上、計画組織は時代の変遷にともなって細部が変化した。ソ連の計画プロセスの詳細な説明については、ノーヴ([149])およびグレゴリーとスチュアート([67])を参照されたい。

(27) しかし、労働力の分配において非市場的要因も働いていた。たとえば、党が労働者に対し、新規開発地域に移動するよう説得するキャンペーンが行われたり、都市住民に対し、農村の収穫期に「自発的に」農作業に従事するよう社会的圧力がかけられた。

(28) こうした慣行は資本主義国でもないわけではないが、ソ連体制においてははるかに普及している。

(29) ハフとフェインソッド([86] 第10章～12章)は、ソ連の政治システムの中央機関について詳細に論じている。

(30) 党中央委員会が書記長を選出するという慣例は、1966年までは実際に党規約に盛り込まれることはなかった([139] 23頁)。

(31) 党大会は、1925年までは年に一度開催されていた。その期間、党大会は党内部の重要な議論の場であった。その後、ゴルバチョフ時代になるまで、党大会の開催は5年に一度となり、議論は許されなかった。

(32) ノーメンクラトゥーラ制度の起源は、リグビー([163] 523～537頁)で論じられている。

(33) たとえば、ハフとフェインソッド([86] 第14章)、リグビー([164])、レインとロス([118])。

(34) [86] 362頁。

(35) 権力がトップに集中しているからといって、下から上への影響力がまったくなかったというわけではない。スターリン時代より後になると、世論は数百万党員の意見に若干の影響を与えていた。それは党機構に沿って上

(13) 最初のソヴィエトが出現したのは、1905年の第一革命のときである。ソヴィエトという用語は、「会議」を意味するロシア語である。

(14) [29] 278頁を参照のこと。急進化の程度は1917年7月、さらに10月に再び行われたモスクワの地区議会選挙から明らかである。これらの選挙には、労働者および農民だけではなく、すべての階級が投票することができた。ボリシェヴィキは7月の選挙では11%の票しか獲得できなかったのに、10月の選挙では51%の票を獲得した。ほかの社会主義政党は、10月の選挙では得票率18%であった([29] 279頁)。

(15) そのほかの主要な社会主義政党は、権力奪取を非難し、大会の議場から退出した。しかし、社会革命党〔エスエル党〕の一分派はその場に残った。

(16) ソ連は、法的には諸共和国の連邦であった。当初、ソ連に含まれていたのは、ロシア、ウクライナ、ベロルシア、トランスコーカサスである(トランスコーカサスはアルメニア、アゼルバイジャン、グルジアからなる)。1920年代の後半、中央アジア3ヵ国は「連邦構成共和国」の名称を得た。新国家は帝政ロシアのすべてを含んでいたわけではない。フィンランド、エストニア、ラトヴィア、リトアニアは独立した。また、ポーランド、ルーマニア、トルコに割譲された地域もある([162] 540頁)。ラトヴィア、リトアニア、エストニアのバルト三国は、1940年、ソ連に〔強制的に〕編入された。

(17) ボリシェヴィキは、何回か党の名称を変更している。しかし、本書では単に、共産党またはソ連共産党とする。ソ連共産党という名称が正式に採用されたのは1952年になってからである([171] 605頁)。

(18) [124] 192頁。共産党内の分派の禁止は、一時的な措置とされていた。しかし、それは二度と廃止されることはなかった。分派が正式に禁止されたにもかかわらず、スターリンが1920年代に完全に支配権を握るまでは、重要な問題に関して比較的自由な内部の議論が続いた。

(19) 社会主義を批判する一部論者は、生産手段の国有および経済計画化は必ず個人に対する国家の圧制につながるので、権威主義的なソ連体制は社会主義の概念の必然的な帰結だったと論じてきた。この見解の古典的なものとしては、ハイエク([74])。

(20) メドヴェーデフ([135] 第1章、2章)を参照のこと。

(21) ルーイン([124] 258頁~266頁)はこの問題を論じている。

(22) [135] 第2章。

(23) スターリンの新政策は極端な性質を帯びており、それに先立ってトロツキー、カーメネフ、ジノヴィエフが唱導した発展戦略とはほとんど共通性がない。とくに、トロツキーらは農業の強制的集団化を支持していなかった([33] 61頁)。S・コーエンは次のように論じている。スターリンは、

（6） マルクスとエンゲルスは市場関係を批判していたにもかかわらず、無計画の交換という混沌の渦中で、市場の力によって資本主義経済にある種の秩序がもたらされていると見ていた。しかし、意図的に計画された経済活動と比較して、市場の力によってもたらされる秩序は自然発生的であり、社会的見地からすると、場合によっては合理性に欠けると見ていた。

（7） 労働者は、立法府において一定の影響力を行使するかもしれない。『共産党宣言』からしばしば誤った形で引用される一節には、「近代国家の行政部はブルジョアジー階級全体の共同事務を管理するための委員会にすぎない」との記述がある（[189] 475頁)。すなわち、資本家は己の重要な利益を行政府に守らせることができるというわけである。この一節は、一般的に次のように誤って引用されている。「国家は支配階級の執行委員会である」。この間違った引用は、マルクス主義を批判する人々（そして、場合によってはマルクス主義の支持者)の無数の書籍、論文、演説において見られる。このような誤った引用が流布した結果、マルクスとエンゲルスは、資本主義国家を単なる資本家階級の道具と見なしていたと考えられるようになった。ところが、両人はそれほど大雑把な考え方をしていたわけではない。

（8） [189] 491頁。

（9）『空想から科学への社会主義の発展』の中で、エンゲルスは次にように書いた。「初めて、人類はようやくある意味で、人間以外の動物から一線を画し、単なる動物的生存環境から真に人間的な環境へ浮上する。人間を取り巻き、これまで人間を支配してきた生活環境の全領域がいまや人間の支配と統制の下に置かれるのである。……なぜならば、人間はいまや己の社会組織の支配者となったからである。人間自身の社会組織は、これまで自然と歴史によって課された必然という形をとって人間に立ちはだかってきたが、いまや人間自身の自由な行動の結果となるのである。そのときからようやく、人間は自ら、ますます自覚的に己の歴史を形成することになろう。……それは、人間の必然の王国から自由の王国への前進である」（[189] 715～716頁)。

（10） スターリンは、ボリシェヴィキの指導者の中では例外だったかもしれない。メドヴェーデフ（[135] 586～601頁)は、スターリンは社会主義の概念に傾倒したが、ほかのボリシェヴィキの指導者と違って、基本的には際限のない権力欲によって駆り立てられていたと、説得力ある形で主張している。

（11） [39] xiii頁、1～2頁。

（12） 同年3月に起こった革命は、しばしば、当時ロシアで用いられていた暦に基づいて「二月革命」と呼ばれる。同様にして、「ボリシェヴィキ」が権力を握った「十月革命」は現代の暦でいうと11月に起こっている。

示している見解とは対照的に、カガルリツキーは、ソ連体制が崩壊しつつあって、党・国家エリートは資本主義への転換を試みる以外に選択肢がなかったと考えているようである。

(19)　西側メディアの慣例は、これによって説明が付けられる。西側では反資本主義的と見られているロシアの政治家は「元共産党員」と称されるが、資本主義への急速な転換を支持する人々（たとえば、エリツィン自身）は、共産党の最高幹部として長い期間を過ごしていても「元共産党員」というレッテルを張られることはない。これは、ほぼ普遍的な慣例となっている。

(20)　エゴール・ガイダールはソ連エリートの一員で、1991年以後のロシアの経済政策を立案した中心的人物であるが、ロシアの「資本主義革命」について公然と語っていた（〈ＯＭＲＩデイリー・ダイジェスト〉第98号、第１部、1995年５月22日）。

(21)　資本主義の下ではまた、富裕な個人からなるひと握りの階級が民間企業の主たる所有者となる。ソ連における私有化の支持者は、しばしば、私有化は資本をあまねく国民全体に行き渡らせるプロセスであると述べた。そうだとすれば、それは資本主義とは異なったものになると言えるかもしれない。しかし、民間企業が支配的な立場にある各工業国では企業の所有は高度に集中化しており、民間企業と比較的自由な市場からなるソ連のシステムが資本主義と別物になり得ると予想するに足る根拠は何もなかった。

(22)　独立ロシアに関する記述はおおよそ1995年の末までを対象としているが、本書執筆時点で、一部のデータは1995年の全体または一部について入手できなかった。

第一部　ソ連体制

第１章　社会主義とソ連体制

(１)　[150] 36頁。

(２)　[189] 473頁。

(３)　[189] 476頁～477頁。

(４)　『共産党宣言』はある有名な一節で、資本主義市場経済が偏狭な私利私欲にかられ、物的優越性にばかり関心を寄せるのを糾弾し、次のように述べている。「ブルジョアジーは……むき出しの私利私欲、血の通わぬ『現金勘定』以外に何の人間的きずなも残さなかった。……ブルジョアジーは個人の価値を交換価値に還元させた」（[189] 475頁）。

(５)　マルクスは『ゴータ綱領批判』の中で、実際に「共産主義」を新社会の初期段階と後期段階の両方に対して用いた（[189] 527～532頁）。マルクス以後、この語法は変化し、「共産主義」はもっぱら新社会の最終段階、すなわち無階級段階に対して用いられるようになった。

(11) 国民投票は、15のソ連邦構成共和国のうち9共和国で実施された。この9共和国はソ連全体の人口の93%を占める。なお、この国民投票については第7章で論じる。

(12) 学術書では、ソ連崩壊に関するそのほかのさまざまな説明が見受けられる。その大部分は、国民の意識にまで踏み込んでいない。ソ連の終焉は多少なりとも不可避であると見る説もあるのに対し、偶然の成り行きと見る説もある。ダリン（[36]）は、ポスト・スターリン時代の中央統制の弛緩や汚職の蔓延など、次第に体制を弱体化させたソ連史の現象を幾つか列挙している。しかしダリンは、ソ連はそれにもかかわらず生き残ったかもしれないと論じている。フクヤマ（[58]）は、ソ連体制の正統性が国民の目から見て損なわれたことがソ連の崩壊につながったと論じている。先に引用した分析家コントロヴィチ（[105]）も、その後の論文で同様の見地に立っている。ジョン・ミラー（[139]）はソ連の終焉を、台頭する専門、技術階級が体制を拒否した結果として描いている。ルーイン（[126]）は緻密で鋭い分析を提示している。ルーインはその中で、ソ連体制の弱さの中心は、自己革新のメカニズムに欠けていたことにあると結論づけている。

(13) 1990年12月、クリュチコフＫＧＢ長官は、外国の諜報機関が「密かな戦争」に従事し、ソ連を崩壊させようとしていると警告した（〈プラウダ〉1990年12月13日、1頁）。

(14) ソ連最高会議の最後の議長で、長らくゴルバチョフの側近でありながら、次第にその政策に批判的になっていったルキヤノフは、ゴルバチョフは「党を裏切った」と述べた（1994年1月15日のインタビュー）。

(15) ソ連時代のロシアの正式名称は、「ロシア・ソヴィエト連邦社会主義共和国」である。ロシアは、ソ連を構成する15の共和国の一つであった。煩雑さを避けるため、本書では以後「ロシア共和国」とする。

(16) ソ連の党・国家エリートの定義は第1章で行う。党・国家エリートとは、共産党、政府、そのほかの重要な組織のハイレベルの当局者を指す。その規模は、戦後期で約10万人と見積もられている。

(17) 「上からの革命」という表現は、これまで多くの文脈で用いられてきた。たとえば、1920年代の末に始まったスターリンによるソ連社会の徹底的な改造や、帝政ロシアの皇帝《ツァーリ》たちによるロシア社会の変革を目指す改革にも「上からの革命」という表現が使われた。本書では、この用語は指導者単独による革命ではなく、社会内部の支配エリート集団による革命を指す。

(18) こういった認識は、ロシアでは普通に受け入れられている。ロシアの政治分析家カガルリツキー（[98]）は、次のように論じている。「立場を保持し、強化するために、……支配層は新たな権力モデルと財産の新たな構造を自ら形成しなければならなかった」（26頁）。しかし、私たちが本書で提

原註一覧

（［　］内数字は、参考文献を表す）

序論

（1）　ソヴィエト社会主義共和国連邦（略してソ連）が結成されたのは、革命から5年後の1922年のことである（［162］540頁）。1922年以前、新体制は通常「ソヴィエト・ロシア」と称された。

（2）　［144］1981年7頁、1982年41頁、1987年409頁。［34］395頁～398頁。［178］1985年843頁、845頁。

（3）　第2章を参照のこと。

（4）「国家社会主義」という概念を最初に使った者の中にデーヴィッド・レインがいる。［115］273頁を参照のこと。

（5）　こうした見解に与する者のうち、メイリア（［133］496頁）は強硬派タイプの説を提示している。メイリアは次のように書いている。「『社会主義建設』という実現不可能な企ての内部矛盾が――こうした体制のあっけない内部破綻となって――姿を現すのは、かねてから時間の問題であった」。ティクティン（［187］）も、ソ連経済体制は必ず崩壊する運命にあったと見ている。ただし、ティクティンはソ連経済体制を社会主義体制とは見ていない。エルマンとコントロヴィッチは、穏健派タイプの説を提示して次のように論じている。ソ連の計画経済は崩壊したわけではないが、「恐らく、長期的に見ると存立不可能」であって、恐らく改革は不可能であった、と（［53］13頁、27頁）。

（6）　この見解の古典的説明はミーゼス（［140］）に見られる〔ミーゼスは1881年、オーストリア生まれ。市場経済を擁護する経済学者で、ウィーン学派または新オーストリア学派の先駆者。社会主義経済が実現不可能である旨を主張していた〕。

（7）　ソ連の経済成長の記録については、大いに議論が闘わされるようになった。この問題については第2章で論じる。

（8）　第11章で、この説のうち、穏健タイプのものを批判する。穏健タイプの説は、経済的崩壊そのものよりも、むしろ貧弱な経済実績および改革の不可能性を指摘している。

（9）　カークリンズ（［100］42頁）は、「旧体制の崩壊は下からの革命の加速によって推進された」と結論付けた。レダウェイ（［161］57頁）は洞察力に富んだ分析の中で、ソ連における一般大衆の反抗は「帝国の崩壊に重要な貢献をなした」とする抑制のきいた説を唱え、その際、「そういった反抗は私見によれば、真正の革命を代表していたわけではない」と付け加え、自説に留保条件を付けた。

（10）　第7章参照。

[125] 荒田洋訳『歴史としてのゴルバチョフ』平凡社、1988年。
[127] 大熊秀治訳『ゴルバチョフの謎』東京新聞出版局、1993年。
[133] 白須英子訳『ソヴィエトの悲劇　ロシアにおける社会主義の歴史』（上・下）草思社、1997年。
[134] 木村汎監訳『ソ連における特権　共産主義下のエリートのライフ・スタイル』日本工業新聞社、1983年。
[149] 大野喜久之輔ほか訳『ソ連の経済システム』晃洋書房、1986年。
[150] 石井規衛ほか訳『ソ連経済史』岩波書店、1982年。
[166] 伊藤誠訳『これからの社会主義 市場社会主義の可能性』青木書店、1997年。
[178] 1989年版から1996年版まではいずれも鳥居泰彦監訳『現在アメリカデータ総覧』原書房、発行年は各年版の翌年。
[184] 伊藤誠訳『革命後の社会』TBS ブリタニカ、1980年。
[206] 小笠原豊樹訳『告白』草思社、1990年。

Income and Wealth in the Soviet Union in the 70's," Soviet Interview Project, Working Paper 25, University of Illinois at Urbana-Champaign.
[194] Ward, Benjamin N. (1967) *The Socialist Economy: A Study of Organizational Alternatives*, New York: Random House.
[195] Weir, Fred (1993) "Interview: Fred Weir in Russia," *Covert Action* 45: 54–60.
[196] ——(1993–94) "Russia in the Winter of Democracy," *Covert Action* 47: 10–64.
[197] Weisskopf, Thomas E. (1992a) "Russia in Transition: Perils of the Fast Track to Capitalism," *Challenge* 35, 6: 28–37.
[198] ——(1992b) "Toward a Socialism for the Future, in the Wake of the Demise of the Socialism of the Past," *Review of Radical Political Economics* 24, 3–4: 1–28.
[199] ——(1994) "Myths and Realities of Privatization in Russia," *Review of Radical Political Economics* 26, 3: 32–40.
[200] White, Stephen (1990) "'Democratization' in the USSR," *Soviet Studies* 42, 1: 3–25.
[201] ——(1992) *Gorbachev and After*, Cambridge: Cambridge University Press.
[202] White, Stephen, McAllister, Ian, and Kryshtanovskaya, Olga (1994) "El'tsin and his Voters: Popular Support in the 1991 Russian Presidential Elections and After," *Europe–Asia Studies* 46, 2: 285–303.
[203] Whitesell, Robert S. (1985) "The Influence of Central Planning on the Economic Slowdown in the Soviet Union and Eastern Europe: A Comparative Production Function Analysis," *Econometrica* 52: 235–44.
[204] The World Bank (1995) *World Development Report 1995: Workers in an Integrating World*, Oxford: Oxford University Press.
[205] Yavlinsky, G., Fedorov, B., Shatalin, S., Petrakov, N., Aleksashenko, S., Vavilov, A., Grigoriev, L., Zadornov, M., Machits, V., Mikhailov, A., and Yasin, E. (1991) *500 Days: Transition to the Market*, New York: St Martin's Press.
[206] Yeltsin, Boris (1990) *Against the Grain: An Autobiography*, trans. Michael Glenny, London: Jonathan Cape.
[207] Zaslavskaya, Tatyana (1990) *The Second Socialist Revolution: An Alternative Soviet Strategy*, trans. S. M. Davies, Bloomington and Indianapolis: Indian University Press.
[208] Zimbalist, Andrew, Sherman, Howard J., and Brown, Stuart (1989) *Comparing Economic Systems: A Political-Economic Approach*, second edition, New York: Harcourt Brace Jovanovich.

参考文献一覧のうち邦訳のあるもの

[17]　安平哲二、加藤寛、丹羽春喜訳『ソヴィエトの国民所得』慶応通信、1965年。
[35]　片山さとし訳『スターリンの恐怖政治』（上・下）三一書房、1976年。
[47]　京都大学近代史研究会訳『資本主義発展の研究』(１)、岩波書店、1954年。同（２)、1955年。
[64]　田中直毅訳『ペレストロイカ』講談社、1987年。
[66]　河村哲二、伊藤誠訳『アメリカ資本主義と労働　蓄積の社会的構造』東洋経済新報社、1990年。
[67]　吉田靖彦訳『ソ連経済　構造と展望』教育社、1987年。
[74]　西山千明訳『隷属への道』春秋社、1992年。
[92]　プログレス出版所訳『ソ連共産党史』プログレス出版所(モスクワ)、1987年。

[166] Roemer, John E. (1994) *A Future for Socialism*, Cambridge, Mass.: Harvard University Press.
[167] *Rossiiskii statisticheskii ezhegodnik* (1994) Moscow: Goskomstat rossii.
[168] Rutland, Peter (1991) "Labor Unrest and Movements in 1989 and 1990," in Hewett and Winston (1991b).
[169] Sakwa, Richard (1993) *Russian Politics and Society*, London: Routledge.
[170] Sawyer, M. (1976) "Income Distribution in OECD Countries," *OECD Economic Outlook: Occasional Studies* July.
[171] Schapiro, Leonard (1960) *The Communist Party of the Soviet Union*, New York: Random House.
[172] Schroeder, Gertrude E. (1985) "The Slowdown in Soviet Industry, 1976–1982," *Soviet Economy* 1: 42–74.
[173] ——(1987) "Anatomy of Gorbachev's Economic Reform," *Soviet Economy* 3, 3: 219–41.
[174] ——(1990) "Crisis in the Consumer Sector: A Comment," *Soviet Economy* 6, 1: 56–64.
[175] ——(1991) "Perestroyka in the Aftermath of 1990," *Soviet Economy* 7, 1: 3–13.
[176] ——(1992) "Soviet Consumption in the 1990s: A Tale of Woe," in Ellman and Kontorovich (1992a).
[177] Schweickart, David (1992) "Economic Democracy: A Worthy Socialism that Would Really Work," *Science and Society* 56, 1: 9–38.
[178] *Statistical Abstract of the United States* Washington DC: US Government Printing Office, various years.
[179] *Statisticheskoe obozrenie*, Goskomstat rossii, various issues.
[180] Steele, Jonathan (1994) *Eternal Russia: Yeltsin, Gorbachev, and the Mirage of Democracy*, Cambridge, Mass.: Harvard University Press.
[181] Suny, Ronald Grigor (1993) *The Revenge of the Past: Nationalism, Revolution, and the Collapse of the Soviet Union*, Stanford, Calif.: Stanford University Press.
[182] Surovell, Jeffery (1991) "Ligachev and Soviet Politics," *Soviet Studies* 43, 2: 355–74.
[183] ——(1994) "Gorbachev's Last Year: Leftist or Rightist?," *Europe–Asia Studies* 46, 3: 465–87.
[184] Sweezy, Paul M. (1980) *Post-Revolutionary Society: Essays*, New York: Monthly Review Press.
[185] Tarasulo, Issac J. (ed.) (1989) *Gorbachev and Glasnost: Viewpoints from the Soviet Press*, Wilmington, Del.: Scholarly Resources Books.
[186] Teague, Elizabeth (1992) "Splits in the Ranks of Russia's 'Red Directors'," *RFE/RL Research Report* 1, 35: 6–10.
[187] Ticktin, Hillel (1992) *Origins of the Crisis in the USSR: Essays on the Political Economy of a Disintegrating System*, Armonk, NY: M. E. Sharpe.
[188] Tolz, Vera and Newton, Melanie (eds) (1990) *The USSR in 1989: A Record of Events*, Boulder, Colo.: Westview Press.
[189] Tucker, Robert C. (ed.) (1978) *The Marx–Engels Reader*, second edition, New York: W. W. Norton.
[190] Unger, A. L. (1991) "The Travails of Intra-Party Democracy in the Soviet Union: The Elections to the 19th Conference of the CPSU," *Soviet Studies* 43, 2: 329–54.
[191] Urban, Michael E. (1992) "Boris El'tsin, Democratic Russia and the Campaign for the Russian Presidency," *Soviet Studies* 44, 2: 187–207.
[192] US Bureau of the Census (1961) *Historical Statistics of the United States: Colonial Times to 1957*, statistical abstract supplement, Washington DC: US Government Printing Office.
[193] Vinokur, Aaron and Ofer, Gur (1986) "Inequality of Earnings, Household

Commonwealth," in F.A. Hayek (ed.) *Collectivist Economic Planning*, London: Routledge.
[141] Morris, Cynthia Taft (1992) "Insights from Early Capitalism for Eastern Europe Today," unpublished paper.
[142] Moses, Joel C. (1992) "Soviet Provincial Politics in an Era of Transition and Revolution, 1989–91," *Soviet Studies* 44, 3: 479–509.
[143] Murrell, Peter (1993) "What Is Shock Therapy? What Did It Do in Poland and Russia?," *Post-Soviet Affairs* 9, 2: 111–40.
[144] *Narodnoe khoziaistvo SSSR*, statisticheskii ezhegodnik, Tsentralnoe Statisticheskoe Upravlenie SSSR, Moscow: Finansy i statistika, various years.
[145] *Narodnoe khoziaistvo SSSR za 70 let* (1987), statisticheskii ezhegodnik, Tsentralnoe Statisticheskoe Upravlenie SSSR, Moscow: Finansy i statistika.
[146] Noren, James H. (1990) "The Economic Crisis: Another Perspective," *Soviet Economy* 6, 1: 3–55.
[147] Nove, Alec (1975) "Is there a Ruling Class in the USSR?," *Soviet Studies* 17, 4: 615–38.
[148] ——(1983) *The Economics of Feasible Socialism*, London: Allen and Unwin.
[149] ——(1986) *The Soviet Economic System*, third edition, Boston: Allen and Unwin.
[150] ——(1989) *An Economic History of the USSR*, London: Penguin Books.
[151] ——(1991) *The Economics of Feasible Socialism Revisited*, London: Harper-Collins Academic.
[152] OECD (1995) *Short-Term Economic Indicators: Transition Economies*, Paris: Centre for Co-Operation with the Economies in Transition, various issues.
[153] Ofer, Gur (1987) "Soviet Economic Growth: 1928–1985," *Journal of Economic Literature* 15, 4: 1767–1833.
[154] Pitzer, John S. (1990) "The Tenability of CIA Estimates of Soviet Economic Growth: A Comment," *Journal of Comparative Economics* 14: 301–14.
[155] Pitzer, John S. and Baukol, Andrew P. (1991) "Recent GNP and Productivity Trends," *Soviet Economy* 7, 1: 46–82.
[156] Popkova, Larisa (1987) "Gde pyshneye pirogi," (Where the Pies are More Scrumptious) *Novyi mir* 63, 5: 239–41.
[157] Postan, M. and Rich, E. E. (1952) *The Cambridge Economic History of Europe: Trade and Industry in the Middle Ages*, volume 2, Cambridge: Cambridge University Press.
[158] "The Pulse of Europe: A Survey of Political and Social Values and Attitudes" (1991) Washington, DC: Times Mirror Center for the People and the Press.
[159] Rabkina, N. E. and Rimashevskaia, N. M. (1978) "Raspredelitel'nye otnosheniia i sotsial'noe razvitie," *Economika i organizatisiia promyshlennogo proizvodstva* 5.
[160] Radaev, V. (1993) "Novoe predprinimatel'stvo v rossii" (New Entrepreneurs in Russia), Moscow: Institute of Economics of the Russian Academy of Sciences.
[161] Reddaway, Peter (1993) 'The Role of Popular Discontent' *The National Interest* 31, special issue: 57–63.
[162] Riasanovsky, Nicholas V. (1977) *A History of Russia*, third edition, New York: Oxford University Press.
[163] Rigby, T. H. (1988) "Staffing USSR Incorporated: The Origins of the Nomenklatura System," *Soviet Studies* 40, 4: 523–37.
[164] ——(1992) "The Government in the Soviet Political System," in Eugene Huskey (ed.) *Executive Power and Soviet Politics: The Rise and Decline of the Soviet State*, Armonk, NY: M. E. Sharpe.
[165] Robinson, Neil (1992) "Gorbachev and the Place of the Party in Soviet Reform, 1985–91," *Soviet Studies* 44, 3: 423–43.

[116] ——(1988) "Ruling Class and Political Elites: Paradigms of Socialist Societies," in David Lane (ed.) *Elites and Political Power in the USSR*, Aldershot, Hants: Edward Elgar.
[117] Lane, David and Ross, Cameron (1994a) "The Composition of the Politburo of the CPSU: 1966 to 1991," *Coexistence* 31: 29–61.
[118] ——(1994b) "Limitations of Party Control: The Government Bureaucracy in the USSR," *Communist and Post-Communist Studies* 27, 1: 19–38.
[119] Lange, Oskar (1938 [1936–37]) "On the Economic Theory of Socialism," in Oskar Lange and Fred M. Taylor *On the Economic Theory of Socialism*, New York: McGraw-Hill.
[120] Leijonhufvud, A. (1993) "Depression in Russia," *New Left Review* 199: 120–6.
[121] Levine, Herbert S. (1983) "Possible Causes of the Deterioration of Soviet Productivity Growth in the Period 1976–1980," in Joint Economic Committee, United States Congress *Soviet Economy in the 1980's: Problems and Prospects*, part 1, Washington DC: US Government Printing Office.
[122] Levy, M. (1994a) "The Legislative Bodies: Who Takes Precedence?," *Moscow Times* 12 January: 9.
[123] ——(1994b) "Lawmaking Loopholes: Who Takes Precedence?," *Moscow Times* 19 January: 9.
[124] Lewin, Moshe (1985) *The Making of the Soviet System: Essays in the Social History of Interwar Russia*, New York: Pantheon Books.
[125] ——(1991) *The Gorbachev Phenomenon*, Berkeley: University of California Press.
[126] ——(1995) *Russia/USSR/Russia: The Drive and Drift of a Superstate*, New York: The New Press.
[127] Ligachev, Yegor (1993) *Inside Gorbachev's Kremlin: The Memoirs of Yegor Ligachev*, New York: Pantheon Books.
[128] Lohr, Eric (1993) "Arkadii Volsky's Political Base," *Europe–Asia Studies* 45, 5: 811–29.
[129] McAuley, Alastair (1977) "The Distribution of Earnings and Incomes in the Soviet Union," *Soviet Studies* 29, 2, April: 214–37.
[130] ——(1979) *Economic Welfare in the Soviet Union*, Madison: University of Wisconsin Press.
[131] McAuley, Mary (1992) "Politics, Economics, and Elite Realignment in Russia: A Regional Perspective," *Soviet Economy* 8, 1: 46–88.
[132] McFaul, Michael and Markov, Sergei (eds) (1993) *The Troubled Birth of Russian Democracy*, Stanford, Calif.: The Hoover Institution Press.
[133] Malia, Martin (1994) *The Soviet Tragedy: A History of Socialism in Russia, 1917–1991*, New York: The Free Press.
[134] Matthews, Mervyn (1978) *Privilege in the Soviet Union: A Study of Elite Life-Styles under Communism*, London: George Allen and Unwin.
[135] Medvedev, Roy (1989) *Let History Judge: The Origins and Consequences of Stalinism*, New York: Columbia University Press.
[136] Menshikov, Stanislav (1990) *Catastrophe or Catharsis: The Soviet Economy Today*, Moscow and London: Inter-Verso.
[137] Millar, James R. (1994) "The Failure of Shock Therapy," *Problems of Post-Communism* 41, Fall: 21–5.
[138] Millar, James R., Berkowitz, Daniel M., Berliner, Joseph S., Gregory, Paul R., and Linz, Susan J. (1993) "An Evaluation of the CIA's Analysis of Soviet Economic Performance, 1970–90," *Comparative Economic Studies* 35, 2, Summer: 33–57.
[139] Miller, John (1993) *Mikhail Gorbachev and the End of Soviet Power*, London: St Martin's Press.
[140] Mises, Ludwig von (1935 [1920]) "Economic Calculation in the Socialist

[93] Johnson, Simon and Kroll, Heidi (1991) "Managerial Strategies for Spontaneous Privatization," *Soviet Economy* 7, 4: 281–316.
[94] Joint Economic Committee, US Congress (1982) *USSR: Measures of Economic Growth and Development, 1950–1980*, Washington DC: US Government Printing Office, December.
[95] ——(1990) *Measures of Soviet Gross National Product in 1982 Prices*, Washington DC: US Government Printing Office, November.
[96] ——(1993) *The Former Soviet Union in Transition*, volume 1, Washington DC: US Government Printing Office.
[97] Jones, Anthony and Moskoff, William (1989) "New Cooperatives in the USSR," *Problems of Communism* 38, 6: 27–39.
[98] Kagarlitsky, Boris (1992) *The Disintegration of the Monolith*, trans. Renfrey Clarke, London: Verso.
[99] Karasik, Theodore W. (1992) *USSR Facts and Figures Annual*, volume 17, Gulf Breeze, Fla: Academic International Press.
[100] Karklins, Rasma (1994) "Explaining Regime Change in the Soviet Union," *Europe–Asia Studies* 4, 1: 29–45.
[101] Khanin, G. I. and Seliunin, V. (1987) "Lukavayay tsifra," *Novyi mir* 2.
[102] Koen, Vincent (1994) "Measuring the Transition: A User's View on National Accounts in Russia," IMF Working Paper, January.
[103] Kontorovich, Vladimir (1992a) "The Railroads," in Ellman and Kontorovich (1992a).
[104] ——(1992b) "Technological Progress and Research and Development," in Ellman and Kontorovich (1992a).
[105] ——(1993) "The Economic Fallacy," *The National Interest* special edition, 31: 35–45.
[106] Kotz, David M., McDonough, Terrence, and Reich, Michael (eds) (1994) *Social Structures of Accumulation: The Political Economy of Growth and Crisis*, Cambridge: Cambridge University Press.
[107] Kozlov, Nicholas N. (forthcoming) "Financial Reform in the Former USSR," in A. Ugrinsky and J. Hickey *Government Structures in the USA and the Sovereign States of the Former USSR*, Westport, Conn.: Greenwood Press.
[108] Kregel, Jan A. and Matzner, Egon (1992) "Agenda for Reconstruction of Central and Eastern Europe," *Challenge* September–October: 33–40.
[109] Kryshtanovskaya, Olga (1994a) "Transformatsiia staroi nomenklatury v novuiu rossiiskuiu elitu: Doklad," (Transformation of the Old Nomenklatura into a New Russian Elite: Report) unpublished conference paper: Moscow, November.
[110] ——(1994b) "Transformatsiia staroi nomenklatury v novuiu rossiiskuiu elitu: Tezisy doklada," (Transformation of the Old Nomenklatura into the New Russian Elite: Thesis of the Report) unpublished paper: Moscow, May.
[111] *Kto est' kto v Rossii* (1993) Moscow, Izdatel'skii Dom "Novoe Vremia."
[112] Kullberg, Judith S. (1994) "The Ideological Roots of Elite Political Conflict in Post-Soviet Russia," *Europe–Asia Studies* 46, 6: 929–53.
[113] Kuznets, Simon (1963) "A Comparative Appraisal," in Abram Bergson and Simon Kuznets (eds) *Economic Trends in the Soviet Union*, Cambridge, Mass.: Harvard University Press.
[114] Laibman, David (1992) "Market and Plan: Socialist Structures in History and Theory," *Science and Society* 56, 1: 60–91.
[115] Lane, David (1970) *Politics and Society in the USSR*, London: Weidenfeld and Nicolson.

[67] Gregory, Paul R. and Stuart, Robert C. (1990) *Soviet Economic Structure and Performance*, fourth edition, New York: Harper and Row.
[68] Gustafson, Thane (1985) "The Origins of the Soviet Oil Crisis, 1970–1985," *Soviet Economy* 1, 2: 103–35.
[69] Gwertzman, Bernard and Kaufman, Michael T. (eds) (1992) *The Decline and Fall of the Soviet Empire* [selected articles from *The New York Times*], New York: Times Books.
[70] Hahn, Gordon M. (1994) "Opposition Politics in Russia," *Europe–Asia Studies* 46, 2: 305–35.
[71] Hanson, Philip (1990) "Property Rights in the New Phase of Reforms," *Soviet Economy* 6, 2: 95–124.
[72] Harrison, Mark (1993) "Soviet Economic Growth since 1928: The Alternative Statistics of G. I. Khanin", *Europe–Asia Studies* 45, 1: 141–67.
[73] Hauslohner, Peter A. (1991) "Gorbachev's Social Contract," in Hewett and Winston (1991b).
[74] Hayek, F. A. (1944) *The Road to Serfdom*, Chicago: University of Chicago Press.
[75] Hersh, Seymour M. (1994) "The Wild East," *The Atlantic Monthly* June: 61–80.
[76] Hewett, Ed A. (1988) *Reforming the Soviet Economy: Equality versus Efficiency*, Washington DC: The Brookings Institution.
[77] ——(1991a) "Gorbachev's Economic Strategy: A Preliminary Assessment," in Hewett and Winston (1991a).
[78] ——(1991b) "Radical Perceptions of Perestroyka," in Hewett and Winston (1991a).
[79] Hewett, Ed A. and Winston, Victor H. (eds) (1991a) *Milestones in Glasnost and Perestroyka: The Economy*, Washington, DC: The Brookings Institution.
[80] ——(1991b) *Milestones in Glasnost and Perestroyka: Politics and People*, Washington, DC: The Brookings Institution.
[81] Hobsbawm, E. J. (1990) *Nations and Nationalism since 1780: Programme, Myth, Reality*, Cambridge: Cambridge University Press.
[82] Horvat, Branko (1982) *The Political Economy of Socialism: A Marxist Social Theory*, Oxford: Martin Robertson.
[83] Hough, Jerry F. (1987) "Gorbachev Consolidating Power," *Problems of Communism* 36, 4: 21–43.
[84] ——(1991) "The Politics of Successful Economic Reform", in Hewett and Winston (1991b).
[85] ——(1994) "Russia – On the Road to Thermidor," *Problems of Post-Communism* 41, Fall: 26–32.
[86] Hough, Jerry F. and Fainsod, Merle (1979) *How the Soviet Union Is Governed*, Cambridge, Mass.: Harvard University Press.
[87] International Monetary Fund (1992a), *Economic Review: The Economy of the Former USSR in 1991*, Washington, DC: The International Monetary Fund.
[88] ——(1992b) *Economic Review: Russian Federation*, Washington DC: The International Monetary Fund.
[89] ——(1993) *Economic Reviews 1993: Russian Federation*, Washington DC: The International Monetary Fund.
[90] ——(1995a) *Economic Reviews 1994: Russian Federation*, Washington DC: The International Monetary Fund.
[91] ——(1995b) *Russian Federation – Statistical Appendix*, IMF Staff Country Report 95/107, Washington DC: International Monetary Fund.
[92] *Istoriia Kommunisticheskoi Partii Sovetskogo Soiuza* (1977), second edition, Institut Marksizma–Leninizma pri TsK KPSS, Glavnoe upravlenie geodezii i kartografii pri Sovete Ministrov SSSR, Moscow: GUGK.

[42] ——(1992) "Market Socialism or Participatory Planning," *Review of Radical Political Economics* 24, 3–4: 67–89.
[43] Di Leo, Rita (1991) "The Soviet Union 1985–1990: After Communist Rule the Deluge?," *Soviet Studies* 43, 3: 429–49..
[44] Directorate of Intelligence (1988a) *Handbook of Economic Statistics: 1988*, Washington, DC: Central Intelligence Agency.
[45] ——(1988b) *Revisiting Soviet Economic Performance under Glasnost: Implications for CIA Estimates*, SOV 88–10068, Washington, DC: Central Intelligence Agency, September.
[46] Djilas, Milovan (1957) *The New Class: An Analysis of the Communist System*, London: Thames and Hudson.
[47] Dobb, Maurice (1963) *Studies in the Development of Capitalism*, New York: International Publishers.
[48] Economic Commission for Europe (1995) *Economic Survey of Europe in 1994–1995*, New York and Geneva: United Nations.
[49] *Economic Report of the President* Washington, DC: United States Government Printing Office, various years.
[50] Ellman, Michael (1986) "The Macro-economic Situation in the USSR – Retrospect and Prospect," *Soviet Studies* 38, 4: 530–42.
[51] ——(1993) "Russia: The Economic Program of the Civic Union," *RFE/RL Research Report* 2, 11–12: 34–45.
[52] Ellman, Michael and Kontorovich, Vladimir (eds) (1992a) *The Disintegration of the Soviet Economic System*, London and New York: Routledge.
[53] ——(1992b) "Overview," in Ellman and Kontorovich (1992a).
[54] Embree, Gregory J. (1991) "RSFSR Election Results and Roll Call Votes," *Soviet Studies* 43, 6: 1065–84.
[55] Farmer, Kenneth C. (1992) *The Soviet Administrative Elite*, New York: Praeger.
[56] Filtzer, Donald (1994) *Soviet Workers and the Collapse of Perestroika: The Soviet Labour Process and Gorbachev's Reforms, 1985–1991*, Cambridge: Cambridge University Press.
[57] Folbre, Nancy (1995) *The New Field Guide to the U.S. Economy: A Compact and Irreverent Guide to Economic Life in America*, New York: The New Press.
[58] Fukuyama, Francis (1993) "The Modernizing Imperative: The USSR as an Ordinary Country," *The National Interest* special issue, 31: 10–18.
[59] Galbraith, John Kenneth (1990) "Revolt in Our Time: The Triumph of Simplistic Ideology," in Gwyn Prins (ed.) *Spring in Winter: The 1989 Revolutions*, Manchester: Manchester University Press.
[60] Garraty, John A. and Gay, Peter (eds) (1985) *The Columbia History of the World*, New York: Harper and Row.
[61] Gellner, Ernst (1983) *Nations and Nationalism*, Ithaca, NY: Cornell University Press.
[62] Goldman, Marshall, I. (1994) *Lost Opportunity: Why Economic Reforms in Russia Have Not Worked*, New York: W. W. Norton.
[63] Gorbachev, Mikhail (1987) "On the Party's Tasks in Fundamentally Restructuring Management of the Economy," *Reprints from the Soviet Press* 45, 2–3: 3–65.
[64] ——(1988) *Perestroika: New Thinking for Our Country and the World*, New York: Harper and Row.
[65] ——(1991) "On the Draft of the New CPSU Program," report to the Plenary Session of the CPSU Central Committee on 25 July 1991 *The Current Digest of the Soviet Press* 43, 30: 2–6.
[66] Gordon, David M., Edwards, Richard, and Reich, Michael (1982) *Segmented Work, Divided Workers: The Historical Transformation of Labor in the United States*, Cambridge: Cambridge University Press.

[18] Berliner, Joseph S. (1976) *The Innovation Decision in Soviet Industry*, Cambridge, Mass.: The MIT Press.
[19] ——(1992) "The Pace of Privatization," in U.S. Congress Joint Economic Committee *The Economies of the Former Soviet Union*, Washington DC: US Government Printing Office.
[20] Bettelheim, Charles (1976) *Class Struggles in the USSR*, volumes 1 and 2, New York: Monthly Review Press.
[21] Bilenkin, Vladimir (1995) "The Ideology of Russia's Rulers in 1995: Westernizers and Eurasians," *Monthly Review* 47, 5: 24–36.
[22] Boretsky, Michael (1987) "The Tenability of the CIA Estimates of Soviet Economic Growth," *Journal of Comparative Economics* 11: 517–42.
[23] ——(1990) "Reply: CIA's Queries about Boretsky's Criticism of Its Estimates of Soviet Economic Growth," *Journal of Comparative Economics* 14: 315–26.
[24] Bowles, Samuel and Gintis, Herbert (1987) *Democracy and Capitalism: Property, Community, and the Contradictions of Modern Social Thought*, New York: Basic Books.
[25] Bowles, Samuel, Gordon, David M., and Weisskopf, Thomas E. (1990) *After the Wasteland: A Democratic Economics for the Year 2000*, Armonk, NY: M. E. Sharpe.
[26] Brudny, Yitzhak M. (1991) "The Heralds of Opposition to Perestroyka," in Hewett and Winston (1991b).
[27] ——(1993) "The Dynamics of 'Democratic Russia', 1990–1993," *Post Soviet Affairs* 9, 2: 141–70.
[28] Bush, Keith (1991) "El'tsin's Economic Reform Program," *Report on the USSR* 3, 46: 1–6.
[29] Chamberlin, William Henry (1965) *The Russian Revolution 1917–1921*, volume 1, New York: Grosset and Dunlap.
[30] Chiesa, Giulietto (1990) "The 28th Congress of the CPSU," *Problems of Communism* 39, 4: 24–38.
[31] Clarke, Simon, Fairbrother, Peter, Burawoy, Michael, and Krotov, Pavel (1993) *What about the Workers? Workers and the Transition to Capitalism in Russia*, London: Verso.
[32] Cliff, Tony (1988 [1948]) *State Capitalism in Russia*, London: Bookmarks.
[33] Cohen, Stephen F. (1985) *Rethinking the Soviet Experience: Politics and History since 1917*, New York: Oxford University Press.
[34] *Compendium of Social Statistics and Indicators* (1988), New York: United Nations, Department of International Economic and Social Affairs, Statistical Office.
[35] Conquest, Robert (1968) *The Great Terror: Stalin's Purge of the Thirties*, London: The Macmillan Company.
[36] Dallin, Alexander (1992) "Causes of the Collapse of the USSR," *Post Soviet Affairs* 8, 4: 279–302.
[37] Daniels, Robert V. (1993) *The End of the Communist Revolution*, London: Routledge.
[38] Davies, R. W. (1991) "Soviet Economic Reform in Historical Perspective," in Catherine Merridale and Chris Ward (eds) *Perestroika: The Historical Perspective*, London: Edward Arnold.
[39] Davies, R. W., Harrison, Mark, and Wheatcroft, S. G. (eds) (1994) *The Economic Transformation of the Soviet Union 1913–1945*, Cambridge: Cambridge University Press.
[40] Dawisha, Karen and Parrott, Bruce (1994) *Russia and the New States of Eurasia: The Politics of Upheaval*, Cambridge: Cambridge University Press.
[41] Devine, Pat (1988) *Democracy and Economic Planning*, Cambridge: Polity Press.

参 考 文 献 一 覧

（アミ数字は邦訳のあるもの。末尾に掲載）

[1] Abalkin, Leonid (1991) "The Market in a Socialist Economy," in Anthony Jones and William Moskoff (eds) *The Great Market Debate in Soviet Economics*, Armonk, NY: M. E. Sharpe.
[2] Albert, Michael and Hahnel, Robin (1991a) *Looking Forward: Participatory Economics for the Twenty-First Century*, Boston: South End Press.
[3] ——(1991b) *The Political Economy of Participatory Economics*, Princeton, NJ: Princeton University Press.
[4] ——(1992) "Socialism As It Was Always Meant To Be," *Review of Radical Political Economics* 24, 3–4: 46–66.
[5] Alter, J. (1994) "Not-So-Smart Intelligence," *Newsweek* 7 March.
[6] Amsden, Alice (1989) *Asia's Next Giant: South Korea and Late Industrialization*, Oxford: Oxford University Press.
[7] Amsden, Alice, Kochanowicz, Jacek, and Taylor, Lance (1994) *The Market Meets Its Match: Restructuring the Economies of Eastern Europe*, Cambridge, Mass.: Harvard University Press.
[8] Androshin, Alexandr (1992) "Hermes Takes on the World," *Delovie lyudi* (Business People), February.
[9] Åslund, Anders (1990) "How Small Is Soviet National Income?' in Henry S. Rowen and Charles Wolf, Jr. (eds) *The Impoverished Superpower: Perestroika and the Soviet Military Burden*, San Francisco: Institute for Contemporary Studies Press.
[10] ——(1991) "The Making of Economic Policy in 1989 and 1990," in Hewett and Winston (1991a).
[11] ——(1995) *How Russia Became a Market Economy*, Washington, DC: Brookings.
[12] Bardhan, Pranab and Roemer, John E. (1992) "Market Socialism: A Case for Rejuvenation," *Journal of Economic Perspectives* 6, 3: 101–16.
[13] Barnett, Vincent (1991) "Conceptions of the Market among Russian Economists: A Survey," *Soviet Studies* 44, 6: 1087–98.
[14] Batsanova, Galina (1992) "Mikhail Gura's American Dream," *Delovie lyudi* (Business People), June.
[15] ——(1994) "Yakov Dubenetsky: Not the Average Banker," *Delovie lyudi* (Business People), April.
[16] Becker, Abraham C. (1994) "Intelligence Fiasco or Reasoned Accounting?: CIA Estimates of Soviet GNP," *Post-Soviet Affairs* 10, 4: 291–329.
[17] Bergson, Abram (1961) *The Real National Income of Soviet Russia since 1928*, Cambridge, Mass.: Harvard University Press.

【わ】

【は】

索　　引

旧ソ連／ロシアでインタビューに応じて下さった方々
（特に断りのない限り、研究所の所在地はモスクワ）

アシン、ゲンナージー、文化・教育・政治学研究所、政治学者
アバルキン、レオニード、経済学研究所所長、元ソ連副首相（経済改革担当）
アリエフ、アレクサンドル、マグニトゴルスク市役所経済部長
アルバートフ、ゲオルギー、アメリカ・カナダ研究所所長
イサーエフ、アンドレイ、モスクワ労働組合連盟〈連帯〉紙編集長
ヴァルタザロヴァ、リュドミーラ、社会主義勤労者党共同党首
ヴォリスキー、アルカージー、元市民同盟指導者、国際産業家・企業家会議議長
ヴォロニン、ユーリー、ロシア連邦共産党中央委員、元ロシア最高会議副議長
エーデリマン、ユーリー、株式会社「Mzds & Al-Stankoross」社長兼総支配人
オシンキン、エヴゲーニー、「モスクワ労働組合連盟」副会長
カガルリツキー、ボリス、作家、元モスクワ市ソヴィエト代議員
クルィシタノフスカヤ、オリガ、社会学研究所エリート研究部長
クレパッチ、アンドレイ、経済予測研究所、経済学者
ケレメツキー、ヤコフ、アメリカ・カナダ研究所
コトフスキー、グリゴーリー、東洋学研究所インド・南アジア史部長
コリャーギナ、タチヤナ、経済学者
サヴィツキー、アレクサンドル、元マグニトゴルスク市共産党委員会第一書記
サヴェリエフ、ニコライ、ロシア連邦共産党スタッフ
ザスラフスカヤ、タチヤナ、社会学者
シマコフ、ミハイル、ロシア独立労働組合連盟会長
シャドリナ、イリーナ、「ソボール」派指導者
スココフ、ユーリー、ロシア人共同体会議
スホーチン、ユーリー、経済学・数学研究所
スラーヴィン、ボリス、〈プラウダ〉紙部長
セルゲーエフ、アレクセイ、ロシア共産主義労働者党、経済学者
チトキン、アレクサンドル、元ロシア産業相
デムチューク、ミハイル、元ベロルシア共和国閣僚会議副議長〔副首相〕
ナガイツェフ、ミハイル、「モスクワ労働組合連盟」副会長
ノーソフ、セルゲイ、「マグニドゴルスク冶金工場」事業部長
ハズブラートフ、ルスラン、元ロシア最高会議議長
ビリュコフ、ヴァジム、〈デロヴィエ・リュージ（事業家）〉誌編集長兼副社長
ファミンスキー、ヴラジーミル、〈経済の諸問題〉誌部長
フォグリッゾ、ジョン、元国際通貨基金・在モスクワ代表
ブズガリン、アレクサンドル、モスクワ国立大学経済学部教授
プレハーノフ、セルゲイ、アメリカ・カナダ研究所
ヘルマー、ジョン、モスクワ在住オーストラリア人記者
ホドルコフスキー、ミハイル、メナテップ銀行頭取
ボロヴォイ、コンスタンチン、事業家、政治指導者〔下院議員、経済自由党党首〕
ポロコフ、ミハイル、事業家
ミリュコフ、アナトーリー、元ロシア最高会議専門分析部長、現モスビジネス銀行副会長
ミロネンコ、ヴィクトル、元ソ連「コムソモール」第一書記
ミロノフ、アレクサンドル、「モヴェン」社社長
メルズリキン、コンスタンチン、「ロシア国際通貨・証券取引所」所長兼理事長
ヤブロコフ、アレクセイ、環境・健康問題担当ロシア大統領顧問
ラキーツカヤ、ガリーナ、経済学者
ラダエフ、ヴァジム、経済学研究所経済社会学・労働経済部
ラチノフ、ドミートリー、ロシア企業家・産業家同盟
ルイシコフ、ニコライ、元ソ連首相
ルキヤノフ、アナトーリー、元ソ連最高会議議長
ロイド、ジョン、英〈フィナンシャル・タイムズ〉紙モスクワ特派員

訳者紹介

角田安正（つのだ・やすまさ）

1958年、山口市生まれ。
1983年、東京外国語大学大学院地域研究研究科修士課程修了。
1994〜96年、在ロシア日本国大使館専門調査員（政務担当）。
現在、防衛大学校外国語教室助教授。

上からの革命——ソ連体制の終焉　（検印廃止）

2000年4月15日　初版第1刷発行

訳者　角田安正

発行者　二瓶一郎

発行所　株式会社　新評論

〒169-0051 東京都新宿区西早稲田3-16-28　電話 03(3202)7391番　振替・00160-1-113487

定価はカバーに表示してあります。
落丁・乱丁はお取り替えします。

印刷　フォレスト
製本　協栄製本
装丁　山田英春

ISBN4-7948-0482-2　C0031

ロシアが分かる本

H.C.＝ダンコース／尾崎　浩訳 **奪われた権力**　四六 540頁 **3800円** ISBN 4-7948-5131-6〔82，87〕	【ソ連における統治者と被統治者】ソ連研究の第一人者がレーニン～ブレジネフ時代の権力構造を精密に分析しつつ変革に担う勢力の存在を指摘した話題作。
H.C.＝ダンコース／尾崎　浩訳 **パックス・ソビエチカ**　四六 584頁 **3800円** ISBN 4-7948-5165-0〔87〕	【ソ連の対第三世界戦略】70年代，デタントの時代に，ソ連はいかにしてその権勢を世界的規模にまで拡大し，“新たな帝国”を確立しえたのか，世界戦略の全貌を解読する。
H.C.＝ダンコース／石崎晴己・志賀亮一訳 **ソ連邦の歴史　Ⅰ・Ⅱ**　四六 480頁 Ⅰ　ISBN 4-7948-5151-0　**各2800円** Ⅱ　ISBN 4-7948-5152-9〔85〕	レーニンによるロシア革命からスターリンの台頭と跋扈，その渦中にあえぐ民衆，そこにつきまとうロシア的性格を見通して，新たなソ連邦を通史を構築！
鈴木敏督・塩田長英 **崩壊か再生か**　四六 258頁 **2200円** ISBN 4-7948-0229-3〔94〕	【ロシアとカザフスタン】旧ソ連はどう変わり，どこへ行こうとしているのか。学者と実業家の異色コンビが，激変するロシアとカザフスタンを自らの体験を通じて活写する！
L.アバルキン／岡田　進訳 **失われたチャンス**　四六 296頁 **3107円** ISBN 4-7948-0157-2〔92〕	【ソ連副首相としての一年半】89～90年に至るソ連の決定的な時期に，経済担当副首相を勤め，市場経済への軟着陸の現実的処方箋を立案した著者の貴重な歴史的証言！
安達紀子 **モスクワ狂詩曲《ラプソディ》**　四六 432頁 **2500円** ISBN 4-7948-0214-5〔94〕	【ロシアの人びとへのまなざし 1986-1992】「激動期のロシアは人間同士が触れ合うことのできる国だった。」市民の側から初めて描かれた新しいロシアの肖像。珠玉の長編随筆！
安達紀子 **モスクワ綺想曲**　四六 256頁 **2200円** ISBN 4-7948-0433-4〔98〕	【ロシアの中のモスクワ，モスクワの中のロシア】珠玉の記録文学『モスクワ狂詩曲』の続編。生活，政治，経済，文化，芸術，恋愛――1994-98年，新しいロシアの美しい素顔。
ロシア独立社会民族問題研究所編／ 佐藤利郎・村田　優訳　四六 304頁 **エリツィンとゴルバチョフ**　**3200円** ISBN 4-7948-0176-9〔93〕	【1500日の政治対決】国家・民族の命運を左右した両者の演説，論文，インタビュー等を時系列的にまとめ，クーデター，党の解散，ソ連邦崩壊をめぐるドラマを詳述。
A.カバコフ／小宮山俊平訳 **ノーリターン**　四六 176頁 **1993モスクワ**　**1359円** ISBN 4-7948-0077-0〔91〕	全ソを席巻した「警告の書」。ソ連崩壊時のモスクワをリアルに描いた近未来小説の傑作。世界20数か国で翻訳・出版。巻末に井桁貞義『ペレストロイカの黙示』収録。各紙絶賛。
A.カバコフ／小宮山俊平訳 **ストーリーテラー**　四六 288頁 **2330円** ISBN 4-7948-0127-0〔92〕	ソ連8月クーデターを予言した前作『ノーリターン』をはるかに越えたスケールで，新生ロシア文学の旗手が世紀末のモスクワを生々しく描くロシア初のエンターテイメント小説。

※表示価格はすべて本体価格です。